写给大家的

英国简史

[英] 查尔斯·狄更斯 著

Charles Dickens

李雪丽 译

A CHILD'S
HISTORY OF
ENGLAND

陕西师范大学出版总社

图书代号　SK23N1426

图书在版编目（CIP）数据

写给大家的英国简史 /（英）查尔斯·狄更斯著；
李雪丽译 . —西安：陕西师范大学出版总社有限公司，
2023.11

　　ISBN 978-7-5695-3426-9

　　Ⅰ.①写…　Ⅱ.①查…　②李…　Ⅲ.①英国－历史－
通俗读物　Ⅳ.① K561.09

中国国家版本馆 CIP 数据核字（2023）第 008104 号

写给大家的英国简史
XIE GEI DAJIA DE YINGGUO JIANSHI

［英］查尔斯·狄更斯　著　李雪丽　译

出 版 人	刘东风
特约编辑	王亚松
责任编辑	高　歌
责任校对	马凤霞
封面设计	王　鑫
出版发行	陕西师范大学出版总社
	（西安市长安南路 199 号　邮编 710062）
网　　址	http://www.snupg.com
印　　刷	小森印刷（北京）有限公司
开　　本	620 mm×889 mm　1/16
印　　张	26
字　　数	351 千
版　　次	2023 年 11 月第 1 版
印　　次	2023 年 11 月第 1 次印刷
书　　号	ISBN 978-7-5695-3426-9
定　　价	69.00 元

目录 *Contents*

古英格兰和罗马人

　　打开世界地图，你会看到在东半球靠近左上角的大片海域中有两座岛屿，这就是英格兰—苏格兰岛以及爱尔兰岛。两座岛上大部分的地方属于英格兰和苏格兰，余下的属于爱尔兰。在两座大岛旁边还有一些零散、狭小的只显示为一个个小黑点的岛屿，大部分属于苏格兰，也许是海水长年累月的冲刷撞击，导致小岛与苏格兰分开了。

　　这些岛屿的存在时间可以追溯到"救世主于马厩中降生人间"之前。在那个年代，一望无际的海面冷冷清清，没有穿梭往返的船舰，只有小岛孤单地漂浮着，凛冽的寒风呼啸着吹过小岛的森林上方。风并没有把探险者带到岛屿，海水从四面八方奔涌而来，夹杂着泡沫，卷起惊涛骇浪，不断地撞击着峭壁，阻隔了世人对小岛的探知，也阻隔了岛民对外界的了解。

　　最先来到这里的据说是拥有船只并以商品贸易闻名的腓尼基人。岛上盛产锡和铅，这两种矿产的价值众所周知，而岛上的矿产蕴藏量又极为丰富，时至今日仍在开采。更重要的是矿石产地离海很近，康沃尔最有名的锡矿就位于此。在一处矿区里我曾看到，最靠近海的地方连水面下方都挖空了。据矿工们介绍，他们在地下深处工作的时候，如果遇到狂风暴雨的天气，都能听到从头顶传来的海浪的轰鸣声。正因如此，乘船而来的腓尼基人沿着海岸线毫不费劲就找到了出产锡和铅的地方。

最初的时候，岛上的居民贫穷落后，或者赤身裸体，或者只用粗糙的野兽皮毛简单遮挡身体，甚至像其他原始人类经常做的一样，将色彩艳丽的泥土和植物的汁液涂抹在身上。腓尼基人用一些对岛民来说有用的东西交换他们需要的金属。当他们乘船渡过海洋到达法兰西和比利时海岸时，向当地人介绍道："我们去过海对面一个叫作不列颠的国家，也就是你们在天气晴朗的时候能看到的白色岛屿，那里有锡和铅。"因此，包括法兰西人和比利时人在内的一部分人被吸引过去，并在英格兰的南岸，现在取名肯特的地方定居下来。尽管这些人也属于早期原始人类，却给更为原始的布立吞人带来了一些相对先进的生产技术，提高了当地土地的生产能力。可能还有一些西班牙人也远渡重洋来到爱尔兰安家并长期居住。

通过这种方式，外来者和岛上的居民渐渐融合在一起，原始的布立吞人成为一个强悍、勇敢的民族。他们仍然野蛮，尤其是那些在很少有外来者到达的离海岸线很远的地区的人，但他们刚强、勇敢、坚韧不拔。

这个国度大部分的地方都被浓雾笼罩，到处可以见到森林和沼泽，长年寒气刺骨。你会发现道路、桥梁、街道、房屋并非现代人定义的那样。岛民说的城镇，其实就是在繁茂森林的一些隐秘处盖的聚集在一起的小房子。房顶用稻草简单遮盖，房子四周围绕着一条水沟，再筑上一道用泥土堆砌或用树干堆叠的矮墙。岛民并不会种植五谷，只靠吃自己养的牛羊维持生计。他们也不会铸造钱币，用金属圈代替货币进行交易。和其他原始人一样，布立吞人也会编织，他们会纺织一种简单的布料，也能制作一些简陋的陶器。但在堡垒的建筑方面，他们明显技高一筹。

他们建造了盖着兽皮的船只，却很少去离海岸很远的地方探险。古代的布立吞人由几十个部落组成，各个部落都有自己的首领。和所有的原始人一样，布立吞人常常相互打斗。为了战斗，他们制作并使用武器。他们把铜和锡熔在一起铸造了原始的剑。剑的形状简单，质地也不够坚硬，重重地敲击就会弯曲或折断。他们还制造出轻巧简便的盾牌、短而尖的匕首。值得一提的是长矛，他们在矛杆上装上长长的条状皮革，确保把矛投向敌人后还可以拉回来。为了吓唬敌方的马匹，他们还特意在矛杆粗大的一头装上一种零件，这种零件能持续发出短暂急促而且尖锐刺耳的声音。

从肯特的象征是白马不难看出他们一直以来对马的喜爱。事实上，就算拥有超高智慧的现代人对布立吞人训练和操控马匹的本事也甘拜下风。后人都没有办法超越他们。古时的马体型偏小，数量却很多。他们可以让马儿听明白所有的指令去做动作。即使是在战场上，金鼓喧阗，只要主人需要徒步战斗，马儿就会静止不动。布立吞人最有名的技术是建造战车和操控马车。让他们在这方面名垂青史的最大功臣就是这群既可靠又善解人意的动物。在战场上，布立吞人最优秀的战车是前面半人多高、后面敞开的那种。人在车上站着，一个人负责驾驭马匹，两个或者三个人负责战斗。拉车的马全都训练有素，不仅可以在碎石密布的道路上飞速前进，也能穿越树林，还可以用身体撞倒敌人，用蹄子踩踏他们。战车两边的车轮上装着剑和钐镰，当马踢倒敌人时，利器就会直接把人削碎。即使正在高速行进，只要听到驾驭者的命令，马儿就会马上停止，站立不动，士兵们会立即冲出战车，迅速对附近的敌人进行砍杀，铺天盖地的剑雨几乎让对手无法反击。然后他们飞跃上马，或者跳上战车。一旦人回到车上，马儿会立刻绝尘而去。

布立吞人信奉德鲁伊教，这种宗教起源于古代的高卢，也就是现在的法兰西。这是一种神秘、恐怖的宗教，他们的崇拜对象包括太阳、月亮和大型的蛇类，甚至某些异教中的男女神明。橡树和槲寄生（就是现在圣诞节时我们挂在圣诞树上的常寄生在橡树上的结白色浆果的植物）也是德鲁伊教的教士们崇拜的对象。德鲁伊教徒装扮成巫师的模样，手里拿着魔杖，每个人的脖子上都挂着一个金色的匣子，他们告诉不明真相的民众里面装着蛇蛋。德鲁伊教的仪式神秘、残酷，不为人知。人们可以知道的是在德鲁伊教的仪式上会把人杀死作为祭品，并且会对一些犯罪嫌疑人实施残酷的刑罚。在一些特殊的情况下，把人和动物关进柳条编的大笼子活活烧死也是刑罚。德鲁伊教的教士们会把一些崇拜他们的年轻人带到一座被称作"圣林"的阴暗森林里进行神秘的教学，有些年轻人甚至在那里学习了二十年。

雄伟的露天神殿和祭坛出自德鲁伊教徒之手，这片大陆上至今仍然保留着一些建筑的遗址。索尔兹伯里平原上的巨石阵是其中最独特的建筑。基茨科蒂墓室坐落在肯特郡梅德斯通市旁边的蓝铃花山上，是用三块神奇的大石块建成的巨石阵。人们发现，现代只有用制作精密的机械才能抬起大石块，很显然当时的布立吞人是不具备这种技术的，否则他们建造的房子就不会简陋不堪了。德鲁伊教徒——包括那些学习了二十多年的信徒——会的东西比布立吞人多得多，他们瞒着所有人秘密地建造了这些建筑，并谎称建造它们的是神奇的魔法。也许建造堡垒的工作他们也参加了。这些人以自己的职业为傲，他们手眼通天，无所不能，遵守的是自己制定的法律，不需要缴纳税费，而且备受信任，他们说信仰德鲁伊教的人越多大家就会越幸福。于是，越来越多的人信奉德鲁伊教。让人高兴的是现代的德鲁伊教徒不会像以前那样趾高气扬，他们不再假扮巫师，也不再戴蛇蛋，这样的事在任何地方都不再出现。

公元前的布立吞人就是这样进化的。那时，在尤利乌斯·恺撒将军的领导下，罗马人已经控制了已知的世界。恺撒战胜了高卢，并从高卢人那里知道了很多不列颠的故事。他听说那里的布立吞人英勇善战，甚至在高卢人对罗马人的战斗中发挥了作用。考虑到距离并不遥远，恺撒决定去不列颠，占领那个国家。

尤利乌斯·恺撒领着一万两千名战士，分别乘坐八艘船，乘风破浪来到岛上。从法国的加来和布洛涅的海港到不列颠的航线最短，今天轮船还是走这条航线。恺撒走的也是这条航线。在他看来战胜不列颠是唾手可得的事，但事与愿违，一场狂风暴雨把他的骑兵赶了回去。才靠近岸边，一个极高的海浪又击碎了好几艘船。加上布立吞人英勇顽强，战斗时奋不顾身，恺撒几乎没有赢的可能。尽管布立吞人顽强地战胜了恺撒，却付出了惨痛的代价。虽然有遗憾，恺撒还是高兴地和布立吞人达成和平协议退兵了。

次年的春季，准备充分的恺撒又回来了。这次他带着八百艘船和几万名战士。为了迎接战事，一个名叫卡斯沃尔伦的布立吞人被部落推为大将军，他的名字在拉丁语里是卡西维劳努斯。他带领战士对抗罗马人，英勇无畏，声名显赫。和他对战的罗马士兵看到飘起的大片尘土，或者听到他的战车飞驰时发出的声音都会惊慌失措。除了一些小规模的战斗，还有一些大的战役发生在肯特郡的坎特伯雷市、萨里郡的彻特西市和后来成为不列颠首府（在现在的赫特福德郡圣奥尔本斯市附近）的一座遍布沼泽的丛林小镇——它也是卡西维劳努斯的大本营。虽然卡西维劳努斯英勇善战，带领的战士也骁勇彪悍，但还是打了败仗，其他的布立吞将领出于对他的忌妒，争吵不休。他不再抗争，决定投降。尤利乌斯·恺撒满意地接受了求和协议，带领士兵和剩下的船只再次离开了。他本来想在不列颠找寻珍珠，根据现存的记载，他应该找到了一些，不管怎样，他至少找到了好吃的牡蛎，还碰到了英勇顽强的布立吞人。可以肯定的是他对布立吞人的怨恨程度和后来法国的拿破仑·波拿巴一模一样。拿破仑曾经讲过，在被英格兰人击败前，他几乎没有碰到过这种英勇无畏的人。我相信他们以后也不会见到。

大约过了一百年的时间，不列颠都很和平，城镇的面貌改变了，人们的生活水平也有了很大的提高。他们不断进化，而且走出家门，向高卢人和罗马人学习了很多有用的知识。后来，罗马皇帝克劳迪厄斯为了战胜不列颠派遣英勇善战的奥卢斯·普劳提乌斯将军率领百万雄师出征，甚至很快御驾亲征，却收效甚微。后来，他又派出欧斯托里乌斯·斯卡普拉将军。部分布立吞部落的头领妥协了，其余的人坚持舍生取义、捍卫国土。其中最有名的就是卡拉克塔库斯。在北威尔士的山区，他和他的军队向罗马人展开进攻。他对士兵说："今天是决定不列颠命运的一天，你们要成为终身的奴隶还是成为自由自在的人，就由今天决定。想想你们英勇的祖先，他们把不可一世的恺撒都赶回了他的国家！"这段鼓舞士气的话一出，战士们高声呐喊着冲向罗马人。可惜布立吞人的武器过于简陋，和罗马人精锐的装备根本没法比，在近距离攻击中没有任何优势，失败也在预料之中。英勇的卡拉克塔库斯的妻子女儿都被抓了，兄弟也投降了，他自己也因为狡诈无耻的后母的背叛，被罗马人抓了起来。罗马人趾高气扬地带着卡拉克塔库斯一家回到了家乡。

　　但是，出类拔萃的英雄就算蛟龙失水、身戴刑具也无法遮住自身的光芒。罗马的老百姓拥上街头围观时，被卡拉克塔库斯高雅的外表和历经磨难却不低头的威仪震撼，因此他和他的亲人再度得到了自由。后来，他回了自己朝思暮想的家乡还是留在了罗马，他的爱国心是不是还在，就无人知晓了。日月如梭，人世沧桑，橡子破土而出长成参天大树，几百年后再度枯死，新的橡树再长成再衰败，如此轮回，英雄卡拉克塔库斯的事迹也逐渐被淡忘了。

　　虽然如此，布立吞人却不曾轻易妥协。他们无数次进行反抗，只要有一丝希望就会发起战斗。成千上万的人为此付出了生命的代价，到死的那刻都不曾放下武器。一个名叫苏维托尼乌斯的罗马人带着军队来了。安格尔西岛是神圣的地方，却受到他疯狂的侵略。他把德鲁伊教徒关在柳条笼子里，用他们自己的燃料烧死他们。虽然他有百战百胜的部队，也无法阻挡布立吞人反抗的信念。长期住在英格兰的罗马人在抢夺布立吞王后博阿迪西亚的家产时遇到了反抗。博阿迪西亚是已故的诺福克郡和萨福克郡的王的妻子。随着军官卡图斯的号令，罗马人用鞭子抽打王后，并在她面前摧残、凌虐她的两个女儿，还强迫王的亲人做奴隶。这极大地激怒了布立吞人，为了洗刷耻辱，义愤填膺的人们拼尽全力展开抵抗。短短几天，他们用各种方式杀死了七万罗马人——吊死，烧死，用剑刺死，甚至在十字架上钉死。罗马人不仅财物被毁，还被驱逐出了伦敦——当时一座贫穷的、只用来进行贸易的小城镇。卡图斯被迫逃到了高卢。因此，苏维托尼乌斯增加了军队的人数和装备，对布立吞人展开攻击。布立吞人也不甘示弱，增强了自己的力量，在罗马人占领的土地上，向苏维托尼乌斯的军队展开了猛烈的反击。当布立吞人将要开始第一次反击的时候，博阿迪西亚驾驭着战车——她秀发飘逸，两个受了伤的女儿躺在她的脚边——一边穿梭在部队中，一边发出号召，向侵略者——横行霸道的罗马人——报仇雪恨。即使如此，拼死抵抗的布立吞人还是在这场战斗中失败了。王后在失望中吞下了毒药。

　　然而，布立吞人的意志并没有被摧垮，在苏维托尼乌斯走后，他们再次对他的军队展开攻击，将安格尔西岛收回自己手里。大约过了二十年，阿格里科拉又来抢走了这座岛，他为了制服这个国家——特别是现代叫作苏格兰的地方——花费了整整七年的时间。然而，苏格兰人的反抗仍然随处可见，斗争十分残酷。为了家人不被阿格里科拉拘押，男人们残忍地杀死了自己的妻子和小孩。死亡的人那么多，直至今天还流传着苏格兰的一些小山是士兵坟墓的石头堆积起来的传说。又过了三十年，哈德良来了，同样遭到了人们的抵抗。大约过了一百年，塞维鲁统治时，他的铁骑被英勇的布立吞人打得一败涂地。数不清的敌人被杀死在沼泽和湿地里。人们欣喜若狂。塞维鲁的儿子卡拉卡拉是他的继承者。有一段时间，他是统治苏格兰的有功之臣。他凭借的不是暴力，他明白强行镇压并没有多大的效果。他给苏格兰人部分土地，还让他们和罗马人享有一样的权利。因此，人们度过了七十年安定的时光。

接着，又来了新的侵略者——撒克逊人。他们来自莱茵河北岸，是一个性情暴躁、残酷凶狠的种族。他们以海上航行、探险为职业。莱茵河是从德国境内流过的一条宽阔的河流。河流两岸生长着最好吃的葡萄——德国葡萄酒的原料就是它们。撒克逊人乘坐着海盗船，从高卢和不列颠的海岸上岸，抢劫财物，但被卡劳修斯率人赶走了。卡劳修斯是比利时人还是布立吞人无从考究，只知道他是罗马人派来管理这个地方的。他领导布立吞人进行了第一次海上战斗。虽然遭到了失败，但撒克逊人并未放弃，重整旗鼓，再次来犯。隔了几年，苏格兰人（即当时的爱尔兰人）和北边的皮克特人又开始频繁侵略不列颠的南部。近两百年中，这样的伏击、偷袭活动从未间断。同一时间，罗马的皇帝也频繁轮换。布立吞人无数次对罗马人展开攻击。最终，在罗马皇帝霍诺留在位的时候，罗马在世界各地的控制力飞速削弱，不得不召回全部兵力。因此罗马人只好完全停止征战不列颠，遗憾地走了。布立吞人从始至终反抗侵略者，临危不惧、勇往直前的态度从未有丝毫改变。就在罗马人撤退前，他们赶走了罗马地方执政官，发表了成为独立民族的宣言。

从尤利乌斯·恺撒初次上岛到罗马人彻底离开，整整过去了五百年。尽管在那些日子里，罗马人引起了惨烈血腥的战争，但同时也改善了布立吞人的生活。他们修建了宽阔的道路，建造了城堡，提升了布立吞人的穿衣品质和军事装备，使布立吞人的生活水平有了质的飞跃。阿格里科拉修建了一道长 70 多英里 [1] 的泥石混合城墙，从纽卡斯

---

[1] 1 英里约 1.6 千米。

尔一直延伸到卡莱尔，用来防御皮克特人和苏格兰人。哈德良和塞维鲁都对这道城墙进行了加固和修缮。

最值得一提的是，罗马人治理不列颠期间，基督教随着罗马人的船只第一次传进来，教会了当地人重要的一课：想变成上帝心目中的好人，就一定要像对待自己一样对待别人，爱人者人恒爱之，敬人者人恒敬之。德鲁伊教徒们开始肆意咒骂基督教徒，并声称信仰这种教十恶不赦。然而，人们渐渐发现，德鲁伊教的祈福和诅咒并没有明显的作用，生活并没有因此发生改变，太阳依然按时升落，雨水仍然丰沛，在人们心中，德鲁伊教徒不再是神秘的，而是和自己一样的普通人，于是，信奉德鲁伊教的人迅速减少，教徒们也渐渐转行了。

说到此处，罗马统治下的英格兰的历史就要结束了。对于这五百年的历史，人们了解的不是很多，但找到了一些古迹。工人们建造房屋或教堂，修筑地基时在地底常能挖到罗马人铸造的已经生锈的钱币。罗马人就餐时用的餐具，如盘子，喝酒时用的酒樽等也会偶尔出现在农民用犁翻开的土地里，园丁用铁锹铲开的泥土里。他们曾经走过的道路，如今都已残破了。但是罗马人挖的从来不曾枯竭的水井和罗马人铺设的已成为现代公路组成部分的道路留了下来。在某些古战场遗迹中，可以找到混杂在一起的布立吞人的矛头和罗马人的盔甲，战争中它们因剧烈的碰撞掉落，早就腐化了。在这个国家里，曾经驻扎过罗马人的地方已经芳草萋萋，到处可以看到重重的山坟，里面掩埋着无数布立吞人的骸骨。在人迹罕至的诺森伯兰郡的山中，多如牛毛的青苔和野草覆盖了塞维鲁城墙，但古城墙依然挺立在原址上。夏天的时候，常会有牧羊人和他的狗在上面睡觉。巨石阵也屹立在索尔兹伯里平原上，遥想着那罗马人还不曾入侵不列颠的原始岁月。那时，在萧瑟的海岸沙滩，哪怕是拥有神秘魔法手杖的德鲁伊教徒们也没办法书写如此的碑文。

第二章

撒克逊治理下的英格兰

罗马人从不列颠走了，布立吞人却开始懊悔了。布立吞人经过长期血腥对抗，人口总数锐减，随着罗马人的离开，塞维鲁的防御城墙没人看守，变成了残破废弃的建筑，根本挡不住皮克特人和苏格兰人的脚步。他们蜂拥而至，冲进最富庶的城市杀烧抢掠，一次比一次肆无忌惮，可怜的布立吞人生活在惊恐之中。好像皮克特人和苏格兰人的入侵还不够让布立吞人倒霉似的，撒克逊人也漂洋过海加入入侵者的行列。同时，布立吞人似乎也没有意识到自己已经水深火热了，他们不再团结，如何祷告和用什么方式祷告这样的小事都成为他们争吵的理由。在传教士中这样的问题更为突出。他们的做法和当初的德鲁伊教徒惊人地相似，不管其他，只对和自己有不同意见的人进行肆意的咒骂。你应该能想到，当时的布立吞人的生活有那么乌烟瘴气，倒霉透顶。

在这样悲惨凄凉的情形下，布立吞人只得向罗马人求救，并写下一封名叫《布立吞人的呻吟》的求救信送到罗马。在信里他们这样写道："凶恶的敌人将我们赶到海里，大海的潮水又将我们推回凶恶的敌人手里。或者被剑砍死，或者被水淹死，我们只剩下这两难的抉择，除此之外我们已经一贫如洗了。"罗马人想帮助布立吞人，却毫无办法，他们面临的对手同样凶猛残暴，他们几乎用了大半的兵力才勉强保住自己的国家。走投无路的布立吞人只能向撒克逊人妥协，请他们进驻不列颠，并借助他们的力量对抗皮克特人和苏格兰人。

提出议和的是不列颠的国君沃蒂根。和他缔结和平条约的是两位撒克逊人领袖，分别叫作亨吉斯特和霍萨，这两个名字在古撒克逊语里的意思都是马。就像其他未进化的古人类一样，撒克逊人也习惯在给人取名时采用动物的名称。例如意思是马的"霍萨"，意思是狼的"沃尔夫"，意思是熊的"贝尔"，意思是猎犬的"洪多"。直到今天，生活在北美洲的印第安人还沿袭着这个习惯。

因为亨吉斯特和霍萨把皮克特人和苏格兰人赶出了不列颠，沃蒂根感恩图报，允许他们以及他们的亲人在英格兰的萨尼特小岛长期居住。亨吉斯特的女儿罗伊娜长得很美丽，在参加一场酒宴时，她拿起装满美酒的金酒杯，对国王说："干杯，我亲爱的国王，为了您的健康！"从此国王爱上了她。按照我的推测，参加宴会的美丽女孩罗伊娜、金色的酒杯等所有的一切都是亨吉斯特早就策划好的，目的是吸引国王，让他爱上罗伊娜，借助这样的机会让撒克逊人在国王心中产生更大的影响力。

无论如何，他们最终成了夫妻。在之后的日子里，罗伊娜完美地发挥了她的作用，无论是国王不满撒克逊人还是质疑他们想扩大疆土，她都会用她那白嫩的手臂轻轻地抱住国王的脖子，细声细语地说："我爱的国王啊，你既然爱着我这样的撒克逊女孩，就对他们好一点吧，他们是我的亲人呢。大家都曾经用金色酒杯在酒宴上对你表达过敬意呢！"我无法想象对着这样的美人美景，国王怎么能维持怒火。

岁月匆匆，死亡是每个人都无法逃避的宿命。沃蒂根也不能幸免。据推测他可能死于被迫退位并被送入监狱后。接下来，罗伊娜也死了。日月如梭，他们的后代经过了无数代的传承，但是他们的故事却一直流传。一些上了年纪的行吟诗人不断在各种各样的聚会上歌颂先辈们的丰功伟绩，其中亚瑟王英勇仁义的故事是行吟诗人传唱的故事中最富传奇色彩的。听说亚瑟王是古代不列颠的一位国王，但是这个人是否真实存在，传唱中的故事是他本人的亲身经历还是融合了多人的经历加工而成，已经无法考证了。或许亚瑟王根本就是杜撰出来的。

我现在讲的是真实发生在撒克逊人治理英格兰期间的精彩纷呈的事情，其精彩程度就像行吟诗人描绘的那样。

撒克逊七王国的故事就发生在沃蒂根时代。单纯的布立吞人把撒克逊人当成朋友，并把他们请到家里做客，却没想到引狼入室，养虎为患。撒克逊人部落头领带着自己的人蜂拥而至，他们用战争赶走了布立吞人，霸占了他们的家园——有些人在东部住了下来，建立了埃塞克斯，有些人住在西部，建立了韦塞克斯，诺福克人住在北方，萨福克人住在南方，……渐渐地，英格兰原有的土地上形成了七个王国。而原来的主人却被迫躲到环境恶劣的西南部的德文郡、康沃尔郡、威尔士及其附近。但撒克逊人很长时间都没能占领这些领地。直到现在，康尔沃的海岸附近仍然是悬崖峭壁，凹凸不平，四周潮湿阴暗。在冬天，能见度低的时候，海岸附近常常有船出事，没有人能逃出生天。古代亚瑟王城堡的废墟遗址就坐落于此，坚固的大岩石被怒吼的海风夹杂着海浪猛烈地撞击，分割成拱形的山门和山洞。

在撒克逊的七个王国里，肯特王国最出名。从罗马过来的传教士奥古斯丁来到肯特，坚持向撒克逊人传播基督教。当时肯特的撒克逊人正横行霸道，并不听他对宗教教义和信仰的阐述。埃塞尔伯特国王接受并诚心归向基督教，同时他的十万臣民也相继成为基督教徒。奥古斯丁在王宫旁边修建了教堂，就是现在的坎特伯雷大教堂的前身。威斯敏斯特教堂坐落在伦敦附近，当时，那里遍布泥坑和沼泽，光明神阿波罗的庙宇就建在那里，基督教徒赛贝尔把它改成了为圣彼得而建的教堂，即威斯敏斯特教堂。同时，他还在伦敦市区供奉月亮女神黛安娜的寺庙的地基上建了新的教堂，即现在的圣保罗教堂。从那时起，这座壮观的教堂就一直耸立在那里。

埃塞尔伯特死后，诺森布里亚的君主埃德温成为另一位英明的国王。传说他统治期间，女人和小孩都可以光明正大地拿着大袋的金子而不害怕被抢。他为他的儿子举行了受洗仪式，为他和他的子民应不应该全都信奉基督教专门召开了一次庄严盛大的会议。最后他们全部成为虔诚的基督教徒。夸菲作为旧宗教的代表人物在大会上发表了关键的演说，他对人们说，他被之前信仰的神明骗了："我无比肯定，我用了几乎一生的时间来服侍我曾信仰的神，他们却从不曾为我做过任何事，如果他们真的有神通，我为他们做了那么多事，让我有钱有势是最简单的一件事，他们却不曾这样做，因此我相信他们真的是说谎的小人。"接着，这个特立独行的圣职人员骑上战马，手里拿着长矛和宝剑，在大家的注视下向神殿狂奔而去，为了表达自己对它的侮辱而将手中的长矛抛向神殿。从此，撒克逊人开始信奉基督教。

过了一百五十年，还是王子的埃格伯特对外宣称自己更适合做韦塞克斯的国王。但是，在位的贝奥特里国王却有非常强大的势力支持。埃德贝加是贝奥特里的妻子，她的父亲奥法是撒克逊七国的一位国王。埃德贝加本就是一个机智敏锐的杀手，无论谁得罪了她，结局都只有死亡。有一天，她调配了一杯毒药，本意是毒害某个隶属朝廷的权贵，没想到她的丈夫误打误撞喝了，死掉了。国民们义愤填膺，纷纷聚集在王宫门口，高声喊道："歹毒的王后滚下台，她毒死了人！"人们取消了她的王后封号，把她赶出韦塞克斯。若干年后，有些去意大利游玩的人说曾在帕维亚镇见到她，她曾经的高贵典雅早已不复存在，不仅面黄肌瘦、老态龙钟，而且衣不蔽体，可怜巴巴地沿街乞讨。后来她死在了街边，裸露的尸体毫无遮掩。

因为说过想做韦塞克斯的国王，埃格伯特感觉再留在英格兰会很危险，于是去了法兰克，请求得到查理曼大帝的保护。可怜的贝奥特里刚死不久，埃格伯特就回到不列颠，成为韦塞克斯的国王。不只如此，他还战胜并兼并了其他六国，第一次将统一的不列颠命名为英格兰。

与此同时，斯堪的纳维亚人来了。作为新的敌人，他们在相当长的时间里给英格兰制造了不少麻烦。斯堪的纳维亚人是英格兰人取的名字，他们从丹麦和挪威过来，对海上的一切了如指掌，天生骁勇善战，残酷无情，肆意妄为，而且没有宗教信仰。他们乘船漂洋过海而来，在经过的地方烧杀抢掠，无恶不作。他们和埃格伯特的战斗互有胜负，而胜负对双方来说似乎并不重要。当埃塞伍尔夫和他的三个儿子——埃塞尔博德、埃塞尔伯特、埃塞雷德——在位期间，斯堪的纳维亚人来了无数次，杀烧抢掠，将英格兰搞得乌烟瘴气。埃塞雷德做国王的时候，英格兰东部的治理者埃德蒙被斯堪的纳维亚人抓住了，他们把他绑在树上，要他放弃一直诚心信奉的基督教，但忠诚的埃德蒙却毫不动摇。于是他们殴打他、侮辱他，甚至在他根本无法反抗的时候对着他射箭，最终砍了他的头。在和斯堪的纳维亚人的战斗中，国王埃塞雷德也受了伤并因此死去。好在他的继承人是英格兰历史上最出色最智慧的国王，才避免了更多的人死在斯堪的纳维亚人的刀下。

第三章

艾尔弗雷德大帝的光辉

艾尔弗雷德大帝是一位英明的君主，他坐上王位时只有二十三岁。小时候他曾两次被送去罗马。当时的撒克逊王族常常去一些宗教圣地旅游和修行。另外，他也去巴黎住过一段日子。尽管他是埃塞伍尔夫最小最宠爱的儿子，但是当时的人并不在意学习，因此艾尔弗雷德十二岁时还从没有读过书，也不认识字。幸好，就像很多功成名就的人后面都有一个伟大的女性一样，他也有一个非常智慧的母亲。某天，一本撒克逊的诗集很凑巧地被他的母亲奥丝贝嘉和他们兄弟几个看到。那时印刷术还没有发明出来，因此诗集是手写的，不仅字体优美，色彩鲜艳，装饰很漂亮，而且还画了很多图画，弟兄们都非常喜欢，母亲趁机说："你们四兄弟中谁先认识字，谁就能拥有它。"艾尔弗雷德立即请来一位老师，聚精会神地刻苦钻研起来，没过多久，这本书就是他的了。这是他这辈子最引以为傲的事。

这位明君成为国王的头一年，就与斯堪的纳维亚人展开了九场战斗，并与他们签署了一些协议。伪善的斯堪的纳维亚人装模作样地对着他们手上戴的手镯庄严地发誓会远离不列颠——手镯对他们而言是圣洁的，通常会在他们死亡的时候与他们一起埋葬。真实的情况是，他们根本就不相信誓言，发誓和违背誓言对他们来说本就是习以为常的事。当他们开心的时候，就再次回来，烧杀抢掠无恶不作。时隔三年，一个悲凉的冬季，大量的斯堪的纳维亚人再次蜂拥而至，进犯英格兰的每个角落。国王只能分散兵力抗敌，却根本抵抗不了。最后只剩下艾尔弗雷德一个人，无奈之下他只能假扮成老百姓躲藏在一个放牛郎的房子里。放牛郎没有见过他，更不知道他是国王。

当斯堪的纳维亚人四处搜捕国王时，他就一直藏在放牛郎的房子里。有一天，房东太太在厨房里烘烤蛋糕，让他帮忙看着。国王一心牵挂着他的臣民，担心他们不能逃过斯堪的纳维亚人的搜捕。他只顾着打磨他的武器，准备在形势好转时用它们狠狠地教训那些言而无信的人，蛋糕早被他抛之脑后了。房东太太回到家，蛋糕早煳了。她根本不知道面前的人是一位国王，凶狠地骂道："你就是一个笨蛋，随时都准备吃蛋糕，却看不好！"

后来，在德文郡的海岸边，当地的军队在斯堪的纳维亚人的入侵部队刚靠岸时就展开猛烈攻击，杀死了敌人的头领，还夺走了他们的旗帜。斯堪的纳维亚人的旗帜上画着一只乌鸦，这种动物很能代表这些明抢暗偷的人。丢失了旗子让他们忧心忡忡，他们坚信一种传说：这面旗子是具有魔法的，它是三姐妹花一下午的时间用魔力编织出来的，假如他们打了胜仗，旗上的乌鸦就会展翅欲飞，反之就会萎靡不振。如果这个传说是真实的，那旗子上的乌鸦这时候就应该愁眉苦脸了，因为德文郡的队伍里有英勇的国王艾尔弗雷德。在英格兰西南部的萨默塞特郡的泥沼里，国王的部队驻扎在一片比较坚固的地方，他们在那里建立了自己的根据地，为解救受苦受难的百姓、向斯堪的纳维亚人报仇雪恨做准备。

想进行反击，首先要摸清可恶的斯堪的纳维亚人的军队实力和军事堡垒修建的情况，因此，对音乐比较拿手的国王艾尔弗雷德打扮成了行吟诗人，带着竖琴走进了斯堪的纳维亚人驻守的营地。当时敌人的统领是古斯鲁姆，在他的营帐里，大家推杯换盏，觥筹交错，艾尔弗雷德在旁边一边演奏竖琴，一边吟唱诗歌，为他们助兴。看上去，他沉醉在美妙的音乐里，其实，他通过认真观察已经把敌人的营帐、兵力等军事情报全部掌握了。

　　不久，英勇的国王就为斯堪的纳维亚人举行了一场真正的"演出"：他找到了忠诚的跟随者，并和他们在约好的地方见面。他们本来已经认定国王早已失踪甚至死亡了，再次见面不禁喜极而泣。重新点燃希望的人们跟随着国王冲进敌人的军营，奋力拼杀。他们不仅打败了斯堪的纳维亚人，还将其围困了十四天以防他们逃掉。艾尔弗雷德不仅正气凛然、智勇双全，而且心地善良。信奉基督教让他学会以德报怨。无论自己曾经受到别人怎样的迫害，他都要用一颗宽容的心去感化敌人。因此，他胜利时并没有选择杀戮，而是提出只要敌人从英格兰的西面全部撤离，搬到东部去居住，双方就可以和平共处。另一个条件是古斯鲁姆必须信奉基督教，以此来表达对这个宗教的尊敬和感谢。古斯鲁姆接受了，在他接受洗礼时，艾尔弗雷德国王成了他的教父。古斯鲁姆用余生证明了他值得被宽恕。他一直竭尽全力辅佐国王，从不曾背叛过。而他领导的斯堪的纳维亚人也遵守承诺，从此改邪归正，踏踏实实地工作，和纯朴善良的英格兰人一样过上了平凡宁静的生活。但愿斯堪的纳维亚人的小孩能和撒克逊人的小孩一起在阳光灿烂的乡间开心地玩耍；但愿两个民族的男女能互相爱慕，并结为夫妻；但愿斯堪的纳维亚人在夜晚遇到赶夜路的英格兰人时可以为他敞开大门，让他免受露宿之苦；但愿两个民族的人可以一起在火红的炉火边，兴致勃勃地讲述伟大的艾尔弗雷德国王的故事。

　　可是，古斯鲁姆和他的手下只是斯堪的纳维亚人中很小的一部分。没过几年，无恶不作的海盗又来了。黑斯廷斯就是其中的一个。他天生暴戾残忍，带着八十艘船顺着泰晤士河一路抢劫到格雷夫森德。之后的三年，英格兰内忧外患，动荡不安：对外和斯堪的纳维亚人打仗，国内发生饥荒，还发生了人和动物都无法逃脱的瘟疫。然而这些灾难并不能击垮强大的艾尔弗雷德国王，他为了在海上攻打和驱赶海盗，建造了巨型的战舰；在陆地上以身作则，奋勇杀敌。在他的号召下，人们把敌人统统赶走了，和平再次回到了英格兰。

无论是和平年代还是战争时期，艾尔弗雷德做出的贡献都足以留名青史。他无时无刻不在为提高百姓的生活质量辛勤操劳。他常常和智者、国外友人一起闲聊，并记录下他们叙述的一些事，让下属们传阅。除了英文，他还会拉丁语，用盎格鲁－撒克逊语言翻译拉丁文的书是他诸多工作中的一项。他要让人们对外来的文化感兴趣，并通过学习增长见闻。为了让百姓能够更幸福安宁，他制定了公平的法律；为了让人民不被无端冤枉，他将所有心术不正的执法人员统统撤掉；为了保护百姓的私有财产，他对抢劫犯施以重刑。听说在英明的国王的领导下，就算把金银珠宝串成串随意挂在街边，也没有人会起贪心，这是人们习以为常的事。他还开办了学校，并去法院认真仔细地处理案件。他所做的每件事都只源于他心里最深的期望——让子民在自己执政期间更幸福平安，生活水平比之前得到更大提高，每个人都能得到公平的对待。为此，他付出了艰辛的努力，其辛苦的程度让人瞠目结舌。他把一天分成了若干份，每一份时间都分配了特定的事情，而他在每一份时间里都全力以赴。时间的划分需要精准，他制作了大小一样的蜡烛和火炬，并画上长短一样的刻度，火苗决不能熄灭。就这样，他用燃烧蜡烛的方式区分时间段，和人们现代钟表上划分小时的精准程度一模一样。但最开始做出的蜡烛是有缺点的，当宫殿里有风穿过门窗的缝隙吹进来时，蜡烛会淌蜡，没有办法完全燃烧。为了不让这种情形出现，国王用木材和白色的兽角做了一个盒子，把蜡烛放在里面。这就是英格兰提灯的雏形。

在这样的日子里，他却一直被一种不知名的病痛深深地折磨，饱受煎熬。这是一种无药可救的病，症状是剧烈疼痛。国王不愧为男子汉，坦然地接受这一切，就像他坦然面对生命中遇到的别的痛苦一样。公元901年，五十三岁的国王在他在位的第三十年永远地离开了他的臣民。尽管时光如梭，直到现在，人们对他的敬仰和崇拜都没有丝毫减弱。

接替王位的是国王的儿子、外号"长者"的爱德华，他是通过议会[1]推荐并投票即位的。在他在位的时候，前国王的一个侄子想谋夺王位，英格兰东部一些忠于艾尔弗雷德的斯堪的纳维亚人大概因为爱屋及乌而支持他，开始拼死争斗，英格兰被搞得乌烟瘴气。最后，获得姐姐支持的爱德华取得了胜利，在王位上平平安安地度过了二十四年。他不断扩大并强化对全国的控制，撒克逊七国被第二次统一在一起。

英格兰由此成为由一个撒克逊国王统治的统一的国家。当时，撒克逊人已经来这里居住四百多年了，风土人情有了非常大的变化。他们仍然好酒贪杯，举办宴会时常常鼓乐齐鸣，觥筹交错，但也有一些高尚雅致的举止和情趣开始传扬，并逐渐增加。例如，如同我们在墙壁上贴壁纸一样，他们也在墙上挂绣着花或鸟的织锦——织锦是用丝绸编织的。他们用不同的木料精心雕刻成桌子和椅子，上面用金银做装饰，还有一些甚至全部用金银这类稀有的金属制作。人们的衣服用丝绸、棉布、金色薄绸等织成，有的还有刺绣；人们佩戴着金质的饰品，吃饭使用刀和叉，用金、银、铜和野兽的骨头制成盘子；酒杯、床架和乐器的样式更是数不胜数。在酒席上，人们会在人群中传递一

---

[1] 英国的国会称为议会，是英国最高立法机关，诞生于13世纪，通常在威斯敏斯特官举行会议，又称威斯敏斯特议会，其前身可追溯到5世纪。英国议会实行两院制，分别是上议院（贵族院）和下议院（平民院）。英国这一政治制度后来被许多国家借鉴，名称和职能也有不同程度的调整，例如：美国称国会，由参议院和众议院组成；法国称议会，由参议院和国民议会（下议院）组成。

把竖琴，竖琴停在谁手中，谁就要献唱一曲或者弹奏一曲。武器被制作得非常结实、牢固，铁锤是其中很恐怖的一种，会一击致命。很久以后人们还在使用这种武器。撒克逊的男女都非常俊美：撒克逊的男子最骄傲的就是自己的外表：乌黑的头发在前额稍稍分开，一脸浓密的美髯，清澈明亮的眼睛，还有健康的肌肤；撒克逊的女人则高贵典雅，风姿绰约，在英格兰的街头让人赏心悦目。

撒克逊人的历史还在继续，让我感慨的是，当艾尔弗雷德大帝在位时，撒克逊人人性里最好的一面第一次被挖掘出来。这个英明的君主首先完美地展示了这些品质。持之以恒、永不放弃是人类最崇高的品质，撒克逊人的子孙后代很好地诠释了这一点。他们不管用哪种前进的方法——坐船、步行或者其他方式，也不管去到哪里——各大洲的每个角落，甚至世界的尽头，始终锲而不舍，从不屈服，对自己认定的事情更是百折不挠。无论环境如何恶劣——荒凉的沙漠、阴森的树林、无尽的大海，无论是骄阳似火还是冰天雪地，他们都能坚持。因此，无论他们到哪个地方，都会把先进的文明成果带到那里，包括法令制度、工业、人身及财产安全，还有那些持之以恒才能得到的成果。

写到这里，我停了下来，对这位伟大的国王充满了敬佩，他一个人的身上几乎拥有撒克逊人所有的美好品德。不骄不躁、不卑不亢、威武不屈、锲而不舍，成功时宽以待人，失利时卧薪尝胆，崇尚真理、公平，热爱自由，重视学习知识和普及教育。他为保留优美的古撒克逊语言而做的努力超乎我们的想象，如果没有他当初的贡献，我们现在书写的文字就会少一半的含义。听说英国现在的某些法律的制定也受到了艾尔弗雷德的精神的影响。因此，让我们共同祈祷，以他的为人和精神为榜样，当我们遇到蒙昧的人时，能够不遗余力地用自己的一生去感化他们，让后来的执政者明白，教化人民是他们的职责。

第四章

阿瑟尔斯坦及六个青年君王统治时期

　　阿瑟尔斯坦是爱德华的儿子，接替爱德华成为国王。在执政的十五年时间里，他以爷爷艾尔弗雷德为榜样，将英格兰管理得井井有条。威尔士暴动的民众被他强力制服，不得不向他缴纳钱财和牲口，并送上他们最勇猛的鹰和猎狗。对撒克逊政府阳奉阴违的康沃尔人也被他击败了。他重视穷苦人民和弱势群体。他重新启用了一些内容完好且有用却被束之高阁的旧法律，新制定的法规更是具有远见卓识。来自斯堪的纳维亚的奥拉夫亲王、来自苏格兰的康斯坦丁国王和北威尔士的平民组成了强大的联盟，企图打败阿瑟尔斯坦。阿瑟尔斯坦仅仅用了一次战役就让他们溃不成军。从此，他在位期间和平的日子渐渐多了起来，达官贵族也有了空闲的时间学习礼仪，变得举止得体大方，谦逊有礼，到英格兰来访问的外国王公也多起来。

　　埃德蒙是阿瑟尔斯坦的弟弟，他坐上王位时才十八岁，因为那年四十七岁的阿瑟尔斯坦去世了。埃德蒙成了六位青年君王中首位登场的君王。

　　埃德蒙被世人称为"实干家"，因为他在国家的改良和不断完善上颇有手段。但是，斯堪的纳维亚人却频频来犯，因此他执政的时间并不长，而且不稳定，死亡的时候也很倒霉。有一天晚上，埃德蒙在自己家的大厅举办一场酒宴，宾主尽欢之时他突然在人群里看到了利奥夫——一个声名狼藉的强盗，此人早被下令驱逐出英格兰了。国王被强盗的有恃无恐气坏了，对自己的侍从说："赶走那个强盗，他就坐在桌子旁边，他是一个被驱逐出国的罪犯，对于这种过街老鼠，人人得而诛之。"利奥夫挑衅道："我以上帝的名义起誓，我绝不会走！"听完这话，国王勃然大怒，离开座位朝着他冲过去，并抓住他的头发想把他打倒在地。没想到利奥夫藏了一把匕首在斗篷里，在和国王纠缠时用匕首将国王当场杀死。接着，利奥夫又靠着墙壁，和卫士们展开了殊死搏斗。虽然他最后被千刀万剐，血流满地，但卫士们也付出了不小的代价。您现在可以想象当时帝王的生存环境有多寒酸了。一个国王会醉醺醺地在家里的酒席上与一个强盗大打出手，并在众目睽睽之下被杀死。

接着继承王位的是年轻的埃德雷德。尽管他弱不禁风，却坚强不屈，被称作"海盗王"的斯堪的纳维亚人都曾被他和他的军队打败。九年后，埃德雷德也死了。

年仅十五岁的埃德威国王登场了。国王的权力并不在他手里，而是被修道士邓斯坦控制着。邓斯坦是一个聪慧却疯狂而且残暴自大的传教士。当时，邓斯坦是格拉斯顿伯里修道院的院长。这个修道院里安葬着埃德蒙国王。在邓斯坦很小的时候，一天深夜，他发着高烧，迷迷糊糊中下了床，走到了格拉斯顿伯里修道院，修道院当时正在装修，到处都有脚手架，邓斯坦在里面不停地走动，却奇迹般地活了下来，因此人们传说当他在房子里到处走动时有天使保护着他。他曾发明一种竖琴，不用人弹就能演奏曲子。这也许是真的，现代就有一种家喻户晓的琴——风弦琴，利用风的力量来弹奏。国王阿瑟尔斯坦在世时非常喜爱邓斯坦。这招来了一些人的嫉妒，他们用一些无法解释的奇怪的事情诽谤邓斯坦，说他是装神弄鬼的巫师。还有人暗中袭击他，把他的手和脚捆绑起来，并将他丢到沼泽里面，谁知他竟大难不死，并引发了一连串的事件。

那个时代，少见的知识分子往往是传教士。他们学问广博精深，有多方面的才能。国王赏赐传教士没有开垦过的土地作为修道院的兴建之所，因此，他们不得不学习并熟练掌握耕作和栽培技术，不然土地不肥沃，传教士们就只能挨饿了。要想把用于祈祷的礼拜堂打扮得美轮美奂，把用于就餐的大厅装饰得宁静舒服，就需要木匠、画家和金银匠人。传教士一般都独自居住在人迹罕至的地方，在生病或者发生意外时，为了避免伤痛和死亡，通晓植物的性状和作用是他们必需的技能，另外他们还要应付各种跌打损伤以及其他外伤。正因为这样，他们有的相互学习，有的勤学苦练，掌握了许许多多实用的技术。他们在很多方面颇有建树，例如农业、药物、外科和手工业等。轻松地使用一些简单的机器来骗取老百姓的信任，对他们来说是一件极简单的事。我坚信，这种事他们经常做。那些机器在现代极为常见，在当时却是奇迹。

邓斯坦作为修道院的院长，无疑是传教士中的佼佼者。他精通金属锻造，常常在一间狭窄的房间里干活——真让人不可思议，平躺都无法展开身体的房间有什么用呢？他总是编造一些魔鬼来伤害他的荒诞的假话。比如，他说，某一天，他正在认真工作，恶魔来到房间墙壁上的小窗边偷看，并尝试引诱他离开房子，放弃工作，去过无所事事、恣意享乐的生活。他用在火里烧得通红的钳子夹住恶魔的鼻子，恶魔疼痛难忍，高声号叫，声音传了几英里远。有人说邓斯坦疯了，当年的高烧烧坏了他的大脑，然而在我看来，正是因为这些谎言，不明真相的人才会受骗上当，把他当作神仙，使他位高权重。而这恰是他梦寐以求的。

据说玉树临风的埃德威国王登基当天，斯堪的纳维亚的后裔奥多（当时的坎特伯雷大主教）发现国王不顾前来祝贺的来宾，偷偷地从宴会离开了。奥多十分气愤，就叫邓斯坦去寻找国王。当邓斯坦找到国王时，国王正和他美丽的妻子埃尔吉娃以及她宽厚仁慈的母亲在一起。邓斯坦不但痛骂了三人，而且强硬地将国王带回宴会。

有人认为邓斯坦之所以这样做是因为教会反对近亲成为夫妻，而年轻的国王和他美丽的妻子恰恰是近亲。其实，在我看来，根本就是因为邓斯坦是一个嚣张跋扈且性烈如火的人。他在成为传教士之前有一段失败的爱情，这让他憎恨身边的美好的爱情，所有和爱情有联系的人或物都成为他报复的对象。

对年轻的国王而言，这无疑是一种羞辱。不久，埃德威就以私自侵占前国王的财产为由对当时的财政大臣邓斯坦提出诉讼。邓斯坦不得不逃往比利时。有人派出人手想挖出他的双眼，令人遗憾的是他幸运地逃掉了。而他曾掌管的格拉斯顿伯里修道院也被他长期的对手（从前是，以后也是）、已婚的传教士接管了。不久，邓斯坦就与他的盟友、斯堪的纳维亚后裔奥多串通起来，支持埃德威年少的兄弟埃德加抢夺王位。不仅如此，他还叫人从王宫里把才十七岁的可爱漂亮的王后埃尔吉娃偷偷抢出来，在她的脸上用烙铁打上烙印，并将其当作奴隶贩卖到爱尔兰，以示对埃德威的报复。没想到爱尔兰人非常同情王后的遭遇，把她当成朋友，并说："我们要将王后送回去，交给国王，让有情人可以幸福地生活在一起。"他们医治好王后脸上恐怖的伤口，将恢复美貌的王后送回英格兰。她满心欢喜、匆匆忙忙地往家赶，却在格洛斯特遭遇邓斯坦和奥多事先埋伏的兵马的袭击。这两个无耻小人指挥人马残忍地将王后的四肢砍断，然后置之不理，直到她死亡。因为长相英俊被百姓叫作"俊美者"的埃德威知道后，也在无可奈何中死去。这对年轻的夫妻是如此悲情，他们的爱情故事最终以悲剧结尾。在动荡不安的年代，就算是出身高贵的国王和王后，生活也不如和平年代的平民百姓幸福。

十五岁的"和平者"埃德加成为新的国王，但国家的权力依然牢牢掌控在邓斯坦手里。他规定修道院里只能有单身的传教士——他们都是本笃会的成员，而已经结婚的传教士全部被赶了出去。为了表现自己高高在上，邓斯坦把自己加封为坎特伯雷大主教。不仅埃德加，连周边的其他小国的国王也被他控制了。其间还发生了一段让后人至今仍反复吟唱的故事。有一次，埃德加在切斯特召开会议，会后大家坐船前往圣约翰的修道院参观。在迪伊河上，邓斯坦端坐船中，埃德加丝毫没有一国之君的威仪，亲自在船头掌舵，另外八个国王尽管头上戴着王冠，却如纤夫一样在两边摇桨。

邓斯坦和他的教徒们因为埃德加千依百顺，便千方百计地将他伪造成最伟大的国王，其实，埃德加不仅贪婪好色，而且残酷无情。他曾经因为看上了威尔顿修道院的一位姑娘而强行将她从修道院里抓走。邓斯坦装出很愤怒的样子，并假惺惺地惩罚他七年之内都不可以佩戴国王的王冠。这样的惩罚对埃德加来说根本无足轻重。佩戴王冠和佩戴其他的东西根本没有区别。埃德加执政期间最倒霉的事就是娶了第二位妻子艾尔芙蕾达。艾尔芙蕾达美名远播，被埃德加知道了，于是他让他信任的臣子阿瑟尔伍德前往德文郡，进入她所住的城堡，看她是否名副其实。当阿瑟尔伍德见到艾尔芙蕾达时，发现她真的美艳动人，不禁一见钟情，并和她结为夫妻。为了掩饰真相，他回复国王，艾尔芙蕾达只是家境殷实，其实是一个普通的女子。阿瑟尔伍德回去后，国王心存疑虑，决定亲自去他家里看看，并在快到的时候才通知阿瑟尔伍德，让他准备接待。阿瑟尔伍德胆战心惊，只得对新婚的妻子坦白一切，哀求她打扮得丑陋一点，举止傻头傻脑一些，尽量掩盖她的美丽，希望可以平息国王的怒火。艾尔芙蕾达答应了，却没有照做，因为她本就是个爱慕虚荣且极具野心的女子，成为王后当然是她的首选。于是，她把自己打扮得花枝招展，魅力四射。过了一会儿，国王一来就发现自己受骗了。因此，他让人将阿瑟尔伍德这个背叛者杀死在树林里，并和恶毒的艾尔芙蕾达结成了夫妇。过了六七年，埃德加就去世了，格拉斯顿伯里修道院就是他的埋骨之处。他在世时曾经全面装修过这个修道院——也许是邓斯坦特意为他装饰的，显得人们对他的所有赞美都是真的。

在此期间，英格兰曾被狼群袭击和骚扰，造成了不小的影响。后来人们把狼群驱赶出平原，威尔士的山区成了它们的藏身之所，但它们并不消停，仍然常常出来偷袭人和动物。因此，英格兰向威尔士人提出，他们本来应该进贡的物品可以用每年三百颗狼头代替。为了节约钱财，威尔士人开始疯狂猎杀狼，短短四十年，狼就从这个地方彻底消失了。

年轻的国王爱德华开始了他的统治。他的绰号"殉道者"是人们依据他死亡的方式而起的。艾尔芙蕾达想让她的儿子埃塞雷德成为国王，但邓斯坦没有同意，而是选择了爱德华。有一天，年轻的国王去多塞特郡打猎，途中路过继母和弟弟生活的城堡科夫堡，便想去看望他们并表达自己的善意。他没有带上随从，自己一个人骑着马朝着城堡飞奔而去。傍晚时分，他来到了城堡并吹响了号角。艾尔芙蕾达热情地迎了上来，一边笑着一边说："我尊敬的国王陛下，欢迎您的到来，快请进来吧。"国王回答道："不用了，亲爱的夫人，麻烦您给我一杯酒，我急急忙忙地跑过来只是为了向您和弟弟表示问候，请允许我坐在马上喝，我还要赶紧回去，不然随从们见不到我，会以为我出事了。"艾尔芙蕾达回去取酒，借机对她的卫士悄悄吩咐了一番。卫士从大门溜出去，悄无声息地站在国王的马后。天色越来越暗，阴险的女人拉着年仅十岁的儿子，对着国王微笑，国王举起酒杯，说："祝您健康！"他正准备喝，卫士从后面跳出来，出其不意地捅伤了他。国王扔下酒杯，仓皇逃走了。因为流血不止，他渐渐没有了意识，掉下马来，一只脚挂在马镫上无法抽离，受到惊吓的马拖着主人一路疯狂奔跑，他的脸被泥土、树叶、沙石等不断地摩擦。人们顺着国王一路留下的血迹才发现了马匹狂奔的路线，等到追上并截停它时，这位年轻俊美的国王早已面目全非了。

第六位，也是最后一位年轻的国王是埃塞雷德。当他看到他的哥哥被刺伤并逃走时，吓得大喊大叫，艾尔芙蕾达抢过仆人手中的火把，毫不留情地抽打他。人们不喜欢这个小孩，甚至可以说对他恨之入骨，因为他有一个阴险毒辣的母亲。他的母亲残忍地谋害前国王就是为了让他成为国王。连邓斯坦都不支持他。邓斯坦最初的想法是如果埃德金莎愿意就支持她成为英格兰女王。埃德金莎是埃德加和那位被他从修道院抢来的姑娘所生的女儿。她太了解年轻君王之间的恩怨情仇，宁愿待在修道院过平淡简单的生活也不愿做女王。无奈之下，邓斯坦只能选择埃塞雷德成为国王。因为埃塞雷德的优柔寡断和怯懦，人们便给他取名"迟钝者"。

刚开始，因为国王太年少，艾尔芙蕾达很容易控制他。但随着年纪的增长，国王日趋成熟，渐渐脱离了她的掌控。这个臭名远扬的女人再也不能为所欲为，她只得退出政治舞台。为了抵消自己当初犯下的罪行，她修建了许多教堂和修道院，仿佛修建一座耸入云霄的教堂就可以充分表达她的悔过之意。教堂采用了那个时代常见的建筑风格，她从全世界找来各种各样的石头堆砌在一起，并让教徒在里面修行，似乎这样就能掩盖自己曾犯下的罪过——可是那个因为她的阴谋而死的年轻的孩子流尽了鲜血，人们顺着带血的马蹄印迹才发现了他的遗体，这样的罪行又岂是冷冰冰的建筑就可以遮掩的？

邓斯坦在埃塞雷德在位八九年后去世了，那时他已经老态龙钟，可他奸狡诡谲的本性一点也没有改变。埃塞雷德在位时有两件和他密切相关的事传得沸沸扬扬。有一次，邓斯坦参加了一场在教堂里举行的会议，议题是传教士结婚能否被认可，他默默地坐在一边，低着脑袋，好像正在认真思索。突然，一个声音从房间的十字架中传出来，告诫大家一定要听从邓斯坦的想法。这肯定是邓斯坦导演的一场幻术，那声音几乎可以肯定是他自己发出来的。时隔不久，他又导演了一场更加离奇的闹剧。还是一场会议,议题仍然是之前的那个,在一个开阔的房间里,邓斯坦和他的追随者坐在一边,另一边则是持异议的人们。邓斯坦站起来说:"我们把这一切交给上帝,让他来决定。"刚一说完,反对派那边的地板突然坍塌了。有人当场死亡,受伤的也不在少数。可以肯定,这就是邓斯坦做的,因为他所在的那块地板毫无损伤。他早就叫人在地板下动了手脚,只要他发出号令,地板就会坍塌。这事根本毋庸置疑,邓斯坦这样擅长制造的匠人做出这样的机关根本就是小事一桩。

邓斯坦去世以后,传教士们将他称作"圣徒",从此以后,人们就称呼他为"圣邓斯坦"。这不过是一个称号,就算人们把他称为一匹用来拉车的马,并用这个称号称呼他也没有问题,毕竟怎样评价是人们的自由。

我相信,埃塞雷德早就想脱离"圣徒"的掌控,但离开了他的扶持,这个国王只是一个懦弱无能的失败者。耻辱和挫折充斥着他的政治生涯。斯韦恩是丹麦国王的儿子,他和父亲争吵后被赶了出来,于是就带着贪婪的斯堪的纳维亚人跑到英格兰,大肆抢劫。为了让这伙强盗早日离开,胆小的埃塞雷德便拿出金钱打发他们,可贪心是没有止境的,得到了一万,下次就要一万六,接着就要两万四,一次比一次要得多。而付出的一笔又一笔的巨额钱财都变成了苛捐杂税摊到了英格兰百姓身上。但是,斯堪的纳维亚人并不满足,去而复返,得寸进尺。无奈之下埃塞雷德想出了一个好办法:与外国有权势的大家族联姻,从而得到对方的帮助。诺曼底公爵理查德有一个妹妹名叫埃玛,貌美如花,号称"诺曼底之花",自然成为他追求的对象。公元1002年,他们结为夫妻。

很快,英格兰的土地上上演了一幕前所未有的悲剧。11月13日,国王对全国子民下令屠杀英格兰境内所有的斯堪的纳维亚人。每一个英格兰居民都参与了这场杀戮,对自己身边的斯堪的纳维亚人毫不留情。

　　所有在英格兰的斯堪的纳维亚人，无论男女老幼，从装备精良的战士到毫无还手之力的婴儿无一幸免。他们当中确实有残忍凶暴的强盗，他们肆无忌惮地冲进英格兰人的家中，欺男霸女，傲慢专横，不可一世，这些人的确该杀。但是被杀的人中还有很多热爱和平的虔诚的基督教信徒。他们和这个国家的人成为夫妻，对这个国家和人民都有深厚的情谊。但英格兰境内的斯堪的纳维亚人无人生还，包括贡希尔德和她的家人。贡希尔德是丹麦国王的姐妹，嫁的是英格兰的权贵，却只能无可奈何地看着丈夫和小孩惨死，最后自己也难逃一死。

　　丹麦国王知道如此血腥的事件后，立刻怒不可遏地带领一支气势恢宏的舰队和一支精壮的军队奔赴英格兰。这支军队里没有瘦弱的奴隶和虚弱的老者，全是身强力壮的平民或他们的子女。在 11 月 13 日那天，他们的亲人都在那场血腥的杀戮中惨死在刀光剑影之下。人们发誓要以牙还牙，报仇雪耻，让英格兰人付出代价。斯堪的纳维亚人乘坐的是大型船只，为了从气势上震慑英格兰人，他们把金色的雄鹰、黑色的乌鸦、威风凛凛的龙等野兽图案画在旗帜上。旗帜代表着不同的指挥者，挂在每艘船的船头，与船侧面闪闪发亮的盾牌交相辉映。国王的船上挂着代表国王的军旗，旗帜上用彩色的线条描绘出图案，看上去像一条威风八面的蟒蛇。怒气冲天的国王对他信仰的神明起誓，如果他的蟒蛇不能用有剧毒的牙齿一点点地磨碎吞噬英格兰的心脏，那所有的神灵就不必再庇护和保佑他。声势浩大的舰队乘风破浪冲向英格兰。

　　他言出必行，威猛的战舰在埃克塞特一靠岸，声势浩大的军队就冲了下来，一路向前，经过的地方如蝗虫过境。为了证明他们已经攻占了全部的地方，行进的时候他们会在地上插入所持的长矛，或将长矛抛在水里。为了纪念同胞被残忍杀害的那个夜晚，他们不管行进到什么地方，都会驱使撒克逊人给他们筹备丰盛的酒宴。他们在酒席上一边咒骂着英格兰一边享受着美味佳肴，酒足饭饱后，就用剑杀死撒克逊人，然后大模大样地径直离去。这场仗打了整整六年，所有的建筑物都被他们放火烧掉了。在乡间地头耕种的人被他们杀死了，而且他们不准人们再耕耘。老百姓饥肠辘辘，不少人都死于饥饿。入侵者走后，原本富庶的城市留下来的只有断壁残垣和灰烬。更悲哀的是，很多英格兰人变成了出卖祖国的叛徒，包括一些政府工作人员和私自逃离部队的士兵，还有埃塞雷德信任的臣子。叛徒抢夺了很多英格兰的船，他们成了强盗，反过来为难自己的国家。而英格兰的海上部队遭遇了一场狂风暴雨，几乎无人生还。

但让人欣慰的是，在这种凄惨的情形下，一位英勇的传教士——坎特伯雷的大主教，依然对自己的国家和懦弱的国王忠心耿耿。为了保卫自己的家园，他与合围他的斯堪的纳维亚人展开了近二十天的顽强战斗。最后，出卖他的人把城门打开，才让敌人得以进城。他被捕后身戴刑具却坚持道："让我去抢处在水深火热中的老百姓的钱，来换我活下去的机会，这种事我绝对不会做！"他无数次如此斩钉截铁地拒绝了敌人让他搜刮百姓的钱财来交换自由之身的要求。

后来，斯堪的纳维亚人终于失去了耐心。一天，他们一起饮酒作乐，喝得酩酊大醉后，让人把主教抓到举行宴会的大厅。整个大厅里人满为患，有的人甚至站在桌子和长凳上，所有的人都凶神恶煞地看着主教，并恶狠狠地说："主教大人，马上给我们钱！"传教士看着周围凶狠的人，明白自己难逃一死了。但他仍坚定地说："我没有钱！"人们冲着他大声吼道："那你就想办法去，找你的子民去。"他回答道："那是不可能的！无论你们说多少遍，我都不会答应！"

人们将主教围在中间，对他威逼恐吓，但他不为所动，傲然屹立。恼羞成怒的人们开始对他拳打脚踢。大厅的墙角堆着一些吃剩的骨头，一名士兵骂骂咧咧地从里面抽出一根粗壮的牛骨，朝着主教的脸砸过去，主教立刻血如泉涌。接着，其他人也纷纷效仿，从垃圾堆里抽出骨头砸向主教，主教被打得遍体鳞伤。后来，一个曾接受过主教洗礼的士兵用斧头将他杀死了。我宁愿相信这个士兵内心是善良的，这样做是为了让他少受点折磨。

如果埃塞雷德能够以高尚的主教为榜样，英勇不屈，他就会奋起反抗，然而懦弱的他没有这样做，反而给了敌人多达四万八千英镑。即使如此，他也没有得到什么甜头，不久，斯韦恩又来了，他要全面占领英格兰。这个时候，软弱无能的国王，风雨飘摇的国家，四面楚歌的处境让英格兰人民心如死灰。斯韦恩的到来，让人们看到了希望，便开心地迎接他。当国王还在伦敦时，人们还可以坚持抵抗，但他前脚一走，人们就打开城门，将斯堪的纳维亚人开开心心地迎了进来。走投无路的国王只得离开英格兰，逃到诺曼底公爵那里，他来自诺曼底的妻子和孩子早已在那里了。

然而，即使民不聊生，善良的英格兰人也无法彻底抛弃伟大的艾尔弗雷德国王和他的民族。斯韦恩自封为英格兰的君主才三十几天，就匆匆离世。宽宏大量的人们写信给埃塞雷德，只要他能比之前做得好一些，人们愿意再次接受他做国王。国王让自己的儿子爱德华回到英格兰，并代替他做出了保证。很快，他也回来了。他是英格兰人选择的国王，丹麦人却支持卡努特——斯韦恩的儿子。于是，一场王位之争开始了，足足打了三年，一直到"迟钝者"埃塞雷德死亡为止。在他统治期间，除了这一件事，几乎没有任何值得歌颂的事。

按理说，埃塞雷德死了，卡努特就应该成为新的国王了。但是，人们觉得他不是撒克逊人，不应该管理他们，于是全力支持埃塞雷德的儿子埃德蒙。埃德蒙孔武有力，因此被人称作"刚勇王"。为了争夺王位，可怜的英格兰再次成为战场，双方前后共展开了五次战役。后来，健壮的埃德蒙提议两人单打独斗来一决雌雄。但矮小的卡努特并不愿意，身材上的差距让他不敢应战。于是，他表示愿意用瓦尔廷大道作为界线，各自为政——大道的北边是他的领土，大道的南边属于埃德蒙。瓦尔廷大道是一条古罗马人的军事通道，贯穿多佛尔港和切斯特市。因为长年累月的征战让人不堪重负，人们渴望和平，所以卡努特的提议得到了认同。最终他得偿所愿。之后不到两个月，埃德蒙意外死亡了，没人知道是不是被卡努特的人暗杀的。反正，卡努特是最终的胜利者，成为英格兰的国王。

第五章

丹麦人卡努特的统治

　　卡努特在位十八年。刚坐上王位时他真是表里不一，薄情寡义。为了取得撒克逊各部族统领的认可，让自己的统治合法化，他向神灵起誓，会像对待自己人一样，不分厚薄地对待他们，以感谢他们的支持。他还和他们每个人握手为盟。可后来他却撤掉了很多统领的职务并杀害了他们。前国王的很多亲人也没能逃过这样的命运。他常常对人说："不管是谁，只要能杀掉我的敌人并把他的脑袋献给我，他就是我的兄弟。"看他对敌人穷追不舍的态度，相信成为他的兄弟的人不在少数。不幸的"刚勇王"埃德蒙有两个年幼的儿子——埃德蒙和爱德华，杀死这两个孩子是卡努特梦寐以求的事。在英格兰，他不能这样做，于是他将两人一同送到瑞典，授意瑞典国王帮忙杀掉他们。如果瑞典国王和他同流合污，这两个幼小的孩子就难逃一死。好在瑞典国王宅心仁厚，不但没有伤害他们，反而对他们体贴入微。他们在瑞典国王的照看下得以平安长大。

　　诺曼底也是卡努特的一块心病。埃塞雷德国王的两个儿子——爱德华和艾尔弗雷德就生活在诺曼底。理查德公爵是他们的舅舅，他随时可以将两个孩子推出来与卡努特争夺王位。然而这位舅舅并没有这样的想法，反而希望他的妹妹（昔日的"诺曼底之花"，已故的埃塞雷德国王的王后）能够嫁给卡努特。那是一个华而不实的女人，只想再次成为王后，其他的都不放在心上。为了嫁给卡努特，她连自己的两个儿子都不管了。

国外有英勇的英格兰人勇敢作战，国内一片祥和，心满意足的卡努特便致力于让英格兰变得兴旺发达，为此推行了不少改良革新的措施。他本人在音乐和诗词方面有很深的造诣。随着年龄的增长，卡努特越来越后悔刚上台时的冷酷无情，满手血腥。为了弥补自己犯下的错，他选择以朝圣者的身份前往罗马，并将他临走前刚从英格兰人民手中拿过来的钱施舍给路上的人。不管怎样，和平之时，没有人和他明争暗斗，卡努特也算是英明仁慈的好国王，在英格兰的历史上他也是有名的明君。

负责记述历史的人曾这样写道：卡努特听够并厌烦了朝中大臣们的溜须拍马，他让人把王座放在海边，对着海水发出号令。卡努特命令海水涨潮的时候不准将他的衣服弄湿，但是海水冲上来根本不可能听他的话，于是他转过来，对着那些阿谀奉承的朝臣斥责道："上帝才是万物的创造者，他才可以命令大海'以此为界，不准越过！'和他的能耐与威望比起来，世间的君王根本就不值一提！"我认为，通过此事我们能看到两点：第一，即便是少许的冷静思考和分析，对君王也一定大有裨益；第二，大臣们爱说恭维话的弊病并不是立刻就可以改正的，国王爱听恭维话也一样，如果卡努特不爱听恭维话，他的朝臣们也不敢对他巧言令色，阿谀奉承。如果朝臣们不明白国王只是在故意炫耀那番说辞（我认为，假如这番话是从某个寻常小孩子口中讲出来的，根本就不会让人觉得有任何出彩的地方），他们也不会煞费苦心翻来覆去地重复。我好像看到，在海边沙滩上，国王坐在他的宝座上，慷慨激昂地表演着他的精彩演说，而站在一边的朝臣们个个瞠目结舌，似乎都被国王的才华惊呆了。

上帝创造世界时就定下了规则，人世间无数的帝王都不能打破这些规则，例如生老病死。1035年，卡努特临死的时候，来自诺曼底的妻子站在他的床边。一直以来，国王对诺曼底都心存疑虑。当他看妻子最后一眼时，也许想起的就是两个被流放的王子。他们和舅舅生活在诺曼底，无论对撒克逊人还是对斯堪的纳维亚人都没有任何感情。诺曼底的天空渐渐升起一朵乌云，慢慢地往英格兰的方向飘过来。

第六章

"野兔腿"哈罗德、哈德克努特与 "忏悔者"爱德华

卡努特大帝有三个儿子，斯韦恩、哈罗德与哈德克努特。其中哈德克努特是卡努特和诺曼底的埃玛王后的儿子。他想把领土划成三份，让哈罗德成为英格兰国王。但是这个决策遭到了盘踞在英格兰南部的撒克逊人的否决。戈德温伯爵是他们的领导。据说戈德温伯爵是穷苦人家出身，现在却是家财万贯、手握重权的贵族。他们支持哈德克努特或两位被驱逐到诺曼底的王子中的一个。局势危在旦夕，战争似乎一触即发，很多人抛家舍业，逃进了深山老林。好在转机出现了，一场会议在牛津召开，这场会议最后决定把英格兰划分为两部分，以泰晤士河为界，北边以伦敦作为首都，归哈罗德统治，南边则属于哈德克努特。一场危机就此解决了。然而，哈德克努特无心从政，只爱在丹麦吃喝玩乐，南方的统治权实际掌控在他的母亲和戈德温伯爵手中。

局势尚未稳定，逃进深山的人们还没走进家门，被驱逐到诺曼底的大王子爱德华和他屈指可数的拥护者就从诺曼底回来了——来争夺王位。但让他意外的是，反对最为强烈的竟然是他的母亲埃玛。她心中只有最小的儿子哈德克努特。在她的强烈抵抗之下，爱德华白跑了

一趟，为了保全自己只能返回诺曼底。而他的兄弟艾尔弗雷德可没有他那么好运。爱德华回到诺曼底后，兄弟俩收到了母亲埃玛的一封信，信的内容饱含母爱和温情，艾尔弗雷德动心了，带着部队回到英格兰。他从肯特郡刚一上岸，就见到了前来接他的戈德温伯爵，于是和他一起来到萨里郡的吉尔福德镇。晚上，艾尔弗雷德和他的军队准备驻扎下来休息，伯爵已为他们找好了住所，他把士兵们分别安置在几栋房子里，并准备了美味的饭菜，让他们能好好地休息。于是，累了一天的士兵们酒足饭饱后很快就在温暖的床上进入了梦乡，丝毫没有戒备。深夜，英格兰国王的队伍忽然出现在镇上，不费吹灰之力就把艾尔弗雷德的军队全部控制了。次日清晨，这六百个被捕的士兵被带到一起，站成一排，十个人中选出一个当作奴隶卖掉，其余的人则受尽严刑拷打，最后还是没能逃出生天。可悲的艾尔弗雷德王子被除去衣物，赤裸着绑在马的后面，任由马拖着他一路走到伊利岛。到了那里，他们挖掉了他的双眼。王子在痛苦中挣扎了几天终于死去了。虽然没有确凿的证据，但可以肯定这是戈德温伯爵的阴谋。

大多数的牧师都是撒克逊人，他们对斯堪的纳维亚人并没有好感，因此坎特伯雷大主教一直不愿为哈罗德举行加冕仪式。虽然没有得到教会的承认，也没有正式的仪式，哈罗德还是成为英格兰真正的国王，一直到去世。他一共在位四年。哈罗德平生只喜欢打猎，由于他在打猎时奔跑得很快，人们就给他取名"野兔腿"。

哈罗德死时，哈德克努特和埃玛都在佛兰德的布鲁日。艾尔弗雷德悲惨地死去后，埃玛就坐船过去和哈德克努特生活在一起，商量着统一英格兰。为了防止再次爆发战争，没有了统领的斯堪的纳维亚人和撒克逊人共同签名请哈德克努特成为他们的国王——这正是哈德克努特想要的。然而，事实证明，他们做错了。哈德克努特并不是独自回来的，他还带回来不少斯堪的纳维亚人。这些人都是吸血鬼，为了让他们的贪心能够得到满足，哈德克努特只能不断地向百姓征收赋税，而且一次比一次重。人们不堪重负，纷纷起义，特别是在伍斯特，人们不但不听国王的号令，还将国王派来的税收官杀死了。哈德克努特因此下令烧毁了整座城市。可以看出他是一个残暴的国王。他当上国王后下达的第一项指令便是挖出哈罗德的遗体，砍下他的头颅，并把头颅和尸体一起丢进河里。而他自己的命运也没有多幸运。傲慢的斯堪的纳维亚人托威德是哈德克努特国王的护旗手，国王参加了托威德在兰贝斯举行的婚礼，酒宴中，国王喝得酩酊大醉，手里拿着酒杯，径直倒向了地面，再也没能站起来。

　　后来被教士们封为"忏悔者"的爱德华接替哈德克努特成为英格兰国王。他就是被迫流亡诺曼底的两位王子中的一位，他可怜的弟弟早已被害。他上位后发布的第一个命令就是把从未疼爱过他的母亲埃玛强行送到偏僻的乡下。埃玛不得不照做，到死也没有再回来过。哈德克努特只当了两年国王，其间他从诺曼底把哥哥爱德华接回了英格兰，并让他住在宫廷里，给予了很好的照顾。哈德克努特死后，爱德华便得到戈德温伯爵的支持，很快成了新国王。自从戈德温伯爵阴谋害死艾尔弗雷德王子后，人们就不再相信他，哈德克努特国王还因为此事抓捕并审问过他，但后来还是宣布他没有罪并释放了他。听说他为了脱罪送给贪婪的国王一份厚礼：一艘镀满黄金的船，船头用黄金雕刻的人像作装饰，还有八十个全副武装的水手。哈德克努特死后，戈德温伯爵需要新上任的国王为他消除民众的怀疑，化解民众对他的仇视，而新国王需要戈德温伯爵的财力和兵力做支持。这是一个双赢的交易，他们很快就达成了这样的约定：伯爵支持爱德华成为国王，国王则分给他更多的领地和权力。协议中还有一条，就是国王必须迎娶伯爵的女儿伊迪丝，并让她成为王后。

　　尽管伊迪丝是一位值得敬重的好女人，她拥有女人的所有美德——通情达理、善解人意、秀外慧中，却没有得到国王的青睐。可能是被强迫的缘故，国王对她异常冷落。对此，她的父亲和六个哥哥非常不满，于是他们竭尽所能地在百姓中诽谤国王，让他的信誉逐渐降低。爱德华从小在诺曼底长大，早已习惯了诺曼人的生活方式，他的大主教和主教很多都是诺曼人，他的心腹和机要大臣全部都是诺曼人。不仅如此，他还把诺曼人的服饰和语言带到英格兰。之前的撒克逊国王在重要文件上签名时都是画一个十字，就像现代很多目不识丁的人常做的一样。爱德华签名时会用火漆印，就像诺曼底公爵所做的那样。戈德温和他的儿子们故意曲解他的所有行为并加以污蔑，使人们相信爱德华并不喜欢英格兰人。渐渐地，国王的势力被一天天削弱，而戈德温家族却日渐壮大。

爱德华在位的第八年，戈德温得到了一个非常有利的机会。布洛涅伯爵尤斯塔斯是国王的妹夫，他到英格兰来看望爱德华，在王宫里住了一些时间后，他带上随从打算回家。他们想从多佛尔出发，便大摇大摆地来到了这里。他们不仅人数众多，而且装备精良，因此霸占了镇上最好的房子，不但白吃白喝，而且盛气凌人。多佛尔本是个平静安逸的小镇，布洛涅伯爵一伙人的嚣张终于激起了反抗。一位有血性的多佛尔人不愿让专横暴戾的外国人全副武装地在他家里闲逛，更不愿他们在家里肆意挥霍他的食物，便守在门口，拒绝了想进他家的士兵。恼羞成怒的士兵拔出剑来砍伤了他，他便愤怒地杀死了这个士兵。很快，这个举动就在多佛尔的街头巷尾传扬开来，布洛涅伯爵等人也知道了。他们立刻骑上马，迅速来到那个多佛尔人的家，将它团团围住。他们强行撬开早已锁死的房门，在壁炉边杀死了那个多佛尔人。接着，还未泄愤的他们又来到街头，见人就砍，逢人就杀，就连妇女儿童都难逃其毒手。然而，多佛尔人绝不会让他们为所欲为，怒不可遏的百姓奋起反抗，杀死了十九个诺曼人，还打伤了无数个，并且切断了去往港口的道路，不让伯爵出发。尤斯塔斯不得不拼命逃回格洛斯特。他飞奔回来，见到了爱德华，爱德华正和一群诺曼人在一起，伯爵高声喊叫："国王啊，为我主持公道啊，多佛尔人杀死了我的部下。你必须派人教训他们。"国王马上去找戈德温伯爵。多佛尔正是戈德温伯爵管理的区域，因此国王下令让他统兵前往并对当地的居民予以严惩。

然而戈德温伯爵这样说道："那里的人民都是您曾起誓要保护的人，现在连听证会都没有召开就要随便处罚他们，您作为国王不应该下这样的命令。我拒绝接受。"

于是，国王下令让戈德温伯爵到法庭上为多佛尔的反抗做出解释，如果他违抗命令，就收回他的官职，没收他的财产。但伯爵并没有出席，不但如此，他还和他的大儿子哈罗德、小儿子斯韦恩不遗余力地组织起大批兵力，主张尤斯塔斯伯爵和他的随从必须遵守英格兰的法律，要求他们为自己的所作所为付出代价。但国王不肯交出他的妹夫，也组织了一支强大的队伍。经过了数次商讨和切磋，戈德温伯爵一家的队伍开始分化瓦解。无奈之下，戈德温伯爵只好和一部分亲人带着大量的财富去了佛兰德，其大儿子哈罗德去了爱尔兰。这个曾经显赫的家族暂时告别了英格兰的政治舞台，但英格兰的人们不会就这样把他们忘了。

"忏悔者"爱德华对戈德温伯爵和他的儿子们的愤恨没有了发泄的途径，于是伯爵的女儿伊迪丝——他善良的妻子，一个毫无还手之力的女人——就成了无耻的他的报复对象。所有的人都敬重并拥护伊迪丝，但爱德华和他的修道士们除外。贪得无厌的爱德华搜光了她的金银珠宝，侵吞了她的财产，把她关进一所修道院里，只留一个仆人陪着她。看管伊迪丝的人，也就是修道院的院长则是爱德华的妹妹。可以肯定的是这个女人和爱德华一样惹人讨厌。

戈德温伯爵和他的儿子们终于离开了，没有反对者的爱德华对诺曼人更加信任了。诺曼底公爵威廉也被他请过来做客。爱德华和弟弟被流放诺曼底时曾受到过威廉父亲的款待。威廉的母亲是一个普通的制革工人的女儿，听说她在溪边洗衣服时遇见了威廉的父亲，两人便坠入爱河。威廉是位伟大的战士，酷爱马匹、猎狗和兵器。他接到爱德华的盛情邀约，便高兴地带着大批诺曼人来到英格兰。爱德华在王宫里为他们举行了盛大的欢迎仪式。从此，在英格兰的诺曼人更加目空一切，看不起英格兰人，而英格兰人也更加讨厌他们。

英格兰的很多地方都有戈德温伯爵布置的间谍，他们关注着英格兰的所有事。这些人是戈德温伯爵用离开时带走的钱财雇的。这样一来，身处异地的伯爵对英格兰依然了如指掌。

他觉得现在是对付偏爱诺曼人的国王的最好时机，他带领远征军来到怀特岛，和他最英勇的儿子哈罗德会合，两人沿着泰晤士河一路前进，到达了南华克。人们夹道欢呼，热情地欢迎伯爵和他的儿子——因为他们俩是土生土长的英格兰人——以此来表达对国王宠爱诺曼人的不满。

刚开始，就像所有被教士们支配的国王一样，爱德华对这样的内部之争并不在意，置之不理。支持老伯爵和他儿子的人日益增多，老伯爵为了拿回曾属于他的一切，不断地催促以和平的方式解决争端。朝廷也终于戒备起来。同是诺曼人的坎特伯雷大主教和伦敦主教在侍从的保护下逃离伦敦，来到埃塞克斯郡。他们顾不得自己高高在上的身份，匆匆忙忙坐上渔船逃向法兰西。别的同为诺曼人的心腹也抱头鼠窜。曾属于戈德温伯爵的财富和权势再一次回到了他和他的儿子们（但不包括犯了罪的斯韦恩）手中。高贵圣洁的伊迪丝王后从修道院这座监牢里出来了，被冷酷无情的国王夺走的金银珠宝也物归原主了。

戈德温老伯爵耗尽心力拿回了他的权势和财富，却无法享受它们，在一次国王举办的酒宴中，他在餐桌前昏迷，三天后便去世了。他的爵位由他的儿子哈罗德继承。在大家心里，这位新伯爵的威望远比他父亲的高。他智勇双全，曾无数次浴血奋战消灭国王的敌人。苏格兰的起义也是被他镇压的——就是在那时，邓肯被麦克白杀死了。数百年后莎士比亚著名的悲剧《麦克白》就是以这个事件为原型创作的。

哈罗德还杀死了不肯安分守己的威尔士国王格里菲斯，斩下他的头颅带回英格兰。

哈罗德在海上航行时有没有发生什么事情，人们并不知道，也无关紧要。哈罗德曾经被一场狂风暴雨吹到法兰西的海岸，他的船被迫停在那里。他被法兰西人捉住，成为俘虏。这件事是真的，在那个并不太开化的年代，所有因为船在海上出了问题而被迫在法兰西上岸的异乡人都成了法兰西人的俘虏。要想得到自由，就得支付足够的金钱。盖伊伯爵是蓬提厄的头领，哈罗德正是在他的领地被捉的。如果这位领主是一个热情虔诚的基督教徒，就会放了哈罗德，但他显然不是，他要借机好好勒索哈罗德。

哈罗德立刻让人带着书信去诺曼底找威廉公爵，说他遭到了盖伊伯爵的不公平对待。公爵收到信后，马上命人把哈罗德安全地送到具有悠久历史的城市鲁昂。哈罗德在鲁昂受到了热情的欢迎，威廉公爵将他奉为上宾。现在有些史书写着，在那个时候，"忏悔者"爱德华已经年老体弱，他没有儿子，因此立下了让诺曼底公爵威廉接替他成为英格兰国王的遗嘱。威廉对此应该也是知情的。不可否认，爱德华死前最放心不下的就是谁做他的继承者，他邀请"刚勇王"埃德蒙二世的儿子"流放者"爱德华一家人来英格兰。可当爱德华到来后，国王却根本不和他见面。没过几天，"流放者"爱德华就在伦敦意外死亡了。圣保罗大教堂安葬了他的尸体，这对当时的王子们来说是司空见惯的事情。让威廉作为继承者的事也许是真的。"忏悔者"爱德华是如此钟爱诺曼人，在威廉去英格兰的时候，国王也许已经暗示他，将来可能把王位传给他。因此，威廉对于王位志在必得。哈罗德无疑是他登上王位的最大的帮手，因此，他召集了大批的王公贵族，当着大家的面把他的女儿阿黛勒许配给了哈罗德。他告诉哈罗德自己会在爱德华去世后成为英格兰的新国王，所以哈罗德必须在众目睽睽之下以天主的名义起誓，全心全意地辅佐他。别无选择的哈罗德只得照做。教士们非常崇拜神灵，下面这件事就是最好的证明：他们在一个木桶里放上人死后留下的骨头——圣徒邓斯坦的遗骨——在木桶盖上放着一本祈祷书，让哈罗德把手放在上面，庄重地宣誓，等他宣完誓后，把桶盖打开，让他看到圣人的骨头。教士们说这样会让哈罗德的誓言更有说服力，而且更有约束力。说得好像圣徒邓斯坦的身体的每块骨头都能代表上帝从而让一切变得更加慎重似的。

　　哈罗德回到英格兰后大概过了两周，闷闷不乐的老国王爱德华走到了生命的尽头。由于他在世时对教士百依百顺，当他去世后，教士们对他极力歌功颂德。著名的淋巴结核触摸疗法就是从爱德华开始的。教士们竭尽全力让国王相信，他因为虔诚信教也拥有了神的力量，得了很严重的皮肤病的人只要来到国王面前被他触摸一下，就会完全康复。这个治疗方式从此成为皇家的传统被传承下来。其实这些病人是谁治好的我们早已心知肚明。而爱德华的名字绝不会出现在那些昙花一现的君王之中。

哈罗德二世与诺曼人的征服

　　就在软弱的"忏悔者"爱德华被埋葬的那一天，哈罗德立刻戴上王冠，宣布成为英格兰国王。这些事他必须迅速完成。爱德华去世、哈罗德登上王位的消息传到诺曼底时，威廉公爵正在鲁昂的狩猎场里打猎，他马上丢掉弓箭，匆匆忙忙回到府中，召集所有的权贵一起商量对策，并派出亲信到英格兰催促曾发誓忠心辅佐他的哈罗德立即从国王的宝座上退下来。可哈罗德根本就不听他的。因此，威廉公爵向法兰西的权贵们承诺，只要攻下英格兰，所有的土地和财富都是他们的战利品。于是，权贵们在威廉公爵的统领下，准备大规模进攻英格兰。教皇也参与并支持这场战争。他让人把一面接受过洗礼的战旗和一枚戒指带到诺曼底。戒指里面装着一根头发，教皇亲自担保那是圣彼得的头发。他为这场远征祈福，同时对哈罗德进行了诅咒。他这样做，其实是为了让诺曼人更准时地上缴给罗马教廷年税，也就是"圣彼得的便士"。

　　哈罗德有一个因犯罪被流放的弟弟，那时刚好在佛兰德，在挪威王哈罗德·哈德拉达的手下做事。而这个哈罗德的弟弟却与挪威王沆瀣一气，共同进攻英格兰。在威廉公爵的大力支持下，两个英格兰贵族的军队被他们打败了。他们势不可挡，一直到达约克，并将约克重重围困。祸起萧墙，本来在黑斯廷斯的海边准备伏击诺曼军队的哈罗德无奈之下只得匆忙挥师北上。斯坦姆福德大桥坐落在德温特河上，哈罗德在那里给了敌人一记重击。

哈罗德到达那里时，敌人早已布置好了战斗的方阵。阳光照射在他们手里的武器上，闪烁着耀眼的光芒。为了仔细地观察敌人的情况，哈罗德骑在马上远远地绕着敌人的营帐转了一圈。他看到营帐里有一个看上去很强健的人，穿着蓝色的披风，头上戴着闪烁着光芒的头盔。不知是什么原因，那个人的马忽然颠了一下，他被掀下马来狠狠地摔了一跤。

哈罗德感到奇怪，便向他的下属问道："摔倒的那个人是谁？"下属告诉他："那是挪威国王。""可真是个威风稳重的国王啊！"哈罗德说，"但他的死期很快就会到了。"隔了一会儿，他继续说道："你去见我弟弟，只要他马上带着军队离开，就允许他重新回到英格兰，并恢复他的诺森布里亚伯爵的称号，继续养尊处优地生活。"士兵马上去见了国王的弟弟，并把国王的意思如实转达。国王的弟弟询问道："挪威的国王是我的好友，如何处置他呢？""等待他的只有7英尺[1]长的墓地，也许国王会念在他身形高大多给他几英尺。"士兵这样回答。国王的弟弟大声呵斥："滚出去！告诉哈罗德，此战非打不可！"

不久，一场大战如期展开了。对方所有的主将全部阵亡，包括挪威国王和哈罗德的弟弟。奥拉夫是挪威国王的儿子，哈罗德大发慈悲，饶了他的性命。取得大捷的队伍回到约克，哈罗德国王摆下庆功宴和下属们一起畅饮。正在此时，突如其来的消息打断了庆功宴的欢愉——诺曼人来了。

这不是假消息。刚开始，诺曼人一出征就遭遇了挫折。在海上，

---

[1] 1 英尺约 0.3 米。

他们遇到了风暴，多艘战船损坏，出事的船只被逆风吹回了诺曼底岸边，沙滩上到处是船员的遗体。英勇的诺曼人并不灰心，跟随着威廉公爵第二次出发了。威廉公爵乘坐的是一艘华丽庞大的战船，这艘船是他的妻子送给他的，船头立着一个男孩的雕像，通体金色，手指着英格兰的方向。天亮时，象征着诺曼底的三只狮子在战旗上栩栩如生，各色彩旗随风舞动，阳光照射在镀着黄金的船舱和一些纷繁复杂的装饰品上，熠熠生辉，与波光粼粼的海面交相辉映。天黑后，桅杆上挂着的灯就会点亮，像夜空中闪耀的一颗明亮的星。此时，诺曼人已经到达黑斯廷斯，并在那儿安营扎寨，威廉公爵住进了佩文西的一座罗马人留下的古城堡里。诺曼人狼贪虎视，一到英格兰就四处作恶，所到之处寸草不生，唯剩一片烧焦的土地。英格兰人根本无法与之抗衡，只得仓皇逃窜。

正在参加庆功酒宴的哈罗德只得快马加鞭回到伦敦。只用了几天的时间，他就集合好军队，蓄势待发。为了刺探诺曼人的军力，哈罗德的细作出发了，却被威廉公爵抓获。没有想到的是，公爵却带着他们参观了部队，然后把他们释放了。回去后，他们对哈罗德说："他们的脸刮得干干净净，不像我们留着胡须，看上去就像是一群修道士。"哈罗德哈哈大笑："这些修道士中谁有能力和我的军队对战？"

威廉公爵也派出人手监视哈罗德，他们一见到英格兰人开始行进就立刻回来报告："撒克逊人来了，看上去好像发了疯一样，气势汹汹地从英格兰的另一端冲过来了。"威廉公爵说道："来吧，最好更快一点！"

之前他们也曾试图协商解决争斗，但都以失败告终。1066 年的 10月，两方的军队还是在战场上兵戎相见了。这场战役发生在森拉克山脊，也就是后来叫作巴特尔的地方——这是为了纪念这场战役而起的名字。双方各占据山脊的一边。清晨的第一缕霞光刚刚钻出云际，人们就走出了自己的帐篷。英格兰人站在山坡上，背后是黑蒙蒙的森林，一缕曙光照耀在国王的战旗上，战旗用金色的线描绘钩织着武士的标志，上面点缀着各种各样的宝石，熠熠生辉。战旗下面站着哈罗德国王和他仅剩的两个弟弟。英格兰的军人们围绕在他们身边。战士们都一手握住闪着寒光的战斧，一手举着坚固的盾牌，严阵以待，并且鸦雀无声，纹丝不动。

山脊的另外一边是诺曼军队，他们的弓箭手、步兵和骑兵分作三个列队。忽然，他们当中传来一声喊叫："愿上帝保佑！"不甘落后的英格兰人也高声喊道："耶稣与我同在，神圣的耶稣！"接着，诺曼军队就斗志昂扬地开始了对英格兰人的猛烈进攻。

一个身材健壮的诺曼骑兵冲在最前面，他将自己的佩剑高高抛起再接住，一边策马飞奔，一边高声唱着歌颂诺曼人的英勇的赞歌，一个又一个英格兰骑兵被他砍翻在地。当他和第三个骑士作战时就没那么幸运了，他终于失去了自己的生命。大战就这样开始了。四周都是这样的景象。

英格兰士兵集结在一起，面对诺曼人射出的铺天盖地的弓箭毫不畏惧，好像射过来的只是天上下的小雨点。当诺曼的骑士们冲过来时，他们的战斧毫不犹豫地举了起来，将马和人一起砍翻。当诺曼人往回撤的时候，他们就发起追击。此时，在诺曼人中间，关于威廉公爵已经在战斗中死亡的说法不断蔓延。为了破除谣言，威廉公爵赶紧摘掉头盔，骑着马在诺曼人的队伍里奔跑了一圈，让每个人都看到他的身影。勇气再一次回到诺曼人心中，他们不再后退，而是转过头直面对手。此时，正在乘胜追击的英格兰队伍被几匹马拦腰截断，前面的英格兰先头部队被反扑的诺曼人消灭殆尽，而后面的英格兰军队却毫不知情，还是和之前一样英勇无畏，不惧弓箭的袭击，将手中的利斧挥向骑在马上的诺曼人，就像在森林中砍伐树木一样。威廉公爵佯装不敌往后撤，引诱英格兰人往前追，进入伏击圈。诺曼人再次合围，展开了一场血腥屠杀。

威廉公爵说："虽然取得了一点胜利，但英格兰国王身边还有很多人，他们忠心耿耿，牢不可破，弓箭手准备，对着他们的脸，给我狠狠地射击！"

这是一个萧瑟的秋天，日子一天天过去，战争却不曾停止，反而越发惨烈。人们相互拼杀时的喊叫声和武器发出的碰撞声在空气中不断地回响。夕阳西下，残阳如血，尸山血海随处可见，月亮也变得凄凉暗淡，似乎也不忍面对这样的惨景。

哈罗德国王被诺曼人的箭射中了眼睛，几乎看不见了，他的两个弟弟早已在战争中丧生。诺曼人的盔甲虽然残破却依然闪亮，无论是白天还是黑夜都散发着慑人的光芒。国王的战旗被他忠心赤胆的士兵们拼死守卫着，却没有逃过被夺的命运。国王伤重不治，终于殒命，英格兰人旗靡辙乱，溃不成军。诺曼人一路狂追，英格兰终于失守了。

唉，那是如何悲惨的画面啊！在那凄凉的月色下，离哈罗德国王死亡的地方不远，依稀可以看到一座帐篷里透出的点点灯光，那是威廉公爵的营帐。里面摆着庆功宴，他和他的士兵们谈笑风生，为他们的胜利举杯。帐篷外面，尸横遍野，人们借着火把的微光不停地翻找着哈罗德的遗体。用金线编织、宝石镶嵌的带着武士标志的王旗早已被鲜血浸泡，支离破碎，被随意地扔在一边；在夜色下迎风飘扬的是代表诺曼人的三只雄狮的王旗，它目空一切，傲视苍穹。

第八章

诺曼人威廉一世

英勇的哈罗德倒下了，威廉公爵在他战死的地方修建了一座修道院，取名巴特尔，以此纪念自己的胜利。这座建筑巍峨雄伟，尽管现在早已不复存在，只剩下埋在草丛藤蔓中的断瓦残垣，但它却曾屹立多年，见证了无数变化和战争。其实，当时威廉公爵刻不容缓的任务是尽快全面收复英格兰。不只是威廉公爵，对任何一个人来说这都不是能轻易做到的。

他兵锋所指，一片狼藉，许多城镇被他们攻陷。一路上他们无恶不作，多少人死在他们手里，多少良田付之一炬，根本无法统计。无奈之下，当时的坎特伯雷大主教蒂甘德带着修道士和一些平民代表表示归顺公爵。而另外一些人则想扶持"刚勇王"埃德蒙的孙子埃德加成为国王，计划最终胎死腹中。埃德加有一个漂亮的妹妹，当时是苏格兰王后，所以他逃往苏格兰。历史上他只是个可有可无的角色，至于他后来过得怎么样，就没人在意了。

圣诞节来了，就在这一天，威斯敏斯特教堂里举行了加冕仪式，威廉正式成为英格兰的国王，也就是威廉一世，但人们更爱称呼他"征服者"威廉。加冕仪式很是怪异，担任仪式司仪的是两位主教，一位用法语询问现场的诺曼人，是不是同意让威廉公爵成为他们的国王，答案当然是肯定的。相同的询问由另一位主教用英语向英格兰人提出，英格兰人用洪亮的声音回答"是"。戏剧化的是，正在门外的一个诺曼骑士听到了他们的声音，以为英格兰人准备反抗，因此马上一把火将周围的房子全点燃了。毋庸置疑，这在城里制造了非常恐怖的气氛。人们纷纷逃窜，现场乱得一团糟，教堂里主持仪式的主教们早已吓得抱在了一起，国王也被人遗忘了。一场戏剧性的加冕仪式匆匆结束了。威廉将王冠戴在头上时，发誓将竭尽全力把英格兰治理得更好，绝不会比英格兰历史上最优秀的国王差。然而我们都知道，艾尔弗雷德国王如此伟大，威廉终其一生都不能望其项背。

不计其数的英格兰权贵死在了腥风血雨中，留下了丰厚的财产，再加上那些反抗者的财产，都被威廉收归国家。他把这些财产发给拥护他的诺曼贵族和士兵。英格兰现在的很多名门望族就是这样发迹的，这也是他们最引以为傲的历史。

想要守住暴力夺来的财产就只能依靠暴力。为了守住他们刚获得的财富，他们只能在英格兰用大量的人力物力建筑坚固的城堡。威廉国王把诺曼的语言和传统也渐渐带进了英格兰，尽管他做出了不少努力，仍然无法给这个国家带来和平。在接下来的漫长的时间里，英格兰人的伤痛依旧无法得到平复，他们想要报仇雪恨的决心从不曾改变。奥多和威廉国王有着同一个母亲，威廉国王渡过海洋回到诺曼底查看他的领地，就让奥多代替他管理这个国家。英格兰人对这位摄政王的残暴统治深恶痛绝。肯特郡人为了抢回多佛尔，将他们的旧仇人布洛涅伯爵尤斯塔斯——那个带领随从将英勇的多佛尔壮士杀死在壁炉边的爱德华国王的妹夫——也请来了。"野蛮人"埃德里克带领着赫里福德的人们，在威尔士人的帮助下，把诺曼人赶出了他们的土地。此外，还有一些一无所有的人聚在英格兰北部或苏格兰，有些躲藏在森林或沼泽地里。无论在哪儿，只要见到诺曼人或投降的英格兰人，他们就会愤而杀之，毫不留情。不但如此，他们还在秘密策划一场血腥的屠杀来消灭诺曼人——就如同历史上英格兰人曾对斯堪的纳维亚人做过的一样。总之，英格兰人群情激愤，让诺曼人血债血偿的激情迅速蔓延开来。

为了避免前功尽弃，威廉赶紧回到英格兰。他尝试用温柔的政策抚平伦敦人的情绪，但很快便没了耐性。于是他迅速出动军队，用残暴的手段对起义的人民展开血腥的镇压。牛津、沃里克、莱斯特、诺丁汉、德比、林肯和约克全都没能逃过他的铁蹄。攻占城池后，他毫不手软地把屠刀挥向了城中手无寸铁的百姓，男女老幼无一幸免。他用火和剑在这些城市上演了一幕又一幕极度恐怖的惨剧。大火烧毁了田野村落，散发的浓烟弥漫天际，随处可见的尸体流出的鲜血染红了所有的江河。这就是贪婪和战争造成的严重结果。尽管威廉本身是一个冷酷无情的人，但他征服英格兰的初衷一定不是为了这样的结果。他用武力来征服这个国家，想把统治维持下去只能再次用武力镇压人民的反抗，以暴制暴的结果就是英格兰的土地上出现了数不清的坟墓。

此时，哈罗德的两个儿子——埃德蒙和戈德温，漂洋过海从爱尔兰带着战舰回到英格兰，想对诺曼人展开攻击，却无奈败北。与此同时，约克遭到了一些躲藏在树林里的被放逐的流民的袭击。当地的官员只得求助于威廉国王。国王马上派遣一位将军带着一支强大的队伍进攻达勒姆。达勒姆的主教和将领去城外见将军并向他示警，提醒他一定要小心，不要随便进入城中，否则很容易被伏击。而将军早已被胜利冲昏了头，根本不在意主教的提醒，带着队伍趾高气扬地进驻达勒姆。当天晚上，达勒姆周边能望见的山上全都狼烟四起，集合起来的英格兰人等天刚放亮，就打破城门冲了进去，所有能看到的诺曼人都被他们杀死了。接着他们向斯堪的纳维亚人寻求帮助，斯堪的纳维亚人马上派出两百四十艘舰船。被放逐的一些权贵也成为他们的成员。约克在他们的努力之下很快被夺下了。诺曼人全部被赶出了这座城市。

无奈之下，国王只得收买斯堪的纳维亚人，请他们回去，然后对没了外援的英格兰人展开血腥的镇压。此次行动的血腥程度令人发指，相对于这次，此前的刀光剑影、焦土尘烟都不值一提。就算一百年以后，在冬季，人们坐在温暖的壁炉旁边，哼唱着忧伤的歌曲，讲述着伤心的故事，依然会心有余悸地说：经过诺曼人的残酷镇压，从亨伯河到泰恩河，在英格兰的土地上，每个村庄都成为无人之境，只剩下断壁残垣，赤地千里，到处尸横遍野，不只人，连动物都难逃一死。

那时，一些被放逐的人在剑桥郡的沼泽里秘密地建立了一个"难民营"。那是一片低洼积水、植被丰富的区域，特殊的地理环境保护了流离失所者，茂密的草丛、成片的芦苇是他们最好的藏身之处，而湿地上空的雾气更是天然的屏障，成功地阻挡了诺曼人的脚步。他们中有一个人名叫赫里沃德，当诺曼人侵略英格兰时，他刚好去了佛兰德——他的爸爸恰巧在此时过世了，原本应该由他继承的遗产被诺曼人理所当然地占有了。赫里沃德在佛兰德听逃到那里的英格兰人讲述这件事情，顿时怒气冲天，下决心一定要报复诺曼人，让他们为自己的行为付出代价。因此，他成为难民营中的一员，并成为他们的领导者。他是一位英勇的斗士，包括威廉国王在内的诺曼人都觉得他是一个会使用法术的巫师。国王为了打败这个巫师，不但在沼泽地硬开辟出一条长达3英里的道路，还找来一个据她自己说是魔法师的老女人，希望可以用魔法对付他。老女人被装进一座木制的塔里，推到了进攻队伍的最前端，可没想到赫里沃德一把火将人和塔烧得干干净净。战争封闭了这一片地区，也阻断了食物的供给渠道。食物的紧缺让当地习惯了舒服自在的生活的伊利修道院的教徒们无法忍受。他们向威廉国王告密，并带他通过一条密道对难民营的营地进行了偷袭。赫里沃德就这样在很短的时间里被击败了。在一些流传至今的传说中，这位英雄杀死了十几个敌人后光荣就义。事实是否如此，无人知晓，或许他只是兵败后静静地死去了。不管怎样，他的死亡意味着难民营的终结。不久，威廉国王征服了苏格兰和英格兰，仅剩的一些反对他的英格兰人也被消灭殆尽。现在他的周围再没有反对者，只剩下跟随他的诺曼贵族。这些人是名副其实的贵族，因为他们接收了太多原属于英格兰权贵的财富。国王进行了大规模的调查，让全国所有的人都如实填写自己拥有的土地和财产，并记录在案，形成文件。这就是现代史书记载的《末日书》。不仅如此，他还颁布了宵禁制度，规定当特殊的钟声在每晚固定的时间敲响时，每家每户都必须按规定吹熄所有的火源，包括蜡烛和炉火。诺曼的服装和礼仪都被国王带到了英格兰，他确定了诺曼人在英格兰的主人地位，而所有的英格兰人都成为诺曼人的仆役。身为英格兰人的主教的职位也被撤销了，这些职位全部由诺曼人担任。通过这一切不难看出，威廉国王完全掌控了英格兰。

然而，就算身边都是自己人，不再有反对者，威廉也过得不太好。诺曼人的贪婪之心从来没有满足过，无论国王给予多少，他们都不会停止掠夺英格兰的财富，只会变本加厉，就连在教会任职的人也是如此。根据我们的了解，只有一个名叫吉贝尔的诺曼人对国王说，他到英格兰来不是为了将别人的财富据为己有，而是作为上帝的仆人来感化世人，完成上帝交付的使命。我们应该牢牢地记住这个人，因为他的诚实和对上帝的信仰值得我们尊重。

威廉的苦恼还不止于此，当时他活下来的儿子只有三个：因腿短而得名的"短袜"罗贝尔，因头发的颜色而得名的"红发"威廉，以及因喜欢学习而得名的"好学者"亨利。他们天天争吵不休，让国王没有片刻安宁。在罗贝尔还是个小孩子时，他的母亲玛蒂尔德就帮他取得了诺曼底名义上的统治权。他长大后就向国王提出要真正地统治诺曼底，却遭到了拒绝。愤怒和不平让罗贝尔充满了怨恨。某天，他的兄弟们和他开玩笑，在阳台上向他泼水，他很生气，提着剑迅速跑上楼想杀死他们，好在威廉国王阻止了他。当天晚上，罗贝尔和他的一部分随从走出了父亲的宫殿，想占领鲁昂的城堡，但失败了。后来他躲到诺曼底的另外一座城里不肯出来，国王只好将这座城团团围住。后来的一天，罗贝尔遇到了威廉国王，但他并没有认出自己的父亲，当他将国王打下马并准备杀死他时才看清楚，于是赶紧放下武器向父亲屈膝表示顺从。在王后和大臣们的劝解下，两人总算达成了和解。然而罗贝尔并不甘心，很快他就出国了，在各个国家来回走动，到处诉说他父亲的不公。他本是一个放浪形骸的浪荡公子，每日喜欢寻欢作乐，为了让一些乐伶和舞伶开心甚至挥金如土。他的母亲溺爱他，即使国王强力反对，母亲仍然叫下属桑松偷偷给他送钱。国王怒不可遏，一定要把桑松的两只眼睛挖出来作为责罚。走投无路的桑松为了保住性命只能求助于教会，成为一名修道士，从此不问世事，潜心修行，这才逃脱了惩罚。

和你知道的一样，"征服者"威廉为了保住抢来的胜利果实，从那场凌乱的加冕仪式后，就开始了对英格兰人民的无情镇压，真是处心积虑，不择手段，丧心病狂，赶尽杀绝。他在位期间一直为彻底征服英格兰而努力，他是一个执着且心狠的人，最后终于得偿所愿。

他喜欢财富和美食，最大的爱好是狩猎。他对狩猎情有独钟，甚至到了几近疯狂的地步。六十八处专属国王的森林都无法让他满意，为了制造能够让鹿生活的树林以便狩猎，他不惜将汉普郡的一大片村庄和城镇夷为平地，在那里建造第二座皇家猎场。因此，人们给这里取名"新森林"。不计其数的人无奈地看着自己的房子被无情地推倒，而自己一家老小只能在野外风餐露宿，因此他们更加憎恨威廉国王。残酷无情的国王给英格兰人造成的伤痛还不够多吗？威廉在位一共二十一年，最后一年他回到了鲁昂。当他返回时，英格兰早已天怒人怨，甚至连他最钟爱的猎场里的所有树木上的每一片树叶都散发着对他的恨意。他年少的儿子里夏尔就死在新森林里——一头牡鹿将他顶死了。人们认为这是对威廉的报应，他和他的家人迟早要为这片被他强制开辟的树林付出代价。

另外，"征服者"威廉与法兰西的国王因为一些领土的归属问题争执不下，两人在鲁昂不断进行协商。在此期间，威廉因为过于肥胖，被医生要求常常躺在床上，而且还得吃药。法兰西国王经常以此嘲笑他。为此，性烈如火的威廉怒发冲冠，决定要报复。他召集了部队，声势浩大地开进了那些归属权有待商榷的领土。他烧毁了一路上遇到的所有农作物——这种事对他来说早已是家常便饭。不但如此，他还把芒特拉若利付之一炬。但这次他不再有好运。他骑着马耀武扬威地走过被烧焦的城市，大火过后的废墟里仍有一些尚未燃尽的灰烬，他的马刚好踩了上去，受了惊吓的马上下跳跃，威廉因此狠狠地撞上了马鞍前面尖锐的地方，身受重伤。在鲁昂旁边的修道院里，他足足躺了四十多天，命若悬丝。他留下了遗言，"红发"威廉可以得到英格兰，罗贝尔将拥有诺曼底，亨利作为小儿子只可以得到五千英镑。到了临终之际，威廉才意识到自己对英格兰造成了多大的伤害，心生悔意，因此，英格兰的许多教堂和修道院都得到了他分配的钱币。不但如此，他还让一些政治犯重获自由——他们中有些人被关押了二十年之久。这无疑是最好的救赎方式，远比捐助教堂更有意义。

9月的一个早晨，太阳刚刚从地平线上升起，阵阵钟声传来，国王缓缓醒来，他没精打采地问道："这是从什么地方传来的钟声？"仆人们回答是从圣玛丽教堂传来的。"那是圣母来引领我了，我愿意把我的灵魂交给她。"他说完就去世了。

他给自己起的名号是"征服者"，临终的时候却出现讽刺的一幕。威廉刚刚断气，身边的权贵、修道士和医护人员就都赶紧走了——回去看守自己的财富，因为害怕王子们争夺王位发生战斗而影响到他们。王宫里的守卫也在四处收敛抢夺财宝，而国王的遗体在这样混乱不堪的情形下被从床上掀翻在地，在冰冷的地上躺了几个小时无人问津。现代被许多贵族歌功颂德的征服者，当时却被这些贵族无情地抛到一边。如果那时他的灵魂还未消失，他就明白了，除了英格兰，他最应该征服的是人的真心！

很长一段时间后，才有一些修道士极不情愿地慢慢地回来，带来了祈祷的文书和照明的火烛。没有人愿意将国王的遗体送到卡昂，这是一份出力不讨好的苦差事，最后只有一个名叫埃略昂的骑士愿意接受任务。国王的遗体安葬在圣斯蒂芬教堂，那是他自己建造的。让人意外的是，人们把国王的尸体放进教堂里时，忽然燃起了一场大火——要知道火一直是威廉最常用也最喜爱的。正在参加葬礼的人连忙赶去救火，所有人都出去了，国王第二次被抛弃在一边无人理会。

国王的葬礼同样一波三折。国王的遗体上盖着国王专属的皇袍，在众人的注目下，正要放进位于祭坛边的墓室，一个声音忽然从人群中传出来："这是我的土地，我的父亲在这里建造了房屋，但这位国王却将属于我的地和房子夺走了，只为了在这里建造他的教堂。我向上帝起誓，我不允许他在我的土地上下葬！"这件事的来龙去脉所有人都清楚，也明白这个人从来没有得到过国王的公平对待。因此，参加葬礼的主教和修道士们拿出六十先令给这个人，他才善罢甘休。就算如此，也没能买到顺利。他们修的墓室太小，只能把尸体硬往里边放，不小心就把尸体破坏了。尸臭马上散发开来，所有人都被熏得逃出房子，可怜的威廉第三次被人抛弃。

国王的三个儿子连父亲的葬礼都没有出席。他们去哪了，又干了什么呢？罗贝尔不知是在法兰西还是在德意志，过着灯红酒绿的生活；亨利拿着他的钱远走高飞；"红发"威廉则十万火急地奔赴英格兰，冲向他的王位和国王的金库。

第九章

威廉二世

"红发"威廉没有丝毫停留，迅速将多佛尔、佩文西和黑斯廷斯三座城市收为己有，然后马不停蹄地冲向温切斯特——国王的金库就在那里。掌管国库的官员用钥匙打开了库门，里面有大量的金银珠宝，其中银币约价值六万英镑。拥有巨款的威廉毫不费力就让坎特伯雷大主教同意为他举行加冕仪式。很快，他就成了英格兰的新国王，被称为威廉二世。

刚一登上王位，威廉·鲁弗斯就违背了父亲的旨意，将他临终时放出来的政治犯再次捉回来，投到监牢中。他派出一名金匠，将威廉一世的墓地用金银装饰得富丽堂皇。假如威廉真的孝顺，就应该在"征服者"临死前出现在他的面前看护他。显然威廉二世不是这样的，英格兰人的习性也和他一样：在人们生前让他们尝尽诸般艰辛，死后却耗费巨资为他们修建华丽无比的墓穴。

在诺曼底的罗贝尔是新国王的哥哥，成为诺曼底公爵他就已经很开心了。他的弟弟"好学者"亨利有了五千英镑也不再有别的想法。威廉二世觉得他的王位一定稳如泰山。但在那样动乱的时代，一帆风顺的统治是不存在的。时隔不久，国王的美梦就破碎了。在黑斯廷斯战斗时祈求神明降福诺曼底士兵的教皇奥多并不安于现状，他可是有功之臣，当初战斗能够取胜全靠他的祈福——至少他是这样认为的。他和一部分颇具权势的诺曼贵族结成联盟，开始反对国王。

这些人在英格兰和诺曼底都有自己的领土，自然希望两地能够有同一个君主。让谁来治理呢？他们当然希望是罗贝尔，因为他是个软弱的人，威廉·鲁弗斯则是个桀骜不驯、心思细密的人，控制起来不太容易。这才是他们反对国王的真实原因。他们都拥有属于自己的易守难攻的城堡，这些城堡是国王最惧怕的。他们宣布拥护罗贝尔后，就陆续怀着不满的心返回并隐藏在自己的城堡里。诺曼人的支持不再，"红发"威廉为了打击他们只好向英格兰人献殷勤。他向英格兰人承诺了一堆空头支票，包括降低《森林法》对于人民的严厉处罚。勇敢的英格兰人为了报答他，帮助他攻打罗切斯特的城堡——奥多就在那里。最终奥多不但被赶出了城堡，还被赶出了英格兰，到死都没能再回来。不久后，另外那些反对国王的诺曼权贵也纷纷被击败。

之后，威廉二世横跨海洋到达了诺曼底，他此行是为了夺取诺曼底。诺曼底公爵当然不甘示弱，严阵以待。此时的诺曼底，由于公爵的松懈和不作为，人们生活得痛苦不堪。正当兄弟之战即将打响之际，早已饱受战争之苦的人们赶紧让双方的贵族前去调解，终于促成他们签订了协议书：两兄弟各自退让一些，他们当中谁活得久一些谁就可以接收另一个人的所有财产。当时，"好学者"亨利用他的五千英镑在诺曼底买下了一片土地，无疑是打算分一杯羹，这对其他两兄弟造成了威胁。威廉二世和罗贝尔重归于好后，立刻联合起来共同抵抗亨利。

圣米歇尔山位于诺曼底，是一片四面环海的较高的山地，易守难攻，亨利和他的军队驻扎的城堡就在这里。涨潮时，从周围涌上来的海水会将连接陆地的道路覆盖，至今仍是这样。亨利的两个哥哥将他团团围住，困在这里。一天，亨利没有了食用水，罗贝尔不但同意亨利的士兵下山取淡水，还把仅供给他喝的葡萄酒送给亨利。威廉因为这件事指责罗贝尔，罗贝尔却说："一定要看着我们的兄弟就这样渴死吗？没有了他，我们还能有第二个弟弟吗？"一天，威廉国王骑着马顺着海岸线向城堡眺望的时候，亨利的两个属下将他抓获，差点将他杀死，国王赶紧说道："你们这俩浑蛋，停手！你们面前的是英格兰的国王。"士兵一听，连忙把地上的国王扶起来，并对他毕恭毕敬。随后，他们就成了国王的侍从。这些事是不是真的，没人知道。能确定的一点是亨利根本就不是哥哥们的对手。无奈的他只能逃离圣米歇尔山，像穷学生一样在外颠沛流离。

与此同时，苏格兰人也开始反抗，他们发起了两次战役，但都失败了，马尔科姆三世国王和他的儿子也在第二次的战役中死亡。威尔士人紧随其后开始反抗。在与威尔士人的战争中，威廉·鲁弗斯的好运似乎不够了。威尔士人对当地的山形地貌非常了解。在他们的地盘上作战，国王的部队根本不占优势，因此付出了相当惨重的代价。在诺曼底的罗贝尔也不消停，他埋怨弟弟没有认真遵守他们之间的协议，并和法兰西国王结成联盟再次举兵对抗他的弟弟。威廉·鲁弗斯不得不花巨款拉拢法兰西国王，让他善罢甘休。而英格兰内部同样不平静。很有权势的诺森伯兰伯爵莫布雷率领众人谋划杀害国王，并支持斯蒂芬（"征服者"威廉的远房亲戚）成为国王。这个计划很快走漏风声，所有的参与者都被抓了，有些人被处以罚金，有些人被收入监牢，还有些人被直接处死。温莎堡的地牢成了诺森伯兰伯爵的归宿，伯爵就这样在狱中过了十三年，直到死去。一切反对国王的声音中，最大的来自英格兰的修道士。因为他们觉得国王对他们实在不好。主教和大主教死后，国王不同意让新的修道士接任，反而把他们的财产全部收入囊中。国王去世后，修道士们为他编写史书，便狠狠地辱骂他。在我看来，若要论钩心斗角、假仁假义、得寸进尺，"红发"威廉和修道士可以说是平分秋色。

威廉二世鲁弗斯阴险狡诈而且诡计多端。在那个艰难的年代，每个名人都有一个外号，他特别信任一个外号"纵火者"、真名叫拉尔夫的大臣，他们俩共同的特点就是坏。某次，鲁弗斯得了重病，开始对自己之前的行为感到后悔，便指定一位来自外国的刚正的传教士担任坎特伯雷大主教，这位传教士名叫安塞尔姆。可国王的病稍微好一点儿，又反悔了。他想尽办法冤枉安塞尔姆利用职务之便占用了大主教们的共有财物。恰在此时，罗马也出现了两位彼此敌对的教皇，都坚称自己是唯一代表真理的教皇，此事立刻引起了轩然大波。安塞尔姆太了解鲁弗斯了，如果自己仍然留在英格兰，迟早会被他杀死，于是赶紧请求回到自己的国家，鲁弗斯连忙愉快地答应了。只要安塞尔姆离开，坎特伯雷的财富就可以慢慢地拢到国王的手中，变成他的私产。

红发的威廉二世不仅有阴谋诡计，还强行向英格兰人征收各种繁重严苛的赋税，所以渐渐拥有了无数的财产。无论什么时候，只要他想要钱，就会想出找钱的方法——无论这个方法公不公平，也不管下面的臣民会付出怎样的代价。他想向罗贝尔购买五年诺曼底的使用权，为了支付费用，便把税收提得更高，甚至强迫所有的修道院将全部财产变卖。对于反对者，鲁弗斯则快、准、狠地压制，就像他敛财时一样强劲迅速。诺曼人自然不愿意将自己的财产全部卖掉，因此发起反抗，却被他以迅雷不及掩耳之势击败。他就像他父亲当年一样强势、快速。他做事非常缺少耐性，即使在暴风雨一类的恶劣天气，也依然决定渡过海洋前往诺曼底。他对船上的水手提出的危险警告嗤之以鼻："你什么时候听到过淹死的人里有国王？立刻出发！"

也许您会疑惑，罗贝尔不是个没有头脑的人，怎么会同意出卖自己的领土使用权呢？其实这件事另有隐情。许多英格兰人都是基督教徒，前往圣地耶路撒冷朝拜是由来已久的习俗，这样他们就可以在自己信仰的耶稣的墓地旁祷告。但耶路撒冷当时归土耳其所有，土耳其人对基督教深恶痛绝。朝圣者到耶路撒冷后经常会受到他们的羞辱和迫害。开始的时候教徒们还能够克制自己，但一位名叫彼特的隐士出现了，他可是位了不起的人物，有着勇往直前的信念和非凡的语言能力。他在很多地方进行传教，在他的讲述中土耳其人非常邪恶。他宣扬每个忠实于上帝的基督徒都不能眼看着救世主的墓地落入异教徒手里，应该把它收回到自己手中，把土耳其人从圣地赶出去。他的话激发了无数人对此事的疯狂热情。史书上记载的"十字军"的第一次东征就在此时展开了：不计其数的人，上到权贵王族下到村夫俗子，统统奔向耶路撒冷，与土耳其人展开战斗。之所以称为"十字军"，是因为参加东征的士兵右边的肩膀上都佩戴着十字架作为标识。

参与东征的士兵也不全是忠诚的基督教徒，他们中的一大半都居无定所，不安本分，不务正业，而且喜欢探险（动乱的年代特有的行为）。他们参加东征有着多种多样的原因：有的是为了让自己的生活有所变化；有的是为了在战争中掠夺财物；有的是本身就无事可做；有的是早已习惯了对修道士唯命是从；有的是希望通过这场战争到别的国家去看看，增长见闻；还有的本身就是粗暴的人，揍人是他们的爱好，揍土耳其人和揍基督教徒对他们而言没有任何差别。诺曼底公爵罗贝尔作战的原因几乎包括了上述的所有，不排除其中也有一个良好的心愿：为了不让土耳其人再欺负前去朝拜的基督教徒。因此，他决定召集人马参与到"十字军"中去东征。召集军队需要大笔资金，为了筹集这笔资金，罗贝尔只能把诺曼底五年的使用权卖给他的弟弟红发国王。罗贝尔用这笔钱给他的军队装备了制作精良的武器和盔甲，大张旗鼓地冲向了耶路撒冷。贪财的鲁弗斯待在国内，为了从英格兰人和诺曼人手中搜刮更多的钱财而费尽心机。

在长达三年的时间中，勇敢的"十字军"队伍历经了无数的艰难困苦：船舶在海上出现意外；在不熟悉的地方穿行；穿过布满黄沙的荒漠，忍饥挨饿，忍受疾病的折磨；还要承受来自土耳其人的怒火。最后他们终于成功地把救世主的墓地收回到自己手中。尽管土耳其人仍然坚持抵抗并不断地发动战争，但越来越多的欧洲人被"十字军"

的胜利激励而加入东征的队伍。另一位有权势的法兰西公爵也想学习罗贝尔，通过向阔绰的鲁弗斯出售领域使用权来筹措资金。正在此时，鲁弗斯的王权却意外地发生了戏剧性的变化并最终谢幕。

读到这里的人应该不会忘记新森林吧？是的，就是那个让许多人无家可归、天怒人怨的树林。"征服者"威廉为了建造它颁布了严厉的《森林法》，对人们造成的伤害甚至死亡让无数人对这片森林恨之入骨。无奈的、深受其害的人们对新森林受到了诅咒深信不疑。他们说，凡是狂风暴雨的夜晚，就会有魔鬼出现在冷清的树林里，慢慢地飘移。还有一则传闻：诺曼的猎人们曾经看到不祥的预兆，红头发的国王最终会在森林中死去，这是他施行苛政的报应。鲁弗斯在位快十三年时，正值5月，一个阳光明媚的日子，"征服者"威廉的孙子、罗贝尔的儿子，在这片阴森的树林里被飞来的箭射中，死掉了。但人们不相信这是最后一次死亡事件，在这片树林里一定还会发生另一次事故。

这片森林被它的制造者凶残暴虐的行为连累，受到大家憎恶，变成了寂寞的场所，进去的只有国王和他的追随者以及一些猎人，其他人根本不愿在里面漫步。实际上这只是一座普普通通的森林。在春意盎然的季节，森林里的树木抽出新的枝条，长出嫩绿的叶子；夏日炎炎，绿树成荫，枝繁叶茂的森林里一片清凉；冬天，寒风刺骨，鲜有人迹的森林里布满苔藓，上面覆盖着厚厚的枯叶和干枯的树枝，一片萧条。森林里有不少高大挺拔的树木，也不乏一些倒地不起的树木。有些树木被管理森林的事务官砍伐了，有些则中空了，残留的根部被挖成洞穴，成了兔子的家。还有几棵只有树干的树突兀地挺立着，那是雷电击打后留下的。丰富的蕨类植物占据了很多山坡，晨曦时分，一颗颗晶莹剔透的露珠在叶子上闪闪发光。潺潺的小溪从林中穿过，三五成群的鹿常到这里饮水，或为了避开猎人的追捕腾空飞跃过去。森林中既有能沐浴阳光的空旷场地，也有古木参天、终年不见阳光的阴暗的地方。和各地的战鼓喧嚣比起来，新森林里小鸟清晰悦耳的鸣叫声明显好听多了。森林的宁静常常被鲁弗斯和他的随从们打破。他们在森林里策马狂奔，高声吵闹，时不时还有武器和马身上的金属——马镫、马鞍之类——互相撞击发出的刺耳的声音。就算如此，他们在森林里制造的损伤和他们给英格兰人和诺曼人带来的痛苦比起来根本不值一提。牡鹿在森林里从生到死的生活都是很简单的，和人类比起来太简单了。

8月的某一天，威廉二世和他的弟弟"好学者"亨利带着一大群随从去新森林里打猎——他们二人那时已和好如初了。他们兴致高昂地在森林中一座名为马尔伍德的小屋里过了一夜，并在那里品尝了极为丰富的晚饭和早餐，以及不少的葡萄酒。出于那个年代的人们打猎的习俗，他们把人员分成了几队，分路行进。陪在国王身边的是沃尔特·蒂勒尔爵士，他是一个赫赫有名的猎手，在出发之前，他还获得了国王赏赐的两支精雕细刻的弓箭。

红发国王最后一次出现在人们的视线里，是他和沃尔特·蒂勒尔爵士并驾齐驱去打猎，前面还有一群猎狗。

深夜，一个贫穷的挖煤人驾驶着马车路过新森林，意外地发现了独自躺在地上、早已死亡的国王——他的胸口被箭射中，伤口处的鲜血仍在往外渗。挖煤人把国王的尸体放到车上，连夜送往温切斯特教堂。路面不平，车子颠簸得厉害，第二天早上到达时，红发国王的脸上全是污秽，石灰和已凝固的血糊满了他红色的胡子。国王就埋葬在这座教堂里。

沃尔特·蒂勒尔爵士当晚就逃往诺曼底，向法兰西国王寻求帮助。他坚称，之所以马不停蹄地逃往诺曼底，是因为他和红发国王打猎时，一支箭突然射中了国王——他根本不知道那箭是从什么地方射过来的。由于旁边没有其他人，他怕被别人误会是他杀死了国王。还有一种说法：日暮之时，鲁弗斯和沃尔特爵士在树丛两端相对而立，一头牡鹿闯了过来，国王立刻准备张弓射箭，可弓弦恰在此时崩断了。他赶紧命令道："沃尔特，立即射击！"沃尔特听从命令射出了箭，却没有射中牡鹿，而是射到一棵树上后改变了方向，直接射向了国王，国王中箭身亡。

谁是杀害国王的真正凶手，谁射出了那支致命的箭，是有预谋的还是意外，一切都不得而知。有人觉得是国王的弟弟策划了这一切，可国王一生有数不清的仇敌，无论是修道士还是平民百姓都对他恨之入骨，就算是贩夫走卒杀了他，也不会让人觉得意外。反正，人们记住了他是在新森林里死亡的。在大家心里，新森林就是"征服者"的后人的死亡之地。

第十章

"好学者"亨利一世

　　和当年的鲁弗斯如出一辙，亨利听到哥哥死亡的消息片刻不敢停留，快马加鞭地赶往温切斯特，抢先占领了属于国王的宝库。与此同时，掌管国库的官员也得到了国王的死讯——当时他也和国王一起去打猎了——他立刻返回温切斯特。当司库官和亨利同时来到国库时，司库官坚决不同意把国库的钥匙给亨利。亨利大怒，拔出剑要杀死他，司库官原本想以死明志，却无奈地发现在亨利的身后有不少衷心拥护他的权贵，于是只好将国库的钱财和珠宝全部交给亨利。威廉二世刚刚去世三天，正逢礼拜天，属于亨利一世的年代正式开始了。在威斯敏斯特大教堂的祭坛前，亨利庄严宣誓：对于教会，他会归还所有被鲁弗斯抢走的财产；对于权贵们，他真诚以对；对于平民百姓，他承诺一定会重新启用"忏悔者"爱德华的法律，但不会废除"征服者"威廉做出的改进政策。

　　亨利历经了各种磨难，他并不是诺曼人，而是个不折不扣的英格兰人，因此在百姓心中声望颇高。为了顺从民众的意愿，他决定找位英格兰女性做自己的王后，苏格兰的公主玛蒂尔德无疑是最佳的选择。这位美丽温顺的女人并不喜欢亨利，可王公贵族们都纷纷对她晓之以理：如果她肯牺牲自我、嫁给国王，他们俩结合在一起就代表了诺曼人和撒克逊人团结在一起，这样能消弭许多敌对和战争，这对她而言是一种怎样的功德啊！就这样，公主同意了。可这场婚姻同样一波三折：年少的公主曾经住在一所修道院里，并发过誓要成为一名修女，永远待在那里。如果真有这回事，那她和亨利的婚姻就不会被承认。这件事引发了修道士们的强烈争议。公主只能为自己辩解：当年待在修道院时，她的姑姑害怕贪恋美色的诺曼人会侵犯美丽的她，就把一块黑色的面纱戴到她的头上，遮盖她的容颜。面纱虽是修女的象征，但并不表示她本意是要做修女。后来，修道士们同意了他俩的婚事，她也如愿成为英格兰王后。她真的是一位仁慈温顺、仪态万方的好王后，亨利和她结合确实高攀了。

为什么这样评价呢？虽然亨利国王也颇具坚韧不拔且聪明好学的精神，但他也是阴险刁钻的伪君子，言而无信、弄虚作假是他的本性。这些在他应对哥哥罗贝尔的事情上就完全体现出来了。亨利在圣米歇尔的城堡里被他的哥哥们重重围困时，只能眼巴巴地看着天上无数的乌鸦来回飞翔，仿佛乌云压顶。鲁弗斯只想看着他被生生地渴死，只有罗贝尔愿意给他清水和葡萄酒，以解除他的困境。

在对罗贝尔动手前，亨利国王先把鲁弗斯重用的心腹之臣全部抓了起来。那是一些心术不正的让人深恶痛绝的坏人。"纵火者"拉尔夫就是其中之一，鲁弗斯让他做达勒姆的主教，亨利则把他关押在伦敦塔里。但拉尔夫是个诙谐健谈的人，他与守卫们迅速成为朋友。当有人把一条长长的绳子放进装满了美酒的酒桶底部悄悄地送到关押他的房子里时，守卫们视而不见。守卫们得到了美酒，拉尔夫得到了绳子。晚上，万籁俱寂，他用绳子爬出窗户逃走了，并设法混进一条船，成功地逃到了诺曼底。

亨利当上国王时，罗贝尔刚好在耶路撒冷，于是亨利马上四处散播谣言，宣称罗贝尔去东方做了国王。因为很久都不曾见到罗贝尔本人，不明真相的人们都认为亨利说的是真的。但就在亨利成为国王后不久，罗贝尔就出现在了诺曼底。他从耶路撒冷回来了，途中还特地绕路去了一趟意大利，欣赏那里的美丽风景，并在那里找到了美丽的妻子。"纵火者"拉尔夫早已经在诺曼底等候他了。罗贝尔一回到诺曼底，拉尔夫就开始怂恿他与亨利为敌，抢回英格兰的王位。罗贝尔和他来自意大利的漂亮妻子度过了一段穷奢极欲的生活后，终于同意了拉尔夫的建议。

尽管不少诺曼人都拥护罗贝尔，可亨利国王获得了绝大多数英格兰人民的支持。但是英格兰的水手背叛国王、支持罗贝尔，他们从英格兰带走了大量的舰船。当罗贝尔向英格兰宣战时，带来的就是这批舰船。当时，亨利早已把正直的安塞尔姆重新请了回来，担任坎特伯雷的大主教。安塞尔姆非常坚定地支持国王。支持国王的人拥有强大的力量，导致这场战争没有打起来，双方签署了和平共处的协议。罗贝尔还是和以前一样容易上当，他依然选择信任弟弟亨利，按照约定，只要亨利保证不惩罚拥护罗贝尔的人，并给他一笔补偿金，罗贝尔就返回诺曼底。亨利指天誓日满口答应。可罗贝尔前脚回到诺曼底，亨利后脚就展开了对他的拥护者的清洗。

什鲁斯伯里伯爵就是其中之一。国王提出了四十五项罪名，并让他到法庭进行辩护，伯爵立刻策马飞奔回到他最牢固的城堡中，并集合部队准备以战争来争取自由。他的抗争是无力的，最后还是被亨利放逐了。罗贝尔虽然不算个好人，但起码是个守信的人，他知道伯爵试图在英格兰和国王作对，为了表示对国王的忠诚，便立刻带着军队把伯爵在诺曼底的财产全部毁坏。过了很长一段时间，罗贝尔才明白，伯爵所有的罪行只源于一个理由——他支持了自己。罗贝尔来不及思考，便冲到英格兰向亨利表达愤怒，并要求他履行之前的承诺。

面对哥哥的全心信任，虚情假意的国王本来是该愧疚的，可他却没有反省。国王装出一副热情的样子接待了罗贝尔，暗地里却在他身边安排了不少自己的人，并设下了天罗地网。身处险境的罗贝尔为了保住性命连赔偿金都不敢要，急急忙忙地逃回了诺曼底。这次危险的行程使他彻底明白了他的弟弟是怎样一个人。顺理成章地，他和他的好朋友什鲁斯伯里伯爵再次联合了。在诺曼底，伯爵仍然是三十座城堡的拥有者。这样一来，正好给了亨利机会，他马上对外宣称罗贝尔违背了盟约，并以此为借口在第二年进攻诺曼底。

亨利出兵的借口是受邀来帮助诺曼人脱离他哥哥的残暴统治。说罗贝尔的统治是残暴统治也不是无中生有。他那漂亮的妻子为他生下一个男婴就去世了。宫殿里乱七八糟，听说他的随从把他所有的衣服都偷走了，导致他没有衣服穿，只能躺在床上一整天不起来。可到了出征时，他仍然得意扬扬，好像他带领的是一支战无不胜的军队，而他则是一位智勇双全的将军。最后，他和手下的四百名骑兵都被亨利抓住关了起来。不幸的埃德加·阿塞林也是其中的一个，他和国王并没有恩怨纠葛，和罗贝尔只是好朋友而已。他不是一个举足轻重的人物，亨利不但没有惩罚他，还给了他一笔钱。埃德加拿着这笔钱回到英格兰，隐居于山野田间安度余生。

罗贝尔挥金如土，生活奢靡，行事放荡不羁，他有无数的缺点。就算如此，他也还有一些做人的基本素质和操守，比如恪守信用。现在罗贝尔沦为亨利的阶下囚，如果亨利是个宽宏大量的人，只要和蔼可亲地说："我的哥哥，我希望你在这些大臣面前向上帝起誓，从今天起你会一直拥护我，做我最忠实的支持者，绝不会对我及我的王权再有任何背叛之心。"罗贝尔一定会遵守誓言，这是肯定的。但亨利显然不是个大度的人，罗贝尔被关押在一座属于皇帝的城堡里度过余生。刚开始，他还被允许在看守者的跟随下骑着马去外面转转。有一天，他躲过了守卫独自骑马逃跑了，可好运并不眷顾他。他一不小心跑进了沼泽地，他的马深陷其中无法移动，最终还是被抓了回去。这件事传到了国王的耳中，他立刻命令废了罗贝尔的双眼，因此，守卫们烧红了一块烙铁放在罗贝尔的眼睛上。

在之后的岁月里，罗贝尔只能在监狱里度过，伴随他的只有永远的黑暗和对自己人生的无尽反省：他曾虚耗的岁月，糟蹋的金钱，丢失的机会，以及不曾表现过的美德。有时在秋天阳光明媚的清晨，他会回忆起在森林里开开心心打猎的时光，那时候他是那样踊跃和快乐；有时，他在深夜的寂寞中清醒，想起自己因赌博而挥霍的无数个夜晚而感到悲伤；有时，风吹过来，呜呜地响着，带来忧伤的声音，犹如乐师们唱响的古老的歌曲，陷入黑暗的他只能回想着当初诺曼王宫中那璀璨的灯光。多少次，他在记忆里回放着：耶路撒冷，他曾经威名远播的地方；意大利，他带领着他的军队，戴着头盔——上面装点着羽毛，威风凛凛，面对前来欢迎他的群众频频点头；在遇见他美丽妻子的海岸，海水泛着蓝色的光……接着，就想到了妻子孤零零的墓穴和他们的小孩——那可怜的再也见不到父母的孩子。每每想到这些，他就忍不住放声痛哭。

罗贝尔八十岁时，在监牢里去世了。他死的时候，眼睛上可怕的伤疤看上去触目惊心，看守他的守卫们把他的眼睛用绷带盖住，似乎这样就可以遮掩他们曾经做过的坏事。只有上帝不曾转移视线，默默地看着这位疲倦的耄耋之年的老人。这还是诺曼底的罗贝尔吗？愿主保佑他。

当罗贝尔被亨利抓进监狱时，他刚满五岁的儿子哭叫着被抓住并送到了国王面前。面对地位显赫的叔叔，即使少不更事的小孩也十分害怕。悲天悯人从来不是国王的美德，可面对他的侄子，心如铁石的国王好像也有一丝柔软，他装出一副和颜悦色的样子对待小孩，生怕被人"误会"他是个狠毒的人。接着他便让人把孩子送给了一位男爵。这位男爵的妻子被称为圣桑的埃利，是罗贝尔的女儿。他们收留了男孩，对他呵护备至。可国王的一时善念只持续了不到两年，他又派人把男孩从男爵的城堡中强行带走。当时男爵刚好离开了城堡，忠心耿

069

耿的侍从抱着睡梦中的男孩逃跑了，带着他躲藏起来。男爵回到城堡，知道了国王的行为，立刻带着男孩逃往国外，辗转在各个国家，并四处宣称，英格兰正统王位继承者就是这个男孩，他凶残的叔叔因为这个想杀害他，好在他幸运地逃过了一劫。

这个男孩名叫小威廉·费兹－罗贝尔，他因为年少和受到不公平对待得到了很多支持。他刚刚长大，法兰西的国王、安茹伯爵和佛兰德伯爵就组成联盟，共同帮助他争夺英格兰的王位。亨利在诺曼底拥有的城市和城堡很多都被他们占领了。老奸巨猾的亨利为了拉拢小威廉的朋友们，财富、权势、承诺，无所不用其极，例如为了拉拢安茹伯爵，答应让自己的大儿子威廉和伯爵的女儿结为夫妻。在国王的心里，这样的"交易"恰恰是他稳住王位的保证。而且他从不怀疑人们坚持的忠诚和名誉总会因为一些特殊的原因发生改变。不止他一人，许多统治者对此都深信不疑，不久前的一位法兰西国王也是如此。对于罗贝尔的儿子小威廉，亨利非常害怕，他总感觉自己性命堪忧。漫长的时间里，就算身处守卫森严的王宫中，他也一定要在枕头边放着宝剑和盾牌，否则根本不能入眠。

出于增强自己权势的目的，亨利承诺把他才八岁的大女儿玛蒂尔德嫁给德国皇帝亨利五世做妻子。为了准备足够的嫁妆，他肆无忌惮地强迫百姓交纳更多的赋税。聪明的他很快又安排了一次盛大的游行，让百姓对他重拾信心。接着，他体体面面地让女儿跟着德国的使臣去了德国，使她得以在那里更好地学习礼仪知识。

这时，亨利的妻子——美丽的王后玛蒂尔德逝世了。每每想到这位仁慈的女性，我心里总有一丝悲伤。当初她和亨利并非两情相悦，之所以愿意和他成婚，是相信自己的付出会换来诺曼人和英格兰人的和平。可这注定是无法实现的梦，直到她死亡的那天，英格兰与诺曼底、法兰西的战争仍然如火如荼。这完全是她的丈夫一手造成的。亨利在危机过后就把当初为拉拢法兰西权贵而做出的承诺抛于脑后。受到欺骗的法兰西权贵们当然不乐意，他们结成联盟反抗亨利，然而这次反抗并没有坚持多久，也没有对亨利造成多大伤害，只有寻常百姓受到了波及。无论何时，受伤的永远是平民。此时，亨利又利用承诺和财富来拉拢和他作对的人。与此同时，"善良的"教皇为了制止双方的争斗，避免再次血流成河，想方设法帮助亨利。于是国王再次一本正经地发誓——就像之前的每一次一样——会信守承诺。就这样，亨利的统治再一次稳定下来。

稳定下来后，国王要做一件事——让诺曼底权贵们承认他的长子威廉王子是诺曼底公爵的合法继承人。为此，亨利带着大批侍从大张旗鼓护送威廉来到了诺曼底。他之前承诺要让威廉娶安茹伯爵的女儿为妻，趁此机会又把承诺取消了，这种言而无信的行为他早已驾轻就熟。一切都如他所愿了。到处一片喜庆，好像人们真的很开心似的。1120 年 11 月 25 日，巴夫勒尔港口迎来了亨利国王和他的随从，他们打算从这里出发回英格兰。

这时，此地一个叫费兹－斯蒂芬的船长找到了国王，对他说："国王，我的父亲是'征服者'威廉的忠实跟随者，为此他在这片海上奉献了一辈子，当初就是他开着那艘船头站着一个金色男孩雕像的战船送您的父亲征战英格兰。今天我希望我也有这样的幸运为您服务。在这个港口停着一艘属于我的美丽的船，名叫'白舟'，上面有五十个身材精壮、技术熟练的水手。尊敬的国王，不知作为您最忠诚的仆役的我能否用这艘船将您送回英格兰？"

"不好意思，我的朋友，"国王说道，"我的座船早已定好了，因此我无法与你同行，但我可以让威廉王子和他的侍卫们登上你那有着五十个精壮水手的白舟一同前行。"

大约过了一两个小时，国王乘坐他指定的船只，会同所有的船起航了。一整晚海上都平静无波，天刚亮，他们已经能清楚地看到英格兰的海岸。就在那个夜晚，隐隐约约有呼喊声从海面上传来，船上有的人听见了，感到很奇怪，不知道发生了什么。

那时，威廉王子正好十八岁，是个任意胡为、行为放荡的人，英格兰人在他心里没有一丝一毫的分量，他曾说，如果他成为国王，一定要让英格兰人代替牛戴上套头去犁地。"白舟"一共载了三百人，除了五十个水手和一些随从外，还有威廉王子和一百二十二个与他身份相当的王孙公子，以及十八位名媛。

"费兹－斯蒂芬，五十个水手如此优秀，赏赐他们三桶美酒。"威廉说道，"我的国王父亲已经起航了，在保证和他一起抵达英格兰的前提下，我们能继续留在这儿玩耍多久？"费兹－斯蒂芬自信地回答道："放心吧，我的王子，即使我们半夜出发，也能保证在天亮前到达，您父亲的行驶得最快的船也快不过我的船。"听到这些，王子便命令大家尽情地畅饮。在皎洁的月色下，王子和他的朋友们在船上翩翩起舞，三桶美酒也被水手们全部喝完了。

当船终于从巴夫勒尔港口起航时，那五十个水手都喝醉了。费兹－斯蒂芬亲自掌控船舵，船帆被升了起来，水手们拼命地划动着船桨。船上，一群美女俊男穿着色彩艳丽且保暖的衣服开心地谈天说地，唱歌跳舞。王子想让船划得更快，甚至让水手们以"白舟"的名誉作为赌注。

忽然，传来"砰"的一声，"白舟"与一片礁石撞在了一起，船上的人们发出了一片惊叫声——这就是那晚人们隐约听到的喊叫声。船里很快涌入了大量的海水，船迅速往下沉。费兹－斯蒂芬立刻找来一条小船给王子和他的几个同伴，他小声说道："赶紧走，往陆地拼命划，海上无风无浪，很快就到了，而我们……应该是无法逃生了。"

但是，就在他们刚从正在沉没的船上逃脱时，王子的妹妹玛丽——佩尔什女伯爵拼命求救，王子听见了，做出了一个他一生都未曾做过的举动，他大声说道："马上回去，即使有危险，我也不可以不管她。"于是他们往回划，当王子准备把妹妹拉上小船时，即将沉没的船上的人们出于求生本能，拼命往小船上跳，小船无法承载太多的人，迅速翻覆。此时，"白舟"也沉没了。

海面上最终只剩下两个人，支撑船帆的木杆断了，他们抓住了一根并靠着它极力维持不沉入海底。"我是艾格勒男爵吉贝尔的儿子，名叫戈弗雷，你呢？""我是鲁昂的一名屠夫，名叫贝罗尔德。"于是，他们共同祷告："愿主保佑！"在11月的这个黑暗的晚上，他们在刺骨的海水里随着波浪浮浮沉沉，不停地为彼此加油打气。

不久，他们的旁边游过来一个人，他把湿乎乎的头发顺到脑后，二人这才看出是费兹－斯蒂芬船长。他着急地询问："看见王子了吗？"漂浮的两人异口同声说："全死了，除了我们三个还在海上漂着，船上的人都死了，王子和他的弟弟妹妹以及国王的其他亲戚，凡是在这条船上的，无论是穷人还是权贵都死了。"费兹－斯蒂芬听清后瞬间面色苍白，长叹道："可怜的我啊！"他明白自己再也没脸去见国王了，于是不再求生，任由自己沉没在海里。

仅剩的两个人扶着木桩在海里又漂浮了几个小时，终于，贵族子弟再也坚持不下去了。他奄奄一息地说道："我又累又冷，实在坚持不了了。再见了，我的朋友，愿主赐你好运！"说完，他放开了木桩，永远地沉入了海底。次日清晨，身穿羊皮袄的屠夫被一些渔民发现，救上了船。"白舟"上大部分是王孙贵族，却只有一个下等的屠夫存活了下来，他是目睹了整场惨剧的仅存的生还者。

过了三天，仍然没有人敢把这个不幸的消息讲给国王听。最终，他们只好找来一位小男孩，让他向国王讲述这一切，小孩在国王面前跪下大声哭泣着，把"白舟"的翻覆和王子不幸身亡的消息都说了。国王无力地坐倒在地，面如死灰。从此，国王的脸上再也没出现过笑容。

可国王从未改变诡计多端、言而无信及行贿受贿的行为。发誓要让英格兰人当牛来耕地的威廉王子死了，亨利害怕没有后代继承王位，就和教皇的侄女阿德莱结为夫妻——她还有一个做公爵的父亲。可事与愿违，她也没能为国王生育子女。因此国王决定让玛蒂尔德公主做继承者，并让所有的大臣起誓拥戴她。此时玛蒂尔德的丈夫正好去世了，亨利就把她许配给了杰弗里——安茹公爵的大儿子，人们叫他杰弗里·普朗塔热内或杰弗里·金雀花（法语的发音是"热内"）。之所以这样叫他是因为他喜欢用一朵盛放的小花来装饰帽子，而不爱用羽毛。一个奸诈的国王任用的是一群同样奸诈的大臣，真是人以群分啊！所有的大臣两次宣誓忠诚于玛蒂尔德和她的子孙，可其实谁也没打算信守承诺。与此同时，国王最大的隐忧——只有二十六岁的威廉·费兹－罗贝尔——死在了法兰西的圣奥梅尔，死因是被人用长矛刺伤了手臂。让亨利感到欣慰的是玛蒂尔德接连生了三个儿子，他终于不再为子嗣的问题烦忧，总算可以放心了。

亨利国王余生几乎一直生活在诺曼底，因为他想和玛蒂尔德多亲近一些，就算这样他依然被无穷无尽的吵闹和各式各样的家庭冲突包围。他六十七岁时死于消化道疾病和高烧。他的身体本就不是很好，又对医生的忠告置若罔闻，贪吃七鳃鳗要了他的命。他一共在位三十五年，雷丁修道院是他的埋骨之处。

也许你曾听说有人把亨利一世国王的奸诈和忘恩负义叫作"策略"，也有人将其称为"外交谋略"。其实无论如何，这两个词汇描述的都不是事实，虚假的词汇表达的当然不是美好的东西。

我所知道的是，好学是亨利仅有的一个优点。有一位诗人——同时也是骑士——被他抓住了，假如他能放过这个人，或许我们会给予他一些赞美，可恰恰相反，他命令侍卫挖出诗人的眼睛，仅仅因为诗人写过讽刺他的诗。最后，诗人无法承受残酷的刑罚，在监牢中撞墙自杀了。总而言之，亨利一世是个贪得无厌、睚眦必报且伪善的人，这世上大概没有比他更言而无信的人了。

第十一章

玛蒂尔德和斯蒂芬统治的英格兰

　　亨利一世去世后，他挖空心思、用谎话精心编织的所有计划如同黄沙堆砌的城堡，风一吹便土崩瓦解。国王不会想到的是抢夺王位的居然是他一直信任有加的斯蒂芬。

　　"征服者"威廉有个女儿名叫阿德拉，她与布卢瓦伯爵成婚，生下了斯蒂芬和亨利。亨利一世对这对兄弟毫不吝啬：他任命亨利为温切斯特的主教，还帮斯蒂芬找了一个颇有权势的妻子。可斯蒂芬并没有因为这些放弃争夺王位的心思。他很快找来一个忠诚于老国王的仆人做证，说自己就是国王临终前钦定的继承人。坎特伯雷大主教信以为真，并为他主持了国王加冕典礼。刚一坐上王位，他便占据了皇家宝库。为了保护自己的人身安全，他还用其中一部分财物聘请了一些外国的雇佣军。

　　假如老国王真的让斯蒂芬继承王位，假如那个子虚乌有的人证说的都是事实，或许斯蒂芬还有可能把英格兰人当作遗产来继承——就像继承牲口一样。可真实的情况是，老国王早已定好玛蒂尔德做他的继承人，并把所有的领地都留给了她。玛蒂尔德当然不会放弃早已属于自己的王位。格洛斯特伯爵和一些有势力的贵族、修道士选择支持她，而另外一部分人则拥护斯蒂芬。两个阵营的人对自己的工事进行了修缮，悲惨的英格兰人民不得不再次陷入水深火热之中，无论谁胜利，对他们而言都没有好处，他们永远是战争中烧杀抢掠的受害者。

亨利一世去世已经五年，苏格兰国王戴维在这五年中两次攻打英格兰，都以失败告终。就在此时，玛蒂尔德也来到英格兰，和她一起来的还有她同父异母的哥哥罗贝尔和一支实力强劲的部队。双方在林肯展开激战，斯蒂芬不曾放弃战斗，直到他的武器都被砍断。最后他还是沦为了阶下囚，被关押在格洛斯特，由专人看管。玛蒂尔德把修道士们找来，为自己举行了英格兰国王的加冕仪式。

英格兰女王的美梦并没有持续多长时间。斯蒂芬很受伦敦人的喜爱，一些大臣也不愿意对一个女人俯首称臣；而玛蒂尔德生性傲慢，得罪了很多人，因此，伦敦人民纷纷起义，他们和忠于斯蒂芬的部队会和，在温切斯特把女王团团围住，并把她的哥哥罗贝尔抓了起来。对女王而言，罗贝尔是她的左膀右臂，为了换回他，只能释放斯蒂芬。重见天日的斯蒂芬再次与女王抗衡，持久战就此展开。大雪纷飞的冬天，在牛津的一座城堡里，女王被重重围困，危在旦夕。女王连盔甲都来不及穿，只穿着一件白色的衣服，在三位忠心耿耿的骑士的护卫下，匆匆忙忙地逃跑了。她不敢骑马，在白雪皑皑的雪地里艰难地行走，从已经结冰的泰晤士河横穿而过，走了很久以后才敢骑上马飞奔。就在双方争斗得如火如荼时，女王最得力的助手、她的哥哥罗贝尔却意外去世了。玛蒂尔德一切的拼搏注定付诸东流，无奈之下，她只能回到诺曼底。

过了两三年的时间，玛蒂尔德的儿子亨利·金雀花又借着女王的名义再次来到英格兰。刚刚成年的亨利已经异常强悍，他已从母亲手里接管了诺曼底。法兰西国王的前任妻子埃莉诺现在是他的妻子，这个女人虽然品行不好，却很有钱，而且在法兰西有大片的领土。法兰西的国王路易反对他们在一起，因此与斯蒂芬的长子尤斯塔斯联合起来，对诺曼底展开了进攻。亨利打败了来犯之敌，并赶赴英格兰解救他的拥护者——他们被斯蒂芬包围在沃灵福德。双方以泰晤士河为界，分庭抗礼。对峙持续了两天，几乎所有的人都相信这场残酷的战争无法避免，这时勇敢的阿伦德尔伯爵站出来说："两位王子对王位的争夺势必引发战争，而战争会给两个国家带来数不清的创伤，这显然不是明智之举。"

有了他的带领，很多权贵也与伯爵站到同一阵线。无奈之下，刚成年的亨利和斯蒂芬只得顺应民意，分别站在河的两岸，隔空协商休战。尤斯塔斯对此大为恼火，他带上随从冲进贝里-圣埃德蒙修道院大肆抢夺。听说不久后他就发了疯，死在了修道院。休战后，大家在温切斯特举行了一场严肃的谈判，双方一致同意斯蒂芬仍然是英格兰的国王，而亨利是下一任王位继承人，国王的小儿子威廉只可以得到国王最初拥有的财富和伯爵的名号。不只如此，斯蒂芬赏赐给其他人的本来属于王室的土地也要收回来，那些在他的授意下建造起来的城堡也必须拆掉。一场腥风血雨平息了，而持续了十五年的战火早已让英格兰千疮百孔。休战后的第二年，斯蒂芬死了，他在位的十九年一直动荡不安。

在那个年代，斯蒂芬其实算得上是个善良儒雅的人，他的身上有不少优点，抢夺王位是他做过的唯一的坏事。可以让他稍稍释怀的是篡夺王位的不只他一个，亨利一世也是如此。但不可否认的是在他统治的十九年中，英格兰人民承受了前所未有的磨难。当时英格兰正处于封建社会，农民从出生的那一刻起就注定只能是贵族的仆人和奴隶。在这种社会，贵族有自己独立坚固的城堡和国王赋予的特权，对所管辖范围内的人有着至高无上的统治权，他们可以随意处置人民，掌控生杀大权。在这漫长的十九年里，英格兰人民受到的无情血腥的对待简直亘古未见。

在关于那个年代的记载中，可以读出当时作者的一种深深的恐惧。

在他们的描述中，城堡里的主人无疑是魔鬼的化身。只要有财产可以被抢夺，身为农民，无论男女都会被关进地牢。在地牢里，他们遭受酷刑：或用绳子绑住大拇指吊起来，再放火烧死；或绑着脚踝倒吊起来，在头部挂上重重的东西，再用锋利的铁器狠狠地抽打；或者不能吃东西生生地被饿死；或者被关进放着尖利石子的狭窄的箱子里。总而言之，他们被所有残忍的手段活活虐待致死。在那时的英格兰，没有一块土地是耕种过的，当然也不会有任何收成，人们找不到任何食物。假如你是一位赶路人，你必须集中精力，时时提心吊胆，因为你不知道什么时候强盗就会出现。就算你从早到晚不停地走，也不会看到人烟，陪伴你的只有残垣断壁和漫天飞舞的烟灰。

　　修道士们也受了不少罪，但大部分修道士都拥有城堡，和其他权贵一起骑马打仗，而且也有在休战后与其他贵族一起瓜分战争中缴获的物品的权利。斯蒂芬时代的英格兰人已经处于水深火热之中了，可罗马主教似乎还觉得不够，便为人们的悲惨生活做出了"贡献"——当然这个贡献和圣经中那贫穷的寡妇的贡献（耶稣在耶路撒冷的圣殿里讲学，富人们慷慨解囊，而贫穷的寡妇只捐出了两枚价值四分之一便士的硬币）是不一样的。当教皇的贪心没有被斯蒂芬国王满足时，他禁止了英格兰教会的一切权利，也就是说，他不准英格兰的教会举行任何仪式：人们不可以参与所有的圣事，不可以婚配，不可以敲钟，不可以安葬死人。无论是教皇还是市井小贩，只要他有能力阻止人们参与这些事情，他就能让数以万计的平民无端受到干扰。

第十二章

亨利二世

第一部分

根据斯蒂芬与亨利·金雀花在温切斯特签订的协议，刚刚二十一岁的亨利顺利成为英格兰国王。斯蒂芬去世六个星期后，亨利和他的妻子埃莉诺在温切斯特同时接受了加冕。两人并驾骑马，前面是盛大的仪仗队伍，激扬的音乐、飞舞的鲜花、无数的欢呼声围在四周。

一开始，亨利二世治理国家很成功。他和王后的领地合到一起，法兰西三分之一的领土皆归他们所有。他是个活力四射、果敢坚毅的青年人，一坐上王位便开始大刀阔斧地整治前一个朝代留下来的弊端。他收回了之前匆忙分给战争双方的土地——无论是英格兰人还是诺曼底人，无一例外；无数的残兵败将被赶出英格兰；他宣布国王拥有城堡的所有权，并下令拆除一千一百多座城堡——这些城堡曾属于那些歹毒的权贵，人民遭遇的所有悲剧都在其中上演。杰弗里是亨利二世的弟弟，在法兰西纠结部队反抗亨利。斗志昂扬的亨利坚决果断地出征法兰西，快速地平定了反叛，并原谅了他的弟弟（杰弗里很快就死了）。那时亨利的小儿子刚刚五岁，法兰西国王路易的女儿则刚出生，他们结为了儿女亲家。随着亨利的领土日益扩张，他的野心也日益膨胀，与曾经的亲家也开始兵戎相见，最终这场战斗无疾而终——在教皇的帮助下两人握手言和。

斯蒂芬王朝的动荡不安导致传教士良莠不齐。他们之中有太多违法乱纪的人，凶手、小偷、无业游民比比皆是。最可怕的是，品行端正的传教士看到这些坏人干坏事，不仅不严惩，反而一味地包庇纵容。国王明白，再这样下去英格兰绝不会有安乐祥和的一天。因此他打定主意要削弱教会人员的职权。坎特伯雷大主教死于亨利二世王朝的第七年，这无疑是最好的机会，至少亨利是这样想的。亨利认为：我要起用我信任的人来做新的主教，他必须替我好好打压教会人员放肆的态度，让他们明白只要他们犯了罪就必须和平民一样接受惩罚。因此，国王的心腹接替了主教的位子。这位心腹确实不平凡，我必须讲讲他不同寻常的故事。

吉尔伯特·贝克特是一个来自伦敦的商人，非常富有。有一次，他去圣地朝拜的途中，成了一个撒拉逊王侯的阶下囚，这个王侯对他很好，没有像对奴隶一样对待他。王侯有一个美丽的女儿，深深地爱上了他，并承诺如果他们能逃到一个信仰基督教的国家，她愿意终生做一名基督教徒，并成为他的妻子。就这样，两人坠入爱河。有一天，当他们真的有机会逃跑时，吉尔伯特却将她抛于脑后，只带着与他一起成为阶下囚的侍从理查德匆匆逃走了。可怜的撒拉逊女人被抛弃了，可她对吉尔伯特一往情深。为了追上吉尔伯特，她装扮一番，从父亲的领地逃了出来，历经千辛万苦，终于到达了海边。她不会讲英语，只会两个单词——"伦敦"和"吉尔伯特"，这还是吉尔伯特教会她的（我猜吉尔伯特学会了撒拉逊语，谈恋爱时也用撒拉逊语）。她一遍一遍地喊着"伦敦！伦敦！"在船舶中不停地来回走着。有位船夫听懂了她的意思：她想去伦敦，要找一艘英格兰的船。船夫们帮助她找到一艘开往伦敦的船。她没有钱，便用首饰代替船费，开始了她的航程。好戏开始了！这天，在伦敦，吉尔伯特正坐在他的办公室里，忽然听到一阵吵闹声从街道上传来，不久，理查德气喘吁吁地从仓库跑来，双目圆睁，大声喊道："主子，主子，你的撒拉逊女人到了！"吉尔伯特根本不信，可理查德说道："真的，我的主子，是真的，她来了，就在城里，嘴里高喊着'吉尔伯特'四处寻找你！"说着，他抓着吉尔伯特的衣袖把他拉到窗前。顺着理查德的手指往下看，真是一幅悲惨的画面：在一片希腊式建筑的山形墙与喷泉之间，在那幽暗污浊的街道中，身穿异族服饰的撒拉逊女人慢慢地向前走着，嘴里喃喃地重复着"吉尔伯特""吉尔伯特"，四周围满了充满好奇的百姓。想想当初成为阶下囚时她对自己的体贴入微，现在又矢志不渝地追随，吉尔伯特不禁情难自已，激动地跑向街道。撒克逊女人终于见到了他，喜极而泣，扑进了他的怀抱，激动得晕了过去。很快他们成了夫妻。在他们举行婚礼的那天，忠实的仆人理查德兴高采烈地跳了一整天的舞。从此以后，他们终于过上了甜蜜的日子。

托马斯·贝克特是他们的儿子，也就是我们现在说的亨利二世极其信任的人。

托马斯·贝克特在被亨利二世指定为大主教前已拥有高官显爵。他受过优良的教育，英勇无畏且足智多谋。几次对法兰西的战争他都曾参加过。在和一名法兰西骑士的一次战斗中，他取得了胜利，骑士的马便归他所有了。他曾是国王的儿子亨利王子的私人老师，居住在王宫中。他拥有数不尽的钱财和一百多位忠诚的骑士。有一次，他奉国王之命出使法兰西，当他的出使队伍出现在法兰西街头时，围观的法兰西人忍不住惊叹道："连一个使臣都如此气概不凡，可想而知英格兰的国王是怎样威风凛凛！"托马斯·贝克特的排场足以让百姓瞠目结舌。他的队伍进城时，两百五十个男孩作为引导者唱着歌走在最前面，后面紧跟着一对对猎犬。八辆装载货物的马车在猎犬后面，每辆车都由五位车夫驾驶，各配有五匹奔驰的骏马；准备派发给老百姓的烈性啤酒装满了两辆马车；贝克特用金银制作的护身盔甲和华丽的服饰则装了四辆马车；还有两辆车装满了随从们的服饰。再后面则是十二匹背上各蹲着一只猴子的骏马。紧跟着的是一队步兵，士兵一手握着坚固的盾牌，一手牵着装饰华丽的优良战马。每人手握一只雄鹰的驯鹰人队伍随之而来，骑士队伍、绅士队伍和传教士队伍分列其后。最后，打扮光鲜亮丽的托马斯·贝克特出现了，阳光照在他身上，闪烁着耀眼的光芒。人们不禁为之折服，爆发出阵阵的欢呼声。

亨利国王为有这样一个出类拔萃的心腹大臣骄傲不已，和他一起更能衬托出自己的不平凡。但有时他也会拿贝克特的奢侈来打趣。有一次，寒冬时分，国王和贝克特在伦敦的街上骑马前行，正好看见一个衣不蔽体的老乞丐在寒风里冻得浑身发抖，国王说道："你看看这个可怜的人，假如能给他一件披风让他感到暖和安逸，无疑是一个善良的举动。"托马斯·贝克特回答道："是啊，这本就是基督教徒应该做的，您能想到这些，说明您太善良了。"于是国王便说道："把你的披风给他穿吧，快点！"贝克特正好穿着一件用貂皮做的名贵的深红色披风，当然不愿意了，国王就强迫他脱，两个人开始撕扯，差点从马上摔下来掉到泥里。最后贝克特不得不脱了下来。当老乞丐从国王手中接过披风时，吓得目瞪口呆，而跟随他们的大臣们则乐得哈哈大笑——一来是为了迎合国王的恶作剧，在国王大笑的时候配合他，二来也真的愿意看国王的宠臣的笑话。

亨利二世的想法是：托马斯·贝克特是我的亲信，由他做坎特伯雷大主教，掌控教会，以他对我的忠诚，教会等于在我自己手中，贝克特还可以成为我整顿教会的助手。在亨利二世看来，在与教会争夺权力时，贝克特是自己的拥护者。贝克特曾在公众场合对一些主教说，教会的神职人员和士兵们一样，都应该听从国王的命令。亨利二世认为，整个英格兰能帮他实现收服教会的伟大梦想的只有托马斯·贝克特。很多人不赞成这个决定，理由是贝克特本是武将出身，且贪图享乐，根本不是做教会工作的理想人选。可国王一意孤行，对反对意见置之不理，一定要让托马斯·贝克特成为大主教。

就这样，托马斯·贝克特名声大振，更加春风得意了。当然他早就名满天下了。他拥有数不尽的财富，无数的马匹、仆役，华丽之极的服饰，光鲜亮丽的生活，可谓已达到登峰造极的地步。他不再看重这样的盛名了，他想在别的方面也如此名扬四海。他认为，想要名垂青史，最好的办法就是倾尽所有与国王对抗。因此，他开始想方设法和国王斗智斗勇。

除此之外，他与国王也有一些私人恩怨。根据我的了解，国王也许偶尔侵犯了贝克特的尊严，这完全是有可能发生的事。对站在权势顶端的人来说，戏耍自己的心腹本就是一件极平常的事，就像披风事件一样。但是，就算是一件很小的事，对一个骄傲无比的人来说，也绝不会被轻易忘记。托马斯·贝克特在光辉的前半生一直为国王兢兢业业地付出，并一直是国王的骄傲，他比谁都明白国王对他有着怎样的期望。可现在，他成了教会的掌权人，拥有和国王同等的权力，于是他开始思考，并决定与国王一决雌雄，无论结果如何，他都坚信自己一定会载入史册。

他刻意改变自己，来了个一百八十度的大转弯：不再让人服侍，不再锦衣玉食，每天吃的是家常便饭，穿的是污浊不堪且爬有虱子的粗糙布衣，以此来彰显自己的虔诚——在那个年代，穿着的肮脏程度是评判虔诚的标志。为了自我惩罚，他还鞭打自己的背部。一间小小的房间便是他的住所。他每天都会为十三个穷苦人洗脚。这些行为让他看起来更谦卑和平易近人。他的转变是如此让人瞠目结舌，哪怕他出使法兰西时骑在马上的不是十二只猴子而是一百二十只，出使队伍不是八辆马车而是八千辆，也不如这次转变让人惊讶。不久，成为大主教的他比作为大臣的他更引人注目了。

亨利二世对此很恼火，贝克特大主教宣布权贵们拥有的领地都属于教会，因此，他向国王提出把罗切斯特城堡和罗切斯特城归还教会。不但如此，身为大主教的他甚至宣布，在英格兰的地域范围内，无论在哪个教堂，除了他自己，谁都没有任命教士的权力。肯特的一个绅士没有听从这一命令，擅自做出了任命，被托马斯·贝克特驱逐出了教会。

　　教会人员最厉害的手段就是上一章节结尾处提到的"停止一切教会权利"，排在第二位的就是"驱逐出教会"。当一个人被处以"驱逐出教会"的处罚，就意味着他不能去任何教堂和与宗教有关的地方，而且他的所有行为都受到教会的诅咒，包括坐、立、走、跳、跑，甚至咳嗽、打哈欠。说实话，这其实并没有什么实质的意义，而且这诅咒本身也不符合基督教的精神，不能去教堂，也可以在自己家里做祷告，上帝才是最终的审判者。可一旦被教会驱逐，因为害怕和对教会的盲从，身边的人会排斥甚至拒绝和你交往，这样就会严重影响你的正常生活。因此，国王命令贝克特："立刻把对肯特那个绅士的驱逐令撤销！"可新主教回答道："不可能！"

　　这次争吵并没有结束，一个伍斯特郡的修道士犯了谋杀罪，犯罪手段惨无人道，全国一片哗然。国王让教会把这个罪犯交出来，和别的罪犯一样公平地接受审判。然而大主教没有交出罪犯，而是把他关进了教会的监牢。因此，国王在威斯敏斯特大厅召开会议，非常严肃地提出只要有修道士做了与王法相悖的事情，主教们就要剥夺他修道士的身份，交给法庭审判。大主教同样没有答应。国王便问道："普通法是国家沿用的法律，人人都要遵守，教会成员难道不应该遵守吗？"包括托马斯·贝克特在内的修道士们都齐声答道："一切都听大主教的！"这句话明白告诉国王，他们遵守普通法的前提是不影响教会的特权。国王气得立即离开了会场。

　　一些修道士感觉自己的行为似乎过火了。虽然托马斯·贝克特的态度仍然像庄严的威斯敏斯特大厅一样屹立不动，修道士们却感到害怕，纷纷劝说他。最终修道士们来到伍德斯托克见国王，丝毫不提大主教，并答应一定会遵守普通法，服从国王。国王开心地接受了他们的示弱。在位于索尔兹伯里的克拉伦登堡，国王举行了教会人员大会，可大主教又在大会上提出"一切都听大主教的"。大臣们纷纷请求他放弃，修道士们也痛哭流涕地跪下来求他，国王的军队从旁边的屋子里出来将他团团围住，无奈之下，大主教不得不妥协。之前很多国王都想写进普通法中的针对教会的内容这次正式以文字的形式写入了普通法，并让大主教签上了自己的名字，盖章确定。这部法律就是《克拉伦登宪章》。

就算经过了几番周折，两人之间的争斗仍然没有停止。大主教想与国王见面，国王却不同意。大主教只好想办法从英格兰逃走，他来到海边，却没有一个水手愿意用船载他逃走，无可奈何的大主教只好再次与国王抗争，并用最激烈的方式故意挑战普通法的威严。

国王在北安普敦召开大会，接见大主教，控告他背叛自己的国家，并诬陷他贪污。面对所有参加会议的人，托马斯·贝克特孤掌难鸣，连他手下的主教也纷纷劝说他放弃反抗国王，辞去大主教的职务。他心神不宁，还病了两天。即便如此他还是毫不退让。他右手拿着一个大十字架放在胸口的位置，回到会场坐下来——当时会议已经结束了。见到这种情形，国王气得回到了里面的房间，其余的人也怒气冲冲地离开了会场，只剩下大主教自己待在会场里，但他纹丝不动。不久主教们返回会场，痛斥他是个背叛者，并纷纷说要与他划清界限。他只是淡淡回答道："明白了！"依然纹丝不动。主教们只好进了里面的房间，在大主教本人不在场的情况下对他进行审判。后来，莱斯特伯爵和一群权贵走到他面前宣布对他的判决，他不听，也不承认这场审判有任何效力，而且坚持由教皇对这件事做出裁决。他手里举着十字架往外走——大厅里铺满了灯芯草，就像现在的地毯一样——有人把灯芯草扔向他。他转过头，骄傲地说，如果不是因为自己身为大主教，一定会用自己曾经熟悉的剑法狠狠地收拾他们这群软弱的小丑。说完，他在一群为他呐喊助威的百姓的护卫下，骑马疾驰而去。当晚，他在家里准备了宴席感谢这些人。也是在这个晚上，他改名"迪尔曼修道士"，悄悄地离开了城堡，一路上白天休息，晚上行走，费尽周章，终于逃到了佛兰德。

两人之间的对抗不断升温。大主教的财产被气愤的国王全部收为己有，他的亲人和侍从——一共四百多人——都被赶出了英格兰。托马斯·贝克特得到了教皇和法兰西国王的支持，被安置在一所修道院里。得到支持的贝克特信心倍增。他挑选了一个重要的节日，走进一个人头攒动的大教堂，严肃认真地慢慢走到讲坛前，对那些《克拉伦登宪章》的支持者进行了公开的、直呼其名的辱骂，并把他们驱逐出教会。被他点名的很多是英格兰的权贵，亨利二世也赫然在列。

这个国王而言简直是极大的侮辱。怒气冲天的国王发疯似的在床上不停地翻滚，将衣服撕裂，把房间弄得一团糟，好在他迅速调整了自己的状态，并开始回击。他下令在所有的海岸和港口严防死守，绝不让"停止教权"的书信传到国内，并让人去罗马用财物打动教皇。此时，身处罗马的托马斯·贝克特也在忙碌着，为获取最大的利益不停地做着谋划和努力。英格兰与法兰西尽管不时有摩擦，但最终还是握手言和，并用双方国王的孩子结为夫妻作为和平的贺礼。贝克特和亨利二世的抗争也不得不停止了。在法兰西国王的安排下，亨利二世见到了他当初的心腹大臣、现在的仇敌贝克特。

就算面对国王，并行了下跪礼，托马斯·贝克特也不肯更改自己当初说过的话和下达过的指令。法兰西的国王路易对他这样的人一般都敬而远之，放任自流。这次他觉得贝克特有些过分了，说道："他觉得自己比圣彼得更伟大、更完美吗？"说完就与亨利二世骑着马走了。可没过多久，个性软弱的法兰西国王又如墙头草一般向贝克特摇尾乞怜，真是悲哀。

总之，亨利二世和贝克特费尽周章，最终在法兰西会面，达成了一致的意见：按照先例，坎特伯雷大主教仍然是托马斯·贝克特，国王负责支付他应该得到的薪资。看到这里，你可能会觉得，这场争斗应该结束了，托马斯·贝克特也该安静了吧！可你错了，这事根本没完！托马斯·贝克特无意中得知，亨利二世因为怕停止教权的命令在自己的国家执行，便悄悄地给自己的大儿子亨利王子举行了加冕仪式。贝克特把此事告诉了教皇，并说服他撤了主持加冕典礼的约克郡大主教的职务，参与加冕仪式的主教们也全部被驱逐出教会。贝克特派遣了一个使者，穿越亨利国王在海岸边的重重防线，将把上述主教们"驱逐出教会"的教令交给那些主教。接着，托马斯·贝克特终于在七年之后再次回到英格兰——尽管有人悄悄地警告他回英格兰会身陷险境。有个名叫雷纳夫·德布罗克的骑士甚至气愤地警告他，只要他回到英格兰就杀死他。他依然顶着压力回来了。

贝克特受到了老百姓的热烈欢迎，他们随手拿起身边的东西当作武器，犹如战士一般簇拥着大主教前进。贝克特希望见到自己曾经教育过的小王子，却没有机会；他希望权贵和修道士们能给他一些援助，同样没有如愿。他只好竭尽所能地取得百姓们的喜欢，并将他们的作用发挥到极致。他在坎特伯雷和哈罗山区之间来回奔走。圣诞节那天，他到坎特伯雷大教堂传教，向人们宣告，他明白回到英格兰很有可能会被谋杀，但他临危不惧，即使脑海中有一丝害怕，也被与生俱来的高贵的品行给消灭了。接着，他在现场当众发布命令，把包括威胁他的骑士雷纳夫·德布罗克在内的三个敌人驱逐出教会。

只要是思维正常的人，都不愿意衣食住行方方面面处于被人咒骂的状态，因此那些被随便驱逐出教会的人纷纷找国王诉苦。亨利国王一直以为让他烦恼的敌人已经偃旗息鼓了，现在突然听到他又做出了如此侮辱人的事，立刻生气了。约克大主教也在一边推波助澜，他说托马斯·贝克特活一天，国王就得烦恼一天。听了这话，亨利国王对着大臣们脱口而出："莫非就没有谁可以让他消停下来不再让人心烦吗？"他刚一说完，四名在场的骑士彼此看了看，便走了出去。

他们的名字是雷金纳德·菲茨乌尔塞、威廉·德·特雷西、休·德·莫维尔、理查德·布里托。其中有三人在托马斯·贝克特当年前往法兰西时带的出使队伍中。他们悄悄地骑着马出发了。圣诞节后的第三天，他们来到了萨尔特伍德——这里属于雷纳夫·德布罗克，就在坎特伯雷附近。为了以防万一，他们偷偷地招兵买马，接着和十二个侍从一同往坎特伯雷进发。中午，大主教意外地看到他们出现在自己面前。他们默默地在地上坐着，看着大主教，没有行礼也没有出声。

彼此沉默不语对峙了一段时间，托马斯·贝克特说话了："你们到底想干什么？"

雷金纳德·菲茨乌尔塞回答道："我们的条件是你必须撤回针对主教们的驱逐令，然后为你对国王的不尊敬接受惩罚。"托马斯·贝克特强烈反对。在他眼里，神权至高无上，决不会向王权低头，他不会屈服于他们的威胁，哪怕英格兰所有的骑士都用武力威胁他，他也不会屈服。

"那就别怪我们不讲情面了！"骑士们和十二个侍从从房间里走出去，准备穿上盔甲拿起武器重新回来。

此时，托马斯的侍从把大门关上并用门闩卡住。本想用斧头劈开大门的骑士们找到了一扇打开的窗户，便不再浪费时间，从窗户直接进入。当他们在门外想法突破时，屋内的侍从不断地劝托马斯·贝克特退到大教堂去躲避一下，他们认为在如此庄严的场所，敌人没有胆子胡作非为。但大主教不同意，并反复强调他不会躲避。可笑的是，当修道士们晚祷的诵经声从远处传来时，他往教堂走去，他给出的理由是他要去进行祷告，而不是为了躲避。

他的住处有一条古老、简朴、典雅的回廊与大教堂相连，他将十字架举在胸前，如往常一般，从容地从这条捷径走到了大教堂。他平安到达大教堂，阻止了侍卫们给门上锁的举动。他说，这不是保命的场所，是属于上帝的宫殿。

就在他说话的时候，雷金纳德·菲茨乌尔塞已经来到了大教堂，冬季晚上幽幽的光瞬间被他的身影遮挡。他大声地喊叫："国王的忠心拥护者们，冲啊！"骑士们争先恐后地冲了进来，金属盔甲相互碰撞发出的声响在教堂中飘荡。

大教堂里到处是雄伟的立柱和走廊，而且天色昏暗，视线不清，地下室和楼上的走廊里有许多地方可以躲藏，托马斯·贝克特若是想保住性命，只要随便找个地方躲藏起来就行了。可他不肯这样做，他毅然决然地对修道士们说，他会一直站在那里，绝不会逃避。当其他人惊慌失措地四处躲藏时，只有他和他坚定的支持者爱德华·格吕姆留下来，后者帮他捧着十字架。在这一刻，他毫不动摇，比任何时候都更坚持自己的信念。

昏暗的光线中，骑士们到了，他们披坚执锐，踩踏教堂的石阶发出的声响在黑夜中令人害怕。他们喊叫道："背叛者在什么地方？"没有人回答，于是他们又喊道："大主教在什么地方？""在这里！"贝克特高傲地回答着，从阴暗的地方走到骑士们面前。

骑士们要求贝克特远走高飞或和他们一起走，但他都不同意，假如有其他的方法可以让他放弃与国王对抗，或许他还能活命。威廉·德·特雷西上前拉他的衣袖，反而被他大力推开，差点摔倒。这些人被大主教的训斥和执迷不悟的态度完全惹恼了。当雷金纳德·菲茨乌尔塞再次受到贝克特的诅咒时，他愤怒地叫喊着"受死吧"，拔出剑砍向大主教的头。爱德华·格吕姆护住了他效忠的主人，用手格挡，剑的力道被分散，大主教只受了轻伤，流了一点血。接着又有人大声吼着叫大主教立刻滚，但托马斯·贝克特纹丝不动，从伤口流出的鲜血沿着脸庞缓缓流下，他也置之不理。他双拳在身体两侧紧紧握着，埋着头，努力地控制着自己。他这么做是为了完美地诠释上帝的教义。就在圣贝内特的圣坛旁边，贝克特被骑士们无情地杀死了。他倒在了地上，到处是飞溅的鲜血和脑浆。

这是一幅让人黯然失色的画面：在教堂里，那个到处咒骂别人的人被杀死了，死相凄惨地躺在地上，四周一片浓郁的黑暗中星星点点的灯光仿佛飞溅的鲜血。罪魁祸首骑着马扬长而去，回头看看黑暗中隐隐约约的大教堂，里面刚刚发生的事再次浮现在眼前。

第二部分

四名骑士在坎特伯雷大教堂凶狠地杀害了托马斯·贝克特，国王听到这个消息时非常惊讶。当初国王不假思索地说："莫非就没有谁可以让他消停下来不再让人心烦吗？"这句话落到一些人的耳中就变成了他不想让贝克特活着。可国王真实的意思绝不是这样。尽管他性格很冲动，但他并不是天生凶狠残暴的人；而且，杀死贝克特无疑是对教皇和教会的直接挑衅，这是人尽皆知的事情，国王当然不会做出如此愚蠢的事。

他马上派人恭恭敬敬地去拜见教皇，解释自己只是随口说了一句玩笑话，并没有下令让人做这件事。为了证明自己的无辜，他还在大庭广众之下庄重地向上帝起誓，这才得以独善其身。而那四个参与杀人的骑士就没有那么幸运了，他们无法再在王宫里生活，只好躲藏到约克郡。教皇对他们下达了驱逐出教会的命令。所有的人都对他们不理不睬，甚至见到他们就远远地避开。他们如过街老鼠一般凄凉地过了一段时间，只得去耶路撒冷毕恭毕敬地找寻赎罪的机会，最后死亡并被埋葬在那里。

贝克特死后不久，亨利国王就得到了一个重新得到教皇信任的良机。不但如此，他还可以借机霸占爱尔兰的领地。爱尔兰人一直认为，最早是一个名叫帕特里休斯（也有人说叫圣帕特里克）的人把爱尔兰变成了信仰基督教的国家。那时候教皇这一职务还没有诞生，因此他们与教皇并没有任何联系，当然用不着向教会缴纳每家一便士的税收，也就是我在前面的章节中讲过的"圣彼得的便士"。因此教皇很不满意，此时国王提出要入侵爱尔兰，教皇当然同意了。

那个时候爱尔兰人还处于极度落后野蛮的时代，打架斗殴是常有的事，杀人放火，奸淫掳掠，为非作歹，无所不为。当时爱尔兰由德斯蒙德、托蒙德、康诺特、阿尔斯特、伦斯特五个国家组成，五个国家都有自己的国王。他们中的一个宣布自己是"高王"，是凌驾于其他四人之上的统治者。其中有一个国王名叫德尔蒙·麦克默罗（这是个粗俗的名字，拼写的方法也很粗俗），他把一个好友的妻子抢夺过来，藏在一座岛的水草茂密的沼泽地带。虽然这在爱尔兰境内早已是习以为常的事，但他的朋友很生气，并对"高王"诉苦。在"高王"的支持下，他把德尔蒙·麦克默罗从他的领地上赶走了。急于报仇雪恨的德尔蒙去了英格兰，请求亨利国王帮助自己，并许下诺言，只要国王帮助他复国，他愿意臣服于亨利，他的国家也将成为英格兰的从属国。亨利接受了。但所谓的帮助仅仅是签署一张皇家制诰，允许他在英格兰招募人马，组成军队回国征战，英格兰人民都可以自愿参加。

德尔蒙有三个盟友：一个是布里斯托尔市的外号"强弩"的理查德·德·克莱尔伯爵，另外两个来自南威尔士，分别叫罗伯特·菲茨-斯蒂芬和莫里斯·菲茨杰拉德。这三人都是同一类人——品行极差，一贫如洗，见钱眼开，甚至为了钱无恶不作。他们三人分别带着一小队人马。他们与德尔蒙协商好，当德尔蒙夺回王国后，就把女儿伊娃嫁给理查德，并让他做自己的继承者。

这三个人带领的英格兰人都经过各种训练，在战场上无论哪方面都比爱尔兰人强很多，就算在人数不多的情况下，也能以少胜多。在最初的一场战役中，他们砍死了三百个人，并把他们的人头放在了德尔蒙的面前。德尔蒙是怎样一个变态的人啊！他开心地把这三百个人头当成玩具，一个个地拿着玩。突然他看到一个他憎恶的人的头，便用手拽着这颗头的头发，拎着这颗头的耳朵，把鼻子和嘴巴咬掉了。在这场战争中，被俘虏的人都受到惨无人道的对待。胜者将被俘者砍断手脚，从岛屿的高处扔到海里。沃特福德被占领后，同样的惨剧还是没有停止。街上到处是尸体，污浊的排水渠里流淌的都是鲜血。就在这座城市里，"强弩"与伊娃举行了婚礼。这是一场令人反胃的婚礼，观礼者是无数的尸体——能与之匹配的可能只有作为新人的父亲的德尔蒙了。

占领沃特福德和都柏林之后，他们不断攻城略地，战无不胜。就在此时，德尔蒙·麦克默罗去世了，"强弩"理查德按照协议当上了伦斯特的新国王。此时亨利国王粉墨登场了。"强弩"成为国王后迅速发展自己的权势，为了阻止他扩张，亨利以"强弩"主人的身份来到都柏林，拿出许多钱财收购这个王国。接着，其他几个爱尔兰国王和领袖都向亨利表达了臣服之意。这趟爱尔兰之行，亨利二世收获了爱尔兰最高统治者之位，并给教皇带去了不少利益。于是，亨利二世与教皇的矛盾彻底解决了，可能他自己都没想到会这么快。

亨利二世在政治上再无阻碍，国泰民安。但来自家庭的悲惨故事不断升级，让他精疲力竭，心力交瘁，最终痛不欲生。

他有四个儿子：大儿子亨利十八岁了——就是那个偷偷举行加冕仪式从而激怒了托马斯·贝克特的王子，还有十六岁的理查、十五岁的杰弗里、最小的儿子约翰。约翰是亨利二世最疼爱的儿子，被称作"无地者"，他没有什么可以承袭，可国王还是打算让他接掌爱尔兰。

但是这些眼里只有钱的家伙，对他们的父亲可谓冷酷无情，更是毫不顾念手足之情。大儿子亨利在他的母亲、坏妇人埃莉诺和法兰西国王的教唆下，开始了他忤逆的道路。

一开始，他对国王说必须给他的妻子玛格丽特——年轻的法兰西公主——举行和他一样的加冕典礼，国王答应了。举行仪式后不久，他又提出让父亲现在就把一部分领地划给他，国王没有答应。当天晚上，愤怒的亨利王子便背叛了国王，加入法兰西国王的麾下。一两天后，他的兄弟理查和杰弗里也步他后尘。他们的母亲埃莉诺也打算去法兰西和儿子们会合。当她打扮成一名男子出发时，却遭到亨利二世的抓捕并被关进监牢。她在牢中度过了长达十六年的时间，真算得上是咎由自取。由于亨利二世对百姓的权利施予保护，英格兰权贵们无法再对人民肆意盘剥，于是贪心的贵族们心怀不满，纷纷追随王子们背叛国王。每天都有新的消息不断传来：为了对抗自己的父亲，王子们招募士兵；在法兰西的宫廷上，面对亨利二世派去的使者，亨利王子佩戴着王冠，自称小英格兰国王；没有法兰西权贵的同意，他们就不会和亨利国王握手言和。种种打击都不能动摇亨利二世，他从容不迫，积极主动，把和他一样有着同样困扰的贵族们集合在一起，组成联盟，并花大价钱聘请了两万人来帮助自己，对害他们父子反目的狡诈的法兰西国王展开反击。很快气势汹汹的亨利国王便收到了法兰西路易国王提出的和平会谈的请求。

于是，一场和平谈判在法兰西的一个平原上展开了。谈判的地点有一棵老榆树，枝繁叶茂，绿油油的树叶生机勃勃，但它没能给谈判带来转机。这场会谈以失败告终，战争再次展开。理查带着军队开始与父亲对抗，却被亨利二世打败了。正在此时，苏格兰侵略英格兰的消息传到了亨利国王耳中，他不得不顶着恶劣的天气立刻回到英格兰抵抗入侵。如果不是因为这件事，理查和他那些数目极多的士兵一定会为参与这场非正义的战争而懊悔。也许国王真的觉得是杀了贝克特才引发这一系列的烦恼，也许因为教皇把贝克特封为圣徒，国王希望得到教皇的喜欢，又或者是国王想要那些崇拜贝克特、相信他即使躲在冷清的墓地也可以制造神迹的百姓们支持他，总之亨利二世一到英格兰便第一时间赶到了坎特伯雷。大教堂刚刚出现在视线中，他就下了马，把鞋脱了，光着脚朝贝克特的坟墓走去。等他终于到达坟墓前时，两只脚都磨破了皮，鲜血一直往外渗。众目睽睽之下，他躺倒在地上放声痛哭。接着，他走进教堂，脱下上衣，把后背和肩膀露出来，让八十个修道士拿着打了结的绳子依次上前鞭打他——但我相信一定没有用力抽打。事有凑巧，国王在大众面前公开表演的那一天，在与苏格兰的战争中，英格兰军大获全胜。修道士们兴奋无比，认为这次之所以能取得大胜，是因为国王真诚悔过。贝克特在世时遭到修道士们痛恨，去世后却被当成神灵敬仰。

亨利二世几个不孝的儿子与国外的势力勾结在一起，佛兰德伯爵是他们最大的盟友。当亨利国王忙着处理英格兰内部的事情时，佛兰德伯爵带领军队开始攻打诺曼底的首府鲁昂。没想到国王反应十分迅速，当人们以为他还留在英格兰时，他已经来到了鲁昂。佛兰德伯爵战败了，亨利王子和杰弗里王子不得不缴械投降，参与造反的人也陆续求和。理查坚持了六个星期，却屡屡战败，在辗转几座城堡后也举了白旗。亨利二世并没有追究他们的责任。

来自父亲的宽宏大量并没有感动儿子们。他们不忠不义，不孝不悌，卑鄙无耻，毫无信誉，他们利用父亲的宽恕苟延残喘，却仍不忘暗中策划并参与反叛。第二年，亨利王子再次反叛，国王又一次饶恕了他。理查则在八年后抛弃了他的哥哥亨利王子。厚颜无耻的杰弗里曾说过，能让他们三兄弟真正齐心的事就是合伙背叛他们的父亲。他们和国王和平共处了一年，亨利王子就又背叛了父亲，归顺后起誓永不再犯，因此再次得到宽恕。然而言而无信的他不久之后又和杰弗里一道开始了下一场背叛。

很快，这个无情无义的王子在法兰西的小镇病了，濒临死亡，病危之际内心很后悔。他让人去见国王，乞求父亲宽恕他，并想和父亲见最后一面。宽宏大量的国王对他的儿子们始终仁慈。国王本打算亲自去见儿子，可王子曾经的种种行为让跟随国王的王侯们心存怀疑，纷纷劝说国王：哪怕他是国王在世的儿子中最大的一个，国王也不应该为了去见这个背叛者用生命做赌注。国王只好让人把他手上的戒指送给王子，以示他对王子的包容。王子泪如泉涌，拿起戒指不停地亲吻，泣不成声地向周围的人诉说他对自己的父亲做出的大逆不道的事，并为之羞愧不已。他告诉旁边的修道士："拿绳子把我绑住，从床上拖下去，丢在火堆上，请允许我用这样的死法为自己的行为悔过，向上帝祈祷！"刚刚二十七岁的王子便这样去世了。

　　时隔三年，在一场比赛中，杰弗里王子从马上摔了下来，一大群马匹飞奔而过，把他的脑袋踩得粉碎。国王的儿子只剩理查和约翰了。此时约翰已长大成人，为了表达对父亲的忠诚庄严地立下誓言。现任的法兰西国王是腓力二世，他的父亲是已故的路易国王。腓力二世与理查是好友，他怂恿理查背叛自己的父亲。这次背叛并没有坚持很久，理查投降了，在得到国王的饶恕后，他拿着《新约全书》向上帝宣誓以后不会重蹈覆辙。但仅仅隔了一年，他又失信了。就在他的父亲面前，他向法兰西国王下跪表达敬意，并表示只要有他的协助，他就能把他父亲在法兰西拥有的领地抢夺过来。

　　如此言而无信的理查却自诩是上帝的勇士。之前，法兰西与英格兰两国的国王在法兰西平原上那棵枝繁叶茂的老榆树下进行了和平会谈，他们佩戴十字架，共同宣誓要一起努力，要做新的"十字军"，为维护信仰的尊严而拼搏。可现在理查居然也同样佩戴十字架，说着相同的誓词！

　　可怜的国王因为儿子们的虚伪精疲力竭，病入膏肓。他努力支撑了这么长时间，渐渐疲惫不堪，打仗也不再全胜了。好在令人敬佩的教皇仍然站在他这边。教皇为了国王向取得了胜利的理查和法兰西国王提出和平会谈的要求。理查要求为他举行加冕典礼让他做英格兰的国王，并要求让法兰西国王同父异母的姐姐当他的妻子。他并不是真的爱慕这位公主，他之所以这样做是因为他的父亲本想让这位在英格兰长大的公主嫁给他的弟弟约翰。约翰是国王最疼爱的小儿子，也是国王心目中唯一忠诚于他的儿子。王侯们也陆续背叛国王，无奈之下，沮丧的国王不得不妥协。

国王生病了，躺在床上。有人把停战文件拿给他，要他赦免的反叛者的名单也放在了他的面前，而他最心爱的儿子、他自始至终都不曾怀疑过的约翰竟然排在名单之首。这无疑是雪上加霜，彻底压垮了国王。

国王不敢置信地喊道："啊，约翰，我亲爱的儿子啊！我最心疼的儿子啊，约翰！我之所以坚持不懈不就是为了你吗？而你却如此愚蠢地背叛了我！"长叹了一口气，国王索性躺了下来，说道："无所谓了，由他去吧，我没有什么留恋的了。"

过了不久，国王的侍从们把他送到了希农——法兰西的一座小城镇，那是他近年来最中意的地方。但到了这个时候，再也没有哪里是他喜欢的地方了，世上已经再也没有让他眷恋的人或事。在拼命咒骂自己的儿子们和懊悔自己来到人世的过程中，他终于无奈地咽下了最后一口气。

如同一百年前的先祖"征服者"一样，亨利二世刚刚去世，那些对他俯首帖耳的王宫侍从们就把他抛在了一边。国王的房间被洗劫一空，连他的遗体都被脱得近乎全裸，差点没法送到丰泰夫罗修道院埋葬。

很多年以后，有人恭维理查有一颗如狮子般勇猛的心，其实我认为他最需要的是做人的良心。不管他拥有什么样的心，在庄严的教堂里见到自己父亲的遗体，都应该有些感触并为自己的行为感到悔恨。

不管他拥有什么样的心，当他和父亲展开战斗时，都只有凶狠毒辣、无情无义，说他卑鄙无耻根本不为过。

亨利二世在位的时候，也有一段感人的故事，这就是他与世上少有的、最讨人喜欢的罗莎蒙德相爱的故事。在伍德斯托克一个公园的迷宫深处藏着一座精美的房子，那是国王专门为她建造的。要想找到这座房子，只能靠丝线指引。可恶的王后对罗莎蒙德十分憎恶，她掌握了丝线的奥秘，借助丝线找到了罗莎蒙德的住处，让她从两种死法里选一种，要么用匕首杀死自己，要么喝下毒药。漂亮的罗莎蒙德潸然泪下，楚楚可怜地乞求，却无法打动铁石心肠的王后。无奈的她不得不吞下毒药，含恨死在了她那精美的房子里。一群鸟儿还围绕着她唱着愉悦的歌，毫不知情。

在这个世上，确实有一位十分漂亮的罗莎蒙德，我相信她真的是世上少有的讨人喜欢的姑娘，国王喜欢她也在情理之中。可恶的王后埃莉诺当然有理由忌恨她，可也许——我说也许只是我自己爱听这个故事——房子、迷宫、丝线、匕首、毒药都是杜撰出来的。可能漂亮的罗莎蒙德只是在位于牛津的一座修道院里安静地生活着，直到生命的尽头。她的坟墓上挂着丝线织成的围帐，她的修女朋友们常常把鲜花放在她的坟前，用来缅怀她那让风华正茂、前程似锦的亨利国王倾慕的美丽容颜。

作为英格兰国王，在位三十五年后，"金雀花"亨利二世终于谢幕了，五十七岁的他静静地安眠在丰泰夫罗修道院。属于他的时代就此结束了。

第十三章

"狮心王"理查一世

　　1189 年，被称为"狮心王"的理查在让他的父亲伤心绝望之后，终于坐上了国王的宝座。众所周知，他从小就忘恩负义，当他成为国王后，面对层出不穷的背叛者，才明白反叛是如此让人厌恶。一番浮于表面的悔悟后，他对曾经全心全意帮助他对抗亨利国王的人全部处以严厉的处罚。这次行动足以让人看透他的本性了。这对那些精于溜须拍马的人也是一种警示——千万不要信任理查！

　　不只如此，他还把父亲的司库官关了起来，司库官交出了全部的国库财富以及个人财产才被释放。无论理查是否真的拥有狮子般的心脏，他都如狮子一般张开大口，吞噬了这个不幸的人的大半财产。

　　隆重的加冕典礼在威斯敏斯特厅举行，四个领主分别握着长矛将丝绸织成的华盖的四角撑起来，护送理查走向教堂。就在举行加冕仪式的当天，一场以杀害犹太人为目的的阴谋展开了，而这让很多自诩为基督教徒、骨子里却满是坏水的人异常兴奋。理查曾经下过命令，不准犹太人在典礼上露面。犹太人是英格兰最出色的贸易者，但总让人讨厌。犹太人为了表示自己对新国王的尊敬，拿着礼品从五湖四海聚集到伦敦。一部分犹太人不顾危险来到威斯敏斯特厅，送上了礼物。

礼物当然被愉快地收下了。我猜想，当时可能有一些别有用心的人装成了神经质的基督教徒，借机大吵大闹，一个犹太人拿着礼物想从大厅的门进入时被他们打了。一场动乱就这样开始了。他们把已经在大厅里的犹太人驱赶出来，一些暴动的人索性大声喊道："新的君王已经下令要让信仰异教的人灭亡。"因此人们跑到并不宽敞的街上，看到一个犹太人就杀死一个。当街上的犹太人都被杀死后，躲藏在房间里闭门不出的犹太人成了暴徒们的新目标。他们几近疯癫地穿过街头巷尾，冲入每个有犹太人的房间，匕首、长矛，所有的武器都用上了，连长者和小孩都没能摆脱被从窗口丢进楼下燃烧的大火中的命运。这种让人齿冷的残暴不仁的行为足足持续了一天一夜。但受到惩罚的暴徒只有三个，这三个暴徒之所以被判死刑不是因为他们对犹太人无恶不作，而是因为他们误烧了属于基督教徒的房屋。

理查是个身强体壮、暴躁易怒的人，他整天思索的是怎样打碎别人的头。带领一支军队去耶路撒冷征战是他最迫切要做的事情。要招募一支军队前往圣地，没有钱是万万不可能的。为了敛财，属于王室的领地被卖了；大臣的职位也被明码标价——不管是否具备领导能力，只要出得起钱，就可以成为治理国家的王公大臣；赦免的命令只要出价高也可以得到；再加上对英格兰人民无止境的剥削。他终于如愿以偿。接着，他委派了两位主教在他东征时协助管理国家，而他的弟弟约翰则被封为摄政王。为加强两人之间的关系，理查还把大部分权势和财富交给了约翰，而这恰恰是约翰梦寐以求的事情。阴险的约翰表面上对远征由衷地赞成，可实际的想法是：战斗越多，哥哥在战场上死亡的概率就越大，只要他一死，自己就能成为国王了。

就在刚装备完毕的军队准备出发时，他们和一些平民再次对可怜的犹太人举起了屠刀。在许多大城市里，无数的犹太人遭遇了残暴的虐杀。

约克郡的官员不在郡里，许多犹太人借机躲藏在城堡里，他们中的许多人都曾目睹自己的亲人惨遭杀害。后来，官员来到了城门下，想要进城堡，犹太人站在城墙上说道："上官啊，我们哪敢打开城门迎接你的到来呢？但凡我们打开一丝缝隙，你背后那些咆哮的人一定会一拥而入取我们的性命。"

官员本来就心存芥蒂，听到这话更加怒火中烧，他索性告诉人们他批准了对犹太人的屠戮。接着，一个身穿白色衣服的疯狂修道士便带着人们开始了对城堡长达三天的进攻。

犹太人的带头人约森是一名拉比（学者）或牧师，他对伙伴们说："兄弟们，修道士就在外面攻打城门，很快就要攻进来了。现在我们无路可走，死亡是我们唯一的归宿。如果一定要死，我宁愿选择自杀，好过死在修道士的刀下。就让我们烧毁所有的金银财宝，烧毁城堡，舍生取义吧！"

大部分人都义无反顾，只有极少数人举棋不定。所有有价值的东西都被他们一把火烧光了，城堡也被点燃了。熊熊大火冲天而起，吞噬了一切，赤红的火焰随风四处乱窜，发出如泣如诉的声音。约森亲手杀死了自己的妻子，接着也自杀了，另外那些有妻子小孩的人也步了他的后尘。当攻城的人打破城门进入城堡时，整座城只剩下几个躲在角落里瑟瑟发抖的胆小鬼（他们也没能多活几天），余下的就是一堆堆燃烧后的灰烬，还有随处可见的被火烧得焦黑的尸体，就像一段段焚烧后的焦木。就在前不久，他们还是一个个活蹦乱跳的人，如胜利者一样，都是上帝心怀仁慈创造的、寄托着他的希望的人啊！

在这件不祥的事发生后，理查带着纪律涣散的军队踏上了去东方耶路撒冷的征伐之路。他和他的老友、法兰西的腓力国王再次携手共进，共同检阅了他们的十万军队。随后两支队伍分头行动，并约定在位于西西里岛的墨西拿会合。

理查的妹妹是西西里国王的妻子，现在国王已经去世了。坦克雷德是西西里国王的叔叔，他夺取了王位，并把孀居的王后关进了监牢，强行占有了她的财富。理查态度强硬地提出必须恢复妹妹的人身自由，把强占她的土地退给她，并遵照西西里王室的习惯，分给她用金子制作的桌椅、二十四个银制的杯子和碟子。坦克雷德被理查的咄咄逼人吓坏了，只得照做。可腓力国王开始忌妒了，他埋怨理查想在墨西拿甚至全世界实行专政。理查对此置之不理，不但收下了坦克雷德馈赠的两万枚金币，还同意让坦克雷德的女儿和自己的小外甥——才两岁大的俊俏的亚瑟——订婚。这个俊俏的小亚瑟后面还会讲到。

理查也许不过瘾，因为在西西里算不战而胜。他带走了他的妹妹，顺道带出来一个叫贝伦加丽娅的漂亮的女孩。后来埃莉诺王后（她被前国王关在监牢中，直到理查成为国王才被释放）把她带去了法兰西。理查和贝伦加丽娅相爱并很快结为夫妻，一起坐船去往塞浦路斯。

不久，理查对战斗的渴望终于得到了满足。在塞浦路斯岛的海岸附近，英格兰队伍中的一些出事的船只被岛上的居民抢劫一空，岛上的君王却视而不见。理查便和他交手了。战胜对手简直易如反掌。岛上国王的脚被银脚链铐上了，他仅有的女儿也被迫成为贝伦加丽娅的女仆。之后，理查与母亲、妹妹、贝伦加丽娅还有作为俘虏的女孩一起起航，不久就到了阿卡城。法兰西国王早已到达这里了，他带领军队绕着海岸线将这里团团围困，却很长时间都没有办法攻下来。他的军队不仅遭到了撒拉逊人的顽强抵抗，还尝尽了瘟疫的折磨。萨拉丁作为苏丹（统治者）英勇果敢，他带领土耳其人坚守在周围的山上，捍卫自己的领土。

这支联合的"十字军"除了恣意享乐和争吵打闹外几乎没有观点统一的时候，无论到了哪里，肆意妄为的他们都不会克制自己，搅得所到之处鸡犬不宁。双方的国王相互猜忌，双方纪律涣散的士兵也尔虞我诈，甚至在要不要一起对阿卡展开攻击的问题上都没有达成共识。等两位国王总算争吵完决定开战时，撒拉逊人却妥协了，他们提出在四十天内退出阿卡，将圣十字森林交给修道士，那些被他们抓住的修道士也会被释放，此外还赔偿金币二十万。然而这个承诺没有兑现。于是，就在双方的军营前，就在撒拉逊人的眼前，理查把抓获的近三千名撒拉逊人统统杀死了。

这场残酷的杀戮中并没有法兰西国王的身影。因为他对理查倨傲自满的作风非常不满，而且他的王国内部有麻烦需要马上处理，此外，他本人并不适应这种沙漠国家的酷热的气候，身体出了状况，所以他带领军队踏上了归程。即使法兰西国王不再同行，理查也没有放弃东征。接下来大约一年半的时间，他和他的军队经受了数不清的磨难。每天晚上宿营时，传达号令的士兵都会大喊三次："为解救圣墓奋斗！"以激励大家牢记自己出征的初衷。接着全体士兵会虔诚地跪着说："阿门！"不管是前进还是休息，他们都要忍受酷热难耐的天气、无边无际的荒漠，还要时刻提防来自英勇的萨拉丁和他的军队的进攻。与他们形影不离的是战斗、疾病、伤痛和死亡。就算千难万险，理查都不曾放弃，犹如挺立的巨人，永不后退。即使他去世很久以后，他所使用的耗费二十磅钢铁铸造的锋利的斧头依然在撒拉逊人中口口相传。现在，无论是那些撒拉逊人还是修道士都已没入尘埃，但是撒拉逊人的马偶尔看到位于路边的某些东西惊慌失措时，主人就会在一旁喊道："你害怕什么啊，笨蛋！莫非你觉得那后面站着理查国王吗？"

萨拉丁与理查国王可谓惺惺相惜，他非常佩服国王的勇猛善战。他本人也是个英勇大气、值得尊敬的对手。理查国王生病发烧了，萨拉丁会让人把来自大马士革的刚采摘的水果和从山顶运下来的冰块送给国王。他们还经常有礼貌地相互传递问候。但在战场上，双方互不相让，对对方的军队毫不手软。因为有个好对手，在阿尔苏夫和雅法，好战的理查打得不亦乐乎。但他在阿什凯隆却无所作为，因此便要求重新加固和修缮那些被撒拉逊人毁坏的抵抗进攻的掩体。自视甚高的奥地利公爵并不甘愿做这样琐碎的事，理查就将他从联盟中赶了出去。

心目中的圣地耶路撒冷就在眼前，兵临城下时，一切的吵闹、争斗与相互猜忌都烟消云散了。撒拉逊人与理查国王签订了停战协定，有效期是三年零三个月零三天零三小时。有诚信的萨拉丁保护，来自英格兰的修道士们避开了撒拉逊人的攻击，恭敬地拜访了耶稣的圣墓。接着，理查与他的一小部分人马在阿卡登船向着自己的国家出发了。

航行到亚得里亚海时，船只失事了。理查只好隐姓埋名，准备穿越德意志回国。许多德意志人曾加入高傲的奥地利公爵——就是被理查国王赶出联盟的那位——率领的军队前往耶路撒冷，备受瞩目的理查国王很快就被认了出来，人们悄悄地告诉了公爵。公爵马上抓住理查国王并把他关押在维也纳附近的一个小旅舍里。

得知让人烦恼的理查国王被抓，公爵的主人——德意志国王，以及法兰西国王都欣喜若狂。建立在一起为非作歹的基础上的交情当然不能持久，腓力国王曾是理查对抗父亲的盟友，如今却是他不折不扣的敌人。腓力国王控诉他企图杀害好朋友，并撒谎说他在东征时曾想方设法下毒害自己，并买通德意志国王对理查加强看守，以防其逃跑。于是，经过两位国王合谋，理查不得不在德意志的法庭上面对他们提出的诸多罪状并进行辩护。他精彩的辩论和流露的真情实感感动了现场的大多数人，拥有审判权的人最后裁定，他留在德意志服刑期间，理应受到和他身份相符的尊重，并且拿出足够的金钱就可以恢复自由。英格兰人当然愿意给钱，可当王后埃莉诺拿着足够的钱来到德意志时却并没有被接受。她不得不向每个德意志的王侯哀求，希望释放她的儿子。最终她感动了大家，理查获得了自由。腓力国王赶紧写信给约翰亲王："千万注意，魔鬼已经被放出来了。"

约翰之所以惧怕哥哥回来，是因为在理查被俘的日子里，他无耻地出卖了他的哥哥。他悄悄地和腓力国王密谋，对全英格兰人郑重其事地宣布：理查已经去世了。但是他抢夺王位的计划没有成功。现在，这个恬不知耻的弟弟正在法兰西的埃夫勒。为了求得哥哥的谅解，他想出了一条心狠手辣的毒计。他举行了隆重的宴会，请了所有埃夫勒的官员，并将他们残忍地杀害了。他顺利地占据了这个重要的城市，接着马不停蹄地去见他的哥哥，想用这个功劳获得理查的原谅。埃莉诺也在一旁帮着求情，理查说道："好吧，我饶恕他了，可我相信用不了多久他就不记得了。但愿我也能轻易将他带给我的伤痛抛到脑后。"

当理查身处西西里时，英格兰内部并不平静：他授权处理国家事务的两个主教闹起内讧，其中一个把另一个关押了起来，并大肆宣扬，仿佛他就是国王，野心显而易见。身在摩西拿的理查得知这一消息后，便另选了一个人代替他行使权力。那个野心勃勃的主教——朗香——乔装成一个女子逃往法兰西。腓力国王不但接受了他，还为他提供帮助。腓力国王的一系列极度不友好的行为，理查一直深深记在心里。理查很快回到了他的国家，他的臣民举行了隆重的迎接仪式。理查在温切斯特再次举行了加冕典礼，目的是让腓力知道，被释放的魔鬼是多么可怕。在理查的极度愤怒中，理查与腓力之间的战争正式展开了。

与此同时，英格兰内部发生了新的矛盾。在国内，穷苦百姓交纳的税反而比富有者多，他们当然不乐意。威廉·菲兹·奥斯伯特成为人们的首领，他被叫作"大胡子"。他带领着近五万人组成的神秘团体，最终还是被发现了踪迹。他顽强地反抗，将首个抓到他的平民刺伤后逃离。他在一所教堂里躲了四天，最后人们放火烧了教堂，他一身是火地冲出了火海，却没有死亡。他被绑在马的尾巴上一路拖行到史密斯菲尔德，并在那里被施行了绞刑。一直以来，用赶尽杀绝的手段让人民不敢反抗是当政者的一贯作风，可根据历史教训，我认为所有人都知道，残酷的杀戮并不能平息大众的言论。

英法之间的战争偶尔短暂停顿，但从不曾真正停止。维德马是利摩日子爵，他的辖区内意外地发现了一处藏宝地，里面有大量古钱币。身为下属，维德马上交给理查国王一半钱币，但贪心的国王却要将钱币全部据为己有。维德马态度坚决，不肯全部交出来。国王便把他的城堡团团围住，并立下誓言要捣毁城池，将所有反对他的人统统吊死。

在这片土地上传唱着一首怪异的古老歌谣，大致的意思是理查国王会被一支从利摩日射出的箭射死。伯特兰·德·古尔东是一个在利摩日守护城堡的年轻人。冬天的夜晚他常常听见或唱起这支歌。那天他正守卫在城堡上，看见国王骑着马在城墙下，旁边只有一名官员。这首古老的歌曲又一次回响在他的脑海中，他鬼使神差地拿出一支箭，仔细对准国王，咬牙切齿地说："愿主保佑，飞奔吧，我的箭！"接着离弦之箭飞速地直奔国王，射中了他的左肩膀。

一开始国王的伤势还算稳定，但只能在营帐中运筹帷幄，没有办法站在战场上厮杀。城池终于被攻占了，按照国王的誓词，所有的反对者都被吊死了。但伯特兰·德·古尔东还活着，国王还不想杀死他。

当时医疗条件很落后，国王的伤势越来越严重，他知道自己将不久于人世，便让人将伯特兰·德·古尔东带到了营帐中。戴着重重的脚镣和手铐的青年被带到了理查的面前，他们目不转睛地望着对方。

理查对他说："浑蛋！我究竟哪里得罪了你，你一定要置我于死地？"

"哪里得罪了我？"青年回答道，"我的父亲与两个兄弟都死在你的手上，我也很快就会被你处以绞刑。马上处死我吧，就算我受尽你的虐待，我仍然骄傲！因为你会因我而亡，世上的人终于不用再受你折磨了。"

理查目不转睛看着眼前的青年，而这位勇敢的青年也看着他，没有丝毫胆怯。这一刻，临死的理查可能又想到了萨拉丁，那位并不信仰上帝却一样坦荡无私的可敬的敌人。

理查说道："我不再追究了，你自由了，年轻人！"接着他吩咐旁边的官员，也就是他被射伤时陪同在他身边的官员："把他的脚镣和手铐都打开，再拿一百先令给他，放了他吧。"

他安静地在床上躺着，混浊的双眼仿佛笼罩着层层云雾，熟悉的地方渐渐变得不再清晰，最后年仅四十二岁的理查国王就这样去世了。他在位只有十年。然而官员并没有按照他的遗言去做，而是把伯特兰·德·古尔东的皮生生剥下来，将他吊死了。

就像那把耗费二十磅钢铁铸造的斧头至今仍然锋利一样，哀伤的情绪即使到了现在依然令人怅惘。一个关于怎样发现成为俘虏的理查国王的传说一直流传至今。理查最欣赏的一个游吟诗人叫布隆德尔，他从未放弃找寻他效忠的主人。锲而不舍的诗人在许多国家的城堡和监牢外面坚持吟唱，歌声在监狱的上空盘旋。一座地牢里终于传来他日思夜想的国王的回答声，他欣喜若狂地大叫道："天啊，我的主人，天啊，我的国王，真的是理查！"这个故事也许是真实的，只要你愿意就可以把它当成真的，很多比这更糟糕的事人们都很容易相信，这个也不例外。理查本身也是一位游吟诗人，假如他不是生在王室，也许可以做一位贤人，死时也不会满手血腥。

第十四章

"无地者"约翰

约翰成为英格兰的国王时正值三十二岁。本来应该是他俊俏的小外甥亚瑟继承王位，可约翰不但将国库据为己有，而且向王公大臣们承诺了太多极具诱惑力的条件。因此，就在他的哥哥理查去世后短短几星期，他便在威斯敏斯特举行了加冕仪式。我认为全英格兰人没有一个能比约翰国王更怯懦无耻和丧心病狂。

腓力依然是法兰西国王，他根本不接受约翰做英格兰的国王，亚瑟成为他扶持的对象。假如你以为他对这个失去父亲的小男孩充满怜悯的话，你一定会大失所望，他只是用这样貌似义气的举动来掩饰自己的企图，从而对抗英格兰国王而已。就这样，借口要为亚瑟讨回公道，腓力国王发起了针对约翰的战争。

当时亚瑟只有十二岁，长得十分英俊潇洒，他还在母亲肚子里时，他的爸爸杰弗里就在一场竞赛中被马踩中脑袋而丧生。他的成长过程中没有来自父亲的指导和疼爱，更糟糕的是他有一个十分蠢笨的母亲。约翰当上英格兰国王时，她刚与她的第三任丈夫成婚，还带上亚瑟前往法兰西投靠腓力。腓力假装极具同情心，将亚瑟册封为骑士，并让他的女儿与亚瑟订婚。但腓力并不是真心实意地对待亚瑟，当他察觉与约翰重归于好会给自己带来好处时，便立即去商议和谈，将不幸的亚瑟置之不理。

年少的亚瑟安然地过了两年安宁的日子，在这两年中他的母亲也死了。此时，腓力感觉要获得更大的好处就要再一次与约翰对着干，而亚瑟是他实现这个愿望的最好的借口。于是，他又把已经成为孤儿的亚瑟邀请到王宫中。"我的王子啊，你才是最有资格的王位继承者。你也很想成为国王，是吗？"腓力问道。"当然！我要当国王！"亚瑟回答道。腓力说道："那好，我把我的两百位骑士交给你，向抢夺了你王位的叔叔讨回公道，把本应该属于你的一切夺回来吧。同时，我也会和我的军队去诺曼底声讨他。"单纯的亚瑟听完后欣喜若狂，对阴险的腓力感恩戴德，并与他签订了一份合约：拥戴法兰西国王为自己的君王，并承诺无论夺到约翰的什么东西，法兰西国王都拥有看管的权力。

面对约翰的丧心病狂和腓力的见利忘义，亚瑟仿佛一只待宰的羔羊掉入了凶恶的豺狼和狡猾的狐狸共同设下的陷阱里。但年少无畏的他热血沸腾，对未来充满信心。布列塔尼是他在法兰西的封地，当地的人民为他这次出征提供了五百名骑士与五千名步兵。他更加相信自己会得到幸运之神的眷顾。他刚出生时，就受到布列塔尼群众的喜爱，他的名字亚瑟也是应民众的请求而取的，以缅怀曾经在英格兰声名显赫的亚瑟王——这本书的前面讲过这个人。布列塔尼人深信，在亚瑟王的时代，他们的国王与亚瑟王是一起并肩作战的挚友。在关于亚瑟王的传奇故事中，有一位与他同时代的先知，名叫梅林，他曾预测几百年后布列塔尼人的国王会转世重回他们中间，而亚瑟就是人们心中那位转世的国王。只要亚瑟戴上布列塔尼的皇冠，曾经的预测就会成为现实。到了那时，他们就是独立的王国，再也不受英格兰或法兰西国王统治了。亚瑟带领一支由骑兵和步兵组成的军队，穿着威风凛凛的铠甲，骑上装饰华美的精壮战马。此时，他也不由得想起了古老的预言并深信不疑，他认为梅林确实是位了不起的先知。

可少不更事的亚瑟根本不明白，他带领的这支队伍，在强大的英格兰国王面前简直微不足道。狡猾的腓力国王对此了然于胸，可他根本不在意这个不幸的男孩会有怎样的结局，他只想给英格兰国王制造烦恼而已。就这样，满怀信心的两人分头行动了。法兰西国王朝着诺曼底进发，亚瑟则前往靠近法兰西普瓦捷的米尔博城。

亚瑟进攻米尔博的一个原因是奶奶埃莉诺王后居住在这里——她一直与他母亲不和（埃莉诺王后在这个时期的英格兰历史中频频出现）。第二个原因是他的谋士建议道："王子啊，假如你抓住了你的奶奶，就有了威胁你叔叔的筹码。"但是，已经八十岁的埃莉诺可不会束手就擒，她本就是一个阴险奸诈的女人，心中的伎俩犹如脸上的褶子一样多。当她听到亚瑟要来的消息时，就退到了高塔中，紧闭塔门，并怂恿守卫者像勇者一般坚守。亚瑟与他的小股军队将高塔围困起来。听到消息的约翰立刻赶来解围。这次家庭会晤真是精彩！年少的王子围困了他的奶奶，自己却又被叔叔围困！

这样的情形并没有持续太长时间。在夏天的一个夜晚，在一个背叛者的引领下，国王约翰悄无声息地进入城镇，攻其不备奇袭了亚瑟的队伍。还在酣睡的亚瑟和他的一众骑士全部被捕。亚瑟被送往法莱斯城堡；他的骑士们则戴着沉沉的刑具、坐着牛车被押往各地的监牢，他们在那里经历了各种酷刑，生生被饿死的大有人在。

那天，亚瑟在漆黑阴暗的监狱中，望着高高的墙上那扇小小的窗户外夏季晴朗的天空和自由飞翔的小鸟，默默地为自己如此年少就受到这样的对待而悲哀。就在此时，他的叔叔约翰国王缓缓地将门打开，背对着光，一脸严肃地站在那里。阳光照进来，投射出一片阴影。

约翰并没有望着他的侄子，而是狠狠地瞪着地上的石子，说道："亚瑟，你怎么可以怀疑你的叔叔对你的信任、友善和爱呢？"

亚瑟这样说道："我只会告诉我的叔叔，他欠我一个公平的机会，假如他能将英格兰国王的王位还给我，我再告诉他答案吧。"

约翰看了他一眼不再说话，转身离去了，并交代狱卒："必须对这个少年严密看守！"

接着，约翰与他的下属，也就是那些臭名昭著的大臣一起秘密策划如何杀死亚瑟。一些人说："和当初对待诺曼底的罗贝尔一样，废了他的双眼，再将他关押在监狱中。"还有的说用刀刺死、用绞索绞死、用毒毒死他，总之说什么的都有。

约翰国王想起去监狱时，亚瑟双眼清澈，不屑地看着自己，自己却不敢直视他，只能默默地看向地面，便忍不住想要毁掉这双漂亮的眼睛，这样做会让他非常愉快。因此，他叫几个心狠手辣的歹徒前往法莱斯，要求他们用火红的烙铁烫亚瑟王子的双眼。王子百般哀求他们放过自己。于贝尔·德·布尔格当时是法莱斯城堡的典狱长，他是一个刚正不阿的人，也十分喜爱亚瑟。当他见到亚瑟痛苦的泪水时再也无法坐视不理了，他冒着毁掉自己前程的风险，将这些歹徒赶跑了，这场野蛮行动得以终止。

约翰国王大失所望，气愤不已，准备实行第二个计划——派人行刺亚瑟。他不再伪装，露出了狰狞的本性。他本想让威廉·德·布雷完成这个任务，为此费尽心机花言巧语，可威廉·德·布雷冷眼看着他说："我是个正人君子，不是屠夫。"便头也不回地走了。

在任何年代，君王找个杀手为自己效命都是件轻而易举的事，很快国王就用金钱收买了一个刺杀者，将他派去了法莱斯。于贝尔问道："你为何而来？"刺杀者回答道："来取亚瑟王子的性命。"于贝尔说："你回去吧，和国王说我会搞定这件事。"

约翰当然知道这是于贝尔的缓兵之计，他压根就不会让亚瑟死，这是为营救他争取更多的时间。因此国王马上派人将亚瑟带往鲁昂。

当天晚上，亚瑟就被带走了。孤立无助的亚瑟不得不离开于贝尔的庇护，无奈地进入位于塞纳河边的监牢。河水冲击监狱围墙下石块的声音透过铁栏杆传进他耳中。

一个无星无月的夜晚，亚瑟正在做着美梦，梦中那些支持他并为他抛洒热血的骑士正在想方设法救他出去。突然，美梦被看守者打断了，看守者让他到楼下去，亚瑟立即穿戴好走了下去。

顺着楼梯一路往下，夜色下弥漫在河面上的薄雾夹杂着阵阵阴冷的风，火把也被看守者踩灭了。一片漆黑中亚瑟被带到了小船上。他的叔叔和另一个人早已在那里等着他。

亚瑟卑微地跪下来哀求叔叔留他一命。可约翰根本不为所动，不但杀死了亚瑟，还用大石头绑住尸体扔下河。天亮了，旭日下的河水闪耀着光芒，河边的高塔紧锁着大门，小船早已消失，那个不幸的男孩再也没有出现在人们的视线里。

不久以后，英格兰的街头巷尾都在讲述这次凶残的杀人罪行。无恶不作的约翰在妻子还活着的时候就强迫一个女贵族做他的另一位妻子，这是让人厌恶的事。现在谋杀亚瑟王子成为导火索，人们的怒气熊熊燃烧，再难平息。于是约翰在位的每一天都受到人们的埋怨与憎恨。布列塔尼的形势也是剑拔弩张。尽管约翰把亚瑟的亲姐姐埃莉诺关押在布里斯托尔的教堂里，可布列塔尼还有一个名叫爱丽丝的女子，她是亚瑟同母异父的妹妹。她与她的父亲（也就是她的母亲嫁的第三任丈夫）被大家选出来，代表人们与腓力国王沟通，表达他们对约翰的极度愤怒。在法兰西，约翰也拥有领地，因此法兰西国王便传唤他到法庭上为自己辩护，约翰当然拒绝了。法兰西国王便以约翰涉嫌编造虚假证据为由，宣判他有罪，又一次挑起了战争。不久，约翰在法兰西拥有的三分之一的领地都被腓力武力占领了。纵观整场战争，约翰毫无谋略且懦弱无能，战事略为缓和便醉生梦死，对手兵临城下便立即夹着尾巴仓皇逃窜。

领土丢失得十分迅速，手下的大臣也离心离德，对约翰的话置若罔闻，更不同意跟随他前往法兰西作战。在您看来约翰国王算得上四面楚歌了吧？可他并没有意识到自己的处境有多艰难，竟然连教皇也一并得罪了。此事的原委，我一一讲给您听。

那时，坎特伯雷大主教已行将就木，侍奉他的低级修道士们想抢在高级修道士的前面继承大主教的职位。他们在深夜举行会议秘密商谈，一致决定由雷吉纳德作为他们的代表去罗马，希望得到教皇的赞同。此事很快败露了，约翰和高级修道士们十分气愤，低级修道士们不得不就此罢手。在所有修道士参加的大会上，他们推举诺维奇主教作为继任者，这位主教正是约翰国王的心腹。教皇知道了整件事的前因后果，表示双方的举荐他都不认可，而是另外指定斯蒂芬·兰顿为新的大主教人选。对于教皇的指派修道士们当然是愿意遵从的，可国王不愿意接受，不仅如此，他还把修道士们以背叛者的身份赶了出去。为此，教皇派遣三位主教觐见国王，要求他收回成命，否则就要停止一切教会权利。但国王态度强硬，警告主教们，假如他们胆敢在他的国家宣布停止教权，他会把所有能够抓住的教士统统剜去眼睛和鼻子，并将被这样处置之后的人们送去教皇那里。主教们在逃跑之前还是将禁令宣布了。

过了一年，教皇再次发难，他宣布将约翰国王驱逐出教会，不准他参与任何教会的仪式。国王怒气冲天，大臣们的不忠、人民的怨恨更加让他心灰意冷，以致他派人前往西班牙，与当地的土耳其人商议，承诺只要得到他们的帮助，他就会加入伊斯兰教，他的国家也可以交给他们。据说，使臣去见土耳其的埃米尔时，路两旁分立着摩尔人的护卫队，走了许久才见到埃米尔。埃米尔目不转睛地看着书，对使臣的到来根本不作理会。使臣不敢打扰，只好将国王的请求信件放下，悄悄地走了。没过多久，埃米尔接见了使臣中的一位，向他询问约翰国王的为人，并要求他向信奉的神明发誓，所言没有半点虚假。无可奈何的使者只得将约翰国王的残暴、狡猾和国内人民即将起义的事实和盘托出。听完这些，埃米尔当然不再理会国王了。

在约翰国王的一生中，除了自己的生命外最重要的东西莫过于钱了，为了获得更多的财富他可谓挖空心思。他沿袭一直以来的作为，开始再次摧残可怜的犹太人。此次，一个布里斯托尔的富裕的犹太人不幸地成为约翰的试验品，尝到了他新创造的酷刑的滋味。这个犹太人被关进监牢里。为了强迫他交纳足够数目的巨额金钱，他们每天强行从他嘴里拔走一颗牙齿，第一颗被拔的是门牙。这样过了八天，不堪忍受痛苦的犹太人只得屈服，把自己的财产交了出来。有了用相同的方法掠夺来的大笔钱财，约翰开始了对爱尔兰的征服行动，那里有背叛了他的英格兰的权贵们。这是一场"勇敢"的战斗。这次国王破天荒地没有逃走，因为他根本就没有遇到反抗。接着他又开始对威尔士发起攻击，这场战斗以他逃走而告终。但他逃跑前将那里的二十七个豪门世家的青年劫回国，并在一年后将他们全部处死。

　　继终止一切教会权利和将约翰驱逐出教会的教令后，教皇又对国王下达了最严厉的裁决——罢免国王。他说约翰不再是英格兰的国王，国内的人民不用再对约翰尽忠职守，并让斯蒂芬·兰顿等人告知腓力国王，哪怕他马上进攻英格兰，也不用担心背负骂名，起码教皇不会责怪他。

　　腓力二世国王这一生最想做的事就是征服英格兰。他在鲁昂招兵买马，集结了一支拥有一千七百只船的大型舰队，向英格兰驶去。英格兰人即便心里对约翰国王恨之入骨，但在强敌当前、国家面临灭亡的时刻，还是选择奋起反抗。多佛尔飘扬着英格兰的军旗，人们争先恐后地跑去那里，为保家卫国而加入军队。报名的人很多，远超英格兰军队的计划，因此供给根本无法满足飞速增长的人员的需求。约翰不得不择优录取六万人。在这关键的时刻，教皇并不愿见到约翰和腓力之间的力量失去平衡，为了保全自己，他也参与进来，派潘多尔夫作为使臣去威胁约翰。这其实是件很容易的事。潘多尔夫没有辜负教皇的期望，他从法兰西出发，进入英格兰的营帐，见到了约翰国王。

他将腓力国王的军力夸大无数倍，并着重讲了英格兰国内的权贵和民众对约翰的仇视。惊恐万分的约翰不但愿意让斯蒂芬·兰顿成为大主教，还同意把国家交给上帝，也就是说，教皇拥有国王的任免权。从此以后，如果他想继续做英格兰的国王，必须得到教皇的允许，而且每年都要向教会进贡钱财。为了这份近乎羞辱的约定，在多佛尔的圣殿骑士教堂里，约翰竟将自己捆绑起来。潘多尔夫的脚下放了很多礼品，他骄傲地从礼品上踩过，不屑一顾。但是，有人说那只是作秀，因为最后礼品还是被拿起来放到了他的手上。

彼得是个不幸的先知，他曾推测在主升天节的纪念活动前，约翰的骑士称号会被取消。约翰认为这是他即将死亡的前兆，不禁惊慌失措。他签署屈辱的协议的次日就是主升天节，战战兢兢的他度过了一个漫长的夜晚。清晨，约翰才知道一切都是危言耸听。吓唬国王是大罪，约翰将先知与他的儿子都抓了起来。为了惩罚他们，约翰将他们绑在马尾巴上，在街道上拖行以警示民众，最后将他们都吊死了。

因为约翰归顺了教皇，于情于理教皇都应该保护他，因此教皇通知腓力不可以再继续入侵英格兰。这个消息对腓力而言无疑是晴天霹雳。他恼羞成怒，不再理会教皇是否允许，执意进攻英格兰。但是，腓力的舰队还不曾出发就遭遇了袭击，来自英格兰的索尔兹伯里伯爵率领军队和五百艘战船奔赴法兰西，在接近海岸处将法兰西舰队全部消灭。腓力元气大伤，只能空手而回。

教皇取消了对约翰国王的三条严厉的禁令，并委托斯蒂芬·兰顿代表他向公众宣布重新接受约翰成为教会的一分子，并请他一起参加晚上的宴席。约翰对兰顿恨之入骨，他们两个根本就不是一种人。在兰顿面前，约翰脸上表示感激不尽，心里却不把他当回事。约翰过去对教会人员所做的一切让他们损失惨重，统计国王应该做出怎样的补偿是件困难的事情。只是到最后，只有高等级的教会工作人员得到了丰厚的补偿，底层的工作人员几乎一无所获。我认为从此时起这便成了一种惯例。

当一切都风平浪静后，取得胜利的约翰国王便肆无忌惮地表露出凶残狡猾与目空一切的本性。他受助于一个与腓力二世作对的君王同盟，带兵前往法兰西，竟然攻占了一座城市。但腓力二世渐渐在战争中取得节节胜利，约翰不得不逃走，接着两人签署了五年内不得开战的协定。

对约翰而言，无比难熬的日子才刚刚开始。假如他有一点自知之明的话，就应该明白他的处境是多么可怜。斯蒂芬·兰顿就是天生与他为敌的人。由于一些大臣不肯和他一起去国外打仗，他便毫不留情地将他们辖区内民众的财物付之一炬。斯蒂芬·兰顿毫不客气地谴责并申斥了他。约翰曾立下誓言，要恢复并实施爱德华和亨利一世制定的法律。斯蒂芬·兰顿非常清楚他的善变，一直紧盯着他，不让他出现任何反悔的苗头。圣埃德蒙伯里修道院里，王公大臣们聚集在一起，声讨约翰国王一直以来的欺压给他们造成的损失。斯蒂芬·兰顿也在其中，他慷慨陈词，提出一定要让狡诈的国王把民众享有的权利和人身自由写进国家宪法。在他的怂恿下，领主们挨个站到圣坛前起誓：若国王不同意，必将与之一拼到底，至死方休。为了避开这些人，约翰只得逃往伦敦，可最后还是不得不召见他们。领主们毫不畏惧，声称根本不信任约翰的承诺，除非斯蒂芬·兰顿愿意做担保人。国王为了取信于人，将十字架拿了出来，似乎还有一点效果，可斯蒂芬·兰顿却不为所动。约翰只好向教皇寻求帮助。为了帮助自己新收的这位手下，教皇写信给兰顿，让他放过约翰。一心想为英格兰人民寻求最大利益、惩治约翰国王的兰顿却置之不理。

复活节到了，领主们在林肯郡的斯坦福德集结，组成长长的队伍，向着牛津出发——约翰就在那里。以斯蒂芬·兰顿为首的三人手上有一份权贵们提交的补偿清单。他们说："国王必须补偿这一切，不然我们不介意亲自出手将这些拿回来！"斯蒂芬·兰顿将这个情况如实地告诉了约翰，并向他宣读了赔偿清单。约翰当然气坏了，可气愤根本无济于事，因此他试着巧言令色欺骗这些人。"神与教会领导的军队"是领主和他们的下属为此次行动取的名字。除了北安普敦的城堡没法攻破，他们几乎走遍了英格兰所有的土地。人民为他们的到来欢呼雀跃。他们的旗帜最终飘扬在伦敦的上空。早已对残暴的国王充满愤恨的民众踊跃地加入他们的行列。整个英格兰的诸多骑士中，效忠国王的只剩下七位。到了今时今日，无奈的国王只能派遣布罗克伯爵去见领主们，表示他想与他们见面，让他们决定见面的时间和地点，他接受所有要求，并愿意在宪法上签字。领主们说道："那就约在 6 月 15 日见吧，地点是兰尼草地。"

1214 年 6 月 15 日是星期一，从温莎城堡启程的约翰与从斯泰恩斯出发的领主们在兰尼草地会面了。兰尼草地位于泰晤士河畔，现在仍然景色秀美。两岸绿树成荫，草木苍翠，灯芯草在清澈见底的河水中生长着。领主们的代表是队伍的指挥官罗伯特·菲兹沃特和部分英格兰王侯。与约翰一起来的是二十四名各行业的名人，他们绝大多数从心里看不起国王，只是被迫来凑数而已。诸多名流目睹了约翰国王在这个值得铭记的日子在英格兰《大宪章》上签名。宪章里有如下规定：教会自由不受侵犯；领主们不再承担繁重的、下属对国王的义务，而他们也需要减少自己的人民的义务；国王必须承认伦敦和所有自治城市的自由；对前往英格兰的外国贸易者进行保护；非经合法判决不得轻易逮捕、监禁自由人；必须不遗余力地维护公理。约翰国王的出尔反尔早已被权贵们熟知，为稳妥起见，他们要求约翰国王把军队中聘请的外国人全部驱逐出英格兰，伦敦城暂时由领主们接管两个月，斯蒂芬·兰顿则接管伦敦塔。为了让《大宪章》顺利实施，领主们推举二十五人组成法律委员会，负责监督执行情况，假如约翰违反规定便对他实行军事制裁。

国王不得不接受这一切，面带笑容地在宪章上签下了名字。他努力装出愉悦的样子离开豪华的会场，但没有做到。一回到温莎城堡，约翰就气得歇斯底里。不久，他就不再遵守宪章了。

　　他请求教皇帮助他，并去国外招募雇佣军。领主们准备在斯坦福德举办声势浩大的比赛来庆贺宪章的颁布。约翰想趁机对伦敦实行突然袭击。领主们很快知道了这个消息，将比赛的时间延迟了。接着领主们提出与国王面谈，并屡次谴责他背信弃义。但约翰东躲西藏，毫不理睬。多佛尔的罗切斯特城堡被领主的军队攻占了，此时，约翰出现了，与他的雇佣军将这里团团围住。按国王的意思，要将所有骑士全部杀死，可雇佣军的首领却回过头请求饶恕这些骑士，因为雇佣军惧怕以后英格兰人会向他们复仇。无奈的约翰只能对平民发泄自己的怒火。他将部队分成两部分，一队由索尔兹伯里伯爵带队，去往东部，自己带领另一队去往北部。两队人一路上无恶不作，民众遭到无尽的屠杀和劫掠。为了向下属展现他的残暴，约翰每天早晨起床后都会亲自焚烧睡觉的房屋。人民受的苦似乎还不够，教皇也参与进来，给他的"忠实朋友"提供帮助。因为民众与领主们一条心，教皇再一次向英格兰发出禁止参加教会仪式的教令。可民众早就习以为常了，并不认为这有多严重。在他们看来，或许连斯蒂芬·兰顿都认为，无论教皇是否同意，教堂都可以对教徒敞开大门并敲钟。因此他们按自己的意思做了，而这的确是可行的。

　　约翰国王残暴不仁，领主们的家园被糟践得破败不堪，忍无可忍的领主们决定请路易担任英格兰国王。路易是法兰西国王的儿子，如果他同意这个请求，就会被教皇驱逐出教会。路易对教皇的命令置若罔闻，与他的父亲一样——当初法兰西国王不在乎教皇会不会惩罚，坚持入侵英格兰。路易从桑威奇上岸，朝着伦敦行进。约翰那时刚好在多佛尔，得到消息立刻逃跑了。路易收容了苏格兰国王和许多英格兰北部的贵族，而且每天都不断有外国的雇佣军、英格兰领主和平民来投靠。同时约翰国王却忙着东躲西藏。

但英格兰领主们也并不信任路易。他们的怀疑被一位法兰西王侯临死前的遗言证实了。王侯说，路易一旦成为英格兰国王，就会宣布全部的领主都是背叛者，并把他们赶出英格兰，他们的财富将被法兰西的领主瓜分。这种结局当然不是英格兰领主们想要的，一部分领主摇摆不定，一部分干脆转头支持约翰国王。

约翰仿佛看到了曙光。经历了血腥的战斗，他夺回了几座城市，在几次战役中取胜。但一个让英格兰甚至全世界兴奋的喜讯就要来了——约翰很快就要面对死神了。威斯贝奇旁有一处十分凶险的流沙地，名叫沃什，当约翰和他的军队从这里走过时，突然遇到涨潮，瞬间全军覆没。约翰与一些士兵爬上岸，逃到安全区域。大家惊魂未定，回头一看，暴涨的河水一路咆哮着涌下来，激起巨大漩涡如一只张开的大嘴，将所有的马匹、车辆和人统统吞没，连救援都来不及。

约翰气得破口大骂，却只能无奈地前往斯万斯泰德修道院。修道士们给他准备了许多水果，有梨也有桃，还有新酿制的苹果酒。约翰开怀畅饮，大快朵颐，到了夜晚便高烧不退，整个晚上都在担心和害怕中度过。据说有人在食物中放了毒药，但并没有真凭实据。次日，修道士们把他放在马车上送到斯利福德堡，等待他的是另一个充满恐惧与疼痛的晚上。天亮了，人们大费周章才将他带到位于特伦特河附近的纽瓦克堡。10 月 18 日，在位十七年的约翰国王在四十九岁时去世了。他一生残暴虚伪，他在位时英格兰人民苦不堪言，他的王朝充斥着罪恶。

第十五章

亨利三世

　　被约翰杀害的亚瑟有个姐姐，被称为"布列塔尼的美女"埃莉诺。她一直被关押在布里斯托尔修道院里，即使还有哪个英格兰的领主偶尔会想起她，也不会提起她具有继承英格兰王位的资格。英格兰军队的统帅彭布罗克伯爵将约翰国王的大儿子亨利带到格洛斯特，很快为才十岁的亨利举行了加冕仪式。包括英格兰国王的王冠在内的所有财宝都被那场突如其来的洪水吞没，加冕礼举行得又非常仓促，连重新打造王冠的时间都没有，无奈之下便用一个简单的黄金圈代替王冠让亨利戴上。彭布罗克伯爵是个不折不扣的正人君子，他对参加仪式的为数不多的领主们说："这个小孩的父亲与我们曾是仇人，我们恨他父亲是理所当然的，可他毕竟还小，也没有做对不起我们的事，我们应该对他好一点，并为他提供庇护。"领主们想到自己同样年幼的儿女，恻隐之心油然而生，齐齐低下头恭敬地喊道："亨利三世永存于世！"

　　接着，于布里斯托尔举行了大议会，对《大宪章》进行了修改。因为亨利年纪太小，根本不可能治理英格兰，几经斟酌，彭布罗克伯爵被任命为国家执政人，帮助国王治理国家。接下来首先要做的是设法让来自法兰西的路易王子离开，将那些还在拥护路易的领主们笼络到自己的身边。路易在英格兰的许多地方拥有不小的权势，伦敦是其中之一。莱斯特郡的索雷尔山城堡也是他的势力范围。在许多小规模战斗和双方签订休战协定后，城堡被彭布罗克伯爵团团围住。路易派了一支强大的军队来支援，这支队伍有六百名骑士、两千名士兵。面对如此强大的兵力，伯爵毫无胜算，只能撤离。路易的军队趾高气扬、不可一世，一路上烧杀抢掠，匆匆而来，又匆匆而去，向着林肯进发——这座城市很快就失守了。林肯城中有一个寡妇，名叫妮古拉·德·凯威尔，她英勇不屈，誓死捍卫自己的城堡。身为统帅的法兰西伯爵终于察觉到必须采取围困的方式。正当他将城堡包围起来时，他收到信息，说彭布罗克伯爵正带领一支士气高昂的队伍向林肯进军，这支队伍里有四百个骑士和两百五十个十字弩射手。法兰西伯爵不以为意地说："何必在意呢？整座城市四面都是坚固的城墙，英格兰人要是进攻就真是疯了。"出乎他意料的是英格兰人真的这样做了。他们没有进行强攻，而是智取。他们把法兰西人引诱到林肯城狭窄的巷道中或路面坑坑洼洼的僻静小路上，让骑兵无法行动，然后伺机进行沉重的打击。法兰西伯爵叫嚷着他在世一天就不会向英格兰人投降，因此他被杀死了，剩下的人都缴械了。这次被英格兰人戏谑地称为"林肯集市"的战斗与之前的每一次相同，有权势和地位的人只要交纳一定数目的钱就可以安然无恙地回家，而无权无势的人就会被不留情面地杀死。

布兰切是来自卡斯蒂利亚的美女，是路易的妻子，为了救她的丈夫，她带领一支舰队从法兰西出发。这是一支拥有八十只战船的强大舰队，没想到却在泰晤士河遭遇英格兰舰队的阻击——这支只有四十艘船且装备并不精良的队伍给了法兰西人沉重的打击。近六十只法兰西船被击中并沉没于河底，路易王子的胜利美梦被这次大败彻底粉碎了。于是，双方在兰贝斯签署了一份协议：只要那些现在依然支持路易的英格兰领主放弃他们的坚持，从此回归英格兰并忠诚于自己的国家，英格兰人就不再为难路易王子和他的队伍，并在他们返回法兰西时提供安全保障。这场战争让路易王子身无分文，打道回府是唯一的选择，连回去的盘缠都需要伦敦人借给他。

彭布罗克伯爵在接下来的时间里一直为如何治理英格兰并做到公平公正而殚精竭虑。他想方设法让在可恶的约翰国王在位期间无情翻脸的人重归于好。在他的推动下，《大宪章》得到再一次修改并趋于完美。《森林法》也做出新的修改，如果一个平民进入属于王室的森林并将一头牡鹿杀死，以前他会被处死，现在只需要被羁押。如果这位帮助治理国家的伯爵可以再为英格兰多工作几年将是多么美好的事啊！可惜世事难料，彭布罗克伯爵在年幼的国王即位还不满三年时就匆匆离世了。他的墓穴如今仍保存在伦敦的老圣殿教堂里。

之后，国家执政人的权力被分割了。彼得·德·罗什是约翰国王亲自委任的温切斯特的主教，他负责还是小孩的亨利国王的日常生活；休伯特·德·伯格伯爵负责代替国王处理国事。他们俩本来就不和，不久之后更是势如水火。到亨利三世长大成人、可以自己掌管国家时，彼得察觉到休伯特的势力日益强大，他怒气冲冲地辞去职务并去了国外。在之后的差不多十年中，休伯特一人把持朝政，独断专行。

可是一位君主很难长时间信任一位臣子，亨利三世也不能免俗。他一天天长大，除了不凶残外几乎继承了他父亲的一切缺点：懦弱、善变、举棋不定。此时亨利见到了刚回国的彼得·德·罗什，相隔十年，亨利再次对他青睐有加。休伯特在这十年中因为国王的信任而独揽大权，积累了很多财富，这让急需资金的亨利三世开始不满。后来，他相信了一些人的诽谤——也许是假装相信——认定休伯特霸占了属于国王的财富，并让休伯特就任职期间的活动写一份全面的报告。不但如此，有一项荒诞的指控甚至称休伯特之所以能得到国王的信任是因为施展了魔法。休伯特明白，这是他的对手要彻底除掉他。对于这样怪诞的指控，他怎样辩解都无济于事，于是他躲进了默顿修道院。

怒气冲冲的亨利叫来伦敦市长命令道："叫上两万伦敦市民，到修道院去，一定要把休伯特抓出来，交给我。"市长赶紧出发了。休伯特的好友是都柏林的大主教，他对亨利说，修道院是圣洁的场所，如果亨利三世一定要在那里行凶，教会绝对不会放过他。亨利只好改变主意，将市长叫了回来，并给休伯特四个月时间，让他为辩护做准备，在这四个月中亨利会保证他的人身安全，不限制他的行动。

虽然我觉得休伯特早就应该明白这个世界的阴暗，可他仍然选择相信国王的承诺。他的妻子是一位苏格兰公主，住在圣埃德蒙伯里。带着国王的承诺，他离开默顿修道院去看望他的妻子。

休伯特刚刚从他的庇护所出来，他的仇人便马上劝说懦弱的亨利派遣戈弗雷·德·克朗爵士对他实施逮捕。爵士率领着一个名为"黑帮"的团队——三百个成员大多是地痞和无赖。在埃塞克斯的布伦特伍德小镇，休伯特被找到了。休伯特从睡梦中惊醒，从床上跳下来，跑到房外，向教堂跑去，到达了圣坛。他将两只手放在十字架上，祈求神的庇护。但戈弗雷爵士与他的"黑帮"成员对教堂、圣坛和十字架毫无畏惧之心。休伯特脖子上架着一把锋利的剑，被人一路拖到了教堂外。那些人找了一个铁匠，要求他为休伯特戴上刑具。被匆匆找来的铁匠（我多想知道他的姓名）跑得过于急促，大口大口地喘着气。他有一身黝黑的皮肤——那是长年被烟火熏烤造成的。"黑帮"的人站到一边，把被他们包围的休伯特让了出来，对着铁匠大声呵斥道："将脚镣、手铐铸造得牢靠点、粗壮点！"铁匠一下跪倒在地，但不是向"黑帮"下跪："英勇的休伯特·德·伯格伯爵啊！在多佛尔堡，正是因为他奋不顾身、顽强抵抗，法兰西人才被打败了。他为我们国家做出了多大贡献啊！我绝对不会铸造戴在休伯特伯爵身上的刑具，如果你们不解气，就处死我吧！"

可"黑帮"成员是一群恬不知耻的人，并不会因为这番话而惭愧。他们一再打骂铁匠，并将衣不遮体的休伯特绑在马背上，向伦敦塔跑去。可是，大主教对他们在神圣的教堂里做的肆意妄为的事非常愤怒，怯弱的亨利马上传令给"黑帮"：立刻把林伯特伯爵带回教堂。因为害怕伯爵从布伦特伍德教堂逃跑，亨利特别命令埃塞克斯的行政长官进行监视。接到命令的长官在教堂四周挖掘了一条深深的壕沟，还装上了很高的护栏，全天看守着教堂。"黑帮"成员自然也寸步不离，就像一群紧盯猎物的狼。前三十九天，休伯特·德·伯格伯爵想尽办法也没能离开教堂半步。无休止的监禁和饥寒终于让他屈服，当第四十天来临时，他主动从教堂出来，向"黑帮"投降，任由他们将自己带到伦敦塔。在审判过程中，他拒绝申辩。结果出来了，他被没收了全部的封地，将终身被监禁在被称为"自由监狱"的迪韦齐斯城堡里。看守他的是四个领主派来的骑士。在城堡里过了快一年，他得到消息，当初与他敌对的主教的信徒将成为他的看守。伯爵担心这人会公报私仇，杀害自己，便在一个漆黑的夜晚爬上了高高的围墙，从墙顶跃入壕沟，平安爬上了岸，跑到了另外一座教堂，并得到了保护。与此同时，一部分领主在威尔士集结，秘密策划对抗国王。他们用马队将休伯特从教堂里接了出来。最后，亨利三世还是赦免了休伯特，并将他的封地还给了他，可休伯特早已心灰意冷，并不期望国王再次对他青眼相待，甘愿退隐山林。关于休伯特的精彩故事就结束了，和历史上很多得宠的大臣相比，他的结局无疑是完美的。

那些领主之所以与亨利三世作对，是因为他们对温切斯特主教倨傲的行为极度不满。当主教察觉到亨利三世内心对父亲被逼签订的《大宪章》极度憎恶时，就费尽心机怂恿他破坏《大宪章》。比起英格兰人，主教更偏爱法兰西人。在公共场合，他甚至说法兰西领主比英格兰领主高一等。英格兰领主对此怨气冲天。国王知道主教青睐法兰西人后，害怕危及他的王位，便将主教和他那些国外朋友全部送走了。可是等到他与埃莉诺成婚后，他便再一次对法兰西人笑脸相迎——埃莉诺的父亲是法兰西普罗旺斯伯爵。婚礼当天，国王在王宫里举办了隆重的宴会，很多娘家人前来送亲，这些人拿走了许多珍贵的物品和金钱。不仅如此，他们还在英格兰人面前耀武扬威。终于，有些英格兰领主鼓起勇气轻声说起《大宪章》中的一条规定——有失礼仪的宠臣应该受到被驱逐出国的惩罚。但是，法兰西人却不以为意地嘲笑道："我们法兰西人为什么要遵守英格兰的宪法？"

法兰西的腓力国王去世后，继承王位的是路易王子，可他刚上位还不到三年就突然去世了。接着承袭王位的也叫路易，是路易王子的儿子。这是一位全世界最没有架子的国王，性格非常和蔼。亨利三世的母亲伊莎贝拉因为某种原因对这位新国王心怀不满，迫切想挑起英格兰与法兰西的战争。她很容易就让亨利听从了她的意见——亨利本就是个内心软弱毫无主见的木偶人。可议会却拒绝为这场战斗支付必要的金钱。为了向议会表达不满以示愤怒，亨利三世在船上装了三十个装满了钱的大箱子——我想不明白这些钱是从哪儿来的，最大的可能是可怜的犹太人又被他盘剥了一番。接着，他御驾亲征，向法兰西进军，一同前去的还有他的母亲和弟弟。他的弟弟理查德便是康沃尔伯爵，极具智慧且很富裕。尽管如此，最终亨利的队伍还是溃不成军，只得无可奈何地打道回府。

议会自然不会就此原谅亨利国王，他们控诉国王，指责他滥用国家财物去满足法兰西人贪婪的欲望。他们很严肃地表示，不会再让国王随意浪费财物。因此亨利想方设法从自己的臣下和百姓手中劫取钱财。他不顾廉耻地用尽了手段，甚至动用武力威胁。因此人们称他是英格兰最强悍的叫花子。虽然他一再宣称他是"十字军"的成员，想凭借这件事搜刮一点钱，可根本没人相信，谁都明白他对东征压根就没兴趣。因此他一分钱也没得到。反反复复地辩论了无数次以后，伦敦人对亨利深恶痛绝，亨利也与他们针锋相对。然而，不管是喜爱还是憎恨，对改变现实都毫无用处。在近十年的时间里，亨利都毫无改变。于是领主们郑重其事地宣布，只要亨利三世让他们拿回属于自己的权益并提供保障，议会就给他很大一笔钱。

亨利愉快地接受了。5月的某一天，天气晴朗，威斯敏斯特厅里举行了一场大型会议。参会的教会人员全都穿着神圣的长袍，每个人的手上都高举着一支燃烧的蜡烛，与领主们站在一起。接着，坎特伯雷大主教发布了教令：从今往后，无论是谁用哪种方式违反了《大宪章》，都会面临被教会强行赶出去的惩罚。他宣布教令之后，每一个神职人员都将高举的蜡烛吹熄了，用来表示将来违反《大宪章》的人会受到神的唾弃。亨利三世信誓旦旦："我用我男人的身份、基督教徒的身份、骑士的身份以及君王的身份郑重其事地发誓，无条件遵守《大宪章》。"

发誓并不困难，违背誓言更是易如反掌。和他的父王一样，亨利三世也经常言而无信。钱刚一到手他就原形毕露，轻易打碎了对他仍抱有幻想的人们仅剩的一点希冀。他把钱用完以后，便又一次厚颜无耻地到处乞讨。但他这次在罗马教皇处踢到了铁板。这事与西西里王位继承权有关。教皇允诺将西西里王位授予埃德蒙王子——他是亨利三世的次子。把不属于自己的东西送给别人，受赠的人未必能轻松拿到手。现在就是这种状况。年少的埃德蒙想要得到王位，先得出兵战胜西西里。出兵打仗必须有金钱，因此教皇便让牧师们去筹钱。由于教皇一直非常宠信意大利传教士，牧师们心存芥蒂，对教皇的指令不再唯命是从。此外，他们还质疑亨利三世那位在七百所教堂收费宣讲教义的御用牧师——即使得到教皇的帮助，也无法同一时间去七百所教堂。因此，伦敦主教说道："教皇与亨利国王串通好了，也许他们的目标是我头上的主教高冠。假如他们真的动手，我一定会将士兵的头盔戴在自己头上与他们战斗。我一分钱也不会拿出来。"与他同仇敌忾的还有伍斯特主教，他也不肯拿出钱来。花完那些胆小怯懦的神职人员筹集来的金钱后，亨利三世并没有尝到什么甜头，埃德蒙王子也没能朝西西里的王位迈进一步。这一场笑话戏剧般的结尾是，法兰西国王出兵战胜了西西里，并得到了它的治理权，教皇便把西西里的王位转给了法兰西国王的弟弟；亨利三世因为没能让埃德蒙获得西西里的王位而得到了十万英镑的账单。

亨利三世如今的境况很凄惨，假如荒诞无耻的君主也能让人可怜的话，那我们可以觉得他可怜了。不久，他那智慧的弟弟理查德用金钱从德国人手里得到了罗马君主的头衔。从此以后，理查德便疏远亨利三世，不再为他出谋划策了。那些不再顺从教皇的神职人员则加入了领主们的联盟，联盟的带头人名叫西蒙·德·蒙特福特。他是莱斯特伯爵，他的妻子是亨利三世的姐姐。尽管他本人不是英格兰人，但他最不喜欢外国人成为英格兰最受宠的大臣。后来，亨利三世召集议会时，他率领全副武装的领主站到了亨利面前。过了一个月，在牛津召开的议会全体成员大会上，莱斯特伯爵正式成为领袖。亨利三世无奈地赞同成立政府委员会。委员会一共有二十四人，由领主选出十二人，另外十二人由亨利指派。

令亨利高兴的是，他的兄弟理查德回来了。理查德回来的第一件事就是向政府委员会宣誓效忠——假如他拒绝发誓，领主们就不可能允许他回国。可他回来后便立刻不遗余力地反抗委员会。这导致领主们相互指责，特别是心高气傲的格洛斯特伯爵和莱斯特伯爵。莱斯特伯爵在愤怒之下离开了英格兰。后来，领主们并未给平民谋取任何福利，这引发了平民的抵触。亨利感觉机会来了，他鼓起勇气——或者因为有他弟弟为他壮胆——宣布不再承认委员会。教皇也同意他不用遵守之前发过的誓。接着他将铸币厂里的钱全部带走，和他的大儿子爱德华一同藏到伦敦塔里。随后，一封教皇写的信从伦敦塔里发出来，向众人解释亨利三世在位四十五年间是如何正直睿智。

他是否真的正直睿智每个人都心知肚明，这份解释没有人会理会。恰在此时，高傲的格洛斯特伯爵去世了，继承伯爵称号的是他的儿子。新的伯爵与莱斯特伯爵握手言和，两人的军力合二为一，攻陷了不少属于国王的城堡，并不分昼夜地向伦敦进军。伦敦人民早已不满亨利国王，兴高采烈地迎接他们的到来。亨利三世依然沮丧地藏在伦敦塔里，爱德华则拼命逃往温莎城堡。爱德华的母亲——英格兰的王后——想坐船追上儿子的脚步，可当她乘坐的船被发现时，对她深恶痛绝的人不断跑上伦敦桥，纷纷把石块和泥土扔向她，一边扔一边不停地高声喊道："把船弄沉，把她淹死！让她去死！"人群越来越近，伦敦市长不得不将她带到圣保罗教堂藏起来，希望她可以渡过这次危机。

关于亨利三世与领主们的矛盾、领主之间的矛盾，要讲明白的话，必须花费许多篇幅，您要读明白也需要花费很多时间，因此我长话短说，只将这些冲突中的大事件叙述一下。英格兰的人们对于到底是拥护亨利三世还是拥护领主举棋不定，有人提出让充满善意的法兰西君王来替他们选择。法兰西君王觉得亨利三世应该严格遵守《大宪章》，领主们则应该解散政府委员会，废除在牛津召开的议会——就是保皇派嘲讽的"狂暴议会"——制定的所有规定。这些提议没能让领主们满意，他们认为这些提议根本不公平。因此他们在圣保罗教堂敲响了大钟。沉睡中的伦敦人民被钟声惊醒。伴随着沉重的钟声，伦敦街头组织起一支极其浩大的队伍。可让人意外的是，领主们针对的是可怜的犹太人，而不是和他们吵个不停的保皇派。近五百个犹太人被他们残忍杀死。他们谎称某些犹太人是保皇派，在房屋里放着"希腊火"——这是一种很可怕的炸药，这种炸药碰到水不但不会熄灭，反而比之前烧得更加猛烈。这只是谎言，领主们真正想得到的是犹太人房子里藏着的钱。为了这个目的，他们敢于强抢和谋杀。

莱斯特伯爵率领着这支伦敦人的队伍，一路追赶亨利三世，到了他的驻地——萨塞克斯的刘易斯。和亨利战斗前，伯爵动员他的士兵：亨利三世不断打破对上帝起的誓，他早已背叛了主，因此他们需要在胸口佩戴染成白色的十字架，以示他们是与土耳其人打仗，而不是与基督教徒打仗。他的话被认真地执行了，佩戴白十字架的士兵们为此出生入死。亨利三世则将全英格兰每一个拥护他的外族人组织在一起。来自苏格兰的约翰·科明、约翰·巴利奥尔和罗伯特·德·布鲁斯以及他们的队伍也加入亨利三世的阵营。本来伯爵毫无胜算，可惜爱德华没能耐住性子，擅自对伦敦人民展开报复，这一举动导致亨利三世的阵营被搞得乱七八糟。这场战役的结局是爱德华王子、亨利三世和亨利三世身为罗马王的弟弟都成了俘虏，五千名英格兰士兵惨死于战争中。

由于莱斯特伯爵赢得了战争，他被教皇从教会中赶了出去。然而这个决定根本没人在意。人们拥护爱戴伯爵，伯爵成了英格兰实质上的国王。看上去伯爵对亨利国王尊敬有加，无论去哪都让国王同行，实际上国王就好像纸牌上的那个断了腿的王，国家的一切权力都掌握在伯爵手中。1265 年，莱斯特伯爵主持了议会的会议，宣布英格兰人都有参加选举的权利。这在历史上是首创，这一举动使他得到了越来越多的人民的支持和爱护。

日子一天天过去了，格洛斯特伯爵在岁月的流逝中渐渐变得和他的父亲一样桀骜不驯。莱斯特伯爵日益强大的势力和在人民中的声望都让他心怀不满。他纠结了另外一些领主，秘密策划对抗莱斯特伯爵。自从刘易斯战役后，爱德华王子作为威胁亨利三世的筹码被莱斯特伯爵严密看管。虽然爱德华还享受着作为王子该有的待遇，可他每次外出时都有专人跟随并被全程监督。秘密策划对抗的领主们千方百计与王子私下联系，许诺要拥戴他为统帅，尽力让他脱离监管。爱德华自然心甘情愿地接受了。

到了他们事先约定的时间，身处赫里福德的爱德华对他的侍从们说："现在天气如此舒服，我觉得我们可以去外面的山路上骑骑马。"侍从们也认为在灿烂的阳光下策马奔驰是件很开心的事，便与王子一道来到了城外。他们走到一片平坦青翠的草地上时，爱德华建议进行比赛，两两一组，各自下注，以马跑得快慢定输赢。侍从们丝毫没有怀疑，竭尽全力进行比赛，直到马匹都已疲惫不堪才停止。全程唯一一个没有进场比赛的就是爱德华，他一直在马上冷眼旁观，偶尔下下赌注。如此闲适舒服的午后时光就这样过去了。夕阳西下，他们慢慢地向一座小山进发，其他人的马都萎靡不振，只有爱德华的马精神抖擞。就在这时，山顶出现了一匹灰色的马，骑马的并不是他们熟悉的人，却向他们挥舞着帽子。侍从们困惑不已："他要做什么？"还没等他们反应过来，爱德华便策马扬鞭飞快地冲了过去，和那个人一起逃走了。不远的地方，一群人早已在树下等待多时，一见王子到来，便立刻将他护卫在中间，保护他安全离开了。爱德华溜之大吉，而他的监视者们却只能瞠目结舌地看着远方渐渐消失的背影，因为他们的坐骑早已筋疲力尽。

爱德华与格洛斯特伯爵在拉德洛见了面，他们要做的第一件事就是阻止莱斯特伯爵的两支队伍聚集在一起。莱斯特伯爵带着亨利三世与一支队伍驻扎在赫里福德，他的儿子西蒙·德·蒙特福特带着另一支队伍驻扎在萨塞克斯。爱德华率队连夜偷袭蒙特福特。蒙特福特束手就擒，被关押在肯纳尔沃斯堡——一座坐落在沃里克郡的属于伯爵的城堡。蒙特福特的财富和战旗都被没收了。莱斯特伯爵对此毫不知情，仍然率领队伍带着亨利三世赶来与儿子相聚。伊夫舍姆镇坐落于风景优美的埃文河畔，8月的一个清晨，旭日东升，莱斯特伯爵抵达这里，朝着肯纳尔沃斯的方向紧张地张望。当他见到自己的战旗正从远处向着自己行进时，忍不住喜上眉梢。但是很快他便发现挥舞着战旗的竟然是自己的敌人，他无奈地说道："大势已去！但愿神能保佑我们的灵魂，我们的肉身马上就会成为爱德华的私有物。"

莱斯特伯爵并没有放弃战斗，他像勇敢的骑士一样为荣誉而战，即使骑的马被杀死了，他也依然坚持战斗。这场鏖战结束后，留下一片尸山血海。亨利三世身披铠甲骑在马上，这匹马根本不听他的话，驮着他横冲直撞，到处乱跑，不但阻拦了其他人行进，还险些被他儿子的属下误杀，他大喊道："我是亨利国王！温切斯特的国王！"爱德华王子听到他的呼喊，立刻将马的缰绳抓住，才让他脱离了危险。莱斯特伯爵坚持奋勇杀敌，他心爱的儿子亨利倒下了，他最忠诚的战友牺牲了，甚至他自己也因为摔跤倒在了地上。他没有放弃，顽强地将手里的剑挥向敌人。最后，人们将伯爵的遗体砍成了碎块，当成礼品送给了一位名媛。这位名媛与伯爵最无耻的仇人是夫妻，我相信她肯定是让人憎恶的。他们可以粉碎莱斯特的身体，却不能磨灭他留在人们心中的回忆。许多年过去了，人们对他还是一样尊敬，尊称他为圣徒，并给他取名为"公正的西蒙爵士"。

尽管莱斯特伯爵走了，但他坚持不懈为之努力的目标并未消失，即使亨利三世赢得了战争也无法将它扼杀。亨利三世无奈地意识到，不管他对《大宪章》怎样恨之入骨，都只能按照它的章程行事，连制定法律也不得不按照莱斯特伯爵的做法来，用包容的心对待平民——就算是一直反抗他的伦敦人民也不例外。反抗活动从未停止，却一次次被爱德华想方设法平息了。为了让国家重获安宁，他可谓殚精竭虑。最后一个暴力反抗国王的是亚当·德·古尔东爵士。爱德华只身一人与他在树林中战斗并取得了胜利，爱德华最后放了他而没有杀死他。他们因此惺惺相惜。为了报答王子，亚当爵士成了爱德华王子最忠诚的跟随者。

当国内终于回归安宁、不再有争斗时，爱德华与他的亨利表哥一起高举十字架，率领许多英格兰的领主踏上了去往东方耶路撒冷的征服之路。四年之后，身为罗马王的亨利三世的弟弟去世了。他死后的第二年，即1272年，软弱的英格兰国王亨利三世也去世了。亨利三世死的时候六十八岁，在位五十六年，无论他活着还是死去，都平平无奇。在历史记载的诸多君主中，他是最不引人注意的一位。

第十六章

"长腿"爱德华一世

1272 年，亨利三世去世时，他的儿子、王位继承者爱德华正在耶路撒冷，根本没有收到父亲去世的消息。但是领主们却在亨利三世下葬后马上拥立爱德华为国王，早已见证过争夺王位引发的惨烈战争的国民也表示赞成。爱德华一世就这样成为人民拥戴的英格兰国王，他的腿很修长，因此被人戏谑地叫作"长腿国王"。

仅仅修长无济于事，要想承受住亚洲沙漠地带的诸多危险，双腿还要粗壮有力。爱德华率领的队伍里不断有人晕倒、死亡、逃跑，在沙漠的洗礼下他们几乎全军覆没，可坚强的爱德华却坦然面对，说道："即使只剩下我和我的牵马人，我也不会停止前进的脚步！"

如此大无畏的爱德华给土耳其人制造了太多烦恼。让我十分惋惜的是，在拿撒勒，他对可怜的人们展开了极其残酷的杀戮，令这里的每一寸土地都被血浸透了。接着，他到达阿卡，和阿卡的苏丹签订了十年内不再战斗的条约。在阿卡，他几乎一命归西。一个萨拉森的权贵——雅法的埃米尔——策划了一场阴谋：他假装想成为一名虔诚的基督教徒，迫切地想要对基督教有全面的了解，不断写信并派亲信悄悄地将信交给爱德华。这个亲信的衣袖里藏着一把锋利的匕首。机会终于来了。圣神降临节那天是星期五，酷热难当，阳光下的沙漠犹如一片烤焦的饼干，爱德华仅披着宽松凉快的外袍，在椅子上躺着。权贵再次派亲信悄悄地来送信。那个有着一张咖啡色的脸、一双炯炯有神的黑色眼睛，并拥有一口白牙齿的亲信，在爱德华的面前如一头训练有素的老虎般顺服地跪着，可就在爱德华向他伸出手接信的一刹那，这头猛虎突然跳了起来，手中的匕首以迅雷不及掩耳之势向爱德华的心脏扎去。眼明手快的爱德华一把掐住这个刺客的咽喉，将他摔在地上，并用他自己的匕首了结了他的生命。搏斗中爱德华的手臂被划伤了，尽管伤口很小，但匕首上涂了毒药，足以危及生命。幸运的是，他的队伍中有位罕见的医术精湛的医生，立刻用草药为他的伤口贴敷；另外，他忠诚的妻子埃莉诺也尽心尽职地照顾他，据说她曾亲口将爱德华伤口里的毒吸出来（我非常乐意相信这个传言是真的）。不久，爱德华恢复了健康。

因为亨利三世曾要求他早些回国，爱德华踏上了归家的旅途。当他到达意大利时，来自国内的使者终于和他见面了，并告知他亨利三世已经去世。得知国内安定如初，爱德华没有着急回到祖国，而是转道去拜访罗马教皇。他路过许多意大利城市，由于他是一位参加"十字军"东征并从耶路撒冷回来的骑士，人们排列在道路两边热情洋溢地迎接他，并为他送上紫色的风衣和骏马。但这些热情的人根本不会预料到，这位英格兰国王是最后一位举行"十字军"东征的国王，基督教徒用二十年时间在耶路撒冷抛洒热血取得的成功最终会被土耳其人摧毁。是的，这就是后来真实发生的事情。

沙隆是一座有着悠久历史的小镇，位于法兰西的平原上，爱德华回国必须经过这里。法兰西的一个狡诈的权贵——沙隆伯爵彬彬有礼地向他发出竞赛邀请，请求国王及他的骑士与自己的骑士用剑和长枪展开一场公正的比赛。有人警告爱德华，不要轻信沙隆伯爵，这不会是一场让人开心的比赛，伯爵的目的是挑起一场战役，仗着人数众多，达到歼灭爱德华的目的。

爱德华国王临危不惧，在约好的时间与他的一千位骑士到达指定的地方。伯爵率领两千名侍从从东边偷袭国王，遭到国王的队伍的勇猛反击。很快国王的队伍把伯爵的队伍打得七零八落。爱德华的脖子被伯爵抓住了，他反身将伯爵摔落马下。他从马上跳下来，站到伯爵面前，接着狂风暴雨般的拳头落到伯爵身上。就算伯爵承认输了，将自己的佩剑交出来求饶，爱德华也不屑一顾，只是让一个无名小卒接过了剑。这一场酣战就是历史上记载的沙隆小战役。

英格兰人因爱德华的传奇经历感到光荣。1247 年，三十六岁的爱德华重新回到多佛尔，准备和他的妻子一起去威斯敏斯特参加加冕仪式。人们为他准备了隆重的庆典。庆祝国王加冕的盛宴极尽奢华，有牛、羊各四百头，猪四百五十头，野猪十八头，腌制的肉类三百块，以及家禽两万多只。琼浆玉液在街道上的喷泉与水管里哗哗地流淌，一些富裕的人为了给庆祝仪式增色在窗前挂满精美的丝织品，并向人群抛撒大量的金钱，引发了阵阵尖锐的喊叫声。总而言之，有着悠久历史的伦敦很久没有出现这样的场面了，人们欢欣雀跃，大快朵颐，载歌载舞。钟声响彻长空，帽子在空中飞舞，纵情的欢乐聚会随处可见。所有的人都喜笑颜开，只有不幸的犹太人躲在房里胆战心惊，不敢抛头露面。他们非常清楚，自己早晚会为这次的疯狂聚会买单。

在结束不幸的犹太人的话题之前，我不得不多说一点：爱德华一世在位期间犹太人承受了最残酷的压榨。因为损坏国家硬币的边角，许多犹太人被处以绞刑——这根本是强加的罪名，因为很多人都曾这么做过。他们被迫承受极重的赋税，并被迫佩戴不体面的徽章。爱德华在位十三年后的某天，犹太人和他们的家人全部被关进监牢。要想获得自由，他们得向国王付一万两千英镑。他们全部的财富被爱德华抢夺一空，最后他们用仅有的少量的钱做路费逃出了英格兰。许多年后，这个不幸的种族从不曾回英格兰赚取财富，因为这里是他们的噩梦产生的地方，他们在这里遭受了最心狠手辣的摧残。

假如爱德华国王用他对犹太人的残酷手段对付基督教徒，那他一定是个邪恶的国王。可他算得上一位精明强干的国王，在他的统治下，英格兰得到了飞速的发展。他对《大宪章》并不满意——这么多年几乎没有哪个国王对它满意。可他具备卓越的领袖素质。他回到英格兰，提出的第一个果敢提议便是统一英格兰、苏格兰和威尔士。因为这两个国家的君王年纪都很小，民众总是因为王位的归属问题相互战斗，而君王们对此毫无办法。爱德华国王在位时，也曾和法兰西战斗过。要将这些事讲述清楚，必须分别叙述它们的历史，从威尔士开始，再到法兰西，苏格兰放在最后。

威尔士的亲王叫卢埃林，在蠢笨的亨利三世在位期间曾与领主们为伍，但很快就对亨利三世表忠心。爱德华继承王位后，也要求他发誓忠诚于自己，却遭到回绝。接下来，他接连三次回绝了爱德华让他去英格兰宣誓效忠的要求。此时，卢埃林正在准备与埃莉诺·德·蒙特福特（这个豪门在上一章提起过）成婚。她从法兰西出发，乘着英格兰的船行进，与她同行的还有她的小弟弟埃默里克。爱德华一世命令把他们羁押起来。矛盾激化到无可调和的地步。爱德华带领军队坐着船从海上来到了威尔士海岸，将卢埃林围困在那里。仓皇失措的卢埃林只得逃到斯诺登山中阴暗潮湿的地区。但这个藏身之地却没有任何生活必需品，饥寒交迫的卢埃林只好向国王低头认错，并同意签下和约，承诺对此次战争进行赔偿。爱德华一世还将协议中一些太过苛刻的条件撤销了，还同意并祝福了卢埃林的婚事。到了现在，爱德华觉得威尔士应该臣服于他了。

威尔士人素以谦和恭顺、彬彬有礼著称，当陌生人造访他们位于山边的房屋时，他们会热情地招待，提供酒菜后还会弹琴唱歌。但是当他们激动时，也会迸发出惊人的战斗力和大无畏的气势。休战以后，英格兰人便对威尔士人颐指气使，好像主人号令自己的奴仆一样。孤傲的威尔士人当然不能接受这样的侮辱，而且他们对不幸的先知老梅林的预言一直深信不疑，只要有机会制造混乱，就有人提起那个预言。现在，一位眼睛看不见的年老且有些神志不清的绅士站了出来。他须发皆白，身后背着一把竖琴，四处宣扬梅林的预言：如果英格兰的硬币变成了圆形，就意味着将有一位来自威尔士的王子在伦敦成为英格兰国王。正在此时，英格兰的国王下令，不准再将一便士分割成两份或四份当作半便士或四分之一便士来用。英格兰的硬币变成圆形的时刻真的到了，威尔士人觉得这就是梅林预测的时间，便开始接二连三地起义。

戴维兹王子是卢埃林的弟弟。爱德华对他赞赏有加，为了能将他收为己用更是对他异常宠信。可是他第一个率众起义——也许是由于他承受不了来自内心的谴责吧。一个电闪雷鸣的夜晚，戴维兹偷袭了哈登城堡——一个英格兰领主守卫着这座城堡。戴维兹将这个领主投入斯诺登监狱，并将其他的看守全部处死。这件事一经传开，威尔士人更加坚定地共同抗敌。针对这样的情况，爱德华一世率领军队从伍斯特出发，前往麦奈海峡，并从那里横跨海峡前往威尔士。那时，他们搭建了一座"桥"——将船只连接在一起，可供四十人一起通过。日月如梭，如今这里已经修建了管道形状的供火车通过的大桥。爱德华占领了安格尔西岛。正准备让人去刺探军情时，威尔士人突然出现，把他们打了个措手不及。他们不得不后退到用船连接而成的桥上。恰逢涨潮，船只被潮水冲得七零八落，他们只好向大海行驶以摆脱威尔士人的追击。可他们都穿着厚厚的铠甲，远远超过了船只的承重能力，导致船只沉没，数以千计的士兵落水。赢得这场战役后，卢埃林借助威尔士冬季的严寒气候，又取得了一次胜利。爱德华命军队从威尔士南部赶过来帮助自己。卢埃林腹背受敌，却毫不畏惧地与敌人战斗，最终死在了无耻的暗杀中。他被杀的时候几乎赤手空拳。敌人把他的头颅砍下来送到伦敦，并把它钉到伦敦塔上，头颅的四周环绕着一圈花饰——或许是常春藤，或许是柳枝，或许是白银，谁知道呢。反正它远远望去就如同一枚硬币，传达着对曾经的古老预言的讽刺。

在爱德华穷追猛打与自己国家的人全力围捕的双重压力之下，戴维兹还是顽强地反抗了近六个月，最终他与家人被自己的同胞背叛。他死于绞刑，死后遗体惨遭五马分尸——这种刑罚后来成为英格兰惩罚背叛者的固定刑罚。罪犯死亡后还不放过尸体，这本身就是一种无耻、狠毒、让人讨厌的行为。没有任何理由支持这样的做法，任由这种让人作呕的残酷行为存在无疑是在给自己的国家抹黑。这一事实谁都没有办法粉饰。

现在，威尔士正式被收服了。在位于威尔士的卡那封城堡中，爱德华的王后生下一个男孩。爱德华带着小王子来到威尔士人中，说他也是威尔士人，并宣布他以后就是威尔士亲王。从此以后，这个称号就属于英格兰的王储——这位小王子在他哥哥死后真的当上了威尔士亲王。爱德华对威尔士做出了一些贡献，他对威尔士的法律进行了更新和完善，支持威尔士人从事贸易活动。时不时还是有一些暴动，因为英格兰的领主们得到威尔士领土和城堡后过于贪心和目空一切。不久暴动就被平息了，威尔士人从此便将自己当作英格兰人的一分子。一个传言说，为了避免威尔士人被行吟诗人与歌手鼓动，爱德华一世将他们全部杀死了。这可能是有人不经意间看到国王惩罚一些与自己作对的人而编出来的吧。我敢担保，所谓的杀戮来源于诗人们脑海中的联想，多年以后，他们创作了歌曲，在威尔士的炉火旁反复吟唱，一直到人们深信不疑。

爱德华在位时的首场对外战争是这样爆发的：一艘来自诺曼底的船和一艘来自英格兰的船刚好在同一个地方靠岸，同时为自己的船准备食用水。没过多久，这群性格暴躁且蛮横无理的人爆发了争吵，很快便打了起来。英格兰人赤手空拳，诺曼底人则刀剑相向。在混乱中，一个诺曼底人不幸身亡，与他同行的人放弃找与他们争斗的英格兰人报仇（那些英格兰人肯定比他们强悍多了），带着满腔怒火返回船上。他们继续航行，碰到的第一艘英格兰船成了他们的发泄对象。英格兰船被他们袭击，一个刚好在甲板上的对他们毫无威胁的生意人被抓住了。他们拿绳子将生意人绑住，狠心地吊在船上，还将一条狗放在他的脚下。英格兰的船员异常愤怒。从此，不论任何时间、地点，只要碰到诺曼底船员，英格兰船员便会毫无顾忌地冲过去拳打脚踢。接着，爱尔兰与荷兰的船员选择支持英格兰人，诺曼底船员那边则有法兰西和热那亚的船员加入。很快，在海上的绝大部分船员都像身边的大海一样冲动暴躁。

爱德华一世在国际上颇有声望，因此受邀以第三方的身份裁定法兰西与别的国家的冲突，在欧洲居住了三年。起初，他与法兰西的腓力四世国王（善良的法兰西国王路易已去世很久了）并没有参与任何纠纷。随着事态的发展，形势越来越严重，因为船只停靠的事，英格兰与诺曼底的水手再次展开了一番鏖战，最终，只有八十艘船的英格兰人将拥有两百艘船的诺曼底人打得没有还手之力。法兰西国王再也无法坐视不理，在巴黎召见了爱德华——爱德华在法兰西拥有吉耶纳公爵的封号——让他亲口答应补偿英格兰船员造成的损失。伦敦主教作为爱德华的代表受命前去，接着，爱德华的弟弟埃德蒙也领命代表他去了法兰西——埃德蒙的妻子正是法兰西王后的母亲。据我猜测，应该是因为埃德蒙性格太过温和，而法兰西国王后宫里的女人们个个巧舌如簧，很快就说服他将爱德华公爵的领土出让四十天。法兰西国王告诉埃德蒙，这样做是顾全他的颜面象征性地惩罚一下，都是表面功夫。可约定的时间来临时，法兰西国王却迟迟没有将领土交回来的意思。埃德蒙根本不敢相信，我猜这可能就是他突然死亡的原因——总之没过多久他真的死了。

假如收复在国外的领土凭借的是充沛的精力和英勇顽强，那爱德华绝对是行家里手。他率领一支强大的军队，宣布辞去吉耶纳公爵的封号，接着横渡大洋，宣布与法兰西开战。可战争并未发生，罗马教皇作为协调者促使双方签订了一份有效期为两年的停战文书。与此同时，爱德华深爱的王后去世了，孤单的国王迎娶了玛格丽特——法兰西国王的妹妹，同时威尔士亲王和法兰西国王的女儿伊莎贝拉订下了婚约。

塞翁失马，焉知非福。因为一个不幸的生意人无辜被害导致的血腥事件让英格兰得到现有的强盛国力。但是战争对金钱的需求是巨大的。爱德华一世迫切地需要更多的钱，便想了许多别出心裁的办法筹措钱财。于是，部分领主选择强硬地与之对抗。赫里福德伯爵汉弗莱·德·波鸿、诺福克伯爵罗杰·比哥德是反对者中最坚定的。当爱德华下令让他们率领自己的队伍去吉耶纳打仗时，二人坚决果敢地回绝了。他们始终觉得爱德华没有资格对他们下令。"上帝做证，伯爵，如果你不发兵，就一定会被处以绞刑！"爱德华怒气冲冲地对赫里福德伯爵说。伯爵则回答说："上帝做证，我亲爱的王啊，我绝不发兵，而你也不可能绞死我。"接着，二人带领着支持他们的领主义无反顾地走出了王宫。爱德华千方百计搜刮更多的金钱，包括不顾教皇的意愿强行让修道士们交税。修道士们当然不愿出钱。为了让他们交钱，爱德华宣布：如果不交钱，国家将不再为他们提供护卫，所有人都能随意抢夺他们的财产——早就有许多人对修道士的财富垂涎三尺，并付诸行动了。修道士们很快就明白反对爱德华会让他们损失惨重，无力承受。这还不够，爱德华还将贸易者手上的皮毛制品全部据为己有，承诺以后会对他们进行补偿。他还开设了一种被称为"魔鬼税收"的税种，规定出口羊毛必须交税，这是让人很难接受的。可这些敛财方式收效甚微。以两位伯爵为首的领主对外宣布：所有没有得到议会认可的税收都是不合法的。议会认可新的税收的前提是爱德华承认《大宪章》，并以文字的方式向全国发表。在往后的岁月中，英格兰征收钱财的机构只有作为人民代表的议会，其他的人或势力都没有这个权利。

爱德华当然不甘心就这样大权旁落，可他已经无力回天，不得不遵从。在后面的历史中，我们将会看到，哪位君王懂得借鉴此事的经验，他就能在王位上高枕无忧。

因为爱德华无奈之下的英明决断，人民经过议会争取到不少利益。很多法律得到完善，为游客提供保障、抓捕偷窃者和惩罚谋杀犯等一系列法规确定下来。神职人员不可以再侵占大片土地来扩充自己的势力，英格兰很多地方第一次出现了专门负责公共安全的官员，即所谓的"治安官"——虽然刚开始并不是这种称谓。

苏格兰一直是爱德华国王在位时最头疼的，它带来的烦恼真是旷日持久。现在让我仔细地说给你听。

在爱德华一世统治的第十三年，苏格兰的国王亚历山大三世因为跌落马下而去世——他的妻子玛格丽特是爱德华的妹妹，他们的子女当时也都去世了。挪威国王已故的妻子是苏格兰王的女儿，其女儿当时只有八岁，理所当然地成了苏格兰王位的继承者。爱德华建议这位苏格兰的玛格丽特公主和他的王子结为夫妻。可惜这位公主在前往英格兰的途中不幸身染沉疴，到达奥克尼群岛时就去世了。一场大动乱立刻在苏格兰上演。有十三个人宣称自己具有继承苏格兰王位的资格，致使动乱蔓延开来。

爱德华一世素有智慧公平的美誉，人们觉得由他对这场王位之争做出仲裁是最公平的。国王接受了这样的信赖。他率领部队到达英格兰与苏格兰的中间地带。特威德河归属英格兰的一边有一座诺拉姆城堡，国王让苏格兰的权贵去那里见他。他们按照约定来了。国王在做出裁判前，要求所有人承认自己是他们的最高统治者。在他们举棋不定时，国王说道："我头上戴着圣爱德华的王冠，凭借他的名声，我绝对有资格拥有这样的权力，我会用我的生命来捍卫王冠和属于它的权力！"猝不及防的苏格兰权贵不得不向爱德华恳求，给他们三个星期的时间来考虑。

三个星期很快过去了，苏格兰一侧的特威德河岸边的草坪上召开了另一场集会。十三个竞争王位的人中，约翰·贝利奥尔和罗伯特·布鲁斯具有国王的血统，具备真正的继承资格。约翰·贝利奥尔无疑拥有更多支持者，但是贝利奥尔并没有参加这次特殊的集会，布鲁斯却来了。对于是否接受英格兰国王作为最高统治者，他毫不犹豫地回答：接受。次日，约翰·贝利奥尔也来了，并做出了相同的决定。到此，最高统治者的问题解决了。人们为了搞清楚两个继承者的身份，开始进行一连串的查证。

　　这场查证花了一年多的时间。趁着查证的机会，爱德华开始在苏格兰四处行走，强行让所有的苏格兰人承认自己是他们的主人。不愿承认的被他关押起来，不改口就不释放。与此同时，他派专门的人调查两个竞争者，并在贝里克召开会议，让两个竞争者进行陈述，接着展开许多争论与协商。最终，在贝里克城堡的大会堂里，爱德华决定约翰·贝利奥尔为王位继承者。约翰也愿意接受爱德华的恩情并在他的允许下成为苏格兰的君王。他的加冕仪式在斯昆修道院举行。每一代苏格兰国王的加冕礼都在那里举行，那把历经沧桑的石椅目睹了每一次加冕。之后，爱德华一世把代表王权的封印（从苏格兰国王亚历山大三世死后启用）分成四份，收入了英格兰的皇家宝库。他认为苏格兰已经尽在自己的掌控中了。

　　可苏格兰却没有那么容易臣服于人。爱德华觉得苏格兰国王应该记住作为下属的本分。只要爱德华听说苏格兰的法庭出现上诉，就会叫来苏格兰国王，让他亲自站在英格兰的议会上替法官和自己辩护。苏格兰人认为这样的行为是对本民族的羞辱。约翰·贝利奥尔缺乏豪情壮志，可他在苏格兰人民的支持下获得了非常多的信心，所以不再按爱德华的要求去英格兰。后来，爱德华又命令他协助自己出兵海外——当时海外的战斗正打得如火如荼。爱德华还要求他交出苏格兰三座牢固的城堡——杰德堡、罗克斯堡和贝里克堡。爱德华的这些要求没有一样被满足。不但如此，为了表达反抗到底的信念，苏格兰的国王被他的子民藏到了崇山峻岭中。于是，爱德华国王带着强大的军队——三千步兵与四千骑兵——到达贝里克，很快占领了城堡，将城中的人屠杀殆尽——无论是守城的士兵还是百姓，无论男女老幼。接着，萨里伯爵——也是瓦伦勋爵——进攻邓巴城堡，苏格兰的队伍惨败。取得大胜后，萨里伯爵留在苏格兰。很快，苏格兰所有政府部门的主要官员都由英格兰人担任。苏格兰国王的王冠和象征皇权的权杖也被没收了，就连见证岁月的那把石椅也搬到了威斯敏斯特修道院里，至今仍保存在这个修道院中。贝利奥尔被关押在伦敦塔，只被允许在塔四周方圆 20 英里的区域走动；又过了三年他才得到许可，前往诺曼底度过余生。他在诺曼底有一些资产，六年后便在那里去世了。我觉得对贝利奥尔来说在诺曼底的六年应该是相当惬意的，比他在苏格兰明争暗斗的生活安逸多了。

家境富裕的威廉·华莱士绅士住在苏格兰的西部，他的父亲是一名苏格兰的骑士，他是家中的次子。威廉·华莱士高大健硕、智勇双全。他慷慨激昂的演说似乎包含着无尽的能量，总能在不经意间让听到的人产生共鸣，激发出热情。他对他的国家无限热爱，对英格兰自然无比憎恨。此时，留在苏格兰任职的英格兰人俨然一副主人的姿态，飞扬跋扈的行为深深地激怒了高傲的苏格兰人——与当初威尔士的情况一样。在所有的苏格兰人中，最愤怒的当属威廉·华莱士。一天，一个不了解威廉的英格兰官员在公众场合羞辱了他，他便毫不犹豫地杀了这个英格兰人，接着逃到深山中藏了起来。在那里，他参加了起义部队——一支由威廉·道格拉斯率领的、专门对抗英格兰国王的队伍。威廉·华莱士成长为一名最英勇果敢的勇士，是争取民族独立的战争中最杰出的代表。

留在苏格兰任职的英格兰人见到华莱士纷纷抱头鼠窜。所有苏格兰人都受到激励，鼓起勇气揭竿而起，开始猛烈反击英格兰人。受爱德华指派，萨里伯爵聚集了边界附近所有城镇的军力，与另外两支英格兰军队会合出征苏格兰。华莱士一个人带领四千人与之周旋。他们埋伏在斯特灵城外一英里处的福斯河畔，等着入侵者到来。吉尔迪恩桥是这条河上唯一的一座破败的木结构桥梁，宽度只允许两个人并排行走。华莱士的大半人马都藏在附近较高的地方，他镇定自若地等着，密切关注着桥面的情况。英格兰军队来到了福斯河的对岸，并派使者前来谈判。除了苏格兰的独立，华莱士对任何条件都不屑一顾，并让使者转达了他的意思。英格兰人同样清楚桥面的情形，萨里伯爵的下属劝他谨慎。可掌管财政的克莱辛翰却十分鲁莽，他与一部分人不断要求马上进攻。因此，萨里伯爵命令部队立刻向河对岸进发。英格兰士兵两人一组并排走过了桥，一千人、两千人、三千人、四千人，都安全地通过了。苏格兰的部队纹丝不动，如同岸边静立的石头，连帽子上的羽毛都不曾飘动。直到五千人过了桥，华莱士吼道："冲啊！一队人到桥下去，不准英格兰人再过来一个，其余的人随我一同将这五千人撕个粉碎！"迅猛的攻击让英格兰人措手不及，全军覆没，包括克莱辛翰——他的皮甚至被剥下来做成了马鞭。对岸的英格兰人只能眼巴巴地看着却无能为力。

这时爱德华正身处国外。勇猛的华莱士通过接连不断的胜利夺回了苏格兰，甚至带着军队打到了英格兰的边境。但是，寒冷的几个月匆匆过去，爱德华回国了，接着立刻将所有的精力放在战斗中。一天夜晚，爱德华不慎被身边的军马踢到，断了两根肋骨。不明真相的人哭着喊道："国王去世了！"为了避免军心涣散，他强忍剧痛在军营中策马飞奔。时机成熟后，他不顾伤痛下令出发，率领部队到达福尔柯克附近，他听说苏格兰军队在这里的沼泽后面的石头地上驻扎。就是在这里，华莱士惨败，一万五千名士兵全被爱德华杀死，华莱士不得不带着残余部队回到斯特灵。英格兰人紧紧追赶而来。为了防止英格兰人在城市中获得给养，华莱士将整座城市付之一炬，并逃之夭夭。

珀斯城的人们也这么做了。没有给养补充，爱德华不得不撤退。

当年与贝利奥尔争夺王位的罗伯特·布鲁斯已经死了，他的孙子也叫罗伯特·布鲁斯，此刻就在起义军中，贝利奥尔的侄子约翰·科明也在起义军中。除了在对抗爱德华上立场一致外，两人再没有丝毫共识。两人都具有争夺苏格兰王位的资格，也许他们都明白这一点，也明白就算从爱德华一世那里得到原谅也无济于事，因为大部分的苏格兰人会请求罗马教皇介入，而贪得无厌的教皇当然不会放过机会，他会宣布苏格兰属于教会——也就等于属于他。这实在不合理，英格兰议会友善地把这个意见告诉了教皇。

1303年的春季，约翰·西格雷夫爵士受爱德华委派出任苏格兰总督。爱德华分给他两万名士兵，用来平定叛乱。约翰爵士本应小心谨慎，可他却驻扎在爱丁堡旁的罗斯林，并将队伍分为三部分。苏格兰军队把握住时机，分别出击，打败他们，并把抓获的敌军全部杀死了。爱德华不得不第二次御驾亲征。他集合了所有可用的军队，穿越整个北苏格兰，势不可挡。丹弗姆林被爱德华选为冬天的驻扎地。苏格兰人渴望的独立如今看来遥遥无期了。除了华莱士继续反抗爱德华外，科明与其他权贵者选择缴械，爱德华也原谅了他们。有人劝说华莱士投降，但不能保证他性命无忧。但华莱士坚持与气愤的爱德华抗争。他躲藏在陡峭山崖中，鹰隼的老巢就在他住处旁边。他常常需要面对山间肆虐的洪水，大风在头顶呼啸，纷飞的大雪几乎将他掩埋。无数个漆黑的夜晚，他穿着格子呢大衣和衣而眠。即便如此艰苦的条件，也无法摧垮他坚定的信念，更不可能削弱他昂扬的斗志。他从来不曾忘记英格兰人对自己民族造成的伤害，更不愿选择宽恕他们。就算他坚持守卫的斯特灵城堡遭到爱德华重兵围困，连教堂顶部的房梁都拆下来当成打造武器的材料；就算年老的爱德华如年少时一样镇定自若地指挥攻击；就算勇敢的保卫者们因为饥渴难耐而被迫下跪认输，并遭受无耻的羞辱（让人没想到的是，最后清点人数时，所有的守卫者加起来也没超过二百人，其中还有几位女性）；就算苏格兰早已看不到半点独立的曙光……威廉·华莱士依然自信并充满斗志，就好像他已预见强壮勇猛的爱德华会死在自己面前。

是谁出卖了威廉·华莱士，早已无法查清，可他的确被出卖了，也许是他的某位随从吧。总之，约翰·门蒂思爵士将华莱士押解到邓巴顿城堡，再从那里送往伦敦。无数伦敦市民早已听说华莱士威武不屈的名头，纷纷前去围观。华莱士头上戴着月桂编织的花冠（传说是他自己坚持要戴的），在威斯敏斯特厅受到审判。他被判定为匪徒、杀人犯和背叛者。匪徒指他夺走了爱德华国王在战争中得到的财产，这点得到了他的认可；杀人犯指他曾亲手杀死一个傲慢的英格兰人；而背叛者的罪名他却不承认，因为他并没有发誓效忠爱德华，那样的效忠他不屑一顾。他被绑在马尾上一直拖行到西史密斯菲尔德，再高高地吊在绞刑架上，还被划开了胸膛和肚子。他咽气后，身体被残忍地分成几份。他的脑袋被插在伦敦桥的某个柱子上，右手臂被丢在纽卡斯尔，左手臂丢在贝里克，腿则被丢在珀斯城与阿伯丁。即使爱德华将华莱士的身体切成碎块，分别送到不同的地方，也无法阻挡华莱士的英名广为流传。但凡说英语的地方，就有关于他的传奇在典故或歌谣中流传；只要苏格兰的山水还存在于世上，华莱士就不会被人遗忘。

解决了令他头疼的对手，爱德华终于松了口气，重新拟定了一份针对苏格兰的更合理的方案：把苏格兰的国家职权平均分给英格兰和苏格兰的领主，对苏格兰领主犯下的罪既往不咎。苍老的爱德华觉得这么做足以平息之前的纷争。

可他只是在掩耳盗铃。科明与布鲁斯秘密商议，约好在位于邓弗里斯的灰修士教堂会面。据说这是科明的陷阱，他一面与布鲁斯联盟，一面又向爱德华国王告密。布鲁斯也得到了消息，一天晚饭后，他的朋友格洛斯特伯爵送来十二便士和一对马刺，提醒他小心身边隐藏的敌人。一场争斗即将开始。在一个狂风暴雪的晚上，得到信息的布鲁斯怒气冲冲地骑着马前往约定的地方，他特意把马掌上的马蹄铁反过来，防止被人追踪。路上，他见到了令他讨厌的人——科明的使者，他没有一丝迟疑，立刻杀死了这个使者，并从使者的衣袋里找到一封可以清楚揭示科明阴谋的书信。就在他们约定的教堂里，这两个冲动的昔日盟友吵了起来，没过一会儿，布鲁斯抽出匕首刺向科明，科明瞬间倒地。之后，布鲁斯神情恍惚、惊慌失措地走出教堂。他的朋友们一直在外面等候，见到他连忙询问结果。"我觉得我把科明给杀了。"他回答道。"你确定你把他杀死了？"有人说。"我还是进去确认一下吧。"说完，他回到教堂里，看见科明还没有死，便立刻补了很多刀，直到科明真的死了。他们清楚地知道这次刺杀根本不可能得到爱德华的宽恕，便推举布鲁斯为苏格兰国王，在斯昆举行了加冕典礼。可以肯定的是，这次加冕没有圣椅作为证明者了。就这样，他们又一次背叛了爱德华。

爱德华听说了，比以往任何时候都生气。他封了大批骑士——包括威尔士亲王与两百七十个年轻的贵族子弟。爱德华让人把圣殿花园中的树木砍下来，给骑士们搭建帐篷。遵照旧例，骑士们通宵守卫着属于自己的盔甲，一部分人在圣殿教堂，一部分人在威斯敏斯特大教堂。在稍后举办的盛大的大众晚宴上，两只全身包裹着金网的天鹅被行吟诗人抬到桌上，爱德华以神的名义发誓，一定会为科明报仇，让可恶的布鲁斯付出应有的代价。他告诉儿子威尔士亲王，如果他死的时候还没有实现所立的誓言，在报仇成功前不得将他安葬，在场的人都是见证者。次日早晨，包括亲王在内的年轻骑士赶到边境线，成为英格兰军队的一分子。已经病入膏肓的爱德华也乘坐马车随之而来。

布鲁斯在一次战斗中惨败，经历了无数的磨难后，无奈地逃往爱尔兰，藏了整整一个冬季。在这个冬天，爱德华不停地追杀布鲁斯的亲人和侍从，被抓的人都被处死了。无论是老人还是孩子，都无法让爱德华生出一丝同情或不忍。次年的春季，布鲁斯再次出现，在几次战斗中取得胜利。在这些战斗中，双方都极度凶猛残忍。例如，爱德华抓住布鲁斯两个受重伤而无法逃跑的兄弟，便马上杀死了；约翰·道格拉斯爵士是布鲁斯的盟友，他的城堡被一个英格兰爵士占领了，当他重新抢回道格拉斯城堡时，便将英格兰的守城者全部杀死，并将所有的尸体堆在一起一把火烧成了焦炭。这个用非常残暴的手段"烹饪"过的城堡被爵士的下属称为"道格拉斯肉柜"。布鲁斯高歌猛进，将彭布罗克伯爵与格洛斯特伯爵逼到了埃尔城堡，围困起来。

已在病床上躺了一个冬季却依然运筹帷幄的爱德华来到卡莱尔，他让人把行军途中用来抬他的担架送到当地的大教堂，呈献给神明。接着，他再一次也是最后一次骑上战马。当时他已经是六十九岁的老人，在位长达三十五年。行将就木的爱德华走了四天才前进了 6 英里，即使如此，他依然坚持不懈地向边境线一步步迈进。最终，他止步于沙堡村，临死的时候他叮嘱身边的人，请威尔士亲王牢记父亲发过的誓，永远不要停止对苏格兰的征伐，直到彻底收服它。接着，他与世长辞了。

第十七章

爱德华二世

爱德华一世去世的时候，爱德华二世才二十三岁，他是第一任威尔士亲王。皮尔斯·加韦斯顿是个来自加斯科尼的英俊男士，是亲王的宠臣。爱德华一世无比厌恶他，并把他赶出了英格兰，还令亲王在他的病榻前发誓，不许皮尔斯重回英格兰。爱德华二世登上王位没多久，便迫不及待地反悔了，马上遣人将他的宠臣请回英格兰。他与别的君王、王储相同，发誓是家常便饭，反悔也一样。

尽管加韦斯顿长相英俊，却粗鲁、自傲、莽撞。目空一切的英格兰领主们对他深恶痛绝，因为他凌驾于王权之上，还暗中排挤朝中的大臣。最可气的是他在骑士比赛中无人能及，还爱讽刺奚落那些被他打败的人，并给他们取直白的绰号，例如"老肥猪""戏子""犹太佬""阿登黑狗"。这些绰号让权贵们无比愤怒。沃里克伯爵就是被叫作"黑狗"的人，也是愤怒的权贵中的一员，他起誓一定让皮尔斯·加韦斯顿试试"黑狗"锋利无比的牙齿。

但是伯爵的愿望没能实现，按当时的形势看，以后似乎也没有实现的机会。加韦斯顿被爱德华二世封为康沃尔伯爵，还得到了无数的财宝。最离谱的是，爱德华二世在法兰西期间，加韦斯顿竟被封为摄政王。腓力四世有一个女儿，名叫伊莎贝拉，据说是当时最漂亮的女人。爱德华二世到法兰西就是为了迎娶她。爱德华二世豪华奢侈的婚礼在布洛涅的圣母教堂举行。有四位君王和三位王后参加婚礼，就像一整套扑克牌似的，我相信如杰克（贵族们）般的人也不在少数。在婚礼的过程中，爱德华国王从头到尾都没有看几眼漂亮迷人的王后，反而婚礼一结束就迫不及待地去找加韦斯顿。

回到王宫，爱德华的眼里只有加韦斯顿一人的身影，当着所有人的面，他飞快地跑向宠臣的怀抱，紧紧地拥抱他，旁若无人地与他亲热呢喃。在接下来的加冕仪式上，加韦斯顿更是达官贵人中最尊贵且备受关注的人。连国王的王冠都是他护卫着送过来的。这份特殊的荣誉加之于他不但让达官贵人心里极度不满，更让百姓唾弃。不管加韦斯顿怎样对爱德华抱怨人们不尊重他，并要求处罚那些人，大家都绝不尊称他康沃尔伯爵，而是直接叫他的名字——皮尔斯·加韦斯顿。

领主们直接告诉爱德华，他们对这样的佞臣深恶痛绝，并要求爱德华把加韦斯顿赶出英格兰，还让加韦斯顿立下誓言（又是可笑的起誓！），有生之年再也不会回到英格兰。领主们本来认为他一定会颜面扫地地离开英格兰，可他们错了，他转眼就当上了爱尔兰的总督。但是，一意孤行的爱德华二世还不满意，第二年加韦斯顿就被接回宫中。这样荒谬的宠爱不但让全国的人民恶心，更让漂亮的王后极为不满，她对爱德华再无爱意。

就和所有的国王一样，爱德华二世也急切地渴求金钱。但才得到新权益的领主们绝不允许他进行筹措钱财的活动。爱德华二世在约克召开了会议，可领主们却拒绝前往，除非国王把他的弄臣赶走。因此爱德华二世只好让加韦斯顿离开，接着在威斯敏斯特召开了另一场会议。这一次，领主们整齐地出现了。他们成立了一个改革委员会，用来防止国王和王室成员过度使用手中的权力。

爱德华二世同意了领主们提出的一系列要求，如愿得到了一大笔钱，便带着加韦斯顿跑到英格兰和苏格兰的接壤处，肆意挥霍，恣意享受。与此同时，布鲁斯为把英格兰人赶出苏格兰做了充足的准备。据说爱德华一世曾命令他懦弱的儿子向神明起誓，不掩埋他的尸体，而是放在锅里烹干净，进攻苏格兰时摆在最前面鼓舞军心，英格兰的军队一天没有取得胜利，就一天不埋葬他的骸骨。但爱德华二世却完全没有爱德华一世的英勇，反而懦弱无能，因此布鲁斯的势力日渐壮大。

领主们组成的议会经过长达几个月的讨论，宣布君主必须在每年指定的时间召集一场会议，特殊情况下允许召集两场。这项决定旨在限制君主自由召开会议的权利。另外，他们还明确说必须将加韦斯顿放逐，除非他死了，尸体才可以送回英格兰。到了此时，爱德华二世哭泣也无力回天了，只得把他的宠臣送往佛兰德。但冥顽不化的爱德华二世送走加韦斯顿不久，就用一些拙劣的伎俩迫使国会解体，并去了英格兰北方，打算组建一支队伍与领主们对抗。同时，爱德华二世又把加韦斯顿接回王宫，还将被领主们夺走的财产与名誉再一次还给他。

领主们总算看清了，除非将这个佞臣杀死，一切都无济于事。本来，依据驱逐条例，完全可以根据法律正当地处死他。可我只能很惋惜地说，人们采用了卑鄙的手段。兰开斯特伯爵是爱德华二世的堂哥，在他的率领下，领主们开始进攻藏在城堡中的爱德华二世与加韦斯顿。爱德华二世趁着混乱坐船逃跑了，临走时，这位荒淫的国王身边只带着他宠爱的加韦斯顿，他的妻子却被理所当然地抛弃了。

当两人感觉已经安全了，便开始分头行动，爱德华二世到约克郡组织军队，加韦斯顿在斯卡布罗城堡里稳稳当当地待着，观察海面上的状况。领主们很开心，他们清楚地知道城堡的守卫根本无法阻挡进攻。如他们所愿，城堡很快被攻陷了，加韦斯顿被迫缴械。彭布罗克伯爵振振有词地向神明发誓，保证加韦斯顿性命无忧且免受皮肉之苦，加韦斯顿就向这个当初被他叫作"犹太佬"的领主投降了。

接着，加韦斯顿被押往沃灵福德城堡。押解他的一行人到了德丁顿与班伯里交界的地方，便在当地的城堡留宿。也许彭布罗克伯爵早就清楚将加韦斯顿放在那儿会出现什么状况，也许他只是想去见见在此处的妻子，我们不知道，也没必要追究真实的原因了。无论如何，伯爵都有责任护卫罪犯，可他却没有尽责。清晨，加韦斯顿还在睡觉，就被强行叫起来穿上衣服下楼来到后面的院子。他一路走来，没有任何提防。当他看到一些并不熟悉的人披坚执锐将自己团团围住时，立刻吓得面如土色。"你还记得我吗？"一个全副武装的首领模样的人问道，"'阿登黑狗'，你没忘记吧！"

"黑狗"终于等到了将锋利无比的牙齿刺向皮尔斯·加韦斯顿的时候。加韦斯顿被摆成滑稽的姿势放到一头骡子上，伴着军乐来到了沃里克城堡，也就是"黑狗"的老巢。不少高贵的领主聚集在这里，迫不及待地讨论怎么解决这个佞臣。有人建议应该释放他，一个响亮的声音立刻在场中叫喊起来，这是"黑狗"的喊声，我敢肯定这个声音几乎响彻城堡："好不容易才把他抓住，再纵虎归山，迟早还得想尽办法去抓他。"

他们最后一致决定杀死加韦斯顿。加韦斯顿连忙朝着兰开斯特伯爵冲过去，趴在他的脚下哀求。这位伯爵曾被嘲讽为"老肥猪"，他同样残酷无情，与"黑狗"是一路人。从沃里克到考文垂有一条景色秀美的小路，旁边蜿蜒着秀丽的埃文河，若干年后，威廉·莎士比亚就在此降生并最终埋葬于此。在5月阳光明媚的一天，埃文河波光粼粼，加韦斯顿被带到这里，他的头颅被残忍地砍了下来，血流满地。

爱德华二世知道这件残忍的事情后，伤心欲绝且愤怒地对领主们宣战。这场战争持续了半年。接着，他们发现必须联合起来对抗布鲁斯——在他们内斗的时候，布鲁斯已经在苏格兰组织起强大的力量。

据传来的消息说，斯特灵城堡正被布鲁斯围困。斯特灵的总督已经做出了承诺，如果没有人在规定时间内帮他突围，他就向布鲁斯投降。爱德华二世立刻命令领主们率领军队前往贝里克集合，可领主们完全不听国王的号令，更不理会他的召唤。时间就这样逐渐流逝。在布鲁斯留给总督的最后限期的前一天，爱德华二世才赶到斯特灵。他的军队只有十万人，比他期望的少很多。尽管布鲁斯的队伍不到四万人，可是分成了三个部分，稳稳地守卫在班诺克河和斯特灵城堡之间。

在爱德华到来的当天夜里，布鲁斯凭借一个英勇的举动极大地振奋了军心。布鲁斯骑着一匹比较矮小的马，手上拿着一把轻斧头，头上戴着金光灿灿的王冠，冲在队伍的最前面，很容易就被来自英格兰的骑士亨利·德·波瀚看见了。亨利·德·波瀚披坚执锐，觉得可以独自挑战布鲁斯，便策马扬鞭冲向布鲁斯，并将手中沉重的长矛狠狠地刺过去。布鲁斯轻巧地躲过了攻击，扬起斧头挥向波翰，瞬间便将他的头劈开了。

次日，战斗开始时，苏格兰人牢记着前一晚鲜明的画面，信心满满地冲向战场。伦道夫是布鲁斯的侄子，他率领着一小部分士兵无畏地冲到英格兰军队中间。英格兰军队装备精良，闪闪发亮的铠甲在太阳的照射下发出耀眼的光芒。苏格兰人瞬间没于其中，难觅踪迹，好像羊入虎口。可他们仍顽强杀敌，迅猛进攻，很快就斩杀了无数英格兰人。英格兰人被吓得裹足不前，甚至连交战的勇气都没有了。布鲁斯率领大军随后到达。英格兰人压力倍增。正在这时，另一支苏格兰队伍忽然从山上现身。其实，这支队伍不过是随着部队一起来的一万五千名普通百姓。他们在恰当的时间和地点出现，是布鲁斯事先策划好的。

格洛斯特伯爵是英格兰的统帅，为了改变战局，他率领着骑士们殊死搏斗。没想到布鲁斯（就如同传说中高大勇猛的杰克一样）早已在那里挖了陷阱，里面放着尖锐的木桩，上面铺着泥土和草做伪装。英格兰的士兵悉数掉入陷阱，结果显而易见，惨败的英格兰人的辎重尽数落入苏格兰人手中。假如把所有缴获的有轮车辆纵向排列，可以排180英里。至少在当时，苏格兰彻底改变了局势。在苏格兰独立战争中，最具代表性的胜利非班诺克战役莫属。

英格兰国内，瘟疫和灾荒一件接着一件，可一无是处的爱德华二世仍然和那些傲慢的领主明争暗斗。爱尔兰境内一些反叛的贵族向布鲁斯提议去接收爱尔兰，因此布鲁斯的弟弟爱德华·布鲁斯去了爱尔兰，成为爱尔兰的君主。在之后的爱尔兰独立战争中，布鲁斯还亲自前往相助，可最后他的兄弟还是失败并被杀死了。无奈的罗伯特·布鲁斯只好返回苏格兰，不断努力扩大自己的权势。

爱德华二世的失败从一个佞臣开始，到另一个佞臣结束。爱德华国王懦弱无能，根本无法独立执政，因此迅速找了另一个宠爱的大臣——休·德斯潘塞。休是一个出身名门的子弟，长相俊俏，勇猛出色，不幸的是他依附的主子是个软弱无能且无人信服的君王，以致他也身陷困境。爱德华二世对他宠爱有加，增加了领主们对他的恨意。他们一直暗暗等待，伺机置他和他父亲二人于死地。爱德华二世还把新格洛斯特伯爵的女儿许配给休，同时赐予他们父子许多财富。

父子俩千方百计地敛财。他们在威尔士对当地的绅士展开疯狂的掠夺，并采用暴力手段，将城堡、领土统统收入囊中，受害者包括约翰·德·莫布雷绅士。休·德斯潘塞本是兰开斯特伯爵的一个并不富裕的亲戚，被伯爵安排到宫中。后来，伯爵觉得休因为国王宠爱而身居高位是对他的侮辱，便联合与他交好的权贵和威尔士人一同前往伦敦，将请求罢免佞臣父子的文件交给爱德华二世。一开始，爱德华二世毫不犹豫地拒绝了，而且对他们大加申斥。可伯爵等人先是屯兵于霍尔本与克勒肯维尔，然后全副武装来到威斯敏斯特会议厅，爱德华二世不得不让步，接受了他们的请求。

可爱德华二世的幸运来得如此之快，出乎他的意料。这次幸运源于一个意外。那时，漂亮的伊莎贝拉王后正在外游历，某天晚上，她到达一处属于王室的城堡，准备暂住一夜，城堡的所有者正好是与国王谈判的领主中的一位。当时领主并不在城堡里，他的夫人根本不愿招待伊莎贝拉，两边的侍卫动起手来，王后的几个随从被当场杀死。漂亮的王后在属于自己的土地上遭到了残酷无情的对待，让本来就对爱德华二世不屑一顾的民众非常气愤。爱德华二世巧妙地借用民众的情绪围攻并掌控了城堡，接着将德斯潘塞父子接了回来。紧接着，结成联盟的领主和威尔士人立刻去寻求布鲁斯的帮助。

爱德华二世在巴勒布里奇和他们相遇，一番大战后，爱德华胜了，一大批领主成了他的俘虏，爱德华二世一心要杀掉的兰开斯特伯爵也在其中。这时候伯爵已经是位老人了。庞蒂弗拉克城堡本是伯爵的领地，国王把他带回那里，并让特殊法庭进行了不公平的审判。伯爵不能为自己辩解，在遭受了羞辱、殴打后，被一匹饥饿的、连马鞍都没有的马拖了出去，头颅被砍了下来。与此同时，二十八名骑士被处以绞刑，并在死后遭到分尸。爱德华二世在实施这些残暴行为的同时，与布鲁斯签订了一份新的长期和平协定。从此以后，爱德华对德斯潘塞越来越宠爱，并将他的父亲封为温切斯特伯爵。

但是，随着一个关键人物——罗杰·莫蒂默的逃跑，爱德华的幸运结束了。莫蒂默一直与国王作对，在巴勒布里奇不幸落入国王手中，并被判了死刑，关押在伦敦塔严密看守。莫蒂默将安眠药放在葡萄酒里，让守卫好好喝了一通。当守卫们都昏睡过去后，他从地牢中跑了出来，偷偷溜进厨房，从烟囱爬上屋顶，拿出早已准备好的绳索逃出伦敦塔。他躲过了放哨的士兵，从河中顺流而下，之后成功躲进一艘船，朝着和随从约好的地点行驶。他的随从和马匹早已在那里等候多时。他最终平安抵达了法兰西。法兰西当时的国王查理四世正是漂亮的英格兰王后的哥哥。查理四世故意挑起战事，爱德华二世没有亲自参加他的加冕典礼给了他借口。查理四世认为这是对他的不尊重，准备开战。有人提议让漂亮的伊莎贝拉去法兰西劝说她的哥哥，王后同意了，还给爱德华二世写了一封信，让他派十二岁的王子前往法兰西，代替生病的他参加查理四世的加冕典礼，以表达他的诚意，等典礼完成后，她马上与王子一起回英格兰。爱德华二世相信了。可是，伊莎贝拉成了罗杰·莫蒂默的情妇，与王子留在了法兰西。

爱德华二世无数次给王后写信让她回英格兰，王后却说她十分害怕德斯潘塞父子，其实，她内心非常看不起爱德华二世，根本不愿意再与他共同生活。她之所以这么说是为了离间爱德华与他的宠臣。虽然王后的力量并不强大，却已在策划收复英格兰。过了一年，她率领约两千法兰西人组成的军队和一些逃跑到法兰西的英格兰人，从萨福克郡的奥威尔登上英格兰的土地。刚一上岸，她便与肯特伯爵和诺福克伯爵结盟。这两位伯爵都是爱德华二世同父异母的弟弟。不断有领主加入他们的联盟。国王派去的首位与她交战的英格兰统帅也被劝服，带着自己的全部军队倒戈。伦敦市民听说王后回来了，并没有选择支持爱德华二世，而是将伦敦塔的门打开，把里面关押的犯人都放了，欢呼雀跃，欢迎漂亮的王后归来。

爱德华二世与德斯潘塞父子一同仓皇跑到布里斯托尔。老德斯潘塞被留下来接管城市，而国王和小德斯潘塞则逃往威尔士。布里斯托尔人对爱德华二世一向不满，当然不会接受老德斯潘塞的管理。老德斯潘塞赤手空拳，第三天就被擒了。法庭做出判决，老德斯潘塞的罪名是不忠于爱德华国王，并蛊惑"爱德华的心"——我很好奇爱德华二世有没有心。尽管老德斯潘塞已快九十岁高龄，本该受到世人的敬重，却没得到任何怜悯。最后他被判处绞刑，在还未咽气时就被残忍地切成碎块，成了狗的口中餐。不久小德斯潘塞也被抓了，审判他父亲的法官在赫里福德用一些荒唐的罪名对他进行了审判，他戴着荨麻编织的项圈在高达十五米的绞刑架上被活活吊死了。他们父子其实并不是罪大恶极的人，他们最致命的错误就是成为爱德华二世的朋友，并对他卑躬屈膝、阿谀奉承——爱德华二世可是世间少有的昏庸无能的国王。我明白他们犯的是很严重的错误，会招来大麻烦，可是据我所知，很多达官贵人——包括一些名媛在内——都对爱德华二世阿谀奉承，却并没有遭受这种对待。

不幸的爱德华二世到处躲藏，却苦于找不到容身之所，只好放弃抵抗，束手就擒，被关押进凯尼尔沃思堡。此时，伊莎贝拉来到伦敦，召开了国会。会议期间，王后足智多谋的战友赫里福德大主教说："当一个愚蠢、无能且碌碌无为的人戴着王冠时，我们应该怎么做？为什么不能把国王的王冠摘下来，让他的儿子成为国王呢？"不知是否因伊莎贝拉对爱德华二世生出了怜悯，反正她哭了起来。主教又说道："现在，尊敬的贵族和要员们，你们认为该不该让人到凯尼尔沃思堡去，问问爱德华二世能否自行退位？"据我推测，他真实的意思应该是："愿主护佑，饶恕我们废除了他的王位！"

对于这个提议，很多达官贵人投了赞同票。接着，他们派一队人前往凯尼尔沃思堡。爱德华二世身穿一件破烂的黑色衣衫出现在城堡的大厅中，当他看到站立在人群中的主教时，立刻懦弱地摔倒在地，装出可怜巴巴的模样。旁边有人将他搀扶起来。他听完议会代表威廉·特吕赛尔爵士啰唆的演说后，吓得瞠目结舌。这段演说表示不再承认爱德华二世是君王，民众不用再对他效力，也不必再对他忠诚。接着又上演了一幕让他几乎晕过去的场面：王宫的总管托马斯·布朗特爵士将国王的纯白权杖生生拗断——这是历任国王去世后才举行的特殊仪式。他们强迫爱德华二世做出选择。面对如此沉重的压迫，爱德华二世不得不承认退位是最佳的选择，所以他让出了国王的位子。次日，王子正式继任成为新的国王。

从此爱德华二世与他的宠臣在凯尼尔沃思城堡里衣食无忧，安稳地过完了自己剩余的日子——这只是我想象中的画面，和真实情况相差十万八千里。被关押的时间里，爱德华的处境可谓极其凄惨。看守对他极尽凌辱，不但冷嘲热讽还故意无视他，连洗漱都只准他用沟渠中的污水。爱德华二世不得不哭着投诉，希望最起码可以让他使用温度适宜的清水。他被不停地从一座城堡押解到另一座城堡，理由是城堡的主人对他太"宽厚"了。最终他被送到位于塞文河边的伯克利城堡，当时城堡的主人伯克利伯爵正好生病不在城堡中，爱德华二世很不幸地遇到了两个恶徒——托马斯·古尔奈与威廉·奥格尔。1327年9月21日那个不寻常的夜晚，城堡厚重的围墙里传来阵阵凄厉的惨叫，周围居住的人都被吓醒了，他们道："愿主能对国王宽厚些吧，光听声音就知道他在监牢里遭遇了怎样的摧残。"次日凌晨，爱德华去世了，身上并没有殴打或武器留下的伤痕，但是死相狰狞。据传言，古尔奈与奥格尔强迫他将一块烧得通红的烙铁吞下了肚子。

假如你去过格洛斯特，见过位于漂亮的大教堂中心位置的高塔和塔顶的四个精美的小尖顶，你可能会想起悲惨的爱德华二世，他就长眠在这里。他仅活到四十三岁，在位十九年半，整个统治过程可谓碌碌无为。

第十八章

爱德华三世

罗杰·莫蒂默是英格兰王后的情人，他完全没有从佞臣的命运中吸取足够的教训。他靠着王后的权势霸占了德斯潘塞父子的家产，从此飞扬跋扈、野心勃勃，企图成为英格兰的实际治理者。可即位时才刚满十四岁的少年国王并不愿接受这样的局面，不久就将莫蒂默逼入绝境。

民众讨厌莫蒂默，不单因为他是王后的情人，还因为传言说他推波助澜才导致英格兰向苏格兰屈服，使得爱德华三世才七岁的妹妹琼被迫嫁给罗伯特·布鲁斯年仅五岁的儿子戴维——亦是王位继承人。莫蒂默不可一世，掠夺了无数财富，获得了至高无上的权势，招来了权贵们的憎恨。权贵们纷纷兴兵讨伐他，却被一一打败。肯特伯爵就是其中之一。后来伯爵选择顺从莫蒂默与王后，却成了他们杀鸡儆猴的对象，受到残忍对待。

肯特伯爵表现得根本不像一位聪慧的伯爵。当王后和她的情人骗他说爱德华二世还活着时，他信以为真，并写下书信向爱德华二世表忠心，说愿助爱德华抢回王冠。这就等于背叛国家。伯爵因这个罪名受到法庭审判，并被判处死刑。这位不幸的老伯爵被带到温切斯特城堡外，但没人愿意对一个拥有王室血统的人行刑，便让伯爵在那里苦等了近四个小时。最后，一个囚犯毛遂自荐，说只要国家赦免他犯下的罪，他就愿意做行刑人。贵族们同意了他的请求，囚犯便向伯爵挥刀，终结了伯爵的性命。

伊莎贝拉王后在法兰西时，遇到了纯真温柔的少女菲莉帕，觉得让她当自己的儿媳再合适不过了。于是，年少的爱德华三世刚当上国王，便立刻和菲莉帕结为夫妻。盛名远播的"黑太子"威尔士亲王爱德华就是他们的长子，后文很快会讲到他。

年少的爱德华三世觉得到了将莫蒂默彻底铲除的时候了，便找蒙塔丘特男爵共同策划。男爵建议，很快要在诺丁汉举行国会会议，届时莫蒂默一定会来诺丁汉堡，可以在夜深人静时将他抓获。然而，与人世间所有的事一样，想象比现实简单。为了防止有人造反，城堡的大门一到晚上就会上锁。王太后伊莎贝拉将钥匙放在自己身边，寸步不离，晚上睡觉时也会把它们藏在枕头下面。但是蒙塔丘特男爵的好友恰好是城堡的总管，知道有条隐秘的道路可以直通城堡。野草覆盖着密道的入口，很难被人发现，他们可以利用密道在夜深人静时悄悄潜入莫蒂默房中。很快，在一个伸手不见五指的黑夜，他们从阴森的密道中经过，路上见到老鼠四处逃窜，猫头鹰和蝙蝠因为人声纷纷飞去。他们终于平安到达城堡的中心塔下，爱德华三世早已在那里等候多时。他们一起悄无声息地走过没有灯光的楼道，不久就来到莫蒂默的门外，听见他与几位好友交谈的声音。他们砸破房门，将莫蒂默抓获。伊莎贝拉在寝殿中苦苦哀求："我最亲爱的儿子啊，求求你放过我的莫蒂默吧！"莫蒂默最终没能摆脱被捕的命运。人们在举行国会会议前就对他提出指控，罪名是挑拨国王母子的感情，肯特伯爵与前国王的死都算在他头上。和您如今了解的一样，在以前的时代，如果众人想治一个人的罪，总会捏造一些莫须有的罪名并无须做任何解释。所有的指控都被法庭认可，最终，莫蒂默在泰伯被绞死。伊莎贝拉被囚禁起来，一直到生命终结。爱德华三世真正成为掌握实权的君王。

接下来，国王首先考虑的是如何得到苏格兰。英格兰的很多领主在苏格兰也拥有领地，在安定的情况下，他们发觉自己的权势没有得到重视。为了维持自己的权势，他们不惜挑起战争。爱德华·贝利奥尔是约翰·贝利奥尔的儿子，被推出来成为统帅。他英勇能干，短短两个月的时间就将苏格兰收入囊中。取得一系列胜利后，爱德华·贝利奥尔获得了英格兰国王与国会的帮助，国王甚至带领军队到贝里克与他合围苏格兰军队。为了营救同胞，苏格兰的所有军队都来到贝里克。双方在这里爆发了一场大战，据说有三万多名士兵在大战中死亡。之后，贝利奥尔发誓永远对爱德华三世尽忠，并正式成为苏格兰国王。但他并没有因为这场胜利得到多少利益，很快苏格兰人就揭竿而起反抗他，短短十年，戴维·布鲁斯就战胜了他，重新夺回了苏格兰。

与苏格兰相比，法兰西富饶多了，因此法兰西更能激发爱德华三世的占有欲。他不再管苏格兰的事情，转而宣称因为母亲的缘故他也有权继承法兰西的王位。这根本是无稽之谈。可在当时，他是否真的有继承权根本不重要。他收买了一大批小国家的君王和公爵，连弗莱芒人都成为他的盟友。弗莱芒人向来只顾自己的事，没有哪个君王值得他们在意。他们的首领是一个酿造啤酒的匠人。总之，带领着这支用各种手段拼凑在一起的一盘散沙般的队伍，爱德华三世声势浩大地出征法兰西。这场战争制造了近三十万英镑的欠债，除此之外没有任何收获。差不多一年后，情势慢慢扭转，爱德华在斯鲁伊斯港一战获胜。可胜利并未持续多久。攻打圣奥梅尔时，弗莱芒人被吓得魂飞魄散，落荒而逃。法兰西腓力国王带着军队到来，爱德华三世想立刻决出输赢，便提议两人决斗，或分别派出一百名骑兵决一胜负。腓力大为赞赏，推说虽然自己身体很好，却不必进行决斗。两人进行了几次战斗和谈判，短暂休战。

不久休战就结束了，因为爱德华三世决心帮助法兰西的蒙福尔伯爵约翰——这位伯爵因为布列塔尼公国的归属问题对法兰西君王十分不满。他承诺只要爱德华三世帮助他当上布列塔尼公爵，他就做英格兰的臣子。没过多久，这位伯爵就被法兰西王子击败并被关进巴黎的一座塔里。令人意外的是伯爵的夫人既漂亮又坚强，拥有男子汉的勇猛与狮子一样强壮的心脏。她住在布列塔尼，她召集了当地的民众，带着年幼的儿子来到众人面前，恳请大家维护她和她可怜的孩子，不要放弃她们。她成功激发了民众的同情心，人们群情激奋、万众一心，拼死守卫牢固的埃讷邦城堡。夏尔·德·布卢瓦带着法兰西军队兵临城下。城堡内有一个奸诈的老主教不断危言耸听，向那些效忠伯爵夫人的民众宣传：再坚守下去他们会受到惩罚，先是饥饿，然后是大火与武器。即便如此，这个无比勇敢的女人也不肯屈服。她身先士卒，激励着守卫者，像一位真正的将领一般检查每一个哨位，还身披铠甲骑着战马离开城堡，通过一条秘密的小路到达敌军的驻扎地，偷袭并烧毁他们的营帐。敌军瞬间混乱无措。埃讷邦的守城者都认为她一定已经牺牲了，她却安全归来。众人纷纷报以热情的高呼。但是城堡里的粮食已经不够用了，激情没法填饱肚子，老主教在一旁不断唠叨"这一切早就在我的预料之中，迟早会走到这一步"。民众渐渐失去了勇气，准备投降。英勇的伯爵夫人站在城堡最高处的房间的窗口，近乎绝望地看向海面，她无数次期盼英格兰援兵出现。这次她真的看到了希望，海面上隐约出现了船只，援兵总算来了！瓦尔特·曼宁男爵是英格兰军队的指挥官，十分敬佩夫人的英勇，率领他的军队前来支援。到达城堡后，男爵的军队吃过饭，开始享用法兰西军队这道餐后甜品。一番猛烈进攻后，英格兰人取得了绝对的胜利，兴高采烈地回来了。一直在城堡高处亲眼见证这一切的伯爵夫人真诚地拥抱亲吻归来的每一位士兵，以表达她的感谢。

接下来，这位优雅的女士到英格兰寻找更多的支援，经过根西岛时还参与了一场海上战役，将法兰西海上部队打得落花流水，因此名噪一时。但是，不久之后，被册封为威尔士亲王的爱德华王子就会如同明亮的星辰在英法大战中冉冉升起。

1346年7月，爱德华三世带着王子和一些王公大臣以及大约三万人的队伍从南安普顿坐船入侵法兰西。他们在诺曼底的拉奥格踏上法兰西的土地，一路上当然少不了杀人放火、抢夺财物，就这样一路到了塞纳河的左岸。巴黎附近的许多村庄都被他们一把火烧毁了。这一切被对岸的法兰西国王和士兵尽收眼底。1346年8月26日是一个星期六，双方的军队在克雷西村后面的一处高地正式开战。虽然法兰西军队的人数是英军的八倍，但爱德华三世依然选择顽强抵抗。

英格兰军队分为三队：第一队由年少的王子指挥，牛津伯爵与沃里克伯爵从旁协助；爱德华三世自己带领第二队；最后一队由两位伯爵统帅。早晨，爱德华三世向上帝祈祷完毕，领用了圣餐，骑上战马，手里拿着象征国王的权杖，走过每一位士兵身旁，鼓舞士气。接下来，士兵们在队列里席地而坐，享用了早饭，安静地拿着兵器准备出击。

终于，法兰西国王率领军队到达了。当天的天气极度恶劣，天空一片昏暗，大风疯狂呼啸，先出现了日食，紧接着暴风雨席卷而来，惊飞的鸟儿从士兵们的头上悲鸣着掠过。一位将军向君王提议次日再战，法兰西国王也不愿意在恶劣的天气里战斗，就同意了，命令停止战斗。可队伍后面的士兵并没有及时接到指令，仍然努力前行。法军人数众多，行走在道路上拉开了很长的距离。中间还夹杂着一些手拿粗糙简易武器的平民，他们不受纪律约束，随意吵嚷。在这样的情况下，法兰西军队开始失控。法兰西领主们各自带领兵马，纷纷驱赶别人的队伍为自己开路，场面陷入混乱。

这时，法兰西国王发现无法中止战斗，便下令让他十分看重的来自热那亚的十字弓手来到前线。他们一遍遍地高声大喊，想震慑英格兰的弓箭手。可即使他们喊了几千次，英格兰的士兵也纹丝不动。最后，弓手们将十字弩向前推，准备射击。此时，英格兰人动了，强劲的箭雨扑面而来，热那亚人猝不及防，只得仓皇逃窜。他们之所以如此被动是因为十字弩巨大沉重，移动缓慢，每次发射都要先将把手拧紧，两次发射之间要隔很长时间。与之相反，英格兰的弓箭手换箭无比迅速。

法兰西的国王见到热那亚人逃跑，气得大叫，命令自己的士兵将这些懦夫抓起来杀死，因为他们在战斗中没有发挥作用，反而添了不少麻烦。谁知这让形势变得更加混乱，到处人仰马翻。此时英格兰的射手们却箭无虚发，无数法兰西步兵与骑兵受伤倒下。英格兰军队中一些机灵的康沃尔人与威尔士人偷偷地爬到对方阵营，将受伤的人全部用匕首杀死了。

就在此时，爱德华王子率领的第一队受到猛烈的进攻，沃里克伯爵不得不派人给爱德华三世送信，要求马上增援。当时，国王正亲自站在风车上观察战场的情况。

"太子死了吗？"爱德华三世问道。"国王，上帝保佑，还活着！"亲兵说道。"他被刺伤了吗？"国王再问道。"不曾，国王。""他被人打倒了吗？"国王继续问道。"还没有，国王，可情势很危险。"国王再次说道："既然如此，你去对将你派过来的人说，我不会派人前去支援。今天，我一定要看看我的儿子怎样成为一位勇敢的战士！我坚信在神的护佑下他一定能取得胜利！"

王子和将士们听到如此慷慨激昂的话，立刻精神抖擞，再一次视死如归地冲入敌军，开始新一轮的战斗。腓力国王率领士兵发起了好几次勇猛的进攻，都没有奏效。天色渐渐昏暗，法兰西国王所骑的战马被英军的弓箭手射死了。之前一直紧靠在国王旁边的达官贵人也纷纷四处逃散。最后，坚持不肯撤退的腓力国王被仅剩的几个下属强行拉出战场，退到了亚眠。英格兰军队大战告捷，高举明亮的火把，在战场上兴奋得手舞足蹈。爱德华三世策马飞奔到勇敢的王子面前，紧紧地抱住他，给他赞赏的亲吻，赞扬他英勇能干，靠自己取得了这场胜利，绝对配得上王子的称号。正值深夜，爱德华三世根本不知道自己取得了怎样伟大的胜利。直到次日天亮，打扫战场后才知道战果是如此辉煌：法兰西的阵地上躺着十一个大臣、两百名骑士与三万名士兵。瞎眼的波希米亚老国王也在其中。那日，"黑太子"在战斗中所向披靡，无人能敌，波希米亚老国王的儿子也被打伤了。消息传来，老国王立刻找来两名骑士，把三匹马绑在一起，让他们带着自己杀入英格兰军中，四处冲杀，直到自己战死。他佩戴的头盔上有一个装饰品，刻着"忠诚"两字，还插着三根白色的鸵鸟羽毛。爱德华王子为了铭记这个重要的日子，把这个装饰品拿走了。从此之后，这个标志就成为威尔士亲王的象征，流传至今。

在这场著名的战役后的第五天，英格兰国王到达加来，并将它重重包围。这次围城足足持续了近一年的时间，至今仍让世人铭记。为了长期围困加来，让城里的人因为缺少粮食而投降，爱德华三世下令在加来四周修建许多木结构的房子供英军居住。加来旧的城池外仿佛凭空出现了一座新城。加来的城主为了节约粮食，把他感觉无用的七百多老弱妇孺赶了出来。爱德华三世对这七百人无疑是仁慈的。他让这些人穿过自己的防线，请他们吃饭，还拿出一大笔钱给他们当路费，让他们离开。可到了围城的后半程，他就没这么好说话了：之后被加来城主放弃的五百人都被饿死了。到了后面，守卫城池的士兵实在没有办法，不得不给腓力国王写信，请求帮助。信中说城里所有的马和狗都已经被吃完了，甚至连抓得到的老鼠都成了他们的食物，假如不能得到国王的帮助，他们就要向英格兰人缴械投降，不然只能杀人果腹了。腓力当然希望帮助他们，可英军将加来城重重围住，援军根本无法进入。无奈之下，腓力只好放弃加来城。就这样，加来对爱德华三世妥协了，英格兰的旗帜终于在城里飘扬起来。爱德华国王对前来交降书的点头哈腰的使臣说："转告你们的城主，选出你们城里德高望重的六位市民，上身只穿衬衣，赤着双腿，把绳子绑在脖子上，过来献出城门与城堡的钥匙。"

加来城主在广场上向居民转述了国王的话，人群立刻一片哗然。尤斯塔斯·德·圣皮埃尔是位声望极高的长者，他站出来告诉大家，假如没有六个人舍生取义，所有人都将同归于尽，他自告奋勇成为六人中的一个。受他英勇的精神感染，另外五位值得敬重的英雄也挺身而出，情愿为了全城人民放弃自己的生命。加来城主当时受了很重的伤，根本没办法走路，人们找来仅剩的一匹孱弱的马让他乘坐，与六人一起来到城门口。送别他们的是全城百姓撕心裂肺的哀鸣。

爱德华三世对他们充满了愤怒，当场就要把这六人的头砍下来。可善良的菲莉帕王后跪着请求爱德华三世把这六个人交给她。爱德华三世无奈地说："我真想忽略你的存在，可我却没有办法不答应你。"王后派人给他们送上了合适的衣衫，举行盛大的宴会招待他们，还馈赠了许多礼品，让他们平安回到加来城。这样善良的行为使战场上的每一位士兵都深受感动。不久之后，王后诞下一位小公主，她衷心地希望加来人可以因为有她这样一位仁慈的母亲而宠爱她的女儿。与此同时，起源于中亚的最恐怖的瘟疫黑死病席卷欧洲大陆，很多不幸的人，特别是穷苦百姓因此丧命，将近一半的英格兰人没能逃出生天。无数耕牛也因此死亡，活下来的劳动人口屈指可数，大片大片的土地都荒废了。

长达八年的吵闹纷争后，爱德华王子再一次发动了对法兰西的战争。这次他率领六万人从法兰西南部穿过，沿途强取豪夺，无恶不作。此时，他的父亲爱德华三世正在征服苏格兰，在那里肆意妄为。当爱德华三世从苏格兰班师回国时，却遭到苏格兰人接连不断的突然袭击，令他无比烦恼。当初他怎样残忍地对待苏格兰人，现在都被原封不动地还了回来。

那时，法兰西的腓力国王已经过世，他的儿子约翰成为新国王。"黑太子"是人们对爱德华王子的爱称，因为他喜欢穿黑色的盔甲，映衬得他皮肤白净。"黑太子"一直在法兰西胡作非为，约翰决定进行反抗。由于"黑太子"在战争中太过残忍，因此无论他使用什么方法——曲意逢迎或许以重利，甚至以死亡相威胁——饱受煎熬的法兰西平民都不肯暴露国王的位置和行踪。在这种情形下，爱德华王子的军队与约翰的队伍在靠近普瓦捷的地方意外撞到了一起，方圆百里有数不清的法兰西军队。爱德华王子说："愿主保佑！我们只能全力以赴了！"

9月18日是星期天，那天早晨，"黑太子"的兵力已减少到一万，却义无反顾地准备迎战约翰国王的六万骑兵。大战一触即发，法兰西军队里突然冲出一位骑着战马的红衣主教。他是来劝和的，他不希望上帝的信徒受到伤害，他说服约翰国王进行谈判。"黑太子"对这位善良的主教说："我只在乎我与我的军队的名誉，只要不损害它们，所有公平的谈判我都同意。"他同意归还侵占的全部城市与城堡，让所有的俘虏恢复自由，并发誓七年内不会再入侵法兰西。约翰只提出一个条件："黑太子"要与一百名心腹骑士前来投降。和平谈判夭折了。爱德华王子淡定地说："明天我们正式开战，上帝会站在公理这边！"

星期一的早晨，天近拂晓，双方都为这次战斗做好了准备。英格兰军队所占的地势十分险要，与外界只有一条狭窄的小路相通，两边都是高大的树木，可谓"一夫当关，万夫莫开"。法兰西军队只能从这条狭窄的小路进攻。英格兰的弓箭手躲藏在树木后面进行偷袭。法军伤亡惨重，不得不向后退，退路却被六百名英格兰弓箭手截断，迎接他们的仍然是密密麻麻的箭雨。法军的骑兵惊慌失措，丢盔弃甲，仓皇逃窜。此时，约翰·钱多斯男爵对"黑太子"说："冲吧，我敬爱的王子，现在就是你铸造辉煌的时刻！约翰国王是个自负的人，我想他肯定不会不战而逃，或许我们能抓住他。"爱德华王子下令："凭借主和圣乔治的护佑，高举我们的旗帜，出发！"他们节节紧逼，一直到达约翰面前。此刻约翰身边只有不离不弃的十六岁的幼子菲利普，达官贵人全都逃之夭夭了。约翰仍然勇猛地挥动着他的斧头，不肯停止战斗，父子俩共同进退。约翰最终被击败倒在地上时，光脸上的伤口就有两处。最终，他脱下了右手的手套递给一名曾被他赶出法兰西的骑士，表示投降。

爱德华王子不但英勇无畏，还十分慷慨。约翰是俘虏中身份最高的，王子将他请到自己的营帐里，设下晚宴，在席中为他夹菜倒酒。接着，王子带着他与众多的随从一起返回伦敦。法兰西约翰国王骑的是一匹象征高贵的白马，爱德华王子骑的则是一匹矮小的马。这是好心的行为，可在我看来，不排除王子在表演仁慈给世人看，实际上他远没有大家说得那么高尚。其实，真要对法兰西国王表示仁慈，莫过于不让他出现在英格兰人民面前。可是，我要特别指明一点，这种友善的行为在时间的流逝中，渐渐淡化了人们对战争的恐惧和侵略者的野心。许多年以后，平凡的士兵才慢慢获得这种礼待的益处，虽然经过了漫长的日子，幸运的是他们最终得到了。所以，在滑铁卢这些类似的战斗中，当不幸的士兵请求饶命时，最应该感谢的也许就是"黑太子"爱德华王子，正因为他不杀俘虏的举动影响了后人，才让他们性命无忧。

伦敦的斯特兰德大街上有一座萨沃伊宫，是约翰国王与他的幼子在英格兰的住所。另外，苏格兰的君主已被迫在英格兰做了十一年阶下囚。此时，爱德华三世觉得基本获得全面胜利了。接下来，苏格兰君主因愿意为自由支付大量金钱而得到了"戴维爵士"的封号并获得了自由。于是，苏格兰的事情暂告一段落。可面对法兰西，英格兰只能采用严厉强势的做派。那里内讧连连：领主们的治理粗暴蛮横，人民纷纷起义反抗领主，领主则极力镇压，四处都上演着惨不忍睹的血腥事件。冤仇与恐惧还未平息，雅克雷农民起义爆发了。之所以这样称呼这场起义是因为参加起义的大多是法兰西的农民，"雅克"是他们最常使用的教名。局势越来越紧迫。最后，双方互相妥协，签订了《和平条约》。爱德华三世将侵占的大半法兰西国土还给法兰西，约翰需要在六年内支付三百万克朗换回自由身。约翰国王签署了条约，让法兰西的王公大臣深为愤慨，但是他们也没有更好的办法。后来，约翰国王主动回到萨沃伊宫，直到去世都不曾离开。

佩德罗统治着卡斯蒂利亚，他是个名副其实的"暴君"，残酷无情，手上沾染了无数人的鲜血。后来这个"令人敬佩"的君王因为无数罪名丢掉了国王的宝座，于是跑到波尔多向"黑太子"求助。爱德华王子与他漂亮的堂妹琼（她的丈夫已经过世了）结为夫妻，住在波尔多。名满天下的爱德华王子本不应该友善地对待这个凶徒，但这次却轻易地相信了他许下的空头支票，答应出兵帮忙。于是，王子悄悄地召集了一些为非作歹的退伍军人。这些人曾在他与国王的军队中服役，自称"自由的战友"，他们协助佩德罗时没少给法兰西人造成伤害。接着，爱德华王子带着队伍亲自出征西班牙，没多久就让佩德罗重新成为国王。可是没过多长时间，阴谋得逞的佩德罗便将无赖的本性展露出来，他厚颜无耻地背信弃义，将对爱德华王子的承诺抛到一边。

为了支持这个无耻的暴徒，爱德华王子耗费了大量金钱用以支付军队的花销。当他愤怒地回到波尔多时，不仅重病缠身，而且债台高筑。为了偿还债务，他向法兰西人征收赋税。人们只好请求法兰西的查理国王帮忙。战斗又开始了。曾得到爱德华王子全力帮助的利摩日市也不再支持他，反而选择了查理国王。虽然此时"黑太子"已病入膏肓，无力走路，只能躺在轿子里前行，但为了惩罚利摩日，他仍然坚持对以利摩日为省会的地区进行血腥的屠杀。他像以前一样烧杀劫掠，无恶不作，而且再无慈悲之心——不管对战俘还是平民百姓。奄奄一息的王子回到了英格兰，人民和国会都热情地迎接他。1376年6月8日，正是圣三一主日，爱德华王子因病逝世，生命停在四十六岁。

全国人民都沉浸在失去威名远播、深受敬爱的王子的悲伤中。在阵阵哀哭声中，他的遗体被埋葬在坎特伯雷大教堂，邻近"忏悔者"爱德华国王的坟墓。现在依然可以清晰地看到墓穴上的雕像，雕像上的爱德华王子静静地躺在石棺上，身上穿着他最钟爱的黑色盔甲。石棺上方的横梁上挂着一套历史悠久的盔甲，不少人坚信这便是爱德华王子生前所穿的铠甲。

威名远播的长子死后，爱德华三世也时日不多了。爱德华三世已老态龙钟，美女艾丽斯·佩勒斯千方百计地赢得他的青睐，哄得行将就木的国王对她百依百顺，做了很多糊涂事。但我可以肯定，她绝对不配得到国王的宠爱，因为她想得到的是已经去世的王后留下的众多珍宝。通过哄骗，她最终如愿以偿地得到了国王赏赐的珍宝和其他同样珍贵的礼品。爱德华国王去世的当天清晨，她将国王手上戴的戒指摘下来后便径自远走高飞了，任由并不忠诚的侍从们肆意掠夺国王的遗产。只有一个善心的神职人员一直照顾国王到最后。

爱德华三世在位期间，除了前面所说的赫赫战功，别的方面也有流芳百世的成就，例如修建温莎堡和一些新建筑，但最著名的当属威克利夫改革。一开始，威利克夫只是个不起眼的穷困的神职人员，但他满腔热忱，揭发了教皇和教会的阴谋和黑暗。

爱德华三世在位期间，部分弗莱芒人在英格兰的诺福克长期居住下来。自古以来英格兰最上乘的以羊毛为原料的产品就出自他们之手。这个时期，嘉德骑士团也建立了（尽管这也是好事，但与让民众有材质更好的衣服穿比起来就显得不那么重要了）。据说，爱德华三世在一场舞会中将一名女士的吊带袜捡了起来，说道："心中怀有恶毒想法的人是无耻的。"下属们对国王的一言一行都积极效仿，因此，这件小事成为建立嘉德骑士团的催化剂——"吊带袜"在英语中与"嘉德"发音相同。当时最高的荣誉就是得到嘉德奖章，起码留下的故事是这样说的。

理查二世

理查成为英格兰国王时刚满十一岁，他是"黑太子"爱德华王子的儿子，继承了属于父亲的王位，人称理查二世。因为佩服英勇善战的爱德华王子，爱屋及乌的英格兰人对理查也称赞有加。王宫中所有人都称赞他是诸多王子中最英俊、最有智慧、最伟大的一个——在这些人嘴里，哪个王子都是全世界最英俊、最有智慧、最伟大的人。这种低三下四的阿谀奉承根本不能让理查学到任何东西，因此奠定了他今后人生的孤独和悲剧。

兰开斯特公爵是理查的叔叔，据说他出生在根特，人们根据谐音称呼他"冈特的约翰"。传说他也曾有争夺英格兰王位之意，但因为民众依然怀念爱德华王子，他根本毫无胜算，无奈之下只得毕恭毕敬地辅佐自己的侄子。

与法兰西的战争仍在持续，一时难以分出胜负，英格兰执政者需要大量金钱。因此，爱德华三世在位时征收过的"人头税"又回来了——凡是年满十四周岁的英格兰居民，不分性别，每年都要交十二便士，也就是三个四便士的银币。教士交得更多。乞丐是全国仅有的不用交税的群体。

毋庸置疑，英格兰百姓被残酷剥削早已是司空见惯的事。在他们生活的地方，普通百姓只是贵族的奴隶，常常遭受漠视和残忍对待。但是，也许是法兰西的农民起义（前一章讲过）让他们得到了信心，他们仔细思量，决定不再卑躬屈膝。

埃塞克斯郡的平民率先起义，不再按人头交税。因为受到管理者的血腥镇压，他们将几位官员都杀了。当时，在肯特郡的达特福德镇，一名收税员正在挨家挨户地收税，他来到泥瓦匠沃特·泰勒家，要收取他女儿的那份税。沃特的妻子说自己的女儿还没满十四岁，人面兽心的收税员便侮辱了这个小女孩——英格兰的收税员中不少人做过这种事。小女孩痛苦地哭泣着，她的母亲发出凄厉的惨叫。沃特当时正在附近干活，听到叫声马上赶了回来，看清情况后怒气冲冲地冲上去将收税员打死了。但凡是当父亲的，无论怎样憨厚老实，看到这样的情形都会这么做。

当地的人马上联合起来揭竿而起，沃特·泰勒被选为起义军的首领。他们与教士杰克·斯特劳率领的埃塞克斯的平民会合，高举兵器将教士约翰·保尔从监牢中解救出来，接着便向布莱克希思出发。一路上陆续有贫民加入他们的队伍。来自四面八方、各行各业的人建立起一支人数惊人的队伍。据说他们想将私有制彻底打破，成立一个人人平等的国家。我认为这种说法不太可信，因为这群人曾将路上的旅人拦下来，让他们向神明起誓效忠民众和理查二世，并且这些人绝对不会对没有伤害过自己的达官贵人动手。他们驻扎在布莱克希思，理查二世的母亲去伦敦塔寻找躲避在那里的国王时经过此地，他们没有为难她。她只是友好地亲吻了几个邋里邋遢的农民，便安全地从营地离开了。这些起义军一直宣扬尊敬、爱戴国王与他的亲人。次日，他们集体朝着伦敦桥出发。

去往伦敦桥的途中有一座吊桥，当时的伦敦市长威廉·沃尔沃思下令将吊桥拉起来，阻挡起义队伍前进的脚步。但起义军没用多久就迫使伦敦市民将吊桥放了下来。接着起义军高声呼喊着，冲向街头巷尾。监狱的铁门被他们砸破，兰贝斯宫中的政府文件被他们烧毁，全英格兰最华丽最雄伟的皇家建筑、兰开斯特伯爵坐落于斯特兰德大街的萨沃伊宫也被他们暴力损害。圣殿中的书与文件也被他们一把火烧了，圣殿被折腾得乱七八糟。这些行为很大一部分是在他们醉酒的状态下做出的。他们之所以会喝醉，是因为伦敦民众为了保护私人财物而打开了贮藏着许多美酒的酒窖来招待他们。就算喝多了，起义者也很有分寸，没有趁火打劫。有起义者将一只萨沃伊宫的银制酒杯偷偷放进怀中，被其他人看到了，众人生气地把小偷同杯子一起扔进河中，任河水将他淹没。

起义者进行破坏行动前，有人带着年幼的国王去和他们协商。但是起义者响彻云霄的狂吼把前来协商的人吓得魂飞魄散，连忙走捷径跑回了伦敦塔。这件事让起义者士气大涨，更加肆无忌惮。他们开始恣意妄为，所有没有立刻表示支持理查二世和民众的人都死在了他们手中。一些人缘不好或被他们当作异己的人，只要落入他们手中，就会被杀死。这种残忍的行为足足持续了一天，直到理查二世宣布将在麦尔恩德召见起义者，满足他们的要求。

与理查二世在麦尔恩德会面的起义者多达六万人。他们从容不迫地对国王提了四个要求：首先，解除起义者和他们的子女及后代的农奴身份；其次，土地租赁必须明码标价，用现金来支付租金而不是用劳动力；再次，他们和平民一样享有在任何公众场合——包括市场——公平自由贸易的权利；最后，对他们之前所做的一切既往不咎。毋庸置疑，这样的请求根本不算离谱。年少的君王惺惺作态地表示这些请求在情理之中，并让三十名书记根据起义者的诉求连夜起草一份协议书。

但是，沃特·泰勒并不满意。他想推翻《森林法》。趁着理查二世与起义者见面的时候，沃特·泰勒强行进入伦敦塔，把掌握国库的官员和大主教杀死了（前一天起义者实施暴行时就要求处死这两个人）。更为过分的是，威尔士王妃还躺在自己的床上时，沃特与他的手下就直接提剑刺向王妃身下的床垫，理由是检查是否有敌人躲在床下。

接着，沃特和他的手下紧握兵器，骑马在城里巡查。次日清晨，理查二世与五六十个随从一起骑着马到达史密斯菲尔德。沃尔沃思市长也在随从里，他远远便看见了沃特与他的手下。沃特对自己的手下说："那边的是理查国王，我和他谈一下，告诉他我们的请求。"

接着，沃特骑着马过去，说道："尊敬的国王，那边都是我的手下，您可曾看见？"理查回答道："看见了，你告诉我这个干什么？"沃特说："我想告诉您，那些都是我的手下，对我唯命是听，他们向上帝发过誓。"

后来回忆起当时的情景，有人说沃特试图去拉理查的缰绳，也有人说看到沃特将匕首拿在手中反复比画。我觉得，沃特就是一个天生粗鲁的农民，他和国王讲话时大概举止粗暴，口气比较冲，除此之外应该没做什么。起码当沃尔沃思市长"勇敢地"向他的喉咙挥动短剑的瞬间，他没有任何动作，连回击都没有。沃特被刺伤后摔下了马，理查的一名下属立刻挥刀刺向他，沃特·泰勒因此丧命。攀龙附凤的奉承者把此事写成一次大胜，时至今日仍有人为此事树碑立传。沃特只是一个勤劳的普通人，吃过许多苦，被逼到毫无办法才不得不孤注一掷。古往今来，总有一些阿谀奉承、溜须拍马的人对他的失利大书特书，可沃特的品质与英勇绝不是这些人可比的。

看到沃特倒下，他的手下立刻拿起弓箭，准备为他复仇。好在年少的理查二世在紧急关头非常镇定，否则他与他的随从——包括市长——都逃不过与泰勒共赴黄泉的命运。国王策马狂奔，冲向沃特的手下，嘴里高声喊道："泰勒就是个背叛者，我才是你们的首领。"人们大吃一惊，人群中传出惊呼。接着，人们便跟随这位年少的国王到达伊斯灵顿，与大部队会合。

这场反抗的结局与这个时期其他民众抗争的结局并无区别。理查二世刚刚脱离危险，就将诺言抛到脑后，答应过的事都不再算数。大约一千五百名反抗者遭到严苛的审讯（大部分在埃塞克斯），被以异常血腥的方式杀死了。他们中的很多人被吊死，死后尸体一直留在绞刑架上，以威吓大众。渐渐地，有些死者的亲朋好友痛苦地把尸体解下来进行火化。理查二世便命令用锁链把留下的尸体捆绑起来。从此以后，将人处以绞刑后再把尸体绑缚起来示众的残酷刑罚被沿用了下来。理查二世在处理此事时表露出来的阴险狡猾真的让人齿寒，我认为，和他比起来，沃特·泰勒显得更诚实、更让人尊敬。

理查二世年满十六岁了，娶了波希米亚的安妮公主。安妮公主是位不可多得的女性，被人们称作"仁慈的安妮王后"。可惜丈夫的人品根本无法和她匹配：理查二世在身旁人员的溜须拍马、花言巧语下，早已养成了阴险狡猾、挥金如土、沉湎酒色等坏习性。

理查二世在位期间，出现了两位教皇（似乎一位还不够人们烦恼似的），两人之间的争斗给欧洲大陆带来无数的烦心事。苏格兰仍然不安宁，英格兰充斥着不信任，有人做好陷阱等待别人入套，有人临场发挥，见机行事。虎视眈眈的皇亲国戚令理查二世常常胆战心惊。值得一提的是国王的亲叔叔兰开斯特公爵，他与国王现在势不两立、水火不容。后来公爵逃到卡斯提尔，叫嚷着要成为英格兰国王。国内的紧张形势并没有得到缓和。格洛斯特公爵也是国王的叔叔，也喜欢和国王作对，他鼓动国会提要求，让国王辞退自己的心腹。理查表示，绝对不会为了这些人遣散自己的仆人，就连伙房里的杂役都不会解雇。可是，只要议员想达到什么目的，根本不会管国王是否同意。之后的一年，国王的叔叔格洛斯特建立了一个由十四个权贵组成的新组织，国王被迫向这个组织妥协。实际上，这个组织里的所有人都是公爵任命的。

木已成舟之后，理查二世却到处对人说，这一切从一开始就不符合法律，也并非出自自己的真实意愿。他将这些话写成书面文件，还悄悄找了一位法官在文件上签了字。不久这个消息就迅速传播开来，格洛斯特公爵也知道了。在理查二世回到伦敦时，公爵带领四万军队前去迎接，强迫国王认可自己的权势。理查无计可施，只好眼睁睁地看着自己的心腹与得宠的大臣纷纷遭到检举并被杀死。其中有两个在普通百姓间名声完全不同的人：一个是任首席法官的罗伯特·特雷西利亚，他在审判起义人员时采用了名为"残忍量刑"的方式，所以民众对他恨之入骨；另一个是西蒙·伯利爵士，他是爱德华王子的挚友，更是理查二世的私人老师与保护人。仁慈的王后甚至对格洛斯特公爵下跪，哀求他饶了爵士。但公爵对此人既憎恨又害怕（到底其中有哪些不为人知的秘密就不得而知了），他告诉王后，假如她还在意她的丈夫能否继续做国王，就不要再为爵士求情。这一切都是国会操纵的。有人称之为完美国会，也有人称之为残忍国会，后面这个称号显然更合适。

但是，公爵的权势也不可能流传百代、永世长存。古老的歌谣《切厄维特丘陵的追逐》中叙述了一场有名的战役——奥特伯恩之战。战争开始的那年，格洛斯特就垮台了。那年年末的一天，在一场严肃的大会上，理查二世突然问公爵："叔叔，你知道我今年多少岁了吗？"公爵回答道："陛下，您已经二十二岁了。"理查说道："我这么大了吗？那么从现在开始，我要自立了，亲爱的公爵，我很感谢你之前的努力，往后就不需要你辛苦了。"接着国王便任用了新的大臣和国库管理员，对外宣称议会归他管理。在之后的八年中，议员们对理查二世毕恭毕敬。理查二世暗下决心，迟早会向格洛斯特复仇。

仁慈的王后去世了。准备再婚的理查二世对议员们说，他要迎娶法兰西查理六世国王的女儿伊莎贝拉。听法兰西的大臣们说，刚刚七岁的伊莎贝拉公主秀外慧中，是位如花似玉的美女（英格兰的大臣们也是如此奉承国王的）。虽然国会对这桩婚姻褒贬不一，但最终他们仍成了夫妻。英格兰与法兰西因为二人联姻获得了近二十年的安宁。但英格兰的民众对这场婚姻并不满意。格洛斯特公爵当然不会放过这个夺得民心的机会，所以竭尽全力阻止两人结婚。这让理查二世愤恨不已，终于下定决心，把策划已久的针对公爵的报复行动提前。

普莱舍城堡是格洛斯特公爵在埃塞克斯的住宅，国王带领一队侍从兴高采烈地来到这里。公爵没有产生怀疑，从房间里走出来，到院中接待尊贵的客人。当国王与公爵夫人交谈时，侍从们不声不响地将公爵抓住，然后立刻带走，押解上船送往加来，关押在那里的一处城堡中。阿伦德尔伯爵与沃里克伯爵是公爵的好友，他们也中了相同的圈套，被分别关在不同的城堡中。过了几天，他们被告上诺丁汉法庭，罪名是背叛国家。阿伦德尔伯爵被处以死刑，沃里克伯爵遭到放逐。接着，加来市的行政官员收到一个送信者送来的文件，要求将格洛斯特公爵带去受审。过了三天，官员回复，他没有办法照办，因为公爵已经死在牢中了。最后，法庭判决公爵犯了叛国罪，所有的财产归国王所有。判决的依据是一张认罪书，据说是公爵在牢里对一位主管民事案件的法官供认的，但这份认罪书的真伪难以判断。可怜的公爵到底怎么死的并没有几个人在意，是他自己放弃了生命，还是死于疾病，或者是被理查的人杀了，又或者像治理官的仆役后来描述的那样被床上的垫子捂死了，我们不得而知。尽管他的死亡方式众说不一，但大家却一致认定，他死于理查国王的命令。在这几件事情中表现得最为热情的是国王的堂弟亨利·博林布罗克。理查二世希望停止家族内部的争斗，便册封他为赫里福德公爵。别看有些参加行动的人声讨格洛斯特公爵，其实他们都在自己家族的明争暗斗中犯过同样的罪。这些人看起来个个颓废腐败。在当时的王宫中，这样的人不在少数。

人民对这些事怨气冲天，对国王与法兰西女人结婚的怒火也没有平息。权贵们看清了理查国王的无法无天和奸诈狡猾后，纷纷感觉自己岌岌可危。理查国王每天沉浸在无休止的宴会和奢靡浪费中，除此之外不再做别的事。跟随他的人每一个都衣装阔绰，最下等的奴隶也是如此。听说每天陪伴他吃喝玩乐的就有一万人之多。他还调集了上万名弓手，只为保证自己的安全。他用大众缴纳的税过着奢侈的生活，根本没有意识到唯我独尊、独揽大权会给自己带来怎样的危害。身为一位君王，他极其残忍自大。

这时与国王作对的只有赫里福德与诺福克两位公爵了。就像对待别的宿敌一样，国王当然不会放过这两个人。赫里福德公爵收了国王的贿赂，同意在国会上指控诺福克公爵，揭发二人在布伦特福德附近骑行时，诺福克公爵对他说了不少对国王不敬的话，还说诺福克公爵曾告诉他：不说别的，他最不相信的就是国王的承诺——我认为根本没有谁会相信国王发的誓。赫里福德公爵因为投靠了理查二世被免于追究罪责，诺福克公爵被传到法庭为自己辩护。他当然不会承认这样的罪名，反而说赫里福德公爵是无耻的欺骗者和背叛者。按照当时的习惯，两位公爵都被关押起来，需要去考文垂用司法决斗来决出真假。司法决斗就是凭借武力搏斗，胜利者胜诉，斗败者败诉。这荒谬的制度意味着只要一个人孔武有力，就不会有败诉的时候。为了这场决斗，人们特意召开了隆重的庆典，数千人聚集在一起，举行了很多游行和表演。当两位伯爵像斗士一样高举长枪向对手冲锋时，正在亭子里坐着观看决斗的理查二世将手中的国王权杖扔向场中，阻止了这场决斗。他这样说道："赫里福德伯爵放逐十年，诺福克伯爵永远放逐，不得再回国。"赫里福德伯爵被赶到了法兰西；诺福克伯爵不得不朝圣地耶路撒冷进发，最终黯然神伤地死在了威尼斯。

此后，理查二世更加肆无忌惮地敛财。赫里福德公爵刚被驱逐不久，他的父亲兰开斯特公爵便过世了。虽然理查国王曾对赫里福德公爵郑重其事地发誓，在他被驱逐的时间里，如果他的父亲有什么闪失，遗产还是他的。可现在，国王像土匪似的马上将赫里福德公爵的全部遗产据为己有。法官们惧怕君王，不得不违背良心宣布他的做法合乎法律。但是，理查二世的贪欲没有满足的时候，他装模作样连着取消了十七个县市民众的公民权，目的是借着收罚金来敛财。反正，他什么样的招数都用得出来。最后，一直对他毕恭毕敬的心腹也私下对他说，民间对他的怨恨早已沸腾了。理查二世对民众的怨恨根本不屑一顾，反而选择在此时出发去征服爱尔兰。

理查二世让他的叔叔约克伯爵做摄政王，代替他管理国家，便亲自出征爱尔兰了。他刚刚离开，赫里福德公爵的堂弟亨利就从法兰西回来了。亨利的目的是夺回被国王粗暴夺走的权势。不久亨利就得到诺森伯兰与威斯特摩兰两位伯爵的支持。国王的叔叔、摄政王看到国王众叛亲离，士兵们坚决反对与亨利作战，便带着皇家卫队前往布里斯托尔。亨利带领军队从约克郡（他就是从这里上岸的）出发到达伦敦，紧追着摄政王而去。两人将部队合在一起，共同向布里斯托尔城进发——他们这么做的原因是什么，谁也说不明白。当时，年少的王后已经被三个权贵抓住。两人攻入城堡后，第一件事就是将这三个权贵杀死。接着，摄政王留在当地，亨利继续朝着切斯特进军。

因为那段时间天气十分糟糕，没法传递信息，理查二世一直不知道英格兰到底出了什么事。后来信息传到了爱尔兰，理查便派索尔兹伯里伯爵处理这件事。伯爵从康威上岸，招募了一些威尔士士兵，但他们等了整整两个礼拜都没见到理查。威尔士人大概一开始就不喜欢这位伯爵，所以根本不想再等下去，便纷纷回家了。后来，理查二世终于率领全副武装的队伍从海上归来，可士兵们根本就不想再跟着他，没多长时间就散了。理查并不知道威尔士人早已不在康威，便打扮成教士的模样，与两个弟弟和几个拥护者前往康威。但那里只剩下索尔兹伯里伯爵与一百名士兵，威尔士人早已走光了。埃克塞特与萨里是理查的兄弟，无可奈何之下，他们毛遂自荐，去与亨利会面，询问亨利究竟要做什么。结果，对理查忠心耿耿的萨里被关进大牢；虚伪小人埃克塞特把绘着雄赤鹿的国王徽章摘下来，戴上了代表亨利的玫瑰徽章。事到如今，亨利的想法昭然若揭，理查也不再派使者去责问。

理查二世已是孤家寡人，而且腹背受敌。食不果腹的他骑马游走，在一座又一座城堡间往来，想找到能填饱肚子的食物，最终毫无收获。无奈的理查不得不回到康威，向诺森伯兰伯爵屈服。从亨利那儿来的伯爵看上去是来和理查协商的，实际上是来抓他的，伯爵的手下就埋伏在城堡的四周。理查被带去弗林特城堡，与他的堂弟亨利见了面。亨利还装出一副恭恭敬敬的样子，并对理查下跪施礼。

"兰开斯特，我最亲的弟弟，"理查说道，"我很高兴你能回来（他应该是开心的，假如亨利被斩下了头颅或被绑缚着出现在他面前，他会更加开心）。"亨利回答道："国王，我回来得早了点，但是借你吉言，我愿意和你说说我回到这里的真正原因。您的民众冷言冷语，对您在位二十二年从不曾实施仁政充满愤恨。假如上帝保佑，以后便由我代替您好好管理他们吧。""亲爱的堂弟，"理查低眉顺眼地说，"如果你愿意，我巴不得这样。"

理查刚一说完，小号的声音就响了起来。随后，理查被一匹坏脾气的马驮着送进切斯特关了起来。他被迫发布告示，集合议员参加会议。后来，理查从切斯特被押解到伦敦。经过利奇菲尔德时，理查想逃跑，从窗户逃到了花园中，但事与愿违，最终没能逃走，还是被关入了伦敦塔。没有谁会同情他，人民对理查的信心早已荡然无存，现在全都不留余地地痛斥他。听说，当理查要被关入伦敦塔时，他豢养的狗都不愿再跟着他，而是跑到亨利身边舔亨利的手。

在议员们开会的前一天，一位代表来见身陷囹圄的理查，警告他不要忘记在康威堡向诺森伯兰伯爵承诺过退位让贤。理查二世说很乐意兑现自己的承诺，并在文件上签上自己的名字，表示让出王位，民众不需要再为他效力。萎靡不振的理查把自己手上的戒指摘下来，亲自交到心满意足的亨利手上，并对他说，就算由自己来决定继承人，自己也会将国王的位子留给亨利。次日，威斯敏斯特大厅里，国会议员们到齐了，王座上却没有人。王座上盖着一块金色的布，亨利坐在旁边。理查二世签名的文书被宣读后，人们爆发出雷鸣般的欢呼声，街头巷尾都能听到阵阵欢呼。当欢呼声稍稍平息后，理查二世正式下台了，紧接着，亨利站了起来，用手在胸口与额头上比画十字，宣称整个英格兰将属于自己。坎特伯雷与约克的大主教将他送上王位就座。

人民的欢呼声再次在大街小巷飘扬。现在，再也没人会想起理查国王曾是他们口中最英俊、最有智慧、最伟大的王子。他被关在伦敦塔里，与之前惨死在史密斯菲尔德、遗体被国王的马群踩踏的沃特·泰勒相比，境遇要惨太多了（起码我是这么认为的）。

沃特死后，人头税就被废止了。因为不管王宫专用的金属匠人拥有怎样精湛的技术，都没有办法制造出扼杀民众对他的尊敬的铁链，于是人头税就成了历史。

第二十章

亨利四世

理查二世在位期间，威克利夫还在竭尽全力与不可一世、老谋深算的罗马教皇和其手下抗争，这在英格兰引起巨大的反响。刚上任的国王亨利四世也许为了得到修道士的支持，也许要做出一副虔诚的模样来欺骗主，让主不再认为他是篡位的人——两种猜测的可能性都很大，我很难分辨——刚坐上王位的亨利国王装腔作势地严厉处罚了威克利夫的拥护者——罗拉德派的教徒。虽然国王的父亲、冈特的约翰就是威克利夫的追随者，在思想上与其保持一致。另外还可以肯定，将异见人士用火烧死以实行惩戒的残忍得让人鄙视的做法，就是亨利从国外带入英格兰并定为惯例的。罗马宗教审判所的刑罚中就有火刑，这个审判所又被称为"神圣宗教审判所"，虽然挂着"神圣"的名字，做的却是最恶心最卑鄙的事，全世界都该为他们感到羞愧。在我们这些信奉上帝的基督徒看来，它的成员就像一群可怕的魔鬼。

就像你知道的那样，亨利四世的王位来得并不正当。克拉伦斯公爵是亨利四世的伯父，其后代中有一个八岁左右的小孩——爱德华·莫蒂默，受封马奇伯爵，按照世袭制度的规定，他才是王位的继承者。但是亨利却将自己的儿子册封为威尔士亲王，并把年少的马奇伯爵与他的小弟弟一同囚禁在温莎堡中，将属于他们的财产据为己有。接着，他又命令议会提出对已下台的理查二世的处置意见。理查此时根本不再挣扎，只希望他的堂弟对他宽宏大量一些。议会的回复是尽量找个杳无人烟的地方关押理查，不允许任何人看望他。此时，几乎整个英格兰的人都知道，理查二世剩下的时间不多了。

当时的国会根本没有秩序，每天都吵吵闹闹。议员们吵得不亦乐乎，谁是忠诚之人、谁是阴险小人、谁保持忠贞、谁半路背叛，都可以成为他们争吵的理由。听说，有一次甚至有四十名议员一起把手套抛到地上表示挑衅。实际上他们自己就是些言不由衷的无耻之徒，今日对这个表忠心，明日又倒戈向另一人，对谁都不忠诚。没过多长时间，他们便再次犯上作乱，他们密谋先请亨利国王去牛津观看赛事，再趁其不备抓捕并杀死他。但拉特兰伯爵背叛了他们，亨利不曾去观看赛事，更不在温莎堡（密谋者知道事情被揭发，就立刻赶到温莎堡，想抓住亨利），而是回到了伦敦。国王发出告示，宣布这些人都是背叛者，并带领声势浩大的队伍前去平叛。密谋者跑到英格兰的西部藏起来，假借替理查二世鸣冤，鼓动民众。可民众根本不理会他们，一拥而上，将他们全杀死了。此事给理查二世带来了致命的威胁。他的死因如何，已经无从得知：可能是被雇佣军杀死的，可能是饿死的，也可能是知道弟弟们（他们都参加了密谋）都死了绝望地绝食而死的。不管怎样，理查二世最终还是死了，遗体被放在圣保罗大教堂警示众人。他的尸体被遮盖着，仅有半张脸露在外面。我非常确定，他一定是被亨利四世下令杀死的。

不幸的理查的王后，法兰西的伊莎贝拉当时才十岁。查理六世知道了女儿的悲惨遭遇，又得知她在英格兰举目无亲，便神志不清了。在之前的五六年中，他已经数次这样了。于是，勃艮第、波旁两位法兰西的公爵便着手处理这个不幸的小姑娘的事。但他们只想从英格兰得到一些利益，根本就不关心其他的事。因为理查出生在波尔多，因此波尔多人对这位国王有着难以名状的热情。他们用上帝的名义发誓，说理查是整个英格兰最英明的人（这真的是夸大其词），还起誓一定要英格兰人付出惨重的代价。但是，很快他们便想到自己乃至全法兰西的民众都受到本国达官贵人的沉重剥夺，甚至家破人亡，比较起来，英格兰的情况明显好多了，于是他们冷静下来。两个公爵都是高贵的有名望的人，却没有受到百姓爱戴。接下来，英法两国进行商谈。法兰西人请求英格兰让不幸的小女孩回到巴黎，并把所有属于她的首饰和价值二十万法郎的财产带走。亨利四世说他非常愿意让小王后回国，她的首饰也可以给她，但钱是绝对不会支付的。小女孩最终平安地回到巴黎，可本应属于她的财富却没能带回来。之后，法兰西查理国王的表亲勃艮第公爵与国王的弟弟奥尔良公爵便因为此事不断发生冲突，法兰西人更加艰辛了。

因为英格兰还有很多人赞成征服苏格兰，亨利四世便带领军队来到泰恩河，逼迫苏格兰国王起誓对自己效忠。遭到拒绝后，亨利四世又来到爱丁堡，仍然毫无收获。队伍的补给严重不足，加上尽管没有正式开战，苏格兰仍时刻防备着，亨利四世不得不退回来。在此次征战中，亨利没有焚烧村镇、屠杀百姓，并严令部队整肃军纪，不许士兵胡作非为。此事被看作他的丰功伟绩，在当时的血腥年代是开先河之举。

英格兰与苏格兰边界上的人们打了一年，诺森伯兰伯爵又反叛了。伯爵曾是协助亨利成为国王的功臣，大概嫌弃亨利四世没有填满他的贪欲吧。此事的原委得从欧文·格伦道尔谈起。他是威尔士人，曾就读于一所律师院校，并做过上一任君主的手下。欧文的邻居是一个权贵，身居高位，还是现在的君主的亲戚。邻居霸占了欧文在威尔士的所有财物，欧文想讨一个说法，却申诉失败，毫无收获。因此他便拿起兵刃抗争，当他被判失去公民权后，便自封为威尔士国王。他装扮成法师，不但骗取了无知的威尔士平民的信任，更吓唬住了亨利四世——亨利四世曾三次入侵威尔士，每次都以失败告终：一次是输给了威尔士人的骁勇善战，一次是输给了恶劣的天气，另一次是输给了有勇有谋的格伦道尔。但亨利四世却总觉得自己输给了法术。格伦道尔将格雷勋爵与埃德蒙·莫蒂默爵士抓起来，关入狱中，说只要格雷勋爵的亲人给钱便可以放人，而莫蒂默却没有这样的优待。这个举动让亨利·珀西大为恼怒。亨利·珀西是诺森伯兰伯爵的儿子，他的妻子是莫蒂默的姐姐。亨利·珀西为人暴躁易怒，被人称为"爆炭"。他为这件事大发雷霆，因此与父亲和另外几个人一同加入欧文·格伦道尔的队伍，共同对抗亨利四世。毋庸置疑，这件事不过是个幌子，根本不是促使他们结盟的真正原因。在这个强大的阵营中，还有约克大主教斯克罗普和有权有势且敢作敢当的苏格兰权贵道格拉斯伯爵。亨利四世马上采取措施，双方的队伍在什鲁斯伯里正式碰面。

双方人数相当，都是一万四千左右。因为年老的诺森伯兰伯爵身体不太好，这支叛军由亨利·珀西指挥。为了骗过敌军，亨利四世身着简单的盔甲，让四个领主佩戴代表王室的徽章。叛军发起了猛烈的攻击，四个领主全都血洒疆场，代表国王的旗帜也倒在地上。威尔士亲王当时还年少，却已是有名的英勇出色的战士，虽然他在战斗中头部遭受重创，却仍然顽强杀敌。国王的队伍被亲王的英勇无畏感染，迅速上下齐心，很快将叛军打得人仰马翻。珀西被箭射中头部，当场死亡。群龙无首的叛军队伍很快被一网打尽，亨利大获全胜。珀西已死的消息传到老诺森伯兰伯爵耳中，他立即缴械投降。亨利四世并没有追究他的罪责。

对于这次反叛还需要做一些补充：欧文·格伦道尔退回到威尔士；一些愚昧的平民散播着一则荒谬的传言，说理查二世并没有死。这些人怎么会相信这种天方夜谭的谎言？真是让人匪夷所思。但有一点可以确定，他们曾把在理查二世身边扮演小丑的人错当成理查二世——他俩长相相似。看起来，理查二世在位时给整个国家带来许多纷争，死后仍在制造麻烦。这还不算最坏的，小马奇伯爵与他的弟弟被一个女人从温莎堡拐走了。当他俩被捉回来时，人们才知道这个女人是斯潘塞，她的哥哥便是拉特兰伯爵——他曾经出卖谋反的人、投靠亨利，现在已经是约克公爵了。斯潘塞说公爵是此次行动的策划者之一，尽管他没有因为这件事丢掉性命，却搭上了全部的财富。后来，老诺森伯兰伯爵与斯克罗普（之前参与谋反的约克大主教）以及另外几个权贵一起谋划新的行动：在不同的教堂的门板上刻上亨利四世的诸多恶行。亨利四世已经有所戒备，早就想把他们一网打尽，所以迅速逮捕了他们，并将大主教的头砍了下来。在这之前，英格兰从没有按照法律处决过任何一个高级神职人员。但现在亨利铁了心肠，他的号令一出，大主教的人头便落地了。

亨利四世在位期间还发生了一件非比寻常的事：刚满九岁的詹姆斯不小心成了亨利国王的阶下囚。詹姆斯是苏格兰国王的合法继承者，为了躲避叔叔的谋害，他在父亲罗伯特国王的安排下搭船前往法兰西，没想到半途遇到了英格兰的船，成为英格兰的阶下囚，在牢中度过了十九年，并在那里变成一位很有学问、颇有名气的诗人。

亨利四世在位期间，国家比较太平，只是与威尔士和法兰西有一些小摩擦。但是，国王生活得并不开心，也许阴谋篡位和将不幸的堂哥逼死这两件事时时刻刻让他备受煎熬。据说他的儿子威尔士亲王十分英勇，为人慷慨大方，但脾气急躁，放浪形骸。王座法庭的首席法官加斯科因不愿徇私枉法，严肃处理了亲王的一个狐朋狗友，亲王一怒之下就拿剑刺向法官。据说法官立刻下令将亲王送入监牢，亲王没有反抗，而是配合入狱。亨利四世高兴地说："我有公平公正的法官，恪守法律的儿子，这令我高兴。"有人说，威尔士亲王曾趁父亲熟睡之际，偷偷地从房里拿出王冠，给自己戴上（莎士比亚的戏剧中就有对这个传说的精妙演绎）。可这些都只是传说，并没有证据。

亨利四世的身体一天不如一天，脸上长了大片疹子，更危险的是得了致命的癫痫，一天天虚弱下来。一天，他前往威斯敏斯特大教堂，在供奉圣爱德华的木龛前进行祈祷时，癫痫病突然猛烈地发作了。他被抬进院长的房里，没多长时间便去世了。曾经有人预言他将死于耶路撒冷，但威斯敏斯特与耶路撒冷从来就不是一个地方。不过，人们习惯将修道院里院长的房间称为"耶路撒冷圣厅"，因此大家认为，预言应验了。

1413年3月20日，亨利四世与世长辞。他在位十四年，死时只有四十七岁，坎特伯雷大教堂是他的埋身之所。他有过两次婚姻，共有四儿两女，都是与第一任妻子所生。他成为国王以前便是个两面三刀的人，篡夺王位时更是诡计多端，即位后当然更加肆无忌惮，甚至颁布了耸人听闻的法律——凡是教士认定的异教信众都要被活活烧死。由此看来，他与历史上的君王们如出一辙，真是一位"讲道理的明主"。

第二十一章

亨利五世

第一部分

亨利五世刚成为国王时表现得十分大度宽厚。年少的马奇伯爵被释放了；属于珀西家的财产被悉数奉还，其反抗亨利四世时被撤销的封号也恢复了。他还给不幸的理查二世举办了葬礼，将其埋葬在英格兰历代国王的墓葬群里。他还赶走了他那些经常招惹是非的朋友，并对他们许下承诺，如果他们决心从此以后赤胆忠心、信守诺言，不再耍阴谋诡计，就保证他们衣食无忧。

烧死一个人很简单，烧毁他们留下的精神很难。罗拉德教派便是如此，他们每天都忙于四处传教。基督教徒称罗拉德派的教徒对新继位的君王怀有二心，这些话大多是诬陷，但亨利五世却坚信不疑。亨利的好友约翰·奥尔德卡斯尔爵士同时也是科巴姆勋爵，他就是一名罗拉德教徒。亨利想劝他放弃原来的信仰，却没有成功。于是，爵士就成了基督教徒的目标。他被当作异教徒首领，判处残酷的火刑。在行刑的前一日（亨利五世下令把行刑的日期推迟了五十天），爵士却逃离了伦敦塔，并联系罗拉德教徒在约定的时间到伦敦周边接应他——这些都是教会人员告诉亨利五世的。在我看来，这根本就是他们派出的探子凭空捏造的"阴谋"。因为在所谓的约好的时间，圣伊莱斯草甸上根本没有出现他们所说的场景——约翰·奥尔德卡斯尔爵士向近两千五百名信徒发号施令。那里只有八十个罗拉德教徒。亨利五世没有在其中找到爵士的身影。但亨利五世并不是唯一一个期待爵士出现的人。同一天，另外一个地点，有个愚蠢但颇有野心的人正在期待次日与约翰爵士会面。他为马匹准备了金色饰品，怀里放着一对镀着黄金的马刺，期盼爵士让他成为骑士——那样一来他就可以光明正大地用这些物品了。结果与亨利五世一样，他也没看到约翰爵士。亨利五世拿出巨额赏金悬赏爵士的行踪，却毫无收获。那不幸的八十名教徒中有三十人遭受绞刑，死后尸体被挖去五脏六腑，与绞刑架一同被烧毁。剩下的人被关押到伦敦市及周边地区的监牢里。这些不幸的人供认了许多所谓的造反的阴谋——他们都受到刑讯逼供，还受到处以火刑的恐吓，只能信口开河，供词的真实性实在有待商榷。这里我想简短交代一下约翰·奥尔德卡斯尔爵士的凄凉结局：爵士躲藏在威尔士，安稳地过了四年，最终被波伊斯勋爵找到了。就算被找到了，如果不是一个无耻的老女人在他身后用凳子砸断他的双腿，身为一个坚强不屈的老兵，爵士是否会被波伊斯勋爵抓住可说不好。后来，爵士被马车送往伦敦，被铁锁绑在绞刑架上，活活烧死了。

接着，我们来看看法兰西。为了简明扼要地讲明白法兰西的形势，我得先告诉你，奥尔良公爵和勃艮第公爵（就是被人们称为"无畏者"的约翰）一直不和睦，在亨利四世统治时期，两人却突然一本正经地重归于好。对于此次和好，两人似乎都很开心。但不久后的一个星期日，就在巴黎的大街上，奥尔良公爵被二十个人杀害了。这些杀手都是勃艮第公爵派来的（这是他自己承认的）。这样一来，勃艮第公爵便真正掌控了法兰西。伊莎贝拉是奥尔良公爵的长媳，她曾是理查二世的妻子。理查二世去世后，她被接回法兰西，可她的父亲查理国王神智错乱，根本顾不上她。她去世后，她的丈夫承袭了奥尔良公爵的称号，并再婚了。新公爵的现任妻子是阿马尼亚克伯爵的女儿。新公爵的岳父比他精明强干得多，很快便成为奥尔良公爵一派的头领。从此，这些人便被称为阿马尼亚克党。如此一来，法兰西的局势更加混乱了：国内分为三派，一派拥护路易王子，一派支持勃艮第公爵（公爵的女儿便是被王子残暴对待的王妃），还有隶属奥尔良公爵的阿马尼亚克党。三路人马都是公子王孙，天性骄奢淫逸、胡作非为，谁也不服谁，争斗从未停止，可怜的法兰西被他们搞得乌烟瘴气。

作壁上观的亨利四世十分明白，法兰西最大的麻烦来自国内的贵胄子弟。法兰西的民众也深知灾难的根源。假如说亨利四世只是在一旁观察，那亨利五世就准备付诸行动，夺取法兰西国王的王冠了。亨利五世的诉求自然无法实现，因此，他退一步，要求法兰西将大批领土划给自己，并让凯瑟琳公主嫁给他为妻，同时索要两百万克朗的嫁妆。可法兰西不同意将公主嫁给他，也不愿给那么多领土与金钱。因此，亨利五世让使臣立刻回国，并为对法兰西宣战做准备。不久，他又提出迎娶公主并索要一百万克朗的嫁妆。这次法兰西王室答应了他的要求，但只愿意给八十万。亨利却不接受（凯瑟琳公主与他根本不曾谋面），并屯兵南安普敦。当时，英格兰内部正谋划着一场背叛，有些人准备将亨利五世赶下台，让马奇伯爵成为国王。没过多长时间，背叛者就被全部定罪，遭到处决，亨利五世便出征法兰西了。

尽管持续不断的坏事让人沮丧，可一些仁慈的做法得以继承并发扬光大却可以鼓舞人心。亨利五世从离阿夫勒尔约三英里的塞纳河口上岸后，便第一时间庄严宣誓：如果民众愿意顺从他，便保证他们的生命与财产安全；英格兰士兵骚扰民众一概处死。实际上，就算在最缺乏粮食、最饥肠辘辘时，英格兰的士兵也不曾违反这些严令。这在法兰西的文献中都有记载。

亨利五世率领近三万人，把阿夫勒尔镇围了个水泄不通。全镇的人坚持了五周，被迫投降。亨利五世同意镇上的居民每人带五便士与一些衣服安全离开，余下的财物由英格兰的士兵平均分配。英格兰军队虽然赢了这场战役，人员却损失过半，一个原因是缺少医护人员与药品，另一个原因是生存条件十分艰苦。就算如此，亨利五世也没有退却，而是选择继续进攻。即使所有的官员都不赞成，他依然一意孤行，率领一部分队伍前往加来。途经索姆河时，因为河岸旁有重兵守卫的碉堡，根本没有办法到对岸，他们只好顺着河岸朝上游出发，找寻可以渡河的地方。对岸的法兰西军队将河上的桥全部毁坏，也向上游进发，同时密切观察着英格兰军队，确保一旦英军过河，便能在第一时间发起进攻。但是最后英军还是找到了最佳的过河地点，平安地渡过了索姆河，来到右岸。法兰西随即在鲁昂召开军事会议，向英格兰宣战，并派遣使臣去见亨利五世，试探英军前进的路线。亨利五世告诉使臣："当然是那条通向加来的路！"接着赏赐使臣一百克朗，让他们赶紧离开。

英格兰军队直接开到了法兰西军队面前。随着亨利五世一声令下，士兵们摆好了阵形。但法兰西军队并没有迎战。到了晚上，英军便解散了。他们在最近的一座村庄饱餐一顿，安心地休息了一晚。紧邻这个村庄的另一个村子里驻扎着法兰西军队，英军要前往加来必须从这个村子经过。法军固执地等待英军先开战。亨利五世不想后退，同时也无法后退。双方就这样平静地度过了一晚。

如果您想对双方的军队多一些认识，您首先要知道一点：法军的总人数至少是英军的六倍，几乎所有军官都是名门望族的子弟——让法兰西荒芜的正是这群整天醉生梦死的无耻之徒。他们趾高气扬，根本不把民众放在眼里，还愚蠢透顶。这些自命不凡的蠢货认为，高贵的骑士不应该拿弓弩，并且只有出身高贵的绅士才配拥有守卫法兰西的光荣，平民根本没有资格。这导致庞大的军队中弓箭手竟然屈指可数（以前弓箭手大多是平民百姓）。不久之后我们便会看到，这些高贵的王孙公子会用他们的手交出怎样的战果。

人数不多的英军却有很多大不一样的人：他们虎背熊腰、孔武有力，不管是外形还是真实的地位，都和"绅士"完全不沾边，可每一个都是百步穿杨的神箭手。当晚，法兰西的军人彻夜欢歌，一副胸有成竹的样子。相反，亨利五世却彻夜难眠。清晨，亨利戴上闪闪发亮的头盔，顶着金灿灿的王冠，王冠上镶嵌的珠宝光彩夺目，铠甲上绘着英法两国的徽章。当他骑上战马，从这些由平民组成的军队中穿过时，神箭手们都赞叹不已，但最让他们欣赏的还是亨利五世风华正茂的脸庞与灵动闪亮的海蓝色的双眼。他向大家宣布，他早已打定主意，要么战胜敌军，要么身死异乡，绝不允许英格兰为被俘的国王支付赎金。他身边的一位英勇的骑兵建议，英格兰国内还有很多勇猛的绅士与优秀的士兵赋闲在家，如果召集他们中的一部分，会更有胜算。亨利五世却不同意，他认为无须再增加兵力。他说："用最少的力量取得胜利，这样的光荣更加让人骄傲。"此时，士兵个个精神焕发。他们吃过早餐，饮完酒，认真聆听过祷词，便从容淡定地静候法军的到来。亨利五世成竹在胸，他知道：法兰西的队伍排列得很密，每一列多达三十人；相反，英军人数不多，队列间距很大，三个人为一列。此外，当时地上到处是烂泥，法兰西的军人个个披坚执锐，冲锋时肯定会陷入混乱。

当大家还原地待命时，亨利五世就派出两个小队：一队人潜伏在法兰西军队左边的树林中，另外一队迂回到法军背后，在战斗开始后将法军居住的房屋烧毁。国王刚刚部署完毕，三个扬扬自得的法兰西权贵便骑着马飞奔而来，叫嚷着让英格兰人跪地求饶，并说光他们就能守护家园，根本不用那些地位低下的平民来助阵。亨利五世当面警告他们，想保全自己的性命就马上掉转马头逃跑。接着，亨利命令自己的军队马上进攻。托马斯·欧平汉爵士是位出色的统帅，当时担任弓箭手指挥官，听到国王的话，他立刻激动地向空中抛出统帅权杖，英军全都跪下，将手中的兵器狠狠地插入地面，仿佛将这个国家牢牢地抓在自己手中。接着，他们爆发出惊天动地的嘶吼，向敌军疯狂地冲了过去。

弓箭手全都手持一根木桩，木桩粗壮且巨大，一头装着用铁做成的尖刺。他们收到的指令是：把木桩倾斜着插入地面，让尖刺对着法军的骑兵，只要对方一冲上来便迅速射出弓箭，然后马上后撤。不可一世的法兰西骑士骑在马上，高举着长矛往前冲，以为很快便可以冲乱英军弓箭手的阵形，将他们全歼。但是等待这些骑士的是满天飞舞的弓箭。他们猝不及防，顿时慌了手脚，纷纷丢盔弃甲，四散而逃。一时间场面混乱不堪。好不容易重新集合起来的法兰西军队再次将兵器对准英军，却被地上带有尖刺的桩子困住，深陷其中无法挣脱。英格兰的弓箭手没有穿戴笨重的铠甲，连皮制的外套都没穿，以免束缚自己的手脚。法军被彻底击破。只有三名法兰西骑士从木桩中脱困，但刚冲出来就立刻被杀了。此时，披坚执锐的法军深陷泥中，过膝的泥让他们寸步难行，英格兰的弓箭手们却轻装简行，半裸的身体丝毫不受烂泥的影响，如同在光滑的平地上一样来去自如。

现在，法兰西的第二支队伍冲上来了。他们团结地向英军展开攻势，试图将自己的战友解救出来。亨利五世率领英军反攻，双方势均力敌，战斗进入了胶着状态。克拉伦斯公爵是亨利五世的弟弟，他被打倒了，遭到大群法军围困。亨利五世一边注意那帮人的举动，一边拼尽全力战斗，一直坚持到将他们击退。

不久，十八个高举着法兰西某位领主战旗的骑兵冲了上来。这位领主曾信誓旦旦地说要活捉亨利五世，并亲自处死他。其中一个骑士的巨斧凶猛地往亨利身上砍去，亨利抵挡不住，身体侧翻跪在了地上。这时，忠心耿耿的英格兰士兵立刻冲上来，将亨利牢牢地护在中间，并将十八个骑士杀得片甲不留。那位法兰西领主的誓言只能化为泡影了。

目睹了战况，阿朗松公爵心如死灰，带领着法军展开了绝望的反攻。他直接朝英格兰的王旗冲过去，将王旗旁的约克公爵打翻在地。亨利五世赶来营救，却被削掉了王冠的一角。然而，这只是阿朗松公爵死前发起的最后一次攻击。公爵做了自我介绍、缴械投降，亨利五世对他伸出手，怀着自信和尊重接受他的投降。这时，忽然有人冲上来，公爵马上一命呜呼，身上被武器刺出数不清的伤口。

公爵的死亡对这场战役具有至关重要的意义。法兰西军队的第三师还未参战便吓得魂飞魄散，逃之夭夭。要知道，他们的总人数可是英格兰的两倍多啊！战役进行到这一步，在之前的战斗中并未抓捕任何人的英军开始大量抓捕法军，并把那些不愿投降的法兰西士兵杀死。就在他们忙着抓捕、杀死法军时，法军后方忽然传来震耳欲聋的响声，迎风飘扬的法军军旗也不再飘动了。亨利五世以为法军派来了大量支援部队，立刻命令把战俘全部处死。但是，人们很快知道，那响动是争抢财物的平民发出来的。残酷的杀戮马上停了下来。

接着，来自法兰西的使臣被带到亨利五世面前。亨利问他谁赢得了这场战役。

使臣回答道："当然是国王您赢得了胜利。"

"可造成灾难与死亡的罪魁祸首却不是我们。"亨利说道，"你们恶贯满盈，惹恼了上帝，才招来残酷的后果。旁边的城堡叫什么？"

使臣说："国王，那座城堡名为阿赞库尔。"于是亨利说道："那好，从今天开始，人们将记住这场阿赞库尔之战。"

现在，这次战役被史学家们称作"阿让库尔战役"，但英格兰的历史中永远闪耀着"阿赞库尔之战"。

这次战役让法军蒙受了非常大的损失：三位公爵、七位伯爵战死，两位公爵、三位伯爵被抓，阵亡的骑兵与贵族子弟达一万名。英军牺牲了一千七百人，约克公爵与萨福克伯爵也在其中。

战争总是充满血腥与丑恶。战俘们受了很重的伤，躺在监牢的地上痛苦不堪，紧缩成一团。次日上午，英格兰军人只好将他们都杀死。法兰西军队的亡者没有人管，他们的同胞只好脱下他们的衣服，将尸体放入挖好的深坑中焚烧；英格兰军队则将死亡的将士堆放在一间大屋子里，然后一把火烧了。这一切让听者胆战心惊。这就是战争带来的真实的伤害和罪孽。这样的事不计其数，恐怖到让人瞠目结舌的程度。战争留给人们的惶恐不安是无法用别的事情掩盖的。但是，世人却很少去考虑战争的负面影响，就算偶尔想起来也转头便忘。这场战争对英格兰百姓来说没有带来多少烦恼——在战场上失去了亲人的人除外。为了欢迎亨利五世凯旋，人们欢呼雀跃，有人竟跳入水中，用自己的肩膀抬起亨利五世，送到岸上。亨利五世经过的每个城镇，窗口都挂着华丽的挂毯和丝织画。欢迎他的人数都数不清。城镇的道路上铺满了新鲜的花儿，喷泉中流淌的都是鲜红的美酒，就像阿赞库尔战场上流动的鲜血。

第二部分

趾高气扬、为非作歹的权贵们令法兰西一败涂地，阿赞库尔战役的惨败没有使他们产生一丝懊悔。民众对这些人的憎恨越来越深，他们却毫不在意。他们不但不同心同德地对抗入侵，反而像原来一样貌合神离、阳奉阴违、尔虞我诈，甚至愈演愈烈。阿马尼亚克伯爵对法兰西国王进谗言，抢走了伊莎贝拉王后在巴伐尼亚的财富，还要将她关押起来。王后和勃艮第公爵一向不和，但为了复仇，二人联盟了。王后被公爵接到特鲁瓦，她在那里自封为法兰西摄政王，封勃艮第公爵为助手。此时巴黎已落入支持奥尔良公爵的阿马尼亚克党手中。可是，一天晚上，勃艮第公爵的士兵悄悄打开一扇城门，偷偷地进入巴黎。他们把抓获的阿马尼亚克党成员都关入了监牢。过了几天，在六千个暴动的平民的帮助下，士兵们强行冲入牢门，将关押在里面的人全部杀死。此时，上一任王太子已经去世，法兰西国王的第三个儿子成为新的王太子。在血腥事件愈演愈烈时，王太子被一个忠心的骑士匆匆地从床上拉起来，裹着床单逃到普瓦捷。因此，当急于报仇的王后与勃艮第公爵杀死仇家，趾高气扬地来到巴黎时，身在普瓦捷的王太子却向全国宣布，自己才是名副其实的摄政王。

在阿赞库尔取得重大胜利后，亨利五世并没有闲下来：他粉碎了法兰西人夺回阿夫勒尔的计划；将大部分诺曼底地区据为己有；用半年时间围攻鲁昂重镇，在法兰西形势危险时成功占领了鲁昂。这次大败让法兰西人心有余悸，勃艮第公爵不得不建议双方国王在塞纳河边的一处平原进行会晤，商讨停战。当约好的日期来临时，亨利五世与他的兄弟克拉伦斯和格洛斯特一同率领一千随从按时赴约。可法兰西国王却因神经紊乱没法赴约，伊莎贝拉王后与凯瑟琳公主代表他参加了会面。凯瑟琳是位娇媚的少女，亨利五世与她第一次见面就对她深有好感，这是此次会晤最有影响的成果。

那时的法兰西权贵对任何事都可以言而无信。亨利五世察觉到，在协商停战协议时，勃艮第公爵却与王太子暗中会面，因此他拒绝继续商谈。

勃艮第公爵与王太子本来就不互相信任，他们都认为对方是天天和纨绔子弟花天酒地的流氓。这个变故发生后，两人都慌了手脚，不知怎样应对。最后他们决定在约纳河的一座桥上见一面。桥上建了两道坚固的大门，两道门之间有一片空地，他们约好，勃艮第公爵从一座大门进，王太子从另一座门进，双方都只带十名随从。

到这一步，王太子还算守信，但也仅止于此。当勃艮第公爵跪在王太子面前讲话时，王太子身旁的一个贵族掏出一把小斧头，砍伤了公爵，其他随行的人也纷纷出手，公爵就这样被杀死了。

虽然王太子否认这次恶心的刺杀是他的主意，可根本无济于事。就算在法兰西，这样的事也相当阴险毒辣，所以在全国人民中引起了极大的恐慌。公爵的后代赶紧与亨利五世签了条约，伊莎贝拉王后承诺不管条约内容如何，她的丈夫都会同意。亨利五世愿意和平解决问题，但有一些要求：凯瑟琳公主成为他的妻子；法兰西国王在世时，他就是摄政王，一旦国王去世，他就是新的法兰西国王。不久，亨利五世就与漂亮的公主结婚了。他志得意满地和公主一起回到英格兰，还为她举办了盛大的加冕仪式。

法兰西民众喜出望外，因为英法两国签署了一份《永久和平条约》。但是，它实际的有效期有多长，我们不久就会知道。那时，法兰西民众过着一贫如洗、衣不蔽体的日子，当王室为公主的婚事举行盛大的欢庆活动时，无数饥肠辘辘的人在巴黎街头的垃圾堆里觅食。尽管拥护王太子的人陆续在一些地方发动了几次暴动，但都被亨利五世镇压了。

如今，亨利五世面前似乎已经铺就康庄大道：法兰西的财富尽归他所有，美丽的王后为他带来快乐，王子的降生更让他欣喜若狂。但是，当他站到权力与荣耀的顶端时，却没能逃过死神的眷顾。在万塞讷时，他病了，危在旦夕。当知道已经无力回天时，他镇定自若，异常安静。当人们围着他的病床不停哭泣时，他却平心静气地将自己的后事一一安排好：让弟弟贝德福德公爵与一些忠于他的权贵好好照顾他的妻子和儿子；建议英格兰与新任的勃艮第公爵和睦相处，并请公爵任法兰西摄政王。另外，亨利再三嘱咐众人，不能释放从阿赞库尔抓来的贵族，不管未来与法兰西如何争执，都不能放弃对诺曼底的所有权。他交代完毕后，躺了下来，吩咐在一旁等候的牧师们轮番唱颂《圣经》中的七首忏悔诗。1422 年 8 月 31 日，在一片肃穆的唱诗声中，只有三十四岁的亨利国王撒手尘寰。他的统治才刚满十年。

　　人们对亨利五世的尸身进行了防腐处理，用极其盛大的护卫仪仗把他送去巴黎。途中人们哀伤不已，行走比较缓慢。到达巴黎后，亨利又被送往鲁昂，王后就在那里。亨利去世时，人们并没有立即告诉王后这个残忍的消息，过了一些时间才让她知道。之后，人们又把遗体送往加来。在深红色与金黄色交织的床垫上，亨利五世平躺着，头上戴着金色的皇冠，手中放着金色的球和权杖。护送的队伍人数惊人，一眼看过去人山人海。主持祭礼的是苏格兰国王，他的身后紧跟着所有的王室成员。骑士们穿着黑色的铠甲，头上戴着黑色的羽毛饰品。痛失丈夫的凯瑟琳走在最后面。一支舰队等候在加来，负责将送殡的人送到多佛尔。在悲伤的乐曲声中，人们抬着亨利五世的遗体缓缓从伦敦桥走过，来到威斯敏斯特大教堂，充满敬意地将他深埋于此。

亨利六世

第一部分

亨利五世去世时，他的儿子还是个九个月大的婴儿，没有办法管理国家。亨利五世曾要求格洛斯特公爵出任摄政王，可英格兰国会却更希望组成一个执政委员会，委员会的领导者为贝德福德公爵。当贝德福德公爵不在场时，格洛斯特公爵才可以代替他行使执政权。之后发生的事证明国会的决定是正确的。没过多长时间，格洛斯特公爵贪婪成性、令人厌恶的天性便暴露无遗。为了达到自己肮脏的目的，他甚至无礼侮辱勃艮第公爵——为这件事善后可花了不少精力和时间。

由于勃艮第公爵委婉拒绝出任法兰西摄政王，不幸的法兰西国王只得让贝德福德公爵担任这个职务。可是不到两个月，法兰西国王便过世了，王太子立刻宣布即位，并举行了加冕仪式，成为查理七世。为了对付他，贝德福德公爵与勃艮第公爵、布列塔尼公爵结盟，并把自己的两个姐妹分别嫁给两位公爵。接着，英法两国再次爆发战争，《永久和平条约》被忘到脑后。

双方的第一场战斗，英格兰在盟军的支持下取得胜利。但是，苏格兰却派来五千人马帮助法兰西，接下来，他们或许会再一次提供支援，或许会趁英格兰与法军展开战斗、无力分身时袭击英格兰北部。针对这种局面，英格兰人决定让沦为阶下囚多年的苏格兰国王詹姆斯恢复自由身，但有两个条件：首先，詹姆斯要为十九年的监狱生涯支付生活费四万英镑；其次，他要阻止自己的子民帮助法兰西。令人高兴的是，这个温和的犯人答应了所有的条件，最终被释放了。不但如此，他还娶了一个英格兰权贵的女儿——他们早已互生爱慕。他后来也成为一位优秀的君王。我想，前面书中提到的很多国王如果可以在牢中度过十九年，在治理国家时或许就会宽厚很多，天下就能少些纷争。后文还会提到像詹姆斯国王一样的人。

　　双方进行第二场战役时，英格兰运用独特的方法在韦尔讷伊取得大捷。他们将运输物资的马头尾相连绑在一起，随意地在它们身上堆放物品，等于建立了一道可移动的防御阵地。这种方法颇有奇效，但是马匹受到不少伤害。接下来，双方僵持了近三年的时间，没有多少动作。这是因为战争是一项需要大量金钱的游戏，但双方都没有足够的资金来满足战争的消耗。可是，英格兰在巴黎的一次会议上做了一项决定：包围奥尔良镇。这个镇对法兰西的王太子具有重要意义。为了实施这次行动，索尔兹伯里伯爵受命成为统帅，率领一万名士兵出征。但很遗憾，战役刚开始不久索尔兹伯里伯爵便殉职了。代替他的是萨福克伯爵。萨福克伯爵率领军队将奥尔良镇围了个里三层外三层。无计可施的法国军队只好提出让同为法兰西人的勃艮第公爵来接管整个城市。约翰·法斯塔夫爵士应该因为这次胜利记上一功。他带着人马，驾驶着近四百辆载着腌制鲱鱼和其他军用物资的车前去支援。途中遭遇法兰西军队的阻截，但经过激烈的战斗他们成功地击退了敌人。这场战斗就是被世人称道的"鲱鱼之战"。对于法兰西人提出的让出城池的建议，英军统帅回答道，英格兰的士兵用自己的鲜血攻打下来的城镇，理所当然属于英格兰人民。眼睁睁地看着即将失守的城池，王太子感到山穷水尽了，甚至打算逃到苏格兰或西班牙。就在此时，一个出身贫苦的女孩即将现身，她的出现将对整个局势产生极大的影响。

下面就让我详细讲述一下这个女孩的故事。

第二部分

洛林省的荒郊野外有一个偏僻的小山村，住着一个叫雅克·达克的村民。时年二十岁的贞德是他的女儿。贞德一直是个性格古怪的女孩，常常一个人在杳无人烟的地方放牧，并且常常从早到晚不回家。村子里有一座小教堂，是她经常去的地方，她常常在阴暗的光影中一跪就是好几个小时。她对着圣坛久久地发呆，圣坛前只有昏暗的光线，时间久了，她的眼前便渐渐出现幻象，似乎有人站在圣坛前，而且还对她说话了。居住在附近的法兰西人个个都迷信鬼神，常常根据梦中见到的事物与崇山峻岭的云雾中折射的影像杜撰有关神鬼的传说。所以，对于贞德见到奇怪的影像这件事，他们当然信以为真，并背着她交头接耳，甚至说与她讲话的不仅有天使，还有魔鬼。

贞德对她的父亲说，有一天，她的面前忽然出现一道神奇的光，接着她听见一个威严的声音——说话的人自称圣米迦勒——告诉她去辅佐王太子。据她所说，不久她又见到了头上戴着月桂花冠的圣加大肋纳与圣玛加利大两位圣徒，教导她要坚守信念、正直勇敢。这样的影像并不常出现，但她常常听到一些声音，提醒着她："贞德，你就是上帝派来辅佐王太子的人！"教堂每次响起钟声，这些声音就会在她的耳边响起。

贞德对所见所闻坚信不疑。现在我们都很清楚，她只是患有妄想症。这是种很常见的病症。那个小教堂中也许有圣米迦勒、圣加大肋纳与圣玛加利大的图像，图上的他们戴着闪耀的桂冠。贞德幻想中的三个人或许就来自那些图像。一直以来，她都是个忧伤、喜欢想象的小女孩，尽管她心地纯洁，但我可以肯定，她对名利与荣誉有憧憬，并渴望得到所有人的关注。

比起左邻右舍，她的父亲明显冷静得多，他告诉贞德："贞德啊，你听我说，这不过是你精神错乱时产生的幻觉。你最理想的生活便是找个好婆家，找个可以陪伴你的丈夫。我的女儿，努力工作吧，不要再异想天开了！"可贞德却告诉自己的父亲，她早已发誓这辈子都不会嫁人，并决心按照上帝的吩咐去辅佐王太子。

正在贞德意识不清醒时，一些反对王太子的人进入了小村庄，将村民们驱逐出村子，并烧毁了小教堂。对这个不幸的女孩来说，这实在太糟糕了，父亲的忠告根本没有起作用，敌人的残暴不仁带给贞德强烈的打击，让她的妄想症进一步恶化。她说她每时每刻都能看到那些人影，听到那些声音，他们不间断地重复着同样的话：她就是传说中那个即将挽救法兰西于水火的女子，她一定要去辅佐王太子，守护在他身旁，直到他前往兰斯加冕为国王。为了达到目的，她先要跋山涉水去寻找一位名叫博德里古的贵族，他会带她去找王太子——他应该乐意这么做。

她的父亲还是对她说："贞德，我的女儿，听我的吧，这不过是你的臆想。"但贞德却说服一位赶车的叔叔陪她踏上寻找那位贵族的旅程。这个贫困的叔叔对贞德得到神的旨意深信不疑。他们不停地走，走过漫长的旅途，走过陡峭的山路，避开了勃艮第公爵的下属，躲过了无数土匪之类的拦路人，最终成功地找到了那位贵族。

奴仆向博德里古报告，有个衣衫褴褛、名叫贞德的农村女子同一位乡下的老车夫求见，女子说她是受上帝指派来辅佐王太子、解救法兰西的天命之女。博德里古听完只是付之一笑，便让下人将她送走了。接下来，博德里古不断收到关于她的各种消息，因为她一直在城里的大街小巷游走，去每个教堂做祷告，说她能看到虚幻的影像，却不伤害人。因此，博德里古连忙让人将她带到面前，详细询问。贞德接受圣水喷洒后，所说的话仍然前后一致。博德里古觉得可能真有隐情，可以尝试一下，便派人将她送往希农——王太子正在那里。博德里古帮她准备了一匹马与一把佩剑，并安排两个随从保护她。因为神灵对她说必须穿男士的服装，她便这样做了。她腰佩宝剑，蹬着马刺，翻身上马，带着两个随从朝着希农进发。她的车夫叔叔吃惊地看着她渐渐远去的背影消失于天际，然后转身回家了——那才是最适合他的归宿。

贞德带着两名随从骑马飞奔，不断跋山涉水，终于到达了希农。尽管人们仍然对她心存疑虑，可她还是见到了王太子。贞德立刻从一堆权贵中准确地认出了王太子，她对王太子说，她被上帝选中来辅佐他，和他一起对付敌人，助他在兰斯举行加冕礼。她当众说出许多王太子不为人知的秘密（也许王太子假装承认她说得都对，以便让属下更加信任她）。不只如此，她还说，菲耶尔布瓦的圣加大肋纳大教堂里藏着一把远古留下来的剑，剑上雕刻着五个古老的十字架，是圣加大肋纳赐给她的佩剑。

那时，并没有谁听说过这把剑，大家立刻前往教堂查看，没想到真的找到了！王太子召来许多牧师与主教，请他们分辨一下，这个女孩身上发生的一切神秘的事情是源自善良的神灵还是恶魔。这些人展开了激烈的争辩，持续了很长时间，以至几位牧师竟然酣然入梦，呼噜声纷纷响起。最后，一位暴躁的老者质疑贞德："与你对话的神灵讲的是哪种语言？"贞德回答道："和你说的语言一样，但明显好听得多。"从此，人们相信了贞德所说的一切，认定她真的是上帝的使臣。这对王太子的属下来说无疑是个鼓舞人心的好事。可英格兰的士兵知道后却沮丧不已，把贞德看作巫女。

就这样，贞德又一次策马扬鞭，向着奥尔良飞奔。在那个时代，还不曾有农村女子像她这样骑马。她穿着闪闪发亮的盔甲，腰里佩戴着早已打磨得锋芒毕露的古剑，骑着通体雪白的战马，前方还有一面白色的大旗，旗帜上绘着上帝的图像，还有"耶稣－玛丽亚"的字样。贞德带领军队护送着物资，威风凛凛地到达被包围了许久的奥尔良，出现在饥肠辘辘的市民面前。

人们在城墙上见到她的英姿便狂喊道："圣女贞德到了！传说中解救我们的少女到了！"此时此刻，法兰西人因为贞德身先士卒、奋不顾身的身影获得了无穷的信心，而英格兰人却被吓得心惊胆战。不久英军的包围圈便被打破了，法兰西士兵带着物资顺利地进入奥尔良城，奥尔良有救了。

从那往后，"奥尔良少女"便成为贞德的称号。她入城几天后，便派人给萨福克伯爵带去好多信，呼吁他与属下按照上帝的旨意从奥尔良撤退。但是，英格兰的统帅很肯定，贞德根本不清楚上帝的旨意（尽管他的话并不能让愚昧的英军改变看法——他们认为如果贞德不能和上帝对话，那肯定就是巫师，而巫师是无法战胜的）。于是，贞德又一次骑上她的纯白战马，高举着白色的圣旗带队出发了。

英格兰军队守着桥梁和几座桥头堡。"奥尔良少女"对他们发起攻击。这场战斗进行了十四个小时。贞德亲自架起一座云梯，准备攀到城墙上。不料一个英军士兵用箭射中她的脖子，她掉进了壕沟。大家将她抬走，马上为她开刀，把箭头取出来。她被伤痛折磨着，像寻常的女孩一样大呼小叫，痛苦不堪。不久之后，她说，圣徒又开始和她讲话了，安慰她，让她冷静下来。很快她就站了起来，再次冲到了前线。英格兰士兵亲眼看到她从梯子上坠落，认为她必死无疑，可很快又看到她奋力冲杀的身影。莫名的恐惧很快在士兵中蔓延开来。甚至有士兵大喊他们见到骑着白色战马的圣米伽勒（应该就是贞德）在为法兰西战斗。桥梁与桥头堡都被贞德攻克了。第二天，英格兰军队将许多堡垒烧掉，从这里撤退了。

萨福克伯爵没能退太远。贞德在离奥尔良只有几英里的雅尔若将他包围了。伯爵最后被俘虏了。城墙上飘扬起纯白的圣旗，贞德却被石头砸到了头，又一次掉进壕沟。她躺在地上却喊得更加用力："冲啊，我的战友们！没有什么值得恐惧，胜利是上帝赏赐给我们的。"圣女贞德取得这场胜利后，另外几个与王太子对抗的重要地区都放弃了抵抗。她在帕泰打败了英格兰军队的剩余势力，一千两百名英格兰士兵的埋骨之处飘起洁白圣旗。

帮助王太子打败敌人的首要任务已经完美完成，接下来贞德要完成第二个任务——帮助王太子完成加冕仪式。于是，她敦促王太子前往兰斯（王太子一向对可能发生战斗的地方避之不及）。王太子本来并不急着去兰斯举行加冕仪式，因为去兰斯需要长途跋涉，途中还可能会遇到英军和勃艮第公爵的人马——当时他们在法兰西还有不小的势力。但是，最终他仍然带着一万人马出发了。"奥尔良少女"穿着闪亮的盔甲，骑着她专属的白色战马一同出发了。当队伍到达一个城市，假如对手没多久就归顺了，士兵们便对贞德信心满满；假如对手稍微抵抗一下，士兵们便悄悄地交头接耳，猜测贞德是个骗子。特鲁瓦就是后一种情况的代表。但是，在一位名叫理查德的教士的劝导下，这个城镇最终也归顺了。理查德本来对贞德半信半疑，他向贞德和贞德入城时跨过的门槛洒下圣水，并没有看到明显的变化，因此，与之前的老教士们一样，他也变得对贞德深信不疑，成为她的左膀右臂。

"奥尔良少女"与王太子率领着一万名对贞德半信半疑的士兵长途跋涉，终于到达了兰斯。兰斯大教堂里，王太子的加冕仪式在众人的注视下举行，他正式成为查理七世。手举洁白圣旗的贞德就站在离国王很近的地方，看着他顺利加冕。接着她对国王跪下，泪流满面地说，神圣的圣徒指示她必须做的事，她总算完成了，如今她仅有的愿望便是马上回去，回到她那远方的家乡，回去陪伴她那位坚持神迹不会显现的父亲，还有当初陪伴她的做她车夫的乡下叔叔。但是查理七世根本不同意，他给予她和她的家人难以想象的高贵称号，并赏赐她伯爵才能享有的封赏。

唉！"奥尔良少女"！假如那天你真的卸下铠甲，朴素归家，在小教堂与崇山峻岭中遗忘之前的一切，找个好丈夫，听着小孩子的嬉笑声，而不是古怪的声音，那么你将是个多么幸福的女孩啊！

不幸的是一切都没有像我们期望的那样发展。贞德仍然在理查德教士的协助下为查理七世不断地操劳，努力为下层士兵创造更好的生活条件。毋庸置疑的是，她仍然无比忠诚于她的宗教，克己奉公，朴素节约。尽管如此，她仍无数次向查理提出辞呈，有一次，她甚至把闪耀的铠甲脱下来，挂到了教堂里，以示以后都不会再穿上它。但每一次查理七世都顺利地将她劝住，让她继续留下来。因为国王还需要她为自己卖命。于是，她便一直在辅佐国王的道路上不断向前，直到最终殒命。

在英格兰的政治舞台上，贝德福德公爵正因他的才能初露锋芒。他一边再次对法兰西宣战，一边与勃艮第公爵结盟。这使查理七世头痛不已，他偶尔会询问贞德，是否听到神灵对这件事的指示。但是，"神灵的指示"如同彷徨的平民百姓一样模糊不清、自相矛盾，这让圣女在人民中的威信一天天减少。巴黎人民并不喜欢查理，于是国王袭击了郊区的圣奥诺雷。在这次战役中，贞德再次被击中，摔入壕沟，可她的队伍却弃她不顾。她孤立无援地在大堆尸体中躺着，用尽全身力气才勉强爬出来。后来，一些本来追随她的民众抛弃她，转向另一位圣女凯瑟琳。凯瑟琳来自拉罗歇尔，自称得到了神灵的眷顾，知道什么地方有埋藏已久的宝物——但她没有一次真的说对过。就在这个紧要的关头，贞德一直使用的圣徒赐予的宝剑正好折断了。有人说剑折断后贞德的神力也随之消散了。贞德参加的最后一场战斗是贡比涅之战，贡比涅是勃艮第公爵的领地。在这场战斗中，贞德一如既往地奋勇当先，可她的队伍却早已准备将她抛弃，后撤时并没有带上她。单枪匹马的贞德不得不返身再次冲向敌人，战斗到最后一刻，直到英军的一名弓箭手把她从马上拉下来。

抓住这位不幸的农村姑娘让英格兰人喜出望外，他们高唱起感恩的歌曲。英军指控贞德是一名异教徒，擅长巫术，还胡乱给她编造了一些罪名。审讯她的人换了一批又一批，都是些很有名气的达官贵人，包括法兰西宗教法庭的法官，最后他们想不出还能找哪位有点名气的人进行审讯。最后，博韦主教用一万法郎将贞德买下来，关到了一个狭小的牢房里。她终于可以做回平凡的贞德，而不用再做"奥尔良少女"了。

我根本不愿对你讲，这些人怎样翻来覆去地审讯贞德，为了让她招供对她进行了多少摧残，所谓的研究者为了摧毁她的精神用了怎样枯燥的方法。他们将贞德从监牢中带出来审讯，反反复复多达十六次。他们对她无所不用其极，摧残、诱惑、辩论，让她疲惫不堪。在鲁昂的一座墓地里，贞德接受了最终的审讯。墓地中摆放着绞刑架、执行火刑的台子与木柴等吓人的东西，旁边站着专业的行刑者。布道台旁站着一名教士，在为最后的布道做准备。就算到了如此危险的境地，这个不幸的女孩依然坚定不移地支持查理国王，支持那个榨干了她仅剩的价值后便残忍地将她弃若敝屣的伪君子。她对针对她的辱骂置若罔闻，可一旦有人对查理七世不敬就立马反击，真的让人肃然起敬。

像贞德这样的少女，对生存的渴望完全出于本能。要活下去，她就得在他人特意准备的声明上签名。由于她不会写自己的名字，只好画了一个叉。声明上说，她的耳闻目睹全都是魔鬼所为。当她坦承当初的一切都是谎言，并答应永远不再穿男士的衣服后，等待她的是一辈子的囚禁、禁食，即"把困难当成粮食，把清贫当成饮水"。

就算"把困难当成粮食，把清贫当成饮水"，她还是很快又见到了圣徒的影像，听到了他们的声音。这是必然的，饥饿、寂寞和焦躁不安的情绪都让她的妄想症进一步加剧。贞德再次感到自己又能与神灵对话了。她的监房里有一套男士的衣服，那是人们特地放在那里诱惑她的。当她无比孤独时，终于忍不住穿上了。她轻易地走入圈套，可能是因为她怀念曾经的光荣，也可能是幻想中的人物又对她发出了指令。这样做的后果是贞德又变成了使用巫术的不忠的基督教徒，加在她身上的一系列罪名又回来了。这次她被判处火刑，在鲁昂的市场举行。教士拿来特意为她缝制的难看的衣服和饰品。集市的长廊里坐着一大群修道士与主教观看行刑，有一部分人提前走了，因为放不下自己作为基督教徒的脸面。最后，人们看到贞德两只手紧握着十字架，在升起的浓烟和熊熊的烈火中惊慌地喊叫着，声声祈求上帝保佑，渐渐地在大火中灰飞烟灭。最后她的骨灰被撒进了塞纳河。但是我相信，等到最后判决的那一天，她的骨灰会浮出水面，讨伐杀死她的人。

贞德被俘后，从查理七世到每个大臣，没有任何人考虑过营救她。也许他们从未信任过贞德，也许在他们看来，取得大捷靠的是他们的勇敢与计谋，和贞德没有关系。他们假装十分信赖贞德，使得贞德对自己笃信不疑。她一直都待人诚恳，无所畏惧，舍己为公。可那些天性狡诈的人向来用伪装面对一切，虚伪地对待自己、对待对手、对待国家、对待上帝与土地。对待这位可怜的农村姑娘当然也如同过河拆桥的畜生一般。

鲁昂的老城山清水秀，大教堂的塔楼长满了野草，神圣的诺曼街道在阳光的照射下处处温暖，基督教的火焰曾在这里熊熊燃烧，如今早已不见踪迹。现在这里矗立着一座贞德的雕像，雕刻的正是她临死时的悲惨样子。还有一个用她的名字命名的广场。我见过不少当代雕塑，包括一些有名的大城市里的雕塑，可它们纪念的都是昙花一现的事物，能够对世界起作用的几乎可以忽略不计。归根结底，那不过是一些华而不实的做作的东西。

第三部分

让人感到欣慰的是，多行不义必自毙。英格兰人把圣女贞德残酷地处死后，并没有得到什么好处。血腥的战争持续了相当长的日子。在这期间，贝德福德公爵死了，勃艮第公爵与英格兰的联盟也宣告终结。英格兰派驻法兰西的统帅变成了塔尔博特男爵。战争导致两个结果：一是饿殍满道，因为战乱让人们根本没法安心地种庄稼；二是世风日下，这是欲念、心伤和困苦导致的。无论英国还是法国都没能逃过这两个恶果。这样的局面延续了两年。之后，英法又一次爆发了战争。这次，英格兰节节败退，法兰西则逐步将失去的领土夺了回来。就在圣女贞德被害二十年后，英格兰拥有的法兰西国土仅剩下加来。

在漫长的战争中，英格兰胜败参半，国内也并不平静。年幼的亨利六世渐渐长大成人，与英勇的父亲比起来，他根本就是个懦弱的小可怜。由于他天生不愿与人为敌，所以根本不会去伤害任何一个人。他是一个如此胆小、愚蠢、孤独的少年，在朝廷上总被权贵们玩弄于股掌之间。

起初，戏弄他的人中最有权威的当属格洛斯特公爵与博福特主教（他是亨利六世的宗亲）。有人荒谬地指控格洛斯特公爵夫人，说她想用巫术谋害亨利六世，以便让她身为第一顺位继承人的丈夫成为国王。听说，年迈的女巫玛格丽是她的助手，她照着亨利六世的模样制作了一个小蜡像，置于小火上，让它化成蜡油。据说，这样蜡像的真身就会死亡。我不清楚公爵夫人是否真如这些人所说的一样愚不可及，真的为此制作了蜡像。可所有人都应该心中有数：即使她确实糊涂地做了这件事，即使她制作了上千个蜡像且把它们完全熔化，都不可能对亨利六世或任何人造成伤害。但她真的因为这件事被迫到法庭接受审判。年老的玛格丽和一个隶属公爵的修道士也被指控是她的同谋，接受了审判并被判处死刑。公爵夫人需要手拿正在燃烧的蜡烛绕城市走三圈，以示赎罪，并在监狱中度过余生。对于此事，公爵从头到尾没有任何反应，好像妻子的离开对他来说是一种解脱。

可是，格洛斯特公爵并没有安逸多久。被人操控的亨利六世现在已经二十三岁了，权贵们都想让他早点结婚。格洛斯特公爵想让他娶阿马尼亚克伯爵的女儿，可大主教与萨福克伯爵却想让他娶西西里公主玛格丽特。他们知道玛格丽特公主为人果断勇敢且雄心勃勃，只要她有心，就一定可以牢牢地控制亨利六世。萨福克伯爵负责促成这桩婚姻。为了与玛格丽特建立良好的关系，伯爵答应不需要陪嫁的财物，甚至把两块价值不菲的土地赠给法兰西。于是，这桩婚姻终于定下来了，新娘赚了个盆满钵满。她与萨福克伯爵一同回到英格兰，在威斯敏斯特与亨利六世正式成婚。过了几年，王后与她的党羽随便找了个理由为格洛斯特公爵定了叛国罪。到底是什么理由，现在已经没有人知道了，因为中间有太多内幕。总之，他们将公爵关进监牢里，说他会伤害国王的生命。过了两个礼拜，按照他们的说法，公爵在监狱的床上暴毙了。他的遗体被示众，遗产都被萨福克伯爵据为己有。如你所见，当时的政治犯很容易突然丢掉性命。

假如大主教博福特也参与了这件事，那他可没有因此获得任何利益，因为过了六个星期他也过世了。当时他已八十岁高龄，在世时没能成为教皇，倒是让人觉得不可思议。

到了这个时候，英格兰在法兰西拥有的领地已经寥寥无几。大家都把责任推到萨福克伯爵——啊，不，已经是公爵了——身上，责怪他作为国王婚姻的谈判者不假思索便同意了法兰西提出来的条件，还说他接受了法兰西的好处。于是他被指控犯有叛国罪和一堆说不清的罪名。大部分罪名指向他为法兰西国王提供协助，并秘密策划让儿子登上英格兰的王位。下议院的人与平民百姓都强烈地指控他，可亨利六世却在萨福克伯爵的朋友的请求下对他网开一面，让议会休会，只给了他较轻的判决——流放五年。消息一经传出，近两千个身材魁梧的伦敦人聚集在圣伊莱斯草地上等着收拾他。即便如此，公爵依然在混乱中逃掉了，也算临危不惧。他逃到萨福克领地，再乘着船从伊普斯威奇逃离英格兰，越过英吉利海峡后，立刻派探子前往加来，希望可以从那里上岸。结果他与他的人马只能待在港湾里而不能登陆。最后，一艘名叫"尼古拉斯之塔"的英格兰的船只载着一百五十个人来到他们的船边，强迫公爵上他们的船。船长不屑一顾地说："叛国者，欢迎来到我的船。"公爵在这艘船上被囚禁了两天两夜，直到一艘小船慢慢地靠过来。渐渐能看清小船的样子了：一根木头横放在船头，那是砍头时垫在头下面的木头，旁边是一把并不锋利的剑和一个戴着黑色假面的行刑者。公爵被迫上了小船，行刑者用那把钝器足足砍了六次才砍下他的头。接着，小船朝多佛尔的海岸线驶去。公爵的尸体就被丢弃在原地，等着公爵的夫人来找寻。没有人知道谁是真正的凶手，也没有任何人因为此事遭到处罚。

这时，一个爱尔兰人在肯特现身，他说自己叫莫蒂默，本名是杰克·凯德。他一直模仿沃特·泰勒，但就算像泰勒一样四处演讲，他还是跟泰勒差得很远。他说，肯特民众之所以生活得如此辛苦，是因为英格兰的君王被人牵着鼻子走，政府没有作为。这个说法得到两万肯特人民的支持。他们在布莱克希思举行会议，以杰克为首的人们拟了两份文件——《肯特人民控诉书》《肯特大会高层的要求》。接着，他们退到塞文欧克斯，国王的军队随后而来，却被他们打败了。国王军的统帅也在这次战斗中被杀死。杰克将统帅的铠甲穿在身上，率领自己的手下朝伦敦出发。

杰克从南华克开拔，经过伦敦桥进入城里，进城时，他明令禁止士兵抢夺财物。伦敦人民默默地看着他们的一举一动。威风凛凛地行走一圈后，他与他军纪严明的队伍转回南华克过夜。次日，他们再次回到伦敦，并抓了让人讨厌的权贵塞伊。杰克询问伦敦市长与诸位法官："你们能否在市政大厅设立法庭？我需要在这里审讯这个权贵。"没过多久法庭便设好了。经过审问，塞伊的确犯了罪，他和他的女婿在康希尔被杰克与手下砍下了脑袋。之后，杰克一行人又有条不紊地返回南华克。

将一个令人讨厌的权贵处死并没有什么，可趁火打劫的话，人们就不同意了。一天吃完晚饭后，杰克可能喝醉了，居然亲自将自己暂住的房屋抢劫一空。他的属下当然不甘落后，纷纷效仿。因此，伦敦人民前往伦敦塔，与斯凯尔斯勋爵商议，请求他带领他的一千士兵防守伦敦桥，将杰克和他的队伍挡在外面。有了这个有利的局面，英格兰的高层故技重施，派各类名流以国家的名义承诺了许多空头支票，想借此分化杰克的队伍。效果的确十分明显，杰克的属下分成了两个阵营，一些人认为可以答应他们的条件，一些人觉得那肯定是圈套，不能同意。因此，一部分人马上离开军队回家了，一部分人选择继续留下。可无论是哪一部分人，都不信任其他任何人，常常吵闹不止。

杰克举棋不定，是一直反抗下去还是向政府低头？但他很明白，无论他怎样选择，属下都不可能再帮助他了，这些人中也许就有人会贪图一千马克的赏金背叛他。从南华克到布莱克希思，再从布莱克希思到罗切斯特，一路上属下都在不断吵闹。杰克骑着骏马朝萨塞克斯飞奔，没想到亚历山大·艾登迅速追上来，并与他厮打起来。最后艾登杀死了杰克。杰克的脑袋被挂在伦敦桥上，向着布莱克希思——那是他起义的地方。那一千马克的赏金就归了亚历山大·艾登。

据说杰克领兵造反的背后主谋是约克公爵。他们猜测，约克公爵在外国位高权重，可王后却暗中使坏将他调去治理爱尔兰，因此他便授意杰克造反，使英格兰头痛不已。约克公爵确实表示过（虽然并不是在公众场合），自己身为马奇伯爵的后人，尽管遭到亨利四世罢免，可与兰开斯特家族的亨利六世比起来，依然更有成为英格兰国王的资格。但是，按照通用的继位法，用母亲的血统作为证据并不合法。更何况亨利四世成为国王是民众与国会一致决定的，这一点足以解释一切。近六十年，兰开斯特家族作为王族早已得到世人公认。亨利五世更是名垂青史，深受英格兰人民拥护。说真的，如果不是因为亨利六世蠢笨不堪，将国家治理得乱七八糟，根本不会有人在意约克公爵的话。但就是这样纷乱如麻的局势让约克公爵有了原本不可能属于他的力量。

不管公爵是否知道杰克·凯德的故事，当杰克的头悬挂在伦敦桥上的时候，公爵正好从爱尔兰回来了。他接到密报，说王后要和他的仇人萨默塞特公爵联合起来加害于他。因此，约克公爵率领四千人来到威斯敏斯特，在亨利六世面前跪着诉说国家的状况如何糟糕，求他召开国会，商量国家政事。亨利六世同意了。在国会上，约克公爵和萨默塞特公爵彼此指控。不管在会议上还是在会议外，两方人马都水火不容。最后，约克公爵把他领地内的农民召集起来，组成一支武装力量，要求重新组织国家政权。因为被阻挡在伦敦城外，他便在达特福德驻扎下来。国王的队伍则驻扎在布莱克希思。不管胜负如何，约克公爵与萨默塞特公爵肯定会有一个成为阶下囚。让人没想到的是，约克公爵突然再次发誓对国王尽忠，安静地返回了一座属于他的城堡，一场纷争就此结束了。

过了半年，王后生下一位王子。可大家并不喜欢这个小孩，甚至有人说他并不是亨利六世的亲生儿子。此时，约克公爵并不想让英格兰陷入另一轮烦恼，因此并没有借着人民的怒气兴风作浪。从这一点看来，他应该是个将国家的利益放在第一位的心怀仁爱之人。他成了内阁成员。这时，亨利六世的身体状况急剧恶化，连以正常的状态出现在人们面前都做不到了。因此公爵又被赋予摄政王的重任，执政时间到亨利六世恢复健康或王太子长大为止。与此同时，萨默塞特公爵被送进了伦敦塔中。现在，与萨默塞特公爵相比，约克公爵明显处于有利的位置。但是，就在这一年的年尾，亨利六世的神智和记忆略有恢复。和他的神智一起恢复的还有王后的权势。她解雇了摄政王，把自己的心腹萨默塞特公爵放了出来。这回，萨默塞特公爵压在了约克公爵头上。

历史上有名的"玫瑰战争"指的便是两位公爵之间的斗争。因为他们，英格兰分裂成约克与兰开斯特两个派系，展开了长期的、恐怖的内战。"玫瑰战争"得名于两家的徽章——兰开斯特以红色玫瑰为徽章，约克则以白色玫瑰为徽章。

约克公爵率领一小队人马，在一些支持他的、极有权势的权贵的陪同下前往圣奥尔本斯，去见同样率领一小队人马的亨利六世，逼他将萨默塞特公爵交出来。懦弱的君王被逼着给出拒绝的答复，还装出一副威武不屈的模样，接着受到了猛烈的攻击。战斗中，萨默塞特公爵被杀死了，亨利六世的脖颈受了伤，藏进一个贫穷的皮革工人家里。约克公爵赶过来，找到国王，毕恭毕敬地将他请到教堂中，为之前发生的种种事情道歉。将国王掌控在手中后，约克公爵再次成立国会，并再次封自己为摄政王。然而好事总是昙花一现，约克公爵风光的日子只持续了几个月。亨利六世的身体好了不少，王后和她的党羽将国王抢回来，将摄政王撤职，约克公爵又被夺去了权力。

不少掌握权势且具有远见卓识的人察觉到权力反复变换非常危险，想竭力结束"玫瑰战争"。于是，他们约两个派系的人在伦敦开会。"白玫瑰"约克党集结在黑弗赖尔斯城区，"红玫瑰"兰开斯特家族则聚集在白弗赖尔斯城区。一些仁慈的传教士充当他们的传话筒，并每晚向亨利六世及法官汇报进展。最后，双方终于签署了和平协定，承诺以后不再明争暗斗。接下来，王室举办了一场隆重的游行活动，人们热热闹闹地向圣保罗大教堂前进。王后和她长久以来的仇敌约克公爵挽着手走在街上，让人们看到他们已经和好了。但和平仅仅维持了半年。约克公爵的友人沃里克伯爵也是"白玫瑰"派的成员，他在王宫中与亨利六世的几个随从发生争吵，并受到攻击。这件事一发生，所有的仇恨瞬间爆发出来，两个派系的冲突迅速升级，对抗越来越激烈。与这次冲突相比，以前的争斗根本就是小巫见大巫。

不久，冲突再次升级。几次战斗后，约克公爵逃到了爱尔兰，其子马奇伯爵与友人索尔兹伯里伯爵跟随沃里克伯爵逃到加来。议会判定这些人全都犯了叛国罪。更糟糕的是，沃里克伯爵又跑回来，在肯特联合坎特伯雷大主教及一些有权势的王公贵族，在安普敦北部和王室军队打了起来。这次，沃里克伯爵不费吹灰之力便取得大捷，连亨利六世都被他从营帐中俘虏了。如果能俘虏到王后与王太子，那无疑更好，但此时他们已从威尔士逃到苏格兰了。

取得大胜的队伍将亨利六世带回伦敦，召集新的议会，马上为约克公爵等人平反。如今，约克公爵等人又成优秀的国民了。接着，逗留在爱尔兰的约克公爵带领五百名骑士返回伦敦，到达威斯敏斯特，走进了上议院。空着的国王宝座上盖着一块金色的布，公爵用手在上面慢慢地摩挲，好像很想坐上去，但最后他还是放弃了。坎特伯雷大主教问他是否要去旁边的王宫觐见亨利六世，他回答道："尊敬的主教，现在国家没有人值得我去拜访！"说完，全场寂静，所有的议员一声不出。约克公爵离开了，和来时一样盛气凌人地行走在王宫中。过了六天，他和权贵们郑重宣布，他要成为国王。权贵们连忙告诉亨利六世这个惊人的消息。在激烈的争论中，司法机构的官员都不敢公开站在某一边。最后人们只好做出折中的决定，亨利六世活着就依然是英格兰的国王，他去世后，约克公爵继承王位。

王后对这个决定不屑一顾，她早已决心捍卫儿子的继承权。她几经周折从苏格兰到达英格兰北部。几个颇有权势的权贵早已在此等候，他们都乐意效力于王后。1460年的圣诞节前，约克公爵率领五千多名将士前来迎战。韦克菲尔德旁的桑达尔城堡便是他的屯兵地。"红玫瑰"阵营里的人让他前往韦克菲尔德绿地决战。他的手下提议等待公爵的儿子——勇敢的马奇伯爵到来之后再应战。可公爵却一意孤行，直接应战——这是非常不明智的。在韦克菲尔德绿地，公爵腹背受敌，近两千将士阵亡，公爵本人不幸被俘。"红玫瑰"阵营的人想戏弄他，在他头上缠上草冠，命令他站在蚁穴上，而他们故意像对待国王一样对他跪下行礼，嘴里还不断地说着："尊敬的陛下啊，既没有国家，也没有臣民的国王啊，希望您可以开心快乐！"更过分的是，他们将约克公爵的头砍下来，绑在木杆上带给王后，王后看到后立刻喜笑颜开（您可能还没忘记，他们在通往圣保罗大教堂的路上携手同行时表现得多么亲密无间）。她亲手将纸做的王冠戴到那颗头颅上，把头颅放到约克城堡的城墙上。索尔兹伯里伯爵也被杀了。约克公爵的小儿子与他的老师一起逃跑，但这个帅气的年轻人却在途经韦克菲尔德桥时一命呜呼——他被人刺中了心脏。凶手名叫克利福德，也是一个贵族子弟，他父亲在圣奥尔本斯一战中死于"白玫瑰"派之手。战争是如此残酷、惨烈，每个人都如同疯了一般杀戮，王后更是陷入癫狂的报复心理中。当人们违背伦常与自己的同胞厮杀时，表现得比和别的国家的军队战斗时更血腥、更冷血也更凶狠。

但是，虽然约克公爵的小儿子死了，他的大儿子爱德华、当时的马奇伯爵还活着。爱德华当时在格洛斯特，他发誓一定要为死去的父亲、弟弟和效忠他们的好朋友报仇。他要率领军队对抗王后。可他首先要解决故意阻挡他的一大群威尔士人与爱尔兰人。经过一场激烈的战斗，他在赫里福德旁的莫蒂默十字大败敌军，将俘虏的"红玫瑰"阵营的人全部斩首，替那些在韦克菲尔德丧生的战友报了仇。接下来他要对付王后了。此时，王后正前往伦敦，并在圣奥尔本斯与巴尼特之间部署军队。"白玫瑰"阵营的沃里克与诺福克两位伯爵胁迫亨利六世，赶到这里和王后开战。最后王后取得了胜利，但也遭受了不小的损失。尽管亨利六世曾许诺保护两位伯爵，却挡不住王后的残暴，最终，躲在国王营帐里的诺福克伯爵还是被砍下了脑袋。但是，王后的胜利是短暂的，因为她并没有足够的财富支持军队的开销。为了生存，她的手下只能四处抢劫。普通民众尤其是富有的伦敦市民对她十分害怕和讨厌。因此，当他们得知马奇伯爵爱德华与沃里克伯爵会合后朝着伦敦城进军时，感到非常开心，并且再也不肯给王后提供物资。

王后与她的军队不得不迅速逃走。爱德华与沃里克伯爵进入伦敦城，受到所有人的尊敬和热情的欢迎。爱德华年轻英俊、高尚勇敢，每个人都对他赞赏不已。他如同一位名副其实的胜利的英雄，在伦敦城中骑马徐行，坦然地面对民众山呼海啸般的欢呼。过了几天，在克拉肯韦尔的圣约翰广场上，福尔肯布里奇绅士与埃克塞特主教将人们召集到一起，问道："你们想让兰开斯特的亨利继续做你们的君王吗？"人们齐声大喊："不想！不想！不想！爱德华陛下！爱德华陛下！"绅士继续问道："你们是否愿意爱戴并发誓忠于年轻的爱德华呢？"人们再次高呼："愿意！愿意！"接着大家将帽子朝天空扔去，爆发出阵阵掌声，欢呼雀跃。

于是，兰开斯特的亨利六世因为与王后同流合污，未完成保护两位伯爵的誓言，丢掉了国王的宝座。来自约克的马奇伯爵爱德华则成为英格兰的新国王。在威斯敏斯特，爱德华对着欢呼雀跃的民众发表了优美的演讲，在他的父亲曾摩挲过的国王宝座的金布上坐了下来，英格兰的新国王就此产生。他的父亲本来可以有更美好的生活，却死在了战斧下，那战斧也曾夺走数不清的英格兰人的生命。

爱德华四世

　　还不到二十一岁的爱德华成为英格兰国王，但他的王位并不稳固。当时，约克一带聚集着大批兰开斯特的"红玫瑰"人马。爱德华四世必须赶快解决他们。3月寒冷的一天，大雪纷飞，勇敢的沃里克伯爵做先锋，年轻的爱德华四世随后而来。国王的旗帜周围跟随着英格兰的民众。在陶顿，"红玫瑰"和"白玫瑰"碰面了，仇人相见分外眼红，两方人马殊死搏斗，阵亡的士兵达到四万人。四万人啊！在英格兰的国土上，四万多英格兰人民竟然同室操戈！爱德华四世获胜后占领了约克，将他父亲与弟弟的脑袋从城墙上取下来，替换上战斗时被杀死的"红玫瑰"阵营中几个最有名气的权贵的脑袋。接着他便动身去伦敦参加隆重的加冕仪式。

　　之后，爱德华四世组建了一个全新的国会。兰开斯特的一百五十多个骨干权贵被认定为背叛者。爱德华四世温文尔雅，但残酷无情。对于"红玫瑰"派成员，他费尽心思也要斩尽杀绝。

　　但是，玛格丽特王后仍然在挣扎，为年少的儿子四处奔波。凭借从苏格兰与诺曼底要来的军队，她占领了英格兰几座重要的城堡。可没过多久这些城堡又被沃里克伯爵抢回去了。在一场狂风暴雨中，王后失去了乘坐的船上所带的全部财物，她和王子也被恶劣的天气吓得不轻。还有一次，他们在冬天骑着马穿越森林，遇到一帮打劫的匪徒，从那伙人手里逃脱后，步行到森林深处又碰到了另一个匪徒。英勇的王后索性拉着年幼的儿子走到匪徒面前，把儿子交到匪徒手中："我的兄弟，这是你的祖国与法兰西王室的孩子，我将他托付给你。"匪徒十分诧异，却依然将小男孩抱起来，老老实实地把母子二人送到他们的伙伴身边。最后，王后的军队还是被打得丢盔弃甲，无可奈何之下只得逃往国外，暂时藏起来。

失去了王位的亨利六世一直藏在一位威尔士骑士的城堡里。第二年，兰开斯特派开始死灰复燃，又聚集了大队人马，请求亨利六世出来率领部队。这支队伍中还有一些有权势的领主——这些人不久前才发誓效忠新王爱德华四世。他们是一群唯利是图的小人，誓言对他们而言如同儿戏。这些人本来应该成为人民学习的榜样，可他们却顺风倒，只要稍微有一点不如意或贪婪的欲望没有得到满足，便轻易变节。这可谓整场"玫瑰战争"中最令人不齿的事情。但是兰开斯特的军队不久就被沃里克伯爵的兄弟打败了。大家抓住这些狡诈的权贵后，没有丝毫犹豫便把他们全部处死。亨利六世侥幸逃走了。被抓的人中有三个是他的随从，其中一个头上戴着国王的帽子，帽子上点缀着许多珍珠，还用金线绣着两个王冠的图案。可帽子真正的主人却早已平安地逃到了兰开斯特郡，并在那里度过一年多的安稳时光。当地的民众私底下还是效忠于他。可因为一个老教士的告发，亨利六世在叫作沃丁顿大厅的地方吃饭时被抓了。人们立刻将他送往伦敦。沃里克伯爵在伊斯灵顿见到了亨利六世，命人把他放到马背上，双腿绑在马上，戴着木枷游街三周。之后，伦敦塔成为亨利六世的囚牢，他受到的待遇还算不错。

约克派如今可谓稳操胜券。年纪尚轻的爱德华彻底沉醉于悠闲舒适的生活，但是，不久他就会明白，温暖的床下也会荆棘密布。他悄悄地与年轻的伊丽莎白·伍德维尔成了婚。这位女性美丽动人，却是一个孀妇。最后他决定将婚事公之于世，并册封伊丽莎白·伍德维尔为王后。沃里克伯爵对此大发雷霆。沃里克伯爵极具权势，在爱德华称王之事上更是功不可没，被人称为"王位缔造者"。爱德华四世的婚事一经公布，伍德维尔家族的名望直线上升，沃里克伯爵当然不高兴，他所属的内维尔家族也深怀不满。刚当上王后的姑娘不遗余力地为自己的亲人谋求福利：她的父亲被赐予伯爵的称号，并在政府的重要部门任职；她的五个姐妹都许配给了年轻的达官贵人；她的弟弟则与一位富甲一方的公爵遗孀结了婚——这位遗孀已八十岁高龄了。骄傲的沃里克伯爵容忍了这一切。到了为爱德华四世的妹妹玛格丽特选夫婿的时候，矛盾终于爆发了。沃里克伯爵觉得公主与法兰西王子成婚是最好的选择，他得到国王的允许便动身去了法兰西，就联姻的事与法兰西国王展开一系列协商。就在他为此事忙得不可开交时，伍德维尔派却直接将年轻的公主许配给了勃艮第公爵！沃里克伯爵既羞又怒，返回英格兰后郁郁寡欢地一头扎进米德尔赫姆城堡，谁也不肯见。

尽管心有不甘，最终沃里克伯爵还是原谅了爱德华四世。但没过多久，两人的关系再次降至冰点。起因是伯爵不顾国王的反对，把自己的女儿嫁给了克拉伦斯公爵，并为两人在加来举办了婚礼。与此同时，英格兰的北方爆发了起义——内维尔家族最重要的势力就在这里。这里的民众无法忍受伍德维尔派对他们的压榨盘剥，希望剥夺伍德维尔家族现有的权势。反抗的人不断增加，并且明确表示沃里克伯爵是他们的领袖。爱德华四世束手无策，不得不给伯爵去信恳求援助。伯爵便携同他的新女婿一起回到英格兰，着手整顿当前的局势。爱德华四世被关到米德尔赫姆城堡，约克大主教负责保证他的人身安全。如今，英格兰的形势十分奇怪：两位君主都健在，却都沦为了阶下囚。

尽管事态已经如此糟糕，可"王位缔造者"对爱德华四世仍然怀有敬意。他又一次粉碎了兰开斯特人的反抗，捉住了带头的人，并把他送到爱德华面前。爱德华命令马上对背叛者处以死刑。没过多久，沃里克伯爵允许爱德华四世返回伦敦，内维尔与伍德维尔两个家族也握手言和。爱德华四世还让他的大女儿嫁给了内维尔家族的继承者。两个家族间的和平誓约数不胜数，一本书都写不完。

但是所有的誓约只持续了三个月。三个月之后，约克大主教邀请爱德华四世、沃里克伯爵与克拉伦斯公爵到他的宅邸赴宴。他的宅邸坐落于赫特福德郡，叫作穆尔庄园。晚宴开始前，有人在爱德华四世去洗手时，悄悄告诉他房间外埋伏了一百人。尽管还无法核实这个消息，可爱德华四世真的被吓到了。他趁着夜色仓皇骑马逃到温莎堡。尽管后来爱德华四世与沃里克伯爵恢复了友谊，但是好景不长，两人就变得形同陌路。此时，林肯郡再次发生叛乱，爱德华四世前去平叛。结束后，他声称沃里克伯爵与克拉伦斯公爵不但私底下为反叛军提供帮助，还准备于次日公开宣布加入反叛军，因此他判处他们叛国罪。两人见局势危险，不得不坐船逃到法兰西，请求法兰西王室给予保护。

在法兰西的宫廷中，沃里克伯爵见到了当年的死对头——前王后玛格丽特。沃里克伯爵对她可谓深恶痛绝，他的父亲就是被这位王后斩首的。如今他却不得不对王后说，他早已和忘恩负义的爱德华四世一刀两断，现在将不遗余力地用前国王或小王子的名义让兰开斯特家族再次成为英格兰王室。玛格丽特与他热情地拥抱，就像抱着最亲的人。甚至，她还安排她的儿子娶沃里克伯爵的小女儿安妮为妻。刚刚结盟的两人对这场婚姻都很满意。可克拉伦斯公爵却一点也不兴奋，因为他很清楚，他的岳父虽然有"王位缔造者"的美誉，却一定不会将自己推上国王的宝座。因此，这个心志不坚、急躁无能的变节者被装成宫女的奸细说动，答应碰到机会便二次背叛，重新投靠他的兄长爱德华四世。

沃里克伯爵一直被蒙在鼓里，不知道克拉伦斯公爵的如意算盘。他不久便着手落实答应玛格丽特王后的事。他决定乘船从普利茅斯登岸，进攻英格兰。刚一到达普利茅斯，他便立刻公开宣布支持亨利六世。所有英格兰人（从十六岁的青年到六十岁的老翁）都被他招募进军队。队伍朝着北方不断前行，人数不断增加，兵锋直指爱德华四世的住所。爱德华四世只好马不停蹄地逃到诺福克的海岸，胡乱找了一些船，迅速逃往荷兰。取得大捷的沃里克伯爵带着伪善的女婿克拉伦斯公爵一同到达伦敦。亨利六世被从伦敦塔放了出来。伯爵派隆重的护卫队将再次戴上王冠的亨利六世送往圣保罗大教堂。克拉伦斯公爵对此深感不满，虽然国王的宝座已经遥不可及，但他仍然将之前的预谋深埋心底。内维尔家族再现昔日的荣耀，伍德维尔家族则土崩瓦解。幸好沃里克伯爵不像爱德华四世那样凶残，他只杀死了伍斯特伯爵，其他人则安然无恙。伍斯特伯爵被人叫作"屠夫"，因为他对民众极其残暴不仁。人们从一棵树后抓到了他，进行审问后立刻处以死刑。

但是，爱德华四世第二年便返回英格兰准备反击。他从拉文斯布尔登上英格兰的国土，朝着约克出发。他命令士兵们高喊："亨利六世万岁！"他则在圣坛前恬不知耻地起誓，说他对国王的宝座并没有非分之想。克拉伦斯公爵感到反叛的时候总算到了，赶紧命令属下把自己的旗帜改成"白玫瑰"，宣布支持自己的兄长爱德华四世。沃里克伯爵的弟弟蒙塔古侯爵拒绝阻挡爱德华四世，反而直接放行。于是，爱德华四世毫无阻碍地到达伦敦。约克大主教迎接了他，民众为了欢迎他还举办了隆重的游行活动。人们之所以这样做有以下几个原因：一、伦敦城里早已埋伏着大批爱德华四世的拥护者，早就准备发动起义；二、爱德华四世欠了人们很多钱，如果败北他们将血本无归；三、爱德华四世有个小王子，未来可以继承王位；四、爱德华四世俊俏洒脱，就这一点而言，比他出色的人都不一定比他更受女士欢迎。与这些强大的拥护者共度了两天，爱德华便向巴尼特公地出发，去和沃里克伯爵正面交战了。终于到了爱德华四世与沃里克伯爵决一死战的时候。

战斗还没开始，软弱的克拉伦斯公爵便后悔了。他偷偷给沃里克伯爵写了好几封信，表示可以充当岳父与爱德华四世的和事佬。可伯爵却嗤之以鼻，回答说，克拉伦斯两面三刀、出尔反尔，不值得信任，他与爱德华四世的矛盾只有武器才能解决。凌晨 4 点，战斗开始了，一直打到上午 10 点。战场上笼罩着浓厚的大雾，愚昧的民众以为是巫师施展巫术造成的。参与战斗的两个阵营互相恨之入骨，因此战斗格外激烈，伤亡不计其数。最终，爱德华四世取得了胜利，"王位缔造者"和他的弟弟都战死沙场，他们的尸体在圣保罗大教堂示众几日以警示世人。

玛格丽特王后并没被这种凄惨的局面打败，过了短短五天，她便卷土重来，在巴斯起义，带着队伍前往威尔士，投靠拥有军队的彭布罗克伯爵。但她经过蒂克斯伯里镇时就被爱德华四世追上了。英勇的格洛斯特公爵是爱德华四世的弟弟，他受命进攻王后的军队，并大获全胜。玛格丽特和她才十八岁的儿子都成了俘虏。爱德华四世对这个不幸的青年十分凶狠，当这个青年被带进营帐时，他问道："你来英格兰干什么？"青年虽然沦为阶下囚，却坚强不屈："我回到英格兰，是来收复我父亲的国家。他才是真正的国王，而我是他名正言顺的继承者。"爱德华四世把一只铁手套摘下来，狠狠地扔到青年的脸上。克拉伦斯公爵与几名权贵将剑举起来，刺向青年，将他杀死了。

玛格丽特王后没有死，只是被关押了五年。后来，法兰西国王把她赎了回去，又过了六年她才去世。年轻的王子被杀后过了三个星期，亨利六世也突然死在伦敦塔里。这样的事在伦敦塔早已屡见不鲜。肯定是爱德华下令杀了他。

战胜了兰开斯特派，爱德华四世打算入侵法兰西。他这么做或许是想寻求刺激，或许是想让自己瘦下来（如今的他是个胖子，昔日的俊俏潇洒早已不复存在）。尽管议会早已着手筹划这场入侵，可提供给爱德华四世的钱根本不够支持战争开销。爱德华四世为了募集资金想出了新办法。他把伦敦城里有分量的人都请来，面色凝重地说，如今他缺很多资金，迫切地需要他们提供资助。人们为了保全性命，不得不答应下来。爱德华四世与他的大臣兴奋不已，为这笔强行征收的资金取名"恩税"，听起来就像一份免费的礼物。有了议会提供的钱和这笔强行征收的税，爱德华总算可以带着军队前往加来了。当他到达加来时，才意识到没有人愿意战斗，因此当法兰西国王提出议和时，他立刻就同意了。两国签订了长达七年的和平协定。两位君王的商谈过程十分融洽，实际上都在惺惺作态。谈判结束时，双方在索姆河的一座桥上相会。一道木制的栅栏横在桥中央，牢固程度堪比关押狮子的牢笼。他们站在栅栏两边，将双手从栅栏间隙伸过去拥抱彼此，接着又在栅栏两边向对方鞠躬，讲了些冠冕堂皇的话。

现在克拉伦斯公爵终于要为自己的叛变付出代价了，这是不可避免的。爱德华四世早已不再相信他——熟悉他的人根本就不会相信他！他的弟弟格洛斯特公爵理查也成为他的仇敌。理查为人贪得无厌，很有野心。沃里克伯爵的女儿曾嫁给亨利六世的儿子，王子去世后，她成为寡妇，理查想在加来娶她为妻。克拉伦斯一心想将内维尔家族的所有财产据为己有，便把沃里克伯爵的女儿打扮成女仆藏在伦敦城中。但理查最终还是把她找出来并和她成了婚。爱德华四世为了帮两兄弟分财产，特意指派了仲裁者。之后，两兄弟开始怨恨猜疑。克拉伦斯的夫人已不久于人世，他考虑再娶一位夫人。爱德华四世很讨厌他这么做，这将他更快地推向死亡。克拉伦斯的随从和家人成为首批受害者，朝廷用滥用巫术之类的荒谬罪名起诉他们。这些小动作之后，真正的攻击指向克拉伦斯，他的哥哥爱德华国王亲自指出他好几项罪状。他被判了罪，等着公开处刑，但他没能等到那天，便死在伦敦塔中，原因不明。真正的杀人凶手肯定是爱德华四世或格洛斯特公爵，也有可能两人都参与了。据说克拉伦斯公爵被允许自由地选择死亡方式，他决定在装满马姆齐甜酒的酒桶中溺死。我愿意相信这个说法，因为这个死亡方式很适合这个不幸的人。

又过了五年，只有四十二岁的爱德华四世也离开了人世。他统治了英格兰二十二年。他精明强干，有不少长处，同时也小气、马虎、贪恋女色、凶狠残暴。他玉树临风的样子让人很欣赏。民众对他忠心耿耿。他去世前，深深地为当初"恩税"之类的横征暴敛而后悔，派人给受过伤害的民众提供补偿。他把如日中天的伍德维尔派的核心成员和走向没落的其他权贵全部召集到病床前，为他们做最后的调解。只有他们都不计前嫌，他的儿子才能顺利成为国王，英格兰才可能得到和平。

第
二
十
四
章

爱德华五世

    爱德华四世去世的时候，他的大儿子、与他同名的威尔士亲王爱德华才十三岁，和叔叔里弗斯伯爵一起居住在拉德洛城堡中。小爱德华的弟弟约克公爵当时才十一岁，和母亲居住在伦敦。他们俩的叔叔格洛斯特公爵理查那时是英格兰胆子最大、性格最狡诈也最有权势的贵族。大家不禁替两个弱小的孩子揪心，谁也说不准他们的叔叔会怎样对待他们。

    作为两个孩子的母亲，爱德华四世的王后更加提心吊胆，她衷心地希望能让里弗斯伯爵率军队保护年少的国王前往伦敦。可黑斯廷斯男爵不想给他们这样的权力，所以坚决反对王太后的建议——他是伍德维尔派的对头。由于受到黑斯廷斯男爵的威逼，王太后不得不答应只让两千名骑士与国王同行。一开始，格洛斯特公爵并没有任何可疑的举动。他本来在苏格兰领导着一支军队，之后向南行军来到约克，第一时间向自己的侄子表达忠诚。接着，他写信慰问王太后，然后出发去伦敦参加加冕礼。

    年少的国王在里弗斯伯爵与格雷爵士的护卫下走在去往伦敦的路上。当他途经斯托尼斯特拉特福时，格洛斯特公爵到达了北安普顿，二人相距 10 英里。护卫少年国王的两位贵族得知格洛斯特公爵离他们不远，便提议由他们代替国王去看望他的叔叔。年少的国王欣然接受了，两位贵族立刻骑马去拜会格洛斯特。公爵对他们的到来十分欢迎，还邀请他们留下来一起共进晚餐。夜幕降临时，人们正在推杯换盏，带领着三百名士兵的白金汉公爵也参与进来。次日清晨，两位公爵和两位贵族以及三百名骑士一起去见国王。他们刚到达斯托尼斯特拉特福，格洛斯特公爵就突然停下来，大声呵斥两位贵族，说他们在自己与亲爱的侄子之间搬弄是非，命令三百名骑士立刻把他们押回去。如此一来，年少的国王便如俎上鱼肉完全落入叔叔和白金汉公爵手中。两位公爵直接去见爱德华，装模作样地对他下跪，说自己如何爱护和效忠于他。接着，爱德华的侍从被全部打发走了，他孤身一人被带到北安普顿。

过了几天，年少的爱德华国王又被他们送到伦敦，暂住在主教的住宅里。可是，白金汉公爵温情款款、情真意切地说他真心为这个男孩的生命担心，觉得爱德华在接受加冕礼前无论住在哪里都不可能比住在伦敦塔安全。因此，爱德华并没在主教家住几天，便被秘密地送进了伦敦塔。与此同时，格洛斯特公爵则被册封为护国公。

就算到了这时，格洛斯特公爵仍然深藏不露。他机智健谈，也算得上英俊（只是两边的肩膀不一般高）。和爱德华来到伦敦时，他把帽子脱下来紧跟在国王身边，以对国王呵护备至的样子示人。但是，王太后却感到越来越危险。当爱德华被送入伦敦塔后，敏锐的王太后马上与她的五个女儿前往威斯敏斯特大教堂寻求庇护。

她的做法并非没有道理。当初与伍德维尔家族作对的权贵们现在竟然向小爱德华表忠心，格洛斯特公爵当然不会对这种情况置之不理，他决定亲自出马教训这帮人。当那些人在伦敦塔举行会议时，格洛斯特公爵与他的党羽在住所秘密集会——他住在主教门大街的克罗斯比宫。策划完毕，格洛斯特公爵出人意料地出现在伦敦塔的会议上。他轻松愉快，见到伊利主教时表现得和蔼可亲，并对主教在霍尔本山的花园中种植的草莓赞赏不绝，希望他拿来一些供晚饭时品尝。主教沾沾自喜，赶紧命令属下去采摘。公爵挂着笑容，闲庭信步似的走出会场。与会人员纷纷赞扬公爵平易近人。但没过多久，公爵却怒气冲冲、凶神恶煞般地返回会场，问道："我是名正言顺的护国公，那些处心积虑想要我性命的人应该受到什么惩罚？"这突然的质问让人措手不及。黑斯廷斯男爵只得答道，不管是谁，都应判处死刑。公爵说："既然如此，我要控告王太后——我兄长的妻子，以及简·肖尔，她们两人都是巫婆，一起谋划暗害我，对我使用巫术，请求神灵加害于我，使我的身子慢慢变得赢弱。瞧瞧，我这支手臂在她们施展巫术后缩小了。"他一边说一边将袖子挽起来，把手臂亮出来——真的比另一只手臂小。可所有人都明白，他的手臂天生就是这样的。

简·肖尔是黑斯廷斯男爵的情人，以前是爱德华四世的情人。男爵明白这一切都是针对他的，便吞吞吐吐地说道："假如她们确实这样做了，自然应该受处罚，这是肯定的，公爵先生。"

格洛斯特公爵道："假如？你居然和我说假如？你很明白，她们确实这么做了，你这个背叛者，我必须和你仔细算算账！"说着公爵用拳头狠狠地敲打桌面，这是在给埋伏在外面的人发暗号。听到暗号的人马上按照计划大声喊道："有人造反了！"突然之间，大批全副武装的军人冲进来，挤满了房间。

格洛斯特公爵转身对黑斯廷斯男爵说："叛徒，我现在就要抓捕你！"接着又告诉抓住男爵的人："马上为他找一位牧师，我以圣保罗的名义发誓，不见到他被砍掉脑袋，我就不进餐。"

很快，黑斯廷斯男爵被带到伦敦塔外的小教堂边上的一块绿地上。那里正好有一段随意丢弃的木头，被人拿来垫在他脑袋底下——男爵就这样被砍了头。这样一来，格洛斯特公爵总算有了好心情，食欲大增，好好吃了一顿饱饭。吃完后，他把伦敦有地位的人召集在一起，对他们说黑斯廷斯男爵及其爪牙密谋杀害他与他的拥护者白金汉公爵，幸亏被他发现了。他请求大家务必将事件的真实经过告知民众，并将早已准备好的布告分发下去，让所有人知道。

　　同一天，公爵的属下、勇敢无畏的理查德·拉特克利夫爵士出发前往庞蒂弗拉克特。他抓住里弗斯伯爵、格雷爵士和两位绅士，没有经过法庭审判便宣布他们蓄意谋杀公爵，在大庭广众之下将他们绞死了。过了三天，格洛斯特同许多主教、权贵与士兵坐着船快速顺河航行，到达威斯敏斯特。他命令王太后把小儿子约克公爵理查交给他保护。王太后抱着约克放声痛哭，她明白自己已经无力回天，只好交出儿子。格洛斯特把他送到兄长爱德华身边，一起关在伦敦塔中。接着，简·肖尔也被公爵逮捕了。公爵指控她和先国王有染，没收了她所有的财物。他命令她穿着破烂的衣服，光着脚，拿着燃烧的蜡烛，走过伦敦城中最繁华的地方，直到圣保罗大教堂，以示赎罪。

　　一切准备都做好了，公爵安排一位传教士到圣保罗大教堂耸立的十字架前传教。传教士数落爱德华四世不检点，还仔细地讲述刚揭露的简·肖尔的丑事，并暗指爱德华四世的两个儿子并不是他的亲生儿子。这个传教士名叫肖，他说道："亲爱的人啊，看看我们敬爱的护国公、格洛斯特公爵，他是一位如此出色的亲王，他就像他父亲的翻版，相貌英俊，有着完美无缺的高尚品质。"按照传教士与格洛斯特公爵的安排，话音一落，公爵便会从人群中现身，人们则会兴高采烈地高喊："理查陛下万岁！"但是事与愿违，也许是传教士话说得太早了，也许是格洛斯特迟到了，总之，当传教士说完这番话之后，公爵并没有适时现身，人们并没有欢呼雀跃，而是哄堂大笑，传教士不得不在笑声中落荒而逃。

　　和这个传教士相比，白金汉公爵处理这样的事要高明得多。次日，在市政厅里，白金汉公爵代表护国公向人民公开演讲。他雇用了几个无赖，在他演说结束后高声喊："愿主护佑理查陛下！"接着白金汉公爵对他们深深鞠躬，表示由衷的感谢。又过了一天，事情到了尾声，白金汉公爵与伦敦市长、一部分权贵还有伦敦市民一起到达河边的贝厄德堡，求见格洛斯特公爵理查。白金汉公爵声情并茂地表达了敬意，恳求理查成为英格兰的王。理查站在城堡的窗边，看着站在下面的人，装出惊慌失措、手忙脚乱的样子，发誓说他根本不想成为国王，他对侄子们有深厚的感情，这份血浓于水的亲情让他不可能对王座有非分之想。接下来，白金汉公爵则假装恳切地劝说，英格兰的人民并不愿意效忠他的侄子，按照国家的法律，理查是名正言顺的国王继承人，如果他不想成为国王，大家只能再去寻找别的人选了。理查顺水推舟回答，既然人们如此请求，他盛情难却，只好"勉力而为"接过如此重大的职责，"被迫"接受国王的王冠。

接着，人们兴高采烈地走了。理查与白金汉公爵一起度过了一个美妙的夜晚，讨论着他们顺利演出的这场好戏和每一句早已安排妥当的对白。

第二十五章

理查三世

这天早晨，理查准时起床，来到威斯敏斯特大厅。大厅里摆着一把大理石制成的椅子，椅子的两旁各站着一位出身高贵的贵族。他走过去，坐到椅子上。他告诉大家，他对英格兰的统治在此处（即法庭所在地）正式开始，因为国王首先要保持公平公正的态度，制定众生平等的法规。接着，他骑着马返回伦敦城，教会成员与人民都在恭候他的大驾，仿佛他确实是位公正廉明的正人君子，确实具备成为国王的资格。我想，这些人私底下一定会因为自己的软弱卑微而惭愧万分吧。

不久，理查国王与安妮王后参加了隆重的加冕仪式，人们都乐见其成。接着理查开始巡视英格兰境内的所有辖区，到达约克时，又举行了一次加冕典礼，人们再次沉浸在节日的氛围中。理查三世经过的地方，都有热情的人振臂高呼"请主赐福理查陛下！"这些人是国王自己雇佣的，他们个个声音高亢，卖力地为国王造势。这种操作无疑十分奏效，据说后来阴谋夺得王位的人在巡视时都纷纷效仿。

在巡视时，理查三世途经沃里克，停留了一周。就在这个地方，他向伦敦发出了历史上最狠毒的命令：把关押在伦敦塔中的两个可怜的小王子、他的亲侄子秘密杀掉。

当时伦敦塔的主管是罗伯特·布拉肯伯里爵士，传令者约翰·格林给他带来国王写的信，信中命令他用隐秘的方法处死两位王子。我想爵士本人可能也有宠爱的小孩，因此拒绝完成这个泯灭人性的任务。约翰·格林只好行色匆匆地策马赶回禀报国王。理查三世紧锁双眉，思考了一会儿，找来替他管理马匹的詹姆斯·蒂勒尔，任命他为伦敦塔的主管，但任期只有一天一夜。任职期间塔内全部的钥匙都归他管，任职时间可以从任何时刻开始。蒂勒尔很清楚国王的真实想法，因此找来两个穷凶极恶的歹徒做帮手，一个叫约翰·戴顿，是他的马夫，一个叫迈尔斯·福雷斯特，是专业杀手。找到这两人后，8月的一天，蒂勒尔来到伦敦塔，使用理查赋予的权力接管伦敦塔一天一夜，拿到了塔内全部的钥匙。深夜，他们偷偷进入塔中，在黑暗中鬼鬼祟祟地沿着盘旋而上的石头阶梯爬上去，走过昏暗的石砌长廊，到达两个小孩的睡房门口。这时，两位王子已做完睡前祷告，相互依偎着睡着了。蒂勒尔站在门口留意周围的动静，约翰·戴顿与迈尔斯·福雷斯特两个歹徒走入室内，用被子和枕头将两位王子活活捂死，然后带着两具尸体来到楼下，掩埋在楼梯底部的乱石中。天色一亮，蒂勒尔便匆匆交还伦敦塔的掌控权与钥匙，马不停蹄地离开了。罗伯特·布拉肯伯里爵士惶恐不安地寻找王子们，可他再也不可能见到他们了。

读了这么多历史，您早已知道一个定律：反叛者永远不会死心塌地地效忠一个人。因此，没过多久，当白金汉公爵起兵对抗理查三世时，您肯定不会感到意外。白金汉公爵加入了密谋将国王拉下王位的联盟，准备让真正具有继位资格的人做国王。理查三世本来想把谋杀王子的事情掩盖起来，可他接到奸细的密报得知联盟成立的消息后，就公布了王子们的死讯。这个消息对那些一直默默为身陷塔中的王子们担心的支持者而言无疑是沉重一击。但是，这些反叛的权贵得知王子们被害的消息后，经过短暂的沉寂，便迅速将里士满伯爵亨利定为新的支持对象，以求颠覆虚伪的理查国王的统治。亨利的祖母凯瑟琳是亨利五世的王后，亨利五世去世后，她又找了新的丈夫欧文·都铎。因为亨利属于兰开斯特派，反叛者们便建议他与爱德华四世的大女儿伊丽莎白公主成亲。此时约克派的合法继承者正是伊丽莎白，如果二人成亲便能使两个对立的派系结为联盟，红白玫瑰战争也可以彻底平息。所有的事情都安排好了，他们约好日子，亨利从布列塔尼出发，其他人则在英格兰的许多地方同时发动针对理查国王的起义。10月的某天是他们约定的日子，起义开始了，却并没有取得胜利——因为理查国王事先做好了部署，并且亨利被海上恶劣的天气挡住了。支持亨利的英格兰贵族纷纷逃走。白金汉公爵被抓了，在索尔兹伯里的市场被砍了脑袋。

理查国王取得了胜利，他认为现在是召开议会、横征暴敛的最佳时机。于是，议会召开了。议会成员对理查三世阿谀奉承，歌功颂德，让他极为高兴。到了此时，理查三世作为英格兰合法统治者的身份得到承认，他十一岁的独生子爱德华成为王太子、王位的继承者。

可理查三世很明白，无论议会如何认定，民众心中承认的约克王族继任者只有伊丽莎白公主。与此同时，他得到准确的消息，造反者正计划让她与里士满的亨利成婚。理查三世认为，假如他率先行动，让伊丽莎白与他的儿子爱德华成婚，就能让自己的统治更加牢固，也能沉重打击谋反者。国王抱着这个想法前往威斯敏斯特大教堂，找到爱德华四世的王后和女儿，请求她们和他一同回王宫，并花言巧语地许下许多诺言，保证她们回王宫后平安无事，且一定会受到款待。因此，母女二人回到了王宫。但过了不到一个月，爱德华王子突然去世了（也许是被人毒死的）。理查三世的计划宣告破产。

到了如此绝望的地步，一向豁达开朗的理查三世并没有放弃，依然坚信"我总会想到办法"。他想抛开叔侄的伦理关系，亲自娶伊丽莎白公主为妻。可在这之前，他必须解决一个难题——他的妻子安妮王后现在还活着。想起当初杀害两位侄子的事，他立刻想出了解决这个难题的办法。他对伊丽莎白展开了猛烈的追求，并胸有成竹地向她保证安妮王后2月份就会去世。伊丽莎白在大是大非问题上并没有坚定的立场，她本应对这个置她兄长们于死地的凶手充满仇恨与不屑，现在却在公开场合对大家说她深爱理查。2月很快就来了，安妮王后还没有去世。伊丽莎白开始不乐意了，觉得已经等了太长的时间。好在情况与理查三世的计划偏差不大，在他的"细心看护"下，安妮王后在3月真的死亡了。于是，两个"情投意合"的人准备结婚。但是他们没有料到，他们的结合遭到全国人民的一致反对。理查三世的首席顾问拉特克利夫与凯茨比说什么也不同意这桩婚事。理查三世不得不发表公告，说他从来没考虑过这件事。

此时，各阶层的人民对理查三世又害怕又怨恨，几乎每天都有贵族投靠亨利。理查没有胆量再次召开议会，他害怕被追究罪责，却又需要金钱，因此不得不向民众征收"恩税"。这当然更惹得天怒人怨。传言说，由于良心不安，理查三世每晚都会做噩梦，半夜经常在惊惧与后悔中醒来。但就算到了如此窘迫的地步，理查三世仍然一如既往地积极。当他知道里士满伯爵亨利和支持者准备率领舰船从法兰西出发入侵英格兰后，便充满豪情地宣布积极迎战。他像手持的盾牌上雕刻的野猪一般，面目狰狞、气势汹汹地冲上战场。

为了推翻理查三世，里士满伯爵亨利统帅六千士兵从米尔福德港上岸，进军莱斯特。另一支约一万两千人的队伍与他在此会合，他们一起穿过北威尔士，在博斯沃思遇到了国王的军队。理查三世看向亨利背后的支持者，看到了不少抛弃他的英格兰权贵。他突然发现斯坦利男爵——这位极有权势的男爵可是他当初极力挽留的人——与他的儿子也赫然在列。理查三世瞬间感到心灰意冷。可他不只有蛇蝎心肠，还胆大包天，到了这一步仍然顽抗拼杀，冲入了战场上打斗得最厉害的地方。国王策马奔走于战场的每个角落，奋力冲杀，而诺森伯兰伯爵（理查三世屈指可数的几个盟友之一）却一直没有行动，国王队伍中的大部分人也迟疑不决。就在此时，早已陷入绝望的理查三世忽然看见亨利身旁只有少数几名骑士，便狂喊着"叛贼"冲了上去。旗手被国王杀死了，一位贵族也被他凶猛地从马上砍下来。亨利是他的最终目标，他企图用力一击砍死亨利，可威廉·斯坦利爵士挡住了他的去路。当理查三世再一次高举兵刃时，亨利的士兵一拥而上，将他从马上拖下来控制住。最终，理查三世被杀死了，他的王冠掉在地上，被踩得破烂不堪且血迹斑斑。斯坦利爵士将它捡起来戴到亨利头上，周围顿时响起"亨利陛下万岁"的喊声。

那天晚上，一具尸体被送到位于莱斯特的格雷弗赖尔斯教堂，尸体被横着绑缚在马背上，如同一条廉价的麻布袋子。这就是理查三世，阴谋夺取王位的刽子手，金雀花王朝的最后一位君主。他当时只有三十二岁，刚当了两年国王便死在博斯沃思战役中。

第二十六章

亨利七世

　　事与愿违，亨利七世并没有满足权贵与民众的期望。最初，大家庆幸终于不用再忍受理查国王的残暴统治了。但是没过多长时间，人们便发觉亨利七世也没有强多少，他冷血、奸诈、极有城府，敛财手段更是花样百出。他确实精明强干，可他唯一值得一提的长处是：当残酷不能帮他得到什么东西时，他就不会残酷地对付别人。

　　亨利七世当初答应拥护他的权贵要迎娶伊丽莎白，所以他当上国王后，第一件事便是把伊丽莎白从约克郡的谢里夫哈顿城堡解救出来（之前她一直被理查关在那里），送回伦敦她母亲的身边。除了她，城堡中还关押着年少的沃里克伯爵——爱德华·金雀花，他的父亲是已经去世的克拉伦斯公爵，他是唯一的继承者。亨利七世把这个才十五岁的男孩关进了伦敦塔，只有这样他才放心。接着，亨利七世率领庞大的队伍，浩浩荡荡地来到伦敦，壮观的队伍为他在民众中赢得了不少好评。但是，各式各样的庆典与宴会刚接近尾声，历史上有名的汗热病就在伦敦蔓延开来，许多人因此丧生。其中受害最严重的可能是伦敦市长和议员——也许因为他们一直以来都大吃大喝，也许因为他们一直勤勤恳恳地守护着城市里的污秽。真实的原因到底是什么，我们已经无从知晓了。

因此，亨利七世的加冕仪式只好延期。他甚至把结婚仪式推后了，好像对结婚一点也不在意似的。如果只是这样就算了，但所有的事情都处理完以后，他又将王后的加冕仪式延期了。如此一来许多约克人就怀恨在心了。不过他最后还是解决了麻烦，只是解决的方式各不相同：一部分人被绞杀了，一部分人的财物被剥夺了；他还装模作样地宽恕了一些拥护理查国王的贵族，并将许多理查王朝的优秀大臣收为己用。

亨利七世在位时，最值得记录的是两桩十分有名的造反案，在下面的文章中，我将重点讲述这两件事。

西蒙斯是牛津的一名传教士，他有个叫兰伯特·西姆内尔的学生，长得十分俊俏，是一个面包师的孩子。可是，因为不安于现状，并受到一个致力于推翻亨利七世的秘密团体鼓动，西蒙斯对外宣称这个小男孩便是年少的沃里克伯爵（我们都很清楚，沃里克伯爵如今被关押在伦敦塔中）。小男孩被西蒙斯从海上带到爱尔兰，并以沃里克伯爵的名义在都柏林召集了大量拥护者。看起来爱尔兰人确实豪爽大气，可明显不够聪明。当时爱尔兰的总督是基尔代尔郡伯爵，他说自己很信任西蒙斯。兰伯特被训练得很好，他生动地向爱尔兰人描述儿时的经历与皇家成员的情况。爱尔兰人对他深信不疑，频频举杯祝他健康，向他表示尊敬，不遗余力地向他展现他们的信赖。受骗的不仅仅是爱尔兰人，林肯伯爵也上当了——他可是理查三世生前指定的王位继承者。伯爵悄悄与勃艮第公爵的遗孀取得联系——这位夫人是爱德华四世的妹妹，她对现在的国王和他的家族没有半点亲近之意。如伯爵所愿，他从那位贵妇手上得到两千名德国将士，在他们的陪伴下到达都柏林。都柏林有一座圣母雕像，他们从雕像上拿下王冠，戴到小男孩的脑袋上。小男孩看上去似乎前途无量。接下来，按照爱尔兰的风俗，一个身材魁梧却不太聪明的领主把男孩扛到肩膀上送回家。传教士西蒙斯应该是加冕仪式上最劳累的人，这点我非常肯定。

十天之后，这支由德国人与爱尔兰人组成的军队由西蒙斯、兰伯特、林肯伯爵率领，从兰开夏上岸，侵略英格兰。可亨利七世对他们的举动早已了如指掌。亨利七世驻扎在诺丁汉，因为他可以在那里招募到大量士兵——这一点林肯伯爵可做不到。林肯伯爵率领着并不算多的士兵，企图夺取纽瓦克，可亨利七世的队伍半道杀出来。无奈之下，林肯伯爵只好在斯托克与国王的军队交战。亨利七世的军队取得了胜利，假冒者的队伍几乎死了一半。林肯伯爵战死沙场，西蒙斯与兰伯特都被俘虏了。传教士承认了犯下的全部罪行，被亨利七世关到监牢里，最后死在里面（或许也是"意外"去世的）。那个小男孩则被安排到王宫的厨房工作，负责在烤肉时旋转钳子。后来，他被提升为亨利七世的驯鹰者。这一场荒诞的谋反剧就这样草草了事了。

因为这一事件，王太后——爱德华四世的妻子——也被波及。她原本就不是安守本分的妇女，亨利七世觉得她可能在这一事件中充当了兰伯特的指导者。无论猜测是否属实，亨利七世都对她大发脾气，并抢走了她的全部家产，把她关到位于伯蒙德兹的一座神学院中。

您也许会认为，首个假冒者的结局能让爱尔兰人变得理智一点。可是，当爱滋事的勃艮第公爵的遗孀再次把假冒者送到爱尔兰人面前时，他们并没有吸取前车之鉴，仍然兴奋地接受了。一个青年从葡萄牙坐着船来到科克，说自己是约克公爵理查。尽管他长相俊俏、风度翩翩、精明强干，可听到他自称是爱德华四世的小儿子时，连极易受骗的爱尔兰人也将信将疑，问道："是吗？不是说小王子已经被理查三世杀死在伦敦塔中了吗？""对外确实是这样说的。"帅气的小伙子回答道，"我那不幸的哥哥真的死在可怕的监狱里了，但我幸运地逃出来了——怎样逃出来的不重要——之后七年多一直在四处逃亡。"绝大部分爱尔兰人都相信了这个说法，因此又一次爆发出热烈的欢呼，举杯祝福青年，并纷纷拥上前去表达效忠之意。都柏林那位身材魁梧却头脑简单的领主憧憬着下一场加冕仪式，那样他便能扛起另一位新国王。

与此同时，亨利七世和法兰西君主查理八世的关系越来越差了。查理想让亨利的处境更糟糕，于是装出十分信任这位帅小伙的样子。他把小伙子请到法兰西王宫，赐给他不少侍从——总之，完全比照着约克公爵该享有的待遇招待他。两位君主很快重归于好，假冒者不得不再一次逃亡，最终向勃艮第公爵的遗孀寻求庇护。"证实"了他的身份后，公爵遗孀宣称这位小伙子简直是她哥哥爱德华四世的翻版。接着，她派三十名手拿斧头的士兵保护他，并叫他"白玫瑰"。

英格兰"白玫瑰"派的核心成员派罗伯特·克利福德爵士做代表，调查事件的真伪，亨利七世也派人详查"白玫瑰"的身份。"白玫瑰"派的人对外宣称这位帅小伙正是约克公爵，可亨利七世却说他叫珀金·沃贝克，是图尔奈一个普通商人的儿子，从到佛兰德进行贸易的英格兰商贩那里学到了英格兰的文化、语言与修养。亨利七世派出的调查者还说：沃贝克曾是布朗普顿夫人的随从，夫人的丈夫是一个逃亡的英格兰贵族；勃艮第公爵的妻子对沃贝克进行过培训与指导。以上一切全部服务于这个阴谋。因此，勃艮第公爵请求菲利普大公爵——勃艮第的治理者——驱赶这个假冒者，或把他交给英格兰。可大公爵根本不同意这个请求，说只要公爵的遗孀在勃艮第一天，他就无权做任何决定。亨利七世因此对大公爵怀恨在心。他撤销了设立在安特卫普的英格兰的布料交易所，并叫停了两国的一切贸易行为。

与此同时，亨利七世对罗伯特·克利福德爵士施展各种计谋和金钱攻势，成功地让他出卖了他的主人。罗伯特指认了几位颇有名气的英格兰权贵，供述他们和珀金·沃贝克暗中勾结。亨利七世马上将其中最重要的三个人处死。其余的人——我不清楚是否因为他们并没有钱——国王则不再追究。我能确定的是，一位被罗伯特指认的权贵之所以被处决，是因为他有丰厚的财产。这位权贵您应该听说过，就是在博斯沃思战斗中救了亨利一命的威廉·斯坦利。他之所以获罪大概是因为他说过："假如这位青年确实是约克公爵，我一定不会和他兵戎相见。"无论他做过什么，他都不会否认，就如同每一个不会撒谎的人一样。因此，他失去了他的头颅，贪得无厌的亨利七世则获得了他所有的财产。

之后，珀金·沃贝克销声匿迹了三年。可是，安特卫普贸易市场的撤销给弗莱芒人带来的损失是致命的，他们把这归咎于沃贝克。当沃贝克意识到这些人一定会杀死自己或背叛自己时，他知道一定要寻找出路了。心灰意冷之下，他带着仅有的几百个支持者从迪尔的海岸登陆，可是不久他便发现还是留在原来的地方好。当地的居民击败了他的队伍，杀了许多人，还抓了一百五十人。俘虏被绑在一起，像赶牲畜似的赶到伦敦。之后，他们全被吊死了，尸体被挂在海岸各处。假如以后还有人跟着沃贝克攻打英格兰，这无疑是最好的威慑。

接着，敏锐的亨利七世和弗莱芒人签署了商贸协议，逼迫珀金·沃贝克逃离该地区。不仅如此，亨利七世还获得了爱尔兰人的拥护，沃贝克又失去了一处躲藏的地方。无奈之下，沃贝克只好流亡到苏格兰。他去苏格兰的王宫宣扬他的谎言。当时的苏格兰国王是詹姆斯四世，与亨利七世关系不好（亨利七世曾无数次贿赂苏格兰的权贵，唆使他们反叛，可惜并没有奏效）。詹姆斯热情地接待了沃贝克，一个劲地称他为表亲，并让凯瑟琳·戈登嫁给他。漂亮高傲的凯瑟琳可不一般，她身上流淌着斯图尔特王室的血液。

假冒者重整旗鼓，亨利七世又紧张起来。他不断拉拢贵族，千方百计地遮掩自己的一举一动与沃贝克的故事，同时，他还不断搜罗证据，但他不肯公布出来（公开一切对他来说易如反掌）。但无论他怎样拉拢苏格兰的权贵，这些人都不愿交出沃贝克。尽管詹姆斯四世无论从哪方面看都不是一个出色的人，可他在沃贝克的事情上却坚定不移。勃艮第公爵的遗孀此时也忙着为沃贝克准备兵器、军队与资金。不久，一支属于沃贝克的小军队成立了，军队里的一千五百名士兵来自不同的国家。苏格兰的君主也表示支持沃贝克。于是，沃贝克又一次率领队伍开进英格兰，并向英格兰人发出一份声明，他在声明中称现任国王为"亨利·都铎"，承诺抓获亨利或对抗亨利的人都将获得大笔金钱。不只如此，他还自封为理查四世，期待"忠心的国民"对他尽忠。但"忠心的国民"却完全不理睬他，反而无比厌恶他带来的"忠心的军队"。这些士兵来自不同的国家，临时凑成一支队伍，完全是一盘散沙，每天都在吵吵闹闹。这还不是最差劲的，这些人竟然在英格兰为所欲为，四处打劫，无恶不作。因此，沃贝克沮丧地说，为了不让英格兰的民众受折磨，他宁愿不要与生俱来的权力。苏格兰君主嘲笑他迟疑不决，可他还是没开战便撤离了英格兰。

这场"战争"引发的最糟糕的结果是一场暴动。康沃尔的民众认为，为了这场"肯定会打响的战斗"，亨利七世征收了太多赋税。在律师弗拉曼克与铁匠约瑟夫的领导下，人们出发了。奥德利男爵与很多本地的权贵也纷纷加入和大力援助。人们行进到德特福德桥，与亨利七世的队伍打了起来。康沃尔的群众虽然作战勇猛，但还是战败了。亨利七世把奥德利的头砍了下来。律师和铁匠分别被绞杀、淹死，尸体被分成几块。其他的参与者逃过一死。亨利七世认为人人都与他一样喜爱金钱，所有的事都可以用金钱来解决，因此他让战胜者与战俘商量赎身的价钱。

身为一个假冒者（尽管他偶尔觉得自己的身份是真的），珀金·沃贝克只能四处奔波，比起他犯的罪行，这种惩罚也不算过分。英格兰与苏格兰的君主准备重归于好，这意味着他不能继续待在苏格兰了。假如这件事发生了，他就会丧失世上仅剩的一处藏身之所。可詹姆斯国王是位言而有信的正人君子（为了替沃贝克组建部队，他连经常佩戴的金项链和自己的金盘子都熔了），尽管沃贝克早已毫无胜利的可能，詹姆斯还是信守承诺，等他平安离开苏格兰后才签订休战协议书。不仅如此，詹姆斯还为沃贝克准备了生活用品与护卫，让他得以带着不离不弃的漂亮夫人坐上开往爱尔兰的船。

但是，爱尔兰人已经对所谓的"沃里克伯爵"与"约克公爵"失望透顶，他们不再帮助沃贝克。处境困难的沃贝克不得不带着夫人前往康沃尔，希望在那里获得帮助。就在前不久，康沃尔人起兵造反，与亨利七世的队伍在德特福德桥展开激战。

很快，珀金·沃贝克与夫人到达康沃尔的怀特沙海岸，安全起见，他把漂亮的妻子送到圣米歇尔山的城堡。接着，他带领三千名康沃尔人前往德文郡。走到埃克塞特时，队伍已经扩充到六千人。但是他们遭到当地人的顽强抵抗，因此只能转去汤顿。在汤顿，他们遇到了亨利七世的队伍。英勇的康沃尔人并没有因为人数差距悬殊、装备落后而逃跑，反而迫不及待地盼着次日的战斗。而那个将他们聚集在一起的人——他能在一贫如洗的时候聚集如此多的支持者，肯定有一些优秀品质——却缺少他们的勇敢。深夜，双方的队伍驻扎在战场的两边，沃贝克却骑着马逃跑了。清晨，可怜的康沃尔人发现找不到他们的领头人，不得不放弃抵抗。亨利七世吊死了他们中的一些人，剩下的免除处罚。康沃尔人心有不甘地回去了。

新森林旁边的比尤利有一座修道院，亨利七世收到消息，珀金·沃贝克就藏身于此。在派人抓捕沃贝克之前，亨利先派一支骑兵去圣米歇尔山，把他美丽的夫人抓了。虽然夫人是阶下囚，但是亨利被她的美丽、温顺与对沃贝克的不离不弃打动，对她尊敬有加，还把她安排在王后身边。许多年以后，珀金·沃贝克早已作古，他的事迹也已成为小孩睡前听的故事，民众仍把他的夫人称作"白玫瑰"，以纪念她的美丽。

接下来，亨利七世的手下把比利尤修道院团团围住。诡计多端的亨利七世找到沃贝克的"好友"，让他们劝沃贝克弃暗投明。沃贝克同意了。亨利七世躲藏在屏风后认真地打量这个青年（"沃贝克"这个名字，亨利七世早已如雷贯耳）。亨利七世让沃贝克骑着马随自己返回伦敦——旁边自然少不了看守的士兵，只是没有捆绑他。他们这样走了一路，声势浩大、队列整齐地来到伦敦（列队出行一直是亨利七世最钟爱的活动）。当假冒者缓慢地走过街区，前往伦敦塔时，不少民众大喊大叫不停地咒骂他，但多数人只是安静地看着，默默地打量着。不久，亨利七世将他关押到威斯敏斯特的宫殿里，严加看守，但仍让他享有贵族的待遇。接下来，亨利对这件事的原委进行认真调查，调查的过程一直保密。当亨利最终把调查结果公之于世时，几乎没人相信这个结果是亨利花了很多时间才得到的。

但是，珀金·沃贝克却逃跑了，躲到萨里郡里士满的一座教堂中。在这里，他又一次被人劝说，投降了。他又被送往伦敦，在威斯敏斯特大厅外戴着足枷站了一整天，并不断当众朗读"自白书"——上面的内容与亨利派人调查的结果一样。他被关到伦敦塔中，和塔里的"长住民"沃里克伯爵成了伙伴。离开约克郡以后，沃里克伯爵在伦敦塔中度过了十四年。漫长的时间里，他只从伦敦塔中出去过一次——亨利七世想让他在民众面前现身，揭露面包师的儿子的阴谋。鉴于亨利七世阴险狡诈的个性，把这两个人关到一起应该不是随意安排的。果不其然，一个"诡计"很快暴露出来：沃里克伯爵和沃贝克收买了看守，企图杀死典狱长拿到钥匙，并宣布珀金·沃贝克为英格兰国王理查四世。这个诡计也许是真的，他们可能对这样的阴谋充满兴趣。说起来，作为金雀花王朝仅存的一位男性，可怜的沃里克伯爵涉世未深，毫无心机，我们并不怀疑他会轻易上当。我们也能确定，杀死他对亨利七世益处多多。最终，沃里克伯爵在伦敦塔被砍了头，珀金·沃贝克在泰伯被处以绞刑。

"约克公爵"的结局已定，整个事件可谓千头万绪，亨利七世的奸诈与遮掩使事态越发盘根错节。如果沃贝克把他的精明强干用到踏实的事业上，就算在那个动乱的年代，他应该也能过得开心并得到别人的尊重。但是，他死在泰伯的绞刑架上，留下对他一往情深的苏格兰夫人，在王后的照顾下独活。后来，随着岁月的流逝，她终于将之前的种种抛到脑后，再次成婚。新郎马修·克拉多克爵士是位威尔士贵族，和沃贝克相比诚实得多。他们婚后的日子很美满。斯旺西的一座古老的教堂是他们最终的安息地。

拜勃艮第公爵的遗孀所赐，英法两国的矛盾不断升级。这一次冲突的中心在布列塔尼。表面上看，亨利七世是个爱国者，易怒而且好战，可实际上，只要能躲过真实的战争，让他做什么都行。但是"即将发生"的战争能帮他敛财。因为这场"箭在弦上"的英法大战，他肆无忌惮地加收赋税，差点导致一场凶险的暴乱。策划叛乱的是约翰·埃格雷蒙特爵士与尚布尔的平民约翰，但是他们很快就被萨里伯爵率领的皇家卫队打败了。约翰·埃格雷蒙特爵士逃到了勃艮第公爵的遗孀那里——她很乐意为所有对抗亨利七世的人提供庇护。尚布尔的约翰却在约克被执行绞刑，一些反叛的伙伴和他一起被绞死。不同的是约翰被吊在最高的绞刑架上——因为他是叛乱的首脑。其实，对注定要被吊死的人来说，绞刑架高不高根本无足轻重。

亨利七世婚后一年，王后就生下了一个儿子，取名为亚瑟，为的是纪念那位传说中的伟大的君王。如今，十五岁的亚瑟王子与西班牙公主凯瑟琳成婚了。此时王子可谓前程似锦，可惜婚后几个月，他就因病死亡了。亨利七世从悲伤中清醒过来时，发现放弃西班牙公主的嫁妆绝对是件让人遗憾的事（这份嫁妆的价值高达二十万克朗）。因此，他做主把亚瑟王子的遗孀许配给小儿子。他的小儿子亨利才十二岁，按照惯例，王子年满十五周岁才能举办婚礼。对这件婚事，教会是不赞同的，可教皇却没有反对。因为教皇的一切判断都是正确的，此事也就定了下来。亨利七世的大女儿也定下终身大事，将嫁给苏格兰的君主。如此一来，英格兰与苏格兰的矛盾也暂时得到缓解。

如今，王后过世了，亨利慢慢从丧妻之痛中走出来，再次把注意力放到敛财上。他本想迎娶孀居的那不勒斯王后，因为她拥有无数财产。但是，把她的财富据为己有远比娶她难度更大，亨利七世很快就不再考虑此事。他还想娶守寡的萨伏依公爵夫人，已故的卡斯蒂利亚国王的妻子、疯女乔安娜也在他的考虑范围内，可仔细考虑过利益之后，他一个也没有娶。

至于勃艮第公爵的遗孀，她向来乐意拉拢反抗亨利的人。现在，萨福克伯爵埃德蒙·德·拉·波尔也投奔了她。这位伯爵是战死在斯托克的林肯伯爵约翰·德·拉·波尔的弟弟。他在亨利七世的强烈要求下才回英格兰出席亚瑟王子的婚礼，仪式一结束便仓促地走了。亨利七世便怀疑他要造反，派奸细到他身边刺探消息，并从一些街头流氓手中买到不知真假的"秘密消息"。根据这些消息，不少人被抓并被处死。后来，亨利七世承诺只要埃德蒙返回英格兰，就保证他性命无忧。可埃德蒙回来后，国王迅速抓住他，并将他关押在伦敦塔里。

至此，亨利七世最后一个敌人也解决了。假如他能活久点，他肯定会有更多的仇人——特别是在百姓之中。因为他征收苛捐杂税，他的两个税务官——埃德蒙·达德利与理查德·恩普森，在收税过程中十分残暴。死亡是谁也逃不过的，它既不能用金钱收买更不会被阴谋诡计蒙骗。亨利七世也没能逃过死亡，他的王朝随之终止。1509年4月22日，亨利七世因痛风病逝，死时五十三岁，在位二十四年。威斯敏斯特大教堂里漂亮的礼拜堂是亨利七世兴建的，并以他的名字命名，如今，这里便成了他的埋骨之处。

要特别说明的是，亨利七世在位期间，勇敢的克里斯托弗·哥伦布得到西班牙的帮助发现了新大陆。这一发现让英格兰上下感到新奇、向往，对财富的渴求也空前膨胀。亨利七世与伦敦、布里斯托尔的贸易者共同组建了一支探险队伍。来自布里斯托尔的塞巴斯蒂安·卡伯特被任命为队长——他的父亲是威尼斯的一位导航员。他们的航行很顺利，让他与英格兰得到了不少声望。

第二十七章

亨利八世（上）

接下来我们要讲讲亨利八世，他被称为"心直口快的哈尔国王""爽快的君王哈里"，还有不少其他有趣的称呼。可我更想把他称为历史上最可恶的浑蛋之一。为何这么说？等您听我讲完他的故事，便能自行判断，他是否和这样的称谓相称。

亨利八世成为英格兰国王时才十八岁，传说当时的他风度翩翩，可我不太相信，因为他年老时肥胖、吵闹，小眼睛、大脸庞、双下巴，看上去仿佛一只臃肿的猪（闻名于世的画家汉斯·霍尔拜因曾为他画像，我们都看过）。一个性情如此糟糕的人会风度翩翩？我绝对不相信。

为了笼络人心，亨利八世真是煞费苦心，使得厌恶亨利七世的民众十分信任他。亨利八世十分喜爱各种演出，还喜欢在公共场合露面，民众也喜欢在公众场合看到他。因此，不论是他与凯瑟琳公主成婚时，还是他们参加加冕仪式时，全国民众都欣喜若狂，一片欢腾。亨利八世还爱参与决斗，并常常取得胜利（大臣们怎么敢赢他），因此，人们都觉得他是个伟大的人。恩普森、达德利与他们的拥护者因为一些莫须有的罪行（他们所犯下的真实的罪行却被抛于脑后）被戴上手枷，倒坐在马上示众，然后被砍了脑袋。民众对这样的处理十分满意，亨利八世则因此获得了大笔金钱。

此时，因为教皇的不懈"努力"，欧洲又一次掀起战争。几个意大利公国的统治者通过和其他地方的王室成员通婚取得了名义上的继承资格。他们不断地争吵，个个都觉得自己才是国家的名正言顺的统治者。亨利八世对教皇十分满意，认为他是全体基督教徒之父，于是派遣使臣觐见法兰西国王，不允许他声讨教皇这样的圣人。可法兰西国王压根就不承认这位所谓的"父亲"，不仅如此，他连亨利八世在法兰西的领地也不愿承认。英法两国因此再次开战。关于君王之间的尔虞我诈，我并不想过多讲述，不然故事会变得更复杂。我只想说说英格兰的新盟友——西班牙。这场结盟是多么愚蠢啊！西班牙找机会和法兰西握手言和了，却给英格兰留下一堆麻烦。在此次战争中，爱德华·霍华德爵士因英勇顽强崭露头角。可惜他勇猛过人却并不聪明：为了证明自己很英勇，也为了替英勇的托马斯·尼维特爵士报仇雪恨，他悄悄地带着几只小船潜入布雷斯特港，准备俘获一些装备着大炮的坚固的法兰西舰船。结果，他的船被大炮击沉，而他只能躲在一艘法兰西船上，有十几个人与他一同被围困。最后，他们全都被扔下海，活活淹死了。霍华德爵士在死之前将挂在胸口、代表职权的金链与金哨狠狠地扯下来，扔进了大海。他这样做是为了避免这些东西落进仇人手中。此次战败对英格兰而言可谓莫大的耻辱，毕竟爱德华·霍华德爵士是英勇善战、颇具声望的名人。于是，亨利八世准备亲自出征。他把被亨利七世关押在伦敦塔里的、具有威胁性的萨福克伯爵处死，把国家交给王后凯瑟琳暂时管理，才放心地来到加来。他在那里碰到了神圣罗马帝国皇帝马克西米利安。皇帝装扮成亨利八世的一名普通士兵，并领着普通士兵的工资。我明白这件事十分离奇，可对亨利八世这样好大喜功的人来说，当然是值得炫耀的事情。在平常的比试中，亨利八世也许算得上出类拔萃，可到了实际战斗中，他能做的只是把彩色丝绸制成的营帐扎好（毫无意外它们全都被大风吹翻了），在营帐前升起艳丽的旗帜，挂上金色的布帘。幸运的是，亨利八世如有神助，在花费很多时间做一些扎营帐、升旗、挂帘等微不足道的事之后，他的军队在吉内加特把法兰西的军队打了个落花流水。慌乱中，法国士兵丢盔弃甲，逃跑的速度让人瞠目结舌，因此英军称此次战役为"马不停蹄的战役"。但是亨利八世并不打算追击，他觉得他早已受够了战斗的苦，如今是凯旋的最佳时机。

在进行这场战争时，亨利八世的姐夫、苏格兰的国王站到了他的对立面。苏格兰军队渡过威德河与提尔河，在弗洛登山遇到了萨里伯爵统帅的英格兰军队，双方分别驻扎在山的两边。战斗开始时，英格兰军队从山下的平地展开攻击，苏格兰军队则分作五个分队，稳重地从山上俯冲而下展开反攻。英格兰军队被迫将战线拉得很长。霍姆爵士率领苏格兰的长矛队对英格兰军队展开攻击。一开始他们节节胜利，可英格兰军队不甘示弱，顽强抵抗。苏格兰国王不得不往营地撤退，当他接近营地的王旗时，却不幸身死，苏格兰的军队全军覆没。这一天，上万苏格兰人战死在弗洛登战场，其中包括许多高官。战后相当长的时间里，苏格兰的平民仍然不愿接受自己的君王已死的事实，因为英格兰人并没有找到国王一直戴着的一条铁制腰带，这条腰带是他为了表达对不孝的忏悔而制作的。不管腰带下落如何，英格兰军队确实找到了他的佩剑、匕首、戒指以及他遍体鳞伤的遗体。苏格兰国王的确身亡了，这一点毋庸置疑，许多十分熟悉他的英格兰权贵辨识并确认了他的尸体。

正当亨利八世准备再次进攻法兰西时，法兰西的路易十二国王却提出议和。他的王后将不久于人世，所以他提出与英格兰联姻，五十多岁的他看中了亨利八世十六岁的妹妹玛丽公主。这个女孩已与萨福克公爵订下婚约，但是，女孩个人的喜好相较于国家大事根本无足轻重。她的婚姻尘埃落定，不幸的女孩就这样被送往法兰西，成为路易十二的新娘。陪伴她的除了一位女仆再无其他人。这个女仆名叫安妮·博林，青春貌美。她的叔叔是萨里伯爵（弗洛登战役之后，他晋升为诺福克公爵）。安妮·博林这个人，您可要仔细记好了。

迎娶了年少美丽的娇妻，路易十二扬扬得意，想着以后的日子一定会幸福快乐。至于这位少女，我相信她肯定为今后的困苦做好了充分的心理准备。但是仅仅过了三个月，路易十二便去世了，他刚娶来不久的妻子成了遗孀。弗朗西斯一世成为新的法兰西国王。为了自己的利益，他决定将守寡的前王后送回英格兰与英国人成婚。因此，当萨福克公爵（王后的前任未婚夫）受亨利国王委派来接公主回英格兰时，弗朗西斯便提议两人再续前缘。玛丽公主本来就对公爵有爱意，她明确地对公爵说，假如此时公爵不与她成婚，两人就再没有在一起的可能了。于是，两人迅速成婚了。后来，两人的婚姻也得到了亨利八世的认可。但是为了得到亨利八世的信任，萨福克公爵只能投靠托马斯·沃尔西。沃尔西是亨利八世所有心腹与谋臣中最具权势的一位，史书对他也着墨甚多，他起起落落的传奇经历的确有太多可说的地方。

沃尔西来自萨福克郡伊普斯威奇的一户平凡人家，他的父亲是个屠夫，在当地颇受尊敬。他受过良好的教育，后来成为多赛特侯爵家的家庭老师。由于侯爵的支持，他当上了亨利八世的私人教士。亨利成为英格兰国王后，沃尔西再一次晋升，并深受亨利信任。现在他已成为约克大主教，并被教皇册封为红衣主教。无论是国外的国王还是本国的权贵，如果想在英格兰拥有立足之地或得到亨利八世的宠信，首先得想方设法与沃尔西交朋友。

沃尔西是个对生活充满热情的人，喜爱唱歌、跳舞、玩笑、饮酒，正是这些使沃尔西博得了亨利八世的欢心（假如亨利八世确实有心的话）。所有夸张、奢华的物件都深受沃尔西喜爱——这一点和亨利八世一样。作为主教，沃尔西对教会的各种知识了如指掌（这里说的教会知识，其实就是给错误的事找理由、混淆是非的本事），这使亨利八世对他赞赏有加。总之，沃尔西是亨利八世宠信的人。他精明强干，尽管陪伴君王和陪伴猛兽一样危险，可他懂得把握分寸。在英格兰漫长的历史上，几乎没有人可以和沃尔西大主教相提并论：他拥有数不尽的财产，听说国王的宝库也不能超过他的；他居住的宫殿与亨利八世的宫殿一样富丽堂皇；他的随从有八百多人；他拥有独立的"王廷"；他身穿耀眼的红色衣物，脚上的鞋子是金的且嵌着珠宝；他的侍从个个骑着良驹。可他清楚地知道他必须低调，因此他的座驾是一头骡子，不过骡子身上放着铺着天鹅绒的马鞍，两侧挂着金制的马镫。

在如此英明的主教的张罗下，英法君王同意召开一次会议，地点选在法兰西境内的英格兰属地。借助这个机会，两位国王竭尽全力向对方表达自己的友好与开心。他们派使者去往欧洲各地，鸣锣响鼓，搞得人尽皆知。等约定的时间一到，这两个称兄道弟的君王将各自带领十八个侍从，举办隆重的比武大赛，每个骑士都有资格参加。

神圣罗马帝国的皇帝马克西米利安驾崩后，查尔斯成了新的皇帝，他不希望英法两国结成联盟，因此在亨利八世尚未启程时，就急急忙忙赶到英格兰。查尔斯这一趟没有白跑，不但获得了亨利国王的好感，更赢得了沃尔西的信任——因为他承诺会助沃尔西成为下一任教皇。查尔斯从英格兰返程的那天，亨利八世率领全体臣子渡海来到加来，赶赴事先约好的地方——阿德尔与吉讷间被誉为"黄金编织之地"的区域。在这里，两位君王竭尽所能，耗费无数金钱装扮自己；来参与和观看比赛的达官贵人也不甘示弱。由于不少人穿着打扮太过奢华，民众戏称他们穿着全副身家。

在这"黄金"之地，到处都可以见到临时搭建的城堡与教堂，喷泉里流淌着醇酒，酒窖中的美酒任人饮用，用丝绸制作的帐篷、金箔与蕾丝、镀着黄金的狮子之类的奢侈品比比皆是。在如此奢侈的环境中，富裕的沃尔西大主教格外出众。两位国王郑重地签订了条约，仿佛他们真的会信守承诺一样。接着，宣读了一份长 900 英尺、宽 320 英尺的稿件，宣告比赛正式开始。两国的王后在一众王侯将相、淑女贵妇的围随下共同观看比赛。接下来的十天，两位君王每天都会下场参加五次比赛，每次都可以轻易取得胜利（这是当然的，毕竟他们的对手都那么有礼貌）。但是，史册上记录了亨利八世的一次失利：在参加一场摔跤比赛时，他不但败给了法国国王，还罔顾国王的颜面，几乎与他"情同骨肉"的兄弟翻脸。"黄金编织之地"还流传着另一个传说：两位国王一开始并不相信彼此，某一天，弗朗西斯一个人骑着马到达亨利的帐篷前，当时亨利还在睡觉，因此弗朗西斯走了进去，戏称亨利成了他的俘虏，亨利跳下床来，与他的兄弟热情相拥。接着，弗朗西斯将亨利的衣服捂暖后再帮他穿好。亨利将一个镶满珠宝的领子送与弗朗西斯，弗朗西斯则回赠了一个堪称无价之宝的手镯。许多类似的故事被史官载入史册，让吟游诗人反复传唱，在当时的民众中不断流传。即使到了现在，还有人对此津津乐道。它们被吟诵的频率如此之高，我觉得全世界都会感到厌烦。

但是，这一切都没能阻止英法两国的矛盾进一步扩大。两国再次开战，两位"情如骨肉"的君王都起誓要与对方拼个你死我活。但是在这之前，亨利八世先砍了白金汉公爵的头。这是一个卑鄙无耻的举动，原因也十分荒谬：一个被公爵开除的仆役举报了公爵，说一个名叫霍普金斯的、靠布施生活的修道士假扮成预言家，宣称公爵的儿子会成为名垂青史的人，公爵十分相信这样的流言。其实民众都明白，真实的原因是这位可怜的公爵惹恼了沃尔西。公爵在公共场合说"黄金编织之地"事件从头到尾是一场滑稽却耗资巨大的荒唐剧。总之，就因为这样一句无足轻重的话，他失去了名誉和生命。民众对此十分不满，并指责沃尔西是害死公爵的真正凶手。

萨里伯爵再次率兵侵略并摧残了法兰西的部分领土，但战争并没有持续多长时间，双方再一次签订了和约。此外，亨利八世察觉到神圣罗马帝国的皇帝并不像说好的那样合作。虽然亨利无数次催促，可皇帝还是没有帮沃尔西成为教皇。两任教皇相继去世，国外想成为新教皇的神职人员比比皆是，沃尔西完全没有任何希望。因此，沃尔西与亨利八世站到一起，都认为查尔斯皇帝是个言而无信的伪君子。他们撤销了查尔斯与威尔士的玛丽公主的婚约，准备把玛丽公主许配给弗朗西斯或他的儿子。

这时，马丁·路德在德国的维滕贝尔格登场了。他是一位高尚的人，领导了英格兰的宗教改革运动，引导民众与教廷的剥削做斗争。马丁·路德是位知识渊博的才子。他做过牧师，还当过专业的修道士，因此他对教会的一切非常了解。自威克利夫那个年代开始，一些人的头脑里便一直执着地思考如何变革。一天，路德意外地看到了《新约》以及其中宣扬的真知（在这以前，教会从不让人翻阅《新约》），他开始对教会体系展开猛烈的抨击。从教皇到神职人员，无一例外都受到了他的责问。当路德开始筹备那本在未来足以让整个国家醒悟的名著时，台彻尔——道明教会的一个厚颜无耻、劣迹斑斑的修道士——刚好游历到他所在的城市。为了筹集修缮罗马圣彼得大教堂的资金，他大量地贩卖"特赦"。这个所谓的"特赦"是教皇颁发的凭证，无论你是什么身份，只要愿意花钱购买，就可以把过去犯下的罪行全部抹去，天堂的大门就会对你打开。但是，路德对民众说所谓的"特赦"根本不是上帝的意思，不会得到上帝的承认，用它来捞取钱财的台彻尔和背后的主谋都是招摇撞骗的人。

路德的言行让亨利八世与沃尔西大主教十分愤怒，亨利八世甚至为颂扬教皇专门写了一本书（这本书实际上是托马斯·莫尔爵士写的，莫尔是位德才兼备的学者，最后死于亨利八世之手）。教皇十分赞赏他的行为，称亨利八世是"宗教守护者"。亨利八世与沃尔西严禁民众看路德所著的书籍，违反命令者会被教会驱逐出去。虽然有这样的严令，民众仍然阅读路德的著作，路德的理论在英格兰的街头巷尾流传开来。

当这场宗教运动不断发展时，亨利也慢慢露出了真面目。陪着公主远赴法兰西的侍女安妮·博林，现在已长成貌美如花的窈窕淑女，成了凯瑟琳王后的随身女仆。此时凯瑟琳王后已美人迟暮，承受了四位子女早死的悲痛后，她本来就算不上乐观的性格越发忧郁，脾气越来越不好。毫无意外，美丽的安妮·博林得到了亨利八世的喜爱。他想道："我早就对我的妻子厌烦不已，怎样才能抛弃她娶安妮为妻呢？"

您可能没有忘记，凯瑟琳王后曾是亨利八世的嫂子。亨利八世想起此事，就把他喜爱的修道士召到身旁，说道："唉！我也许根本就不应该娶凯瑟琳为妻，我为此充满了愧疚！"您也许会说，假如他确实因为此事觉得愧疚，这么多年为什么从未说起呢？恰恰相反，他这么多年过得很舒坦，人们并没有见他因愧疚而茶饭不思。但是，即使修道士们有这样的怀疑，也没有勇气提出来，他们众口一词："对啊，这确实是件麻烦事，陛下理应马上与王后离婚！"这正是亨利八世想要的，于是修道士们开始为两人离婚忙活起来。

假如我把离婚过程中的大小事情与诡计一一写出来，您肯定会认为我写的英格兰史书是世上最烦琐的，所以我不赘述了。总之，在反复谈判与协商后，教皇授权沃尔西与专门从意大利赶来的红衣主教坎佩焦处理此事，命他们在英格兰国内解决。听说沃尔西一向把凯瑟琳王后当仇人，因为王后曾数次指责他倨傲无礼、生活奢侈（我认为这确实可能发生过）。沃尔西最初并不知道亨利八世这么做是为了迎娶安妮·博林，当他了解原因后，竟跪倒在亨利八世脚下，恳求他打消念头。

红衣主教们把伦敦黑修士桥旁的黑修士修道院当作审判庭。亨利与凯瑟琳为了离修道院近一点，住进了旁边的布赖德韦尔宫。现在这座宫殿已不复存在，它的原址上只剩一座老旧的监狱。到了开庭的那天，亨利与凯瑟琳应召前来，这位被欺骗的不幸的妇女——严肃、坚强却不失温柔——来到亨利面前并跪倒在地，说道，她从自己的国家远嫁到英格兰已有二十年，在这二十年中，她从头到尾都是一位恪守本分的好王后，因此，无论离去还是留下都不可能由这些主教主宰。

然后她便站起来头也不回地走出了法庭，再也没有回来。

　　亨利装出一副激动不已的样子，高声喊道："啊！诸位大人，这是一位多么高尚的贵妇啊！我是多么希望能与她白头到老啊！但是我的罪恶感却如此浓烈，使我食不下咽、寝不安席！"所以，王后的离开没能阻止审判的进行。但是过了两个月，他们仍然没有做出任何决定。这恰好是坎佩焦想要的结果，因为教皇本就不想有结果，于是他又把休庭时间延长了两个月。这还没完，当休庭时间快结束的时候，教皇宣布要把审判庭迁到罗马，还命令亨利与凯瑟琳一同出席。这相当于把审判无限延期了。可亨利很幸运，他从属下那里听说了一位学者——托马斯·克兰麦——一位来自剑桥的知识渊博的博士。克兰麦指出教皇应取消休庭，还建议亨利八世聚集各地的学者与主教共同处理这件事。对安妮·博林情深意浓的亨利八世早就迫不及待了，他认为这是绝佳的提议。他马上让人把克兰麦请来，并告诉罗奇福特勋爵（安妮·博林的父亲）："把这位智慧的学者带到你的庄园，为他准备一间称心的书房，他要的一切书籍都要准备妥当，让他证明我能迎娶你的女儿。"罗奇福特勋爵自然很愿意照办，于是竭力款待克兰麦。克兰麦也没有辜负他的期望，马上投入了研究。此时，亨利与安妮·博林天天书信不断，盼着审判立刻有结果。我觉得，安妮·博林此时的所作所为证明她以后的悲惨结局都是咎由自取。

　　站在沃尔西大主教的角度来看，听任克兰麦恣意妄为当然不是好事，但对他来说更糟糕的是他一直劝诫与反对国王离婚。总之，由于他与亨利八世不是一路人，关系走向破裂只是时间问题。但是夹在凯瑟琳王后与安妮两个派系之间（两个派系的人都十分憎恶沃尔西），沃尔西的失势来得比预想的更快、更彻底。某天，作为大法官的沃尔西如平常一样前往法院的大厅，却碰到了诺福克与萨福克两位公爵。两位公爵带来了亨利八世的旨意，命令沃尔西辞掉大法官的职务，去萨里郡伊舍的住处隐居。沃尔西当然不同意。两位公爵白跑了一趟。但是次日他们又带来一封亨利的信。这一次，沃尔西不得不服从命令。亨利派人查点了沃尔西在怀特霍尔宫中的全部财产。沃尔西坐着一艘货船，失意地前往帕特尼。尽管沃尔西很高傲，但也是个擅长溜须拍马的虚伪小人。在去往伊舍的途中，一位国王的随从追上来，带给他一条友好的消息与一枚戒指。沃尔西兴奋地跳下骡子，脱掉身上的衣衫，干脆跪倒在泥土中。就连专门负责逗他一笑的小丑也他有骨气——当沃尔西告诉国王的随从，他没有什么贵重的物品可以赠给国王，只剩下这个小丑时，随从找了六个健壮的骑兵才将这个忠于沃尔西的小丑带走。

很快，曾经气势逼人的沃尔西又遭到许多污辱，他再也无法忍受，便给亨利八世写了一封信，低三下四地求这位残暴的国王宽恕他。但是亨利反复无常犹如6月的天，今天让沃尔西感觉有救了，次日又继续辱骂他。就这样过了很长时间，亨利终于下令让沃尔西到他曾担任过大主教的约克教区居住。沃尔西抱怨自己太穷困潦倒，但我绝对不信，他离开时带走的侍从多达一百六十人，还有七十二辆大车，满满地装着家具、食物与醇酒！他在约克住了大半年，其间全力装出一副痛改前非的模样，非常谦卑随和，这让他得到了民众的怜悯。但不可否认，就算在不可一世的时候，他也确实为教育与学术做了不少贡献。但是，最后他仍然被判了叛国罪。他受命前往伦敦，缓慢地向南行进到莱斯特。当病重的沃尔西终于来到莱斯特修道院门口时，天早已黑了，修道院的教士拿着火把在门口接待他。沃尔西十分感动，说他将把这里当作最后的安息之地。很快他的话就成为事实，他真的在这里躺下，再也不曾醒来。他留下一段话："假如我对神明犹如我对亨利国王一样忠诚的话，上帝便不会在我年老的时候抛弃我。但这也是我咎由自取，我只知道忠诚于国王，却把上帝抛于脑后！"亨利八世在汉普顿宫的花园得知沃尔西死亡的消息时正在射箭。这栋宏伟的宫殿正是沃尔西送给他的礼物。如此忠心却结局凄惨的属下死亡后，亨利只想到一件事：听说沃尔西有一笔一千五百镑的财产，他只想知道这些钱藏在哪儿。

最后，那些知识渊博的学者、神职人员和处理离婚案件的人终于有了定论，他们绝大多数都站在亨利国王这边。允许离婚的结论送到教皇那里等着批准。教皇夹在中间左右为难：假如他不同意，英格兰也许会因此脱离罗马教廷的掌控；如果同意了，他就会陷入触怒神圣罗马帝国皇帝的险境——凯瑟琳王后正是神圣罗马帝国现任皇帝的阿姨。教皇决心不表态，采取拖延策略。一直效忠沃尔西的侍从托马斯·克伦威尔建议亨利八世直接避开教皇，把英格兰的教会收为己有。这正符合亨利的想法，于是他开始悄悄地策划此事。作为"补偿"，他同意修道士对许多拥护路德的"异教信众"处以火刑。沃尔西失势后，那位帮亨利写书的托马斯·莫尔爵士担任了大法官的职务。可他对罗马教廷忠心不渝，就算如今教廷已到了岌岌可危的地步也痴心不改，他甚至主动放弃了大法官的职务。

现在，完全解决了凯瑟琳王后的问题后，亨利国王总算把与安妮·博林成婚的所有障碍都扫除了。为了表达感谢，他把坎特伯雷大主教的职务授予克兰麦，又命凯瑟琳搬出宫廷。凯瑟琳离开了，可她明确地告诉国王，无论她去往何处，除非死亡来临，否则她仍是英格兰的王后。接着，亨利偷偷娶了安妮·博林。过了半年，刚就职的坎特伯雷大主教宣布亨利与凯瑟琳的婚姻无效，并给安妮·博林举办了加冕仪式。

安妮应该想到，这样丑恶的婚姻根本不可能有完美的结局。并且，这个无耻之徒能对首位夫人过河拆桥、残忍无情，对第二位夫人又怎么会仁慈？亨利本就是个凡事只顾自己的懦弱之徒，就在他对安妮仍有爱意时，安妮得了一种危险的疾病，有可能一命呜呼。亨利便如同一只懦弱的禽兽马上远离了她与她的住所。当安妮终于明白一切时，为时晚矣。她承担了惨痛的后果。她把自己交给一个差劲的丈夫，便得到了一个差劲的结果——这是正常的。但是对安妮来说，"正常"的结局却是不正常的死亡。

第二十八章

亨利八世（下）

　　教皇听说亨利再婚的消息后，不禁怒发冲冠。许多英格兰修道士察觉到教会的地位摇摇欲坠，做出的反应和教皇如出一辙。很多人还在教堂里当面大声指责亨利八世，无论谁阻拦都不肯停止，直到亨利大声喊"闭嘴"才停下来。但是亨利并没有因为这些事而发火，他异常冷静地接受了这些责难。当安妮王后为他生下一个女儿时，之前的不快都化为乌有。小女孩不久就接受了洗礼，并被赐名伊丽莎白，册封为威尔士公主，这个称号曾属于她同父异母的姐姐玛丽公主。

　　尽管发起了宗教改革，亨利八世却仍在新教与天主教之间举棋不定，这也是这个年代最糟糕的特征之一。他与教皇的争吵越发激烈，被他烧死的反对教皇的英格兰人越来越多，其中有不幸的学生约翰·弗里思，还有贫穷、普通的裁缝安德鲁·休伊特。这个裁缝十分尊敬约翰·弗里思，宣称约翰·弗里思信仰什么，他就信仰什么。结果两人都在史密斯菲尔德的刑场被执行火刑。如此来看，亨利八世可真是位虔诚的基督徒呢！

　　不久，两个重要的人物走上了约翰与安德鲁的老路，他们是托马斯·莫尔爵士与罗切斯特主教约翰·费希尔。罗切斯特主教是位性情平和、德高望重的老人，他唯一的"罪行"是相信一个名叫伊丽莎白·巴顿的女性。这个妇女装作受到神的启发，取名"肯特的圣女"，四处宣传神的旨意，可她说的都是一派胡言。亨利疑心费希尔反对他当英格兰教会的领袖，就将费希尔关在监牢中。就算如此，费希尔本来还有可能活到自然死亡的那天（巴顿与她的支持者很快全都被处死了），可在这个关键的时刻，教皇想侮辱亨利，于是建议费希尔做红衣主教。亨利则用冷酷无情的举动答复了这个建议：教皇希望费希尔戴上代表红衣主教的红色帽子，那他就让费希尔失去戴帽子的头。因此，经过一场一边倒的审判后，费希尔被判处死刑。他面对死亡异常冷静淡然，后人称赞他品行极佳。亨利也许想用费希尔的死亡警告其他人，可托马斯·莫尔爵士根本不受影响。他对教皇忠心耿耿，坚决不接受亨利成为教会的首领。因此，他同样受到审判，关押一年后被判处死刑。当他知道判决结果、被行刑者押着（当时，如果政治犯被判处死刑，行刑者就会拿斧头的刃口对着他）走出法庭时，他非常平静。这时，威斯敏斯特大厅围观的人群里挤出一个人，跪倒在他面前——是他的儿子。莫尔爵士淡然地祝福了儿子。可是，他走过沃夫塔时，玛格丽特·罗珀（他最心爱的女儿）一次次冲开守卫，跑过来拥抱他，不停地哭泣并亲吻他。莫尔爵士终于没忍住哭了出来。但是，他迅速调整过来，展现出乐观的态度与无畏的姿态。当他走上刑台时，他察觉到脚下的楼梯摇摇欲坠、吱吱作响，因此他幽默地对看守伦敦塔的卫士长说道："卫士长大人，我请求您帮我走上这楼梯，但接下来就不麻烦您了。"不但如此，当他把头伸到断头台上时，还对行刑者说："请等我将胡子梳理好，我可不想让你把它们砍坏了，因为它们并没有造反。"接着行刑者干净利落地砍下了他的头。通过这两次死刑不难看出亨利国王的天性：托马斯·莫尔爵士是英格兰品行高洁的人之一，费希尔主教是跟随亨利最久、对他最忠诚的好友之一，但是，与君王相处就如同与虎谋皮，当亨利的好友，危险程度不亚于做他的妻子。

罗马教皇得知莫尔与费希尔死亡的消息后，几乎怒不可遏（从创教开始，可能没有任何一任教皇这样生气过）。他颁发了一份教廷诏书，呼吁英格兰民众起义，将亨利八世从王位上拉下来。亨利八世竭尽全力阻止这份诏书送到英格兰。并且，为了报复教皇，他开始大范围地打击与盘剥英格兰的修道院与教堂。这些活动由大臣们组建的委员会领导。委员会的头领是克伦威尔，他现在是亨利国王的心腹。这场活动声势浩大，几年之后才结束。不错，许多属于教会的建筑物与地产能和宗教扯上关系的只有名字，住在里面的都是懒散、任性、生活奢靡的修道士。的确，他们千方百计地诓骗民众：暗地里用绳子移动画像，却对民众说是上帝的神力移动了画像；在一个酒桶里保存着满满一桶牙齿，声称是某位圣人留下来的骸骨——这位圣人居然有这么多牙齿，真是独一无二！他们还有烧死圣劳伦斯的煤渣、某位圣人的脚指甲的碎屑和另外一些圣人用过的折叠刀、鞋子与紧身褡。他们说这些杂物是圣物，骗愚昧的大众进行膜拜。即便如此，修道士中仍然不乏刚正且忠于宗教的人。但是亨利的手下却将所有修道士混为一谈，全部给予处罚。另外，亨利的手下毁了许多精致的物品与宝贵的书籍，包括有名的画作、彩色玻璃、石制雕塑与木制雕塑。英格兰王宫上下沉浸在巨大的欢喜中，贪婪地分配这些抢夺来的巨额财富。亨利八世几乎为此疯狂，甚至宣称托马斯·贝克特是背叛者，并将他的遗骸从墓地里挖出来——天知道，他早在几百年前就去世了！假如修道士说的话属实，那贝克特确实很奇异。他们说，挖出贝克特的遗骸时，他的脖颈处居然有一颗头！这绝对不是他本人的头颅，因为从他去世那天开始，他的脑袋就掌握在修道士的手里。修道士四处展览他的头颅，并大赚了一笔。亨利八世的手下将贝克特墓穴上的金银珠宝撬下来，装满了两个大箱子，八个大汉才能勉强抬走。将英格兰全部的修道院抢掠一空、完全摧毁后，亨利八世的财富瞬间暴涨了十三万英镑——这在那个年代可是很大一笔财富！通过这件事，您可以想到修道院拥有多少财富了吧！

对于这件事，英格兰民众抱怨不断。因为修道士是非常仁慈的地主，并且对旅行的人十分仁慈，当民众遭遇危难时，他们乐善好施，常送上许多粮食、水果、肉制品与其他的财物。您也许不知道，在那个年代，大家几乎不可能把物品换成货币，因为能通行的道路少之又少，而且路上的情况极其复杂，货车与马车的质量也不好。因此，假如您拥有的东西自己用不完，只能赠送给别人，要不就只能眼巴巴地看着它们腐烂。天长日久，不少人变得好逸恶劳，宁愿靠行乞过活也不肯劳作。被修道院赶出来的修道士们也支持这种消极的态度。结果，林肯郡与约克郡爆发了数次起义，但都遭到国王血腥的镇压。很多人被处决，包括不少修道士。局势平静后，亨利八世又大摇大摆地过上醉生梦死的生活，如同一只猪一般。

教会的事情我讲完了，希望您能清楚地了解一切。现在，我将继续讲述亨利八世的家务事。

此时，不幸的凯瑟琳王后已不在人世。亨利对新王后也厌烦了，就像当初厌烦上一任妻子一样。当年他与凯瑟琳的女仆安妮·博林相爱，现在他又与安妮的女仆相爱了。真是天道轮回，回想一下自己当初一步登天的经历，安妮肯定后悔不及！亨利又爱上了简·西摩，打定主意要娶她为妻。他要做的第一件事就是让安妮·博林消失，于是他捏造了许多罪行，强加在安妮身上，并把她的兄弟与效忠她的几个权贵一同治了罪。其中的乐手马克·斯米顿需要提一下。全英国人——无论平民还是王公子弟——都很害怕亨利国王，都对他低声下气、俯首帖耳，因此大臣们很快就宣布安妮与她的"合谋者"有罪。当死亡来临时，这些权贵几乎全都坦然地接受并体面地死去。只有斯米顿例外，在亨利八世的软硬兼施下，他全都"坦白"了，并期望因此得到宽恕。但是，我很乐意告诉您，他最终还是没有逃过被处死的命运。这么一来，亨利八世的眼中钉只剩安妮一人了。这个时候，安妮·博林正被关押在伦敦塔中，身旁的侍女全是亨利安排的耳目。她背负着可怕的罪名，承受着无数的闲言碎语，却没有办法为自己讨回公道。但是，在这种困难的环境下，她却越来越坚定。最初，她在"阴暗忧郁的牢笼"里写了好几封语气温柔且充满浓情蜜意的信给亨利（这些信件还留存于世）。当她发现亨利早已不念旧情时，便下定决心坦然地接受死亡的到来。她愉快地告诉身旁的人，她听说给她行刑的人刀法十分高超，恰好她的脖颈也很纤细（说到这里，她微笑着在脖颈处用手比画了一下），所以她很快就能摆脱烦恼了。确实，她不久便得到了解脱。这个不幸的女人凄凉地死在伦敦的断头台上。她的尸首被装进一个老旧的桃木箱子，草草地安葬在教堂的地下。

听说对安妮行刑时，亨利八世在王宫中坐着，焦急地等着死刑结束的炮声响起。当炮声响彻天空时，他高兴得蹦了起来。接着他命令属下带上猎狗，与他一起去狩猎。对他这样的伪君子来说，这种行为真是不足为奇。但是，无论他是否真的这么做了，至少有一点可以确定：次日他就急不可耐地与简·西摩成婚了。

第三任英格兰王后，我得遗憾地说，她生下爱德华王子后便由于发高烧而去世了。我并不愿就她的死亡说太多，在我看来，无论哪个女人，如果明明知道自己爱的男人是个草菅人命的浑蛋还选择与他成婚，最终都不会有好下场。假如简·西摩的生命可以再长一些，行刑者的刀斧迟早也会降临到她头上。

克兰麦为了保护宗教与教育，竭尽全力挽救了一些教会财产。但是，英格兰的权贵们对教会的财产志在必得，克兰麦挽救的仅仅是冰山一角。权贵们放肆地瓜分着教会的财物、地产，令人尊敬的迈尔斯·科弗代尔也难逃厄运，变得一无所有。迈尔斯曾把《圣经》翻译成通俗易懂的平民读物（这在宗教改革前是根本不允许的），可谓功勋卓著。亨利八世的手下对民众说，等亨利国王取得这些财富，就不再向他们征税了。但是，后来民众还是不得不缴税。现在，这么多贪心的权贵一同分割财富，民众应该觉得幸运，不然，如此巨大的财富都被国王占有，君主专政或许还要持续好几百年。许多作家十分支持天主教，所以与亨利八世作对。其中有一位叫雷金纳德·波尔。他是亨利的远房亲戚，领着亨利发的薪金。可他仍然用最严苛的语言抨击亨利八世。无论白天黑夜，他都将手中的笔当作武器捍卫天主教教廷。由于波尔身处意大利，亨利鞭长莫及，便客气地请他返回英格兰共同探讨此事。波尔清楚回去肯定九死一生，便坚持留在外国。因此亨利十分愤怒，无计可施之下只能迁怒于波尔的弟弟埃克塞特侯爵蒙塔古与另外几个权贵。亨利说他们私下联络并暗中帮助波尔（这也许是事实），将他们当卖国贼处死了。罗马教皇则任命波尔为红衣主教。之前有流言说，波尔想成为英格兰国王，并想娶玛丽公主为妻。现在他被任命为红衣主教，这些闲言碎语彻底终止了。可惜的是，索尔兹伯里女伯爵——波尔的母亲、一位手无寸铁的软弱女性——还留在英格兰，代替儿子成为亨利的出气筒。当她知道她将被送上断头台时，对行刑者说道："不可能！我的脑袋从未做过对不起国家的事，假如你想拿走它，便自己来取。"接着，她绕着断头台奔跑起来。行刑者只好用力打她，致使鲜血溅到她花白的头发上。就算他们将她强行按在断头台上，她仍苦苦反抗，用生命对抗不公的遭遇。民众对此默不作声，安静地忍耐着，就如同他们忍耐所有事情一样。

确实，他们沉默地忍耐了许多相似的事。为了向世人证明亨利八世仍然是位虔诚的天主教君王，史密斯菲尔德刑场上燃烧的火焰从未熄灭，许多生命在火焰中燃烧殆尽。但是，亨利八世一边拒绝教皇及他颁发的诏书（此时它终于抵达了英格兰），一边将许多与教皇作对的人烧死。兰伯特就是其中之一。他受到审判，并在亨利八世面前与六位主教轮番辩论。一番车轮战后他终于疲惫不堪，不得不停下来，期望亨利还有一丝仁慈的心，能够宽恕他。但是亨利八世却称自己对异教徒毫无仁慈，最终，兰伯特还是被火焰吞噬了。

民众目睹了一切，却沉默不语地接受了，可这只是冰山一角。在这个年代，英格兰好像早已舍弃了家国道义。当所有被判处叛国罪的人——包括"心直口快"的亨利国王的夫人与好友——站在刑场上时，人们竟然还在为亨利八世歌功颂德。东方苏丹与帕夏的人民这么做过；遇到爱用冷热水轮流浇到人的头上、将人摧残至死的残暴国王时，俄国的民众也这么做过。国会也一样浑蛋。他们不但对亨利八世俯首帖耳，还为他草菅人命提供更多权限。这样一来，只要被亨利认作背叛者，无论真假，都逃不过死亡的命运。这还没完，国会做的最差劲的一件事是颁布《六项条文》法案，民众称之为"六根绳子编成的鞭子"。这个法案旨在严厉打击和教皇作对的人，并把严苛的天主教教义发挥到极致。假如克兰麦有足够的能力，他肯定会更改法案，但是相比起来，罗马教廷的人太强大，他毫无办法。由于新法案规定神职人员不得成婚，而他早已结婚，他不得不把夫人与儿子送往德国。虽然他与亨利八世是老朋友（他们的友情持续了相当长的时间），但是仍然要为自己的安危昼夜悬心。这条规定可是亨利看着制定的，这可以说明：如果亨利认为反对一件事不能为他取得利益，他毫不介意改变立场支持它，哪怕它是天主教最严苛、最差劲的教义也无所谓。

　　现在，这位"可敬"的国王打算再娶一位妻子。他请求法兰西国王帮忙，为他找几位法兰西王室的女性，以便他进行比较，挑选一位自己满意的。而法兰西国王的答复是，他那里的女性并不是市场上待价而沽的马匹，他不允许将她们像商品一样陈列，给人挑拣。亨利八世因此把目光投向孀居的米兰公爵夫人。可公爵夫人答复他，假如她拥有两颗头颅，也许会试着接受他的求婚，可惜她仅有一颗脑袋，只能请亨利恕她不能从命。后来，来自德国的克里夫斯的安妮被克伦威尔推荐给亨利，她是一位信仰新教的公主（新教在德国被称为"抗议教"，因为新教的首领曾强烈反对天主教的腐朽与虚伪）。据说安妮貌美如花，与亨利十分相配。亨利询问她是不是一位壮实的女性（因为他长得很胖，只有肥胖的女性才与他相配）。克伦威尔回答："啊！当然！她十分壮实，这毫无疑问。"听到这里，亨利就派他的专用画师汉斯·霍尔拜因去帮她画像。在汉斯的笔下，她确实十分美丽。亨利很高兴，双方的婚事就此确定下来。我不清楚汉斯是否收了谁的贿赂，或者只是单纯地为了迎合公主而将画像润色了（这是那个年代的画师们惯常的做法），等亨利前往罗切斯特迎接她，并找机会偷偷看了她的真容后，他发誓他见到的是"庞大的佛兰德母马"，并说绝对不会与她成婚。他不仅没有把给新娘子准备的礼物给她，还故意忽视她的存在。作为整个事件的推动者，克伦威尔受到亨利的埋怨，这成为他失势的开始。

不久之后，为了进一步扩大天主教的影响，亨利的仇人在一场晚宴上把凯瑟琳·霍华德介绍给亨利。凯瑟琳的叔叔是诺福克公爵。她长得娇小，算不上倾国倾城，可年轻且很有气质，亨利一眼就爱上了她。于是他马上取消了与克里夫斯的安妮的婚约，给出的理由是她有过婚约，与国王不般配。这样一来，安妮立刻成了流言的主角。结束了上一个婚约，亨利马上与凯瑟琳成婚了。据说成婚当天，克伦威尔便被处死了。接下来，国王为了"庆祝"又烧死不少人，其中既有对抗教皇的异教徒，也有不承认亨利的地位的天主教徒。对于这一切，民众仍然默不作声，英格兰的所有王公大臣没有一位有勇气伸张正义。

但是，苍天有眼，亨利不久就发现凯瑟琳·霍华德在婚前品行不端。当初用来诬陷安妮·博林的罪行，却真实地发生在凯瑟琳·霍华德身上。于是，随着断头台上的刀再次落下，亨利又成为单身汉，新王后终究还是走上了前王后们的老路。接下来，针对眼前的局势，国王监督属下写了一本与宗教有关的书——《基督徒必须知道的教义》。我觉得，在当时的局面下，国王本人肯定也很困惑，他有时真诚待人，很多时候又自欺欺人。例如，尽管诺福克伯爵和他的同盟千方百计要除掉克兰麦，亨利却从头到尾都很信任他。有一天，他甚至赐予克兰麦一枚戒指，承诺如果他被指控犯了叛国罪，将戒指交给法庭就能撤销起诉。克兰麦真的用了这枚戒指，使诺福克伯爵等人猝不及防。我猜亨利这么做是因为他认为克兰麦还有价值。

后来，亨利国王又成婚了。这是真的，但是我也很奇怪，英格兰居然还有女性肯做他的妻子。但他真的找到了一位妻子——凯瑟琳·帕尔，她曾是拉蒂默男爵夫人，此时丈夫已离世。她更偏向新教，并且——我很开心——不遗余力地寻找时机向亨利讲述新教的教义。这对亨利来说非常难熬，她几乎因此送掉性命。在一次这样的谈话后，郁闷的亨利给支持教皇的加德纳主教下了一道圣旨，叫他写一份控告凯瑟琳·帕尔的文件。假如这件事做成了，她一定会和之前的王后们一样，在同一个断头台上丢掉性命。可是她的一位好朋友碰巧看到了放在宫殿里的圣旨，并马上告诉了她。帕尔惊慌失措，被吓病了。当亨利前去询问时，她巧妙地打消了他的疑心。她解释道，她在某些方面口不择言是为了让亨利转移注意力，在繁忙中放松一下。她还说，在这样的谈论中，她可以从亨利博学多才的言论中学到不少知识。国王十分开心，上前亲吻了她，并称赞她是自己体贴的爱侣。次日，当大法官准备把王后关进伦敦塔时，亨利骂他是流氓、畜生、呆子。如此一来，差点踏上断头台的凯瑟琳·帕尔总算化险为夷了！

亨利国王在位期间，英格兰先和苏格兰进行了一场短促、愚蠢的战争，接着又与法兰西开战——因为法兰西帮了苏格兰。可是在英格兰国内发生的事却比战争更可怕，使这片国土笼罩上永远无法抹去的暗影。所以我就不再细说外国发生的事情了。

亨利在位的最后一段时间，又发生了几件可怕的事。安妮·艾斯丘是林肯郡的一位居民，她更偏向于新教，但她的丈夫却是个不折不扣的虔诚的天主教徒，因此她被丈夫赶出了家门。安妮辗转到了伦敦，却因触犯了《六项条文》被关到伦敦塔中，并受到刑讯逼供。行刑者也许想逼她供出别的异教徒——哪怕是虚假的也无所谓，但她却一声不吭。伦敦塔的守卫官无可奈何，只好把他的人撤走。很快，两个牧师接手了刑讯逼供的工作，他们不顾身份，亲自动手，将刑具的轮子转起来，直到安妮的骨头全都断裂。后来，他们把她送去火刑台时，不得不用一把椅子抬过去。与安妮一同接受火刑的还有三个人：一个权贵、一个牧师与一个裁缝。如您所见，与文章开头写的一样，历史总是惊人地相似。

诺福克伯爵与萨里伯爵是一对父子。也许是害怕二人的权势，也许真的被他们冲撞了，亨利决定除掉他们，让两人的名字进入受害者名单。萨里伯爵先受到审判（自然是因为凭空捏造的罪行），他顽强地为自己申辩，最终还是被定了罪，丢了性命。接着，亨利又盯上了诺福克伯爵。这位父亲最终被关押在伦敦塔中静待死亡。

最后，英明的上帝给亨利八世判了死刑，这个国家终于解脱了。如今的亨利看上去肥胖且丑陋，他的腿上有一个溃烂的伤口，每时每刻都散发着浓重的臭味，任何人都不愿靠近他。当他命若悬丝时，他让人赶快去找克兰麦。当克兰麦从克罗伊登的宫殿急匆匆赶来时，亨利已无法开口讲话了。他死了，生命停止在五十六岁。到此为止，他在位三十八年。

亨利八世在位期间出现了宗教改革，因此他被许多新教作家称赞，可这功劳根本不是亨利的。改革没有因为亨利的残暴不仁变得糟糕，也不会因为他的帮助与拥护变得更好。总之，亨利八世是世上最令人难以忍受的浑蛋，他的存在是对所有人性的羞辱。在英格兰的史书上，他更是一个用无数人的鲜血与一堆肥膏堆成的瑕疵品。

爱德华六世

　　亨利八世弥留之际，立了一份遗嘱。他成立了一个内阁，指定了十六个内阁成员，让他们帮助他只有十岁的儿子爱德华。不只如此，为了帮助第一内阁，他还成立了一个由十二个成员组成的第二内阁。第一内阁中，赫特福德伯爵无疑是最显贵的——他是爱德华的舅舅。亨利去世后，伯爵丝毫没有耽搁，赶紧恭恭敬敬地把爱德华带到恩菲尔德，再赶赴伦敦塔。爱德华得知父亲去世的消息后悲伤不已——在那时的民众心里，这种伤心恰好体现了小国王的美好品德。但是，因为这几乎是绝大多数人都具有的美好品德，我便不再赘述了。

　　亨利八世的遗嘱有一处含糊不清：他命令执行遗嘱的人帮他实现他做出的所有诺言。不少人对所谓的诺言的内容十分感兴趣，赫特福德伯爵与另外一些权贵也很好奇。他们坚称前国王曾许诺要为他们升职（请留意，是"他们"）。于是，赫特福德伯爵晋升为萨默塞特公爵，他的兄弟托马斯·西摩晋升为男爵。这样的晋升比比皆是，都是根据公爵派的意愿操作的——毋庸置疑，这也是前国王的意思。为了尽心尽力地完成已故国王的遗嘱，他们侵占了很多教会的财产，使自己的日子更奢侈、安逸。萨默塞特公爵更是成为摄政王，如此一来，他几乎成为英格兰实际上的国王，只缺一个正式的名号了。

爱德华国王自小便信仰新教，人们十分清楚，只要他在位，新教就一定会延续下去。可是，负责传播新教的克兰麦却没有雷厉风行地行动，而是按部就班、层层推进。不少可笑的迷信仪式被取消了，一些没有害处的仪式被保留下来。

摄政王萨默塞特公爵很想让爱德华六世与年少的苏格兰女王结婚，这样可以防止女王与别的国家结盟。但是，他的建议遭到绝大多数苏格兰人的反对。公爵只好对苏格兰开战，借口是两国交界处的某些苏格兰人侵扰英格兰人。但是，任何事都有两面性，不少在边境居住的英格兰人也同样侵扰了苏格兰人。在悠久的历史中，英格兰与苏格兰边界上的纷争从来没有停止过。许多传说与歌曲就取材于这些纷争。无论如何，公爵还是用这个理由对苏格兰展开了侵略。苏格兰的摄政王阿伦组织了兵力两倍于英军的队伍应战。在离爱丁堡只有几英里的埃斯克河岸，双方相遇了。经过几场小规模的战役，公爵提出议和，他说只要苏格兰人不将女王许配给任何一位国外的王子，他便撤走军队。苏格兰的摄政王多伦错误地以为英军示弱了，便下达了一个愚蠢的命令——继续攻击。结果，在英格兰海陆两军的夹击下，苏格兰惨败，一万多人在此次战役中丧生。这确实是场惨烈的战斗，战场上的逃兵全被残忍地杀害了。从战场到爱丁堡的 4 英里长的路上，随处可见尸体、丢弃的兵器与破碎的肢体。有些人藏在河里，却溺水身亡；有些人卸下铠甲仓皇逃跑，被杀时几乎身无寸缕。在这场平齐克鲁战役中，英格兰仅仅死了两三百人。英格兰士兵的衣着比苏格兰士兵的好很多，当他们见到苏格兰穷困潦倒的情况时，非常吃惊。

萨默塞特公爵返回英格兰后建立了国会。国会推动了几件有益的事情，包括废除《六项条文》。可惜的是，一条残酷的条款却被保留下来：在一切宗教问题上，如果有人不愿信仰国家让他信仰的东西，就会被处以火刑。不但如此，为了减少乞讨的人，国会还推出了一项愚蠢的法律：假如有人居无定所，在外面流浪三天或三天以上，便会被抓起来，用烧红的烙铁烙上印记，戴上刑具，成为奴隶。好在这个残酷并毫无道理的条款不久就撤销了，但代替它的是更多更加愚蠢的法规。

接下来，萨默塞特公爵越来越独断专行。在议会开会时，他就坐在国王的右边，位列所有权贵之首。因此，一些怀有野心、想争权夺利的权贵便视他为对头。实际上，他从苏格兰匆匆忙忙地返回英格兰，正是因为他得知西摩勋爵——他的兄弟——可能会威胁到他的权力。西摩勋爵是英格兰的元帅，长相英俊，深受女性喜爱，年轻的伊丽莎白公主也对他情有独钟。他们越过了被允许的交往距离——当时公主不能与人近距离接触，谁都不行。勋爵还与亨利八世的遗孀凯瑟琳·帕尔结为夫妻。为了巩固权势，他偷偷给了爱德华国王许多钱。据说他与几个反对摄政王的权贵结盟，准备从公爵手中抢走爱德华。由于这些或别的什么罪名，他被关进伦敦塔，受到指控并被判处死刑。我很遗憾地告诉你，首个在死刑判决书上签名的就是他的兄长。最后，他在伦敦塔的断头台上丢掉了脑袋，直到死亡来临他也没有承认罪行。他临死前做的最后几件事情之一便是写下两封信，分别给伊丽莎白公主与玛丽公主。他的一位随从把信放在鞋子里，悄悄带了出去。据说，信中敦促二位公主想办法干掉摄政王，替他洗刷冤屈。但是真实情况我们已经无法确认。无论如何，在很长的时间里，伊丽莎白公主确实受到他很大影响，这是毫无疑问的。

与此同时，新教依然在慢慢地推行：教堂中曾被民众奉若神明的画像被搬了出去；民众接到通知，假如他们不愿意便不用向牧师忏悔；一本翻译成英文的、通俗易懂的《圣经》出现了，几乎所有的英格兰人都能读懂；另外还有不少方面在进行改革。一切都按部就班地推进着。克兰麦是个十分严谨的人，他甚至不允许新教徒抨击尚未进行改革的天主教——但是对新教徒来说，抨击就像家常便饭，虽然它并不值得效仿。民众遭受了深重的苦难，那些霸占了教会领土的贪得无厌的权贵成为新的地主，行为格外过分：他们把大量土地圈起来养羊，因为养羊的利润远远大于种庄稼，这让人民承受了无尽的痛苦。但民众并不清楚此时的局势，他们轻易地相信了居无定所的天主教徒的话——毕竟他们曾是相互扶持的朋友——把发生的不幸全部算到新教头上。许多人奋起反抗，起兵攻击新教。

德文郡与诺福克是冲突最为激烈的地方。不过几天的时间，德文郡的反抗军就增加了一万多人。他们甚至攻击了埃克塞特——从这就可以看出反抗军拥有多么强大的力量。拉塞尔爵士受命来帮助被围困的民众，打败了反抗军。随后，他吊死了某位市长，还把一位当地的牧师吊死在他自己的教堂的塔楼上。据说，仅在德文郡就有四千多反抗军被杀。他们有的是被绞死的，有的是在战斗中丧生的。诺福克（这里的人并不反对新教的宗教改革，主要反对圈地运动）的反抗军的首领是一名从怀门德姆来的皮匠，名叫罗伯特·凯特。最初，民众受到绅士约翰·弗劳尔迪怂恿，一起反对凯特（凯特曾得罪过这位绅士）。但不久，凯特便征服了民众，得到了大家的拥护。没过多长时间，凯特便在诺里奇周围组织起一支颇具规模的队伍。

穆思堡山上有一棵郁郁葱葱的橡树，凯特为它取名"改革之树"。在夏日炎炎的时节，他与他的支持者坐在大树的浓荫下，组建法庭，谈论国家大事。他们十分公平，连一些让人讨厌的演讲家都被准许来到树下，指出他们的缺点。演讲家进行啰唆的发言时，他们便躺在树荫里安静地听（当然肯定有许多人不断地低声埋怨）。最后，在7月的一个艳阳高照的日子里，一位使臣来到大树下，告诉凯特与其支持者，他们都是背叛国家的坏人，假如他们马上遣散军队回家去，便不再追究他们犯下的罪行。但是，凯特等人根本不将使臣放在眼里，队伍的规模反而越来越大。直到沃里克伯爵率领一支所向披靡的队伍到来，他们才土崩瓦解。身为背叛者，他们有些人被吊死，还被分尸，四肢被送到一些偏远的地方，用来警示民众。"改革之树"的九根枝杈上，分别吊死了九个人。听说从此以后这棵郁郁葱葱的大树便慢慢枯死了。

摄政王是个心高气傲的人，可他心里确实装着人民，当看到人们深受苦难时，他真的很愿意竭尽全力帮助他们。但他这样身居高位又心高气傲的人并不容易得到民众的支持。况且他在权贵中还有无数的仇人，这些人与他一样不可一世，却没像他一样身居高位。摄政王在伦敦的斯特兰德大街修筑宫殿。因为石头不够用，他便下令用大炮轰击教堂的塔楼，并拆了主教的住宅。如此一来，民众更加厌恶他了。终于，他的死对头沃里克伯爵达德利与另外七名议员结盟，脱离了摄政王的队伍，单独组成一个议会。达德利的父亲就是亨利七世在位时那个让人讨厌的税官达德利。您一定不会忘记达德利与恩普森的罪行吧？沃里克伯爵达德利的权势很快强大起来。短短几天，达德利便为摄政王罗列了二十九条罪名，并将他投入伦敦塔。议会裁决免除摄政王的职务，将他的所有财产收归国有。摄政王低三下四地求饶，才获得原谅，被放了出来。后来，他重新成为议会成员，条件是将他的女儿安妮·西摩许配给沃里克伯爵的大儿子。但是妥协往往无法维持太久，实际上，都没维持到一年的时间。如今沃里克伯爵已晋升为诺森伯兰公爵，他的支持者也加官晋爵，真可谓一荣俱荣。他控告前摄政王萨默塞特公爵与格雷公爵及另外几人企图把国王拉下王位，并以叛国罪逮捕了他们。此外，这些人还被指控意图绑架或谋害诺森伯兰公爵与他的好友北安普敦勋爵、彭布罗克勋爵，以及怂恿伦敦市造反。早已失去权势的摄政王否认这些指控，但是承认说过要谋害三位大人，可根本就没有真正实施。最后，国会宣布除了叛国罪这一项罪名外，其他罪名全都成立。因此，当摄政王从法庭走出去时，行刑者的斧子并没有对着他。民众见到他时，都以为他平安无事了，于是就在街头兴高采烈地欢呼起来——此时他们又记起摄政王当初的仁慈了。

但是，最终摄政王萨默塞特公爵并没有逃过死刑。行刑的时间定在早上 8 点。因此，国会特别发出告示，命令人们上午 10 点前不得离开家门。可就算这样，街道上依然人山人海、熙熙攘攘。天刚拂晓，伦敦市民便在执行死刑的地方聚集起来，他们怀着悲痛，目送当初的摄政王走上断头台，把脑袋放在那块恐怖的木头上。临死前，公爵无比勇敢，他对现场的民众说，只要想起自己为宗教改革做的努力，便能平静地面对死亡。恰在此时，一位议员正好骑马来到断头台前，民众纷纷欢呼，认为议会要给公爵改判，不再砍头了，但公爵淡定地说这根本不可能，接着又将脑袋放到断头台上，任凭刽子手将其砍下。

许多目睹了一切的民众一拥而上，纷纷用他们的手巾浸染公爵流淌的鲜血，表达他们对公爵的敬爱与尊重。公爵在世时确实做了许多善事，有一件是他去世后才被大家知道的。在摄政王当权时，有人向议会告发达勒姆主教——他是一个仁慈的人——说主教收到一封信，让他反对新教及阴谋反叛，主教回信应允了。可议会一直没有找到主教的回信，因此无法给他定罪。现在他们才知道，回信被公爵藏在自己的私密文件中。公爵认为主教是个仁慈的人，便帮他隐瞒了证明罪行的信件。可如今公爵已死，主教也没能逃过被撤职与财产充公的命运。

让人遗憾的是，就在萨默塞特公爵沦为阶下囚，到了生死存亡的紧要关头时，他的小侄子爱德华六世却沉溺于戏剧表演、跳舞与模仿战争——这是千真万确的事，爱德华留下的日记可以证明。不过，让人感到宽慰的是，爱德华国王在位期间，火刑台上没有因为信仰烧死过任何一个罗马天主教徒。但是依然有两个异教徒被烧死：一个是荷兰人冯·帕里斯，他在伦敦做外科大夫；一个是琼·博谢女士，她发表了一些令人费解的言论，还用许多佶屈聱牙的词汇进行解释，因此获罪。小国王十分不愿在这位女士的判决书上签名，但克兰麦一直催促他（因为这位女士太过偏强，克兰麦不得不下狠手）。于是爱德华不得不按克兰麦说的去做，可在签名前，他含着泪控诉克兰麦，说要处决这位女士的人是克兰麦，错误是他的，不是自己的。而克兰麦是否会因此而内疚，不久您就会知道了。

爱德华六世在位时，教会中权力最大的当属克兰麦与里德利（他原来是罗切斯特主教，后来成为伦敦主教）。别的教会成员大都由于固守天主教而沦为阶下囚，所有的财产被充公。温切斯特主教加德纳、伍斯特主教希思、奇切斯特主教戴伊与伦敦主教邦纳（里德利是他的继任者）都没能逃过这种命运。玛丽公主从她的母亲凯瑟琳王后那里承继了忧郁的性格，因为王后的厄运和最终亡故与新教变革有千丝万缕的联系，因此公主非常厌恶新教。但是公主对新教根本不了解，因为她坚决不看任何如实阐述新教教义的书。由于疯狂推崇改革前的宗教，她成为全英格兰唯一一个可以参加旧式弥撒的人。她之所以有这样的特殊待遇是因为克兰麦与里德利，假如他们不劝说小国王，小国王一定不会让玛丽公主拥有这样的特殊待遇——虽然他很爱她。爱德华六世一直对玛丽疯狂崇拜未改革的宗教感到害怕。因此，当他由于麻疹与天花一病不起时，他对自己去世后的事担忧不已：假如顺位第二的玛丽公主继承了王位，她肯定会重兴天主教。

这同样是诺森伯兰公爵担忧的事：假如玛丽公主成为女王，那么致力于新教改革的他肯定不会再受宠信。萨福克公爵夫人有亨利七世的血统，假如她愿让她的女儿简·格雷做继承人，诺森伯兰公爵便高枕无忧了，因为他的儿子吉尔福德·达德利勋爵就是简·格雷的丈夫。因此，公爵利用爱德华的恐惧情绪，劝说他抛开玛丽公主与伊丽莎白公主，另外选择一位继承人。小国王便把一封连续签了六次名的信拿给御用的律师们，指定简·格雷为下一任国王。他还命令律师依据法规替他定下遗嘱。最初，律师们对这一决定十分抗拒，可由于诺森伯兰公爵极力支持，他们也只好照办。公爵甚至把上衣脱下来，说谁反对这件事，他便与谁决斗。他的话斩钉截铁，律师们几乎都在心里做好了被打一顿的准备。最初克兰麦摇摆不定，说他已答应让玛丽公主登上王位。无论他表现得多么坚定，他本身是个懦弱的人，所以他也与别的议员一样在这份文件上签名了。

之后的事情证明，尽早确定下一任国王是十分正确的。爱德华六世的身体每况愈下。为了让他尽快康复，人们为他请来一位自称可以治好他的女医生，但他的情况还是继续恶化。1553 年 7 月 6 日，爱德华六世驾崩了。在弥留之际，他平静且忠诚地向上帝祷告，愿上帝能护佑变革后的新教。

爱德华死时只有十六岁，仅仅在位七年。这样一位年少的君王，我们无从了解他的本性，更不能判断他以后会成为怎样的人——毕竟，他身边围绕着许多阴险狡诈、利欲熏心且总爱争强斗狠的权贵。总体上看，他是个十分惹人喜爱的男孩，在很多方面都有潜力，不见一丁点残忍凶狠。亨利八世居然有一个如此优秀的儿子，确实是件令人惊奇的事。

第三十章

玛丽女王

诺森伯兰公爵尽力将爱德华六世的死讯隐瞒下来，想着这样一来便能把两位公主掌握在手心里。可玛丽公主到伦敦看望病重的弟弟时，知道了弟弟死亡的消息。于是，她转而前往诺福克，去见好友阿伦德尔伯爵——正是因为他通风报信，她才知道发生了什么事。

现在小国王的死讯已经无法隐瞒了，诺森伯兰公爵与国会索性叫来伦敦市长和一部分议员，装模作样地公布了爱德华去世的消息，之后才向民众公布讣告，并让人通知简·格雷，让她为当女王做好准备。

简·格雷只是个刚满十六岁的漂亮女孩，她温和，聪明，多才多艺。当权贵们找到她并跪在她面前称她为女王时，她受到惊吓甚至晕死过去。她醒过来后，对爱德华六世的去世表示悲痛，但她深知自己没有统治这个国家的能力。假如一定要她成为女王，那她只好祈求上帝的指引。那时，她住在布伦特福德附近的锡永宫。在王公贵族的围绕下，她乘船沿着泰晤士河顺流而下，到达了伦敦塔。按照惯例，她要在那里待到加冕礼那天。可是民众对她并不友好，在他们看来，继承王位的应该是玛丽公主。大家也十分厌恶诺森伯兰公爵，因为有个叫加布里埃尔·波特的酿酒师在公开场合表达对公爵的不满，被公爵抓了起来。公爵把波特的两只耳朵钉在刑具上，并割了下来。在大臣中，许多身居高位的贵族拥护玛丽。他们纷纷起兵围绕在玛丽公主身边，并在诺里奇宣布玛丽为女王。属于诺福克公爵的弗拉姆灵厄姆城堡是他们的根据地。之所以选择这里，是因为他们不能完全保证玛丽的生命安全，让她住在靠近大海的城堡里，必要时能马上从海上逃跑。

国会本来想命令简·格雷的父亲萨福克公爵率领军队去平定叛乱，可因为简·格雷要求他陪伴在自己身边，公爵又不是健壮的人，因此改为任命诺森伯兰公爵为统帅去平定叛乱。诺森伯兰公爵并不愿赴任，他根本不信任国会，可又没办法推脱，只好心事重重地前去平叛。当他率领军队经过伦敦东部的河岸时，他忧虑地对旁边的一个军官说，尽管目送他们出征的民众很多，可所有的人都保持沉默。

事情的发展证实他的担忧是合理的。当他在剑桥苦苦等待国会的援助时，国会却突然宣布不再支持简·格雷，反过来拥护玛丽公主。这要归功于前面提到的阿伦德尔伯爵。当国会再次召见伦敦市长与议员时，阿伦德尔伯爵对这些爱见风使舵的聪明人说道，他不认为玛丽成为女王会对新教不利。彭布罗克勋爵挥动着佩剑为他造势，在一定程度上震慑了众人。于是，市长与议员们都松了口，说他们并没有怀疑过玛丽公主的继承者资格。很快，玛丽公主在圣保罗大教堂庄严的十字架前加冕为英格兰的女王。一桶桶美酒发到民众手中，他们喝得烂醉如泥，围绕着火堆载歌载舞——这些不爱思考的不幸的人啊！他们根本不知道，不久之后，另外一种火便会以玛丽女王的名义燃烧起来。

当了十天女王的简·格雷女士温驯地把王冠交了出来。她说，她答应成为女王，完全是为了满足父母的愿望。她高兴地返回了河边的家，又一次沉浸在书的海洋中。此时，玛丽正声势浩大地前往伦敦塔。女王同父异母的妹妹伊丽莎白公主在埃塞克斯的旺斯特德加入了女王的队伍。她们一起从伦敦的街头走过，来到伦敦塔。玛丽女王在那里接见了部分曾经身居高位的囚徒，与他们亲吻后释放了他们。其中就有温切斯特的主教加德纳，他因为维护天主教，在爱德华六世在位期间被关进监牢。不久，他被玛丽女王指定为大法官。

现在，诺森伯兰公爵被关进了监狱。当他与他的儿子及另外五个人站在议会面前时，他责问议员，执行盖着国玺的文件是叛国吗？如果是的话，那么，执行相同文件的议会，又是站在怎样的立场来审问他的？议员对他的责骂一笑了之。为了早点除掉公爵，他们很快就下达了死刑判决书。诺森伯兰公爵通过别人的死获得了权力，可到了他失去权力的那一刻，他却表现得异常差劲（这也没什么奇怪的）。他哀求加德纳饶他不死，即使让他后半生都生活在最贫困的地方都行。当站到伦敦塔的断头台上时，他装出一副可怜的样子对民众说，他的所作所为全是被别人怂恿的，他恳请民众信奉天主教，并说它是自己的信仰。我想，就算到了如此糟糕的地步，他还在幻想这些说辞能让他逃过一死。可他的想法如何已无关紧要，最终他并没有逃过死亡。

现在，玛丽加冕做了女王。她三十七岁了，矮小瘦弱，满脸皱纹，而且多病。可她十分爱在公开场合露面，喜欢鲜艳夺目的色彩。因此，在她的王宫中，每位女士都穿得鲜艳华丽。她固守旧传统，就算那些旧例对她根本没有什么用，她仍然执着于它们。她在生活中遵守着最古老的习俗，信奉最正统的宗教，她的加冕典礼也是用最原始的方式完成的。但愿这些能对她有所帮助吧。

没过多长时间，她打压新教、光复天主教的决心便展露无遗。这是件有风险的事，现在民众聪慧多了。当御用牧师在公开场合讲经布道抵制新教时，民众竟然大胆地向某个牧师掷石头，其中甚至夹着一把匕首，但这并不能阻止玛丽女王与她的教士们。爱德华六世时风光无限的里德利主教现在被关押在伦敦塔中；极有名望的牧师拉蒂默也被关了起来；克兰麦也不能幸免，很快便走上他们的老路。拉蒂默已是位白发苍苍的老人，当守卫押着他到达史密斯菲尔德时，他朝周围看看，说："我可以听到这土地为我发出的悲鸣。"因为他心里十分清楚将有怎样的火焰在这片土地上燃烧。而对此心中有数的当然不止他一人。现在，监牢里到处可见新教徒的身影，与他们相伴的是暗无天日的环境、饥饿，以及与亲人离别的痛楚。有些人一抓到机会便匆忙地逃离这个国家。即将发生什么，就连最愚钝的人也能猜到。

局势发展得十分迅速。一个新的内阁组成了，但是它的成员看上去不是用公平的方法选出来的。新内阁称，在亨利八世与凯瑟琳王后解除婚姻关系一事上，克兰麦当初的判断是错的。他们还撤销了爱德华六世在位时颁布的所有与宗教有关的法律。他们根本不把法律放在眼里，不但重新启用旧弥撒，还流放了一名不愿意向他们下跪的主教。他们还说简·格雷女士企图抢夺王位，给她与她的丈夫强加上叛国的罪名。克兰麦被扣上不信任旧弥撒的帽子，并因此被定罪。接着，新内阁又恳请玛丽女王尽快找一位丈夫。

但是，谁有资格娶女王呢？大家围绕此事展开激烈的争论，并分成几个派系。一部分人觉得波尔主教是最佳人选，但女王并不愿意，因为波尔年纪太大了，并且为人刻板。一部分人觉得德文郡伯爵考特尼年少英俊很合适，一开始玛丽也略有动心，但不久便改变了想法。后来，西班牙的菲利普王子成了众人一致赞同的人选，就像他与玛丽女王是天作之合。可民众并不满意，他们从头到尾都十分排斥这件婚事，他们悄悄地议论，在国外势力的支持下，西班牙人会成为英格兰的主宰。假如这个担心成为现实，天主教甚至可怕的异教审判的制度将再次回归。

积压的情绪终于引发一场阴谋。阴谋家们想让伊丽莎白公主与年轻的考特尼结婚，这样他们就可以借助国内混乱的局势，支持公主，对抗玛丽。这个阴谋很快被加德纳发现了。但是，在历史悠久、民风彪悍的肯特郡，民众揭竿而起了。托马斯·怀亚特爵士是个有勇有谋的人，也是这次起义的首领。他在梅德斯通举起了自己的旗帜，然后挥师抵达罗切斯特。他占领了古老的城堡，准备在那里与诺福克公爵的队伍作战。公爵的队伍中有一些是玛丽女王的卫士，还有五百个伦敦市民。可这五百个伦敦市民并不支持玛丽女王，他们拥护的是伊丽莎白，所以他们临阵倒戈了，害得公爵不得不撤退。怀亚特率领一万五千人，一路追至德特福德。

可是一切都有天意。当他到达南华克时，手下只剩了两千人。伦敦人民严阵以待，伦敦塔楼的枪炮也准备妥当，随时准备阻止他过河。但这无法使怀亚特失去信心。他率领属下赶往泰晤士河边的肯辛顿，准备通过那里的桥到达路德门——伦敦城历史最悠久的城门之一。当他到达时，桥已被损坏，他将桥梁修好，过了河，顺着弗利特街奋力拼杀到路德门山。当他发现大门早已牢牢关闭时，便拿着佩剑沿路返回，杀到圣殿关。在这里，他最终因为敌众我寡而投降。他手下有三四百人成了俘虏，一百多人被就地杀死。怀亚特曾摇摆不定（也许是遭到了严刑逼供），他供认伊丽莎白公主是他的同谋，但并不是主谋。可是不久他便找回了自己的勇气，说再也不会因为惧怕死亡而去讲不实的证词。最后，他被处死，尸体被分成若干块送到英格兰各地。他手下大约有五十到一百人被处以绞刑，剩下的人为了得到宽恕，戴着枷锁，一边顺着大街行走一边喊道："上帝保佑玛丽女王！"

玛丽面对暴乱，表现得十分勇敢。她拒绝逃到安全的场所，反而手拿权杖，一路走到市政厅。在大厅里，她向伦敦市长与市民发表了慷慨激昂的演说。但是，在怀亚特投降的次日，她却做了一件极其残忍的事——就算与她残暴的治理相比也算得上恶劣——她在简·格雷女士的死刑判决书上签下了自己的名字。

他们曾劝说简·格雷信奉天主教，可都被严词拒绝。执行死刑的那天清晨，简·格雷从窗户朝外看去，看到她丈夫血淋淋的没有头颅的尸体躺在囚车上，被人运下伦敦塔山。她丈夫临死前，她甚至不愿与他见最后一面，因为她怕自己会悲恸欲绝。她必须平静地面对死亡。

这份平静将被永远地载入史册。她从容冷静、脚步坚定地走向断头台，并用平缓的声音向前来观看的人进行演讲。前来观看的人并不多，她是如此年少、可怜、美丽，因此民众并不希望她像她的丈夫一样在众目睽睽下死在伦敦塔山上。所以，人们选择在伦敦塔里对她执行死刑。她承认她确实有罪，因为她抢夺了本该属于玛丽的名誉。但她这样做并不是出于恶意，就算是死，她仍然是位谦和的基督徒。她请求行刑者动作利落一点，给她一个痛快，她向他询问："当我趴下时，你便会把我的头砍下来吗？"他回答不会。当她的眼睛被蒙上时，她仍然十分淡定。可眼睛被蒙上后她便看不到木桩了，所以她只好伸出双手四处摸索。据说人们听到她疑惑地问道："唉！我该怎么做？它究竟在什么地方？"行刑者只好带着她走到断头台前，接着便将她的头砍了下来。现在您发现了吧，一直以来，英格兰的行刑者都是如此恐怖！无数人的头被他们的斧头砍了下来！这些被砍头的大多是全英格兰最英勇、最聪明、最伟大的人物！但与简·格雷的死亡放到一起来看，这些人还不算最血腥、最恶劣的。

不久，简的父亲也落得和女儿一样的结局，却没有得到多少人的怜悯。玛丽女王下一步要做的是对付伊丽莎白公主，她很快便行动起来。伊丽莎白公主一直安静地生活在伯克姆斯特德附近的阿什里奇。女王派了五百人过去，要求他们务必把伊丽莎白公主带回来，无论生死。他们晚上 10 点左右到达公主的住所，公主正在生病，可他们的首领仍然跟随女仆来到了她的房间，次日早晨便把她从住所带了出来。她乘坐着轿子，被押送到伦敦。她当时已经十分虚弱，因此足足走了五天才到。可她仍固执地要让民众看到她，她让人把轿子的帘子打开，将病容展示给大众，一路穿过伦敦的大街。她给玛丽女王写了一封信，她说："我从未犯下什么过错，为什么要被关进监狱？"但她没有得到答复，还是被关进了伦敦塔。侍卫押着她走过叛徒之门时，她不肯迈步，但最后不得不屈服。天下起了小雨，一位押解她的贵族将披风脱下来为她披上，可她却高傲地回绝了他的好意。她走进伦敦塔的庭院，找了一块石头坐下。守卫们请求她进入房间，不要在外面坐着淋雨，她却说在外面坐着远比在房间里关着舒服多了。后来她还是不得不进入房间，成为一名阶下囚。对她来说，真正的牢狱生活应该是从伍德斯托克开始的——她被关入伦敦塔后又被转移到那里。据说，某天她看到一位挤牛奶的女仆唱着歌在灿烂的阳光里走过绿茵茵的草地，感到十分羡慕。加德纳主教——就算在残暴不仁的神职人员中，也找不出比他更无耻的了——在公众场合表示希望伊丽莎白公主去世。他常常说起一句话：假如异教是一棵树，只要它的根系还在，简单地去掉树叶与树枝无法伤其根本。但是他的阴谋没有得逞，伊丽莎白公主最终还是被释放了。女王让她住在哈特菲尔德宫，并派托马斯·波普爵士监管她。

伊丽莎白命运的改变，应该归功于来自西班牙的菲利普王子。王子高傲、蛮横、阴沉，这注定了他不会受人爱戴，可他与手下的西班牙大臣都坚决反对暴力对待伊丽莎白公主。他这么做也许只是出于谨慎，但我们仍然希望是出于骑士风度与准则。玛丽曾迫切地期盼她的丈夫的到来。现在王子真的到了，她十分开心，不过王子完全无视她的存在。在温切斯特，加德纳主持了女王与王子的婚礼。他们在民间举办了许多庆祝活动，可仍然不能打消民众对这次联姻的疑虑。议会中也存在同样的怀疑。虽然议员们算不上忠诚，或许还有不少人收了西班牙人的黄金，可他们也不赞成玛丽女王自己指定继承人，而不选择伊丽莎白。

虽然加德纳并没有获得民众与议会的支持，也无法给公主定下死罪，但却坚定不移地推广着天主教。新成立的议会中，一个信奉新教的议员都没有。新议会准备妥当，打算邀请波尔主教到英格兰。主教带来罗马教皇的旨意，允许英格兰的贵族将从教会抢来的财富据为己有——这么做可以笼络这些自私自利的人。主教大张旗鼓地来了，受到热情的欢迎。议会向主教递交了一份请愿书，表达他们对宗教改革的惋惜与愤慨，请求主教代表教皇重新接纳英格兰。接下来，为了庆祝玛丽的计划成为现实，一场完美的表演开始了：当着玛丽、王公大臣及议员的面，加德纳大声地宣读了这份请愿书；接着主教展开了一场慷慨激昂的演讲，然后谦逊地宣布一切都将被忘却并得到宽恕，英格兰从此重新回到罗马教皇的怀抱。

现在一切都已安排妥当，该点燃那恐怖的"火焰"了。玛丽给议会写了一封亲笔信，说她不愿意看到议会在任何一场火刑中缺席，并且她十分希望每场火刑都有牧师讲经布道。如此一来，议会便明白下面该怎么做了。接下来，在伦敦南华克的圣玛丽奥弗里，红衣主教祝福所有在场的主教（这是执行火刑的序曲），之后加德纳大法官宣布法庭开始公开审判异教徒。格洛斯特主教胡珀与在圣保罗大教堂任职的罗杰斯因为信奉新教被带到法庭上。胡珀的罪行是他结了婚，而且不愿意相信弥撒。他全都承认，并说弥撒只是一个低劣的谎言。接着，他们又对罗杰斯进行审判，得到的供词和胡珀的差不多。次日早上，两人被判了刑。罗杰斯请求在临死前见见妻子。他的妻子是位不幸的德国女性，他死后她将在英格兰这个陌生的地方孤单地一个人生活。但是毫无人性的加德纳不同意他的请求，并说她根本就不算他的妻子。罗杰斯说道："可是，尊敬的大人，她真的是我的妻子，我们在一起足足十八年了。"他的请求仍然没有得到许可。二人被押解到新门。街道两边的店铺被勒令不准开灯，以防民众看到犯人。但是人们仍然陆续从家里走出来，手上拿着蜡烛，当囚犯走过时默默地祈祷。不久，罗杰斯被从监牢里带出来，在史密斯菲尔德执行火刑。去刑场时，他在围观的人群中见到了不幸的妻子与十个小孩，包括刚出生的那个。接着，他便在火刑场被烧死了。

次日，胡珀也被押解出来，前往行刑地格洛斯特。为了避免民众见到他，他被强行戴上一个包住头部的大帽子。就算如此，当他经过治理的地区时，当地的民众仍然认出了他。格洛斯特的民众在他经过的街道旁排成队，为他祈福、痛哭。守卫把他送进一间小房子，他在那里安稳地睡了一觉。次日上午9点，他来到火刑场。因为在牢中得了风寒，他身体很虚弱，只能用拐杖支撑着自己。教堂前一棵粗壮的榆树上固定着一条铁索，用来把他绑在铁柱上。当初做格洛斯特主教时，他常常在这棵树下祈福、讲经。现在正是2月，大树只剩下光秃秃的树干，树下坐满了民众。格洛斯特教会的神职人员在一扇窗户边沾沾自喜地围观。总之，几乎每个地方都挤满了前来观看的人。人们纷纷往前挤，生怕看不到马上就要上演的悲剧。这位老人在刑台前的小平台上跪下高声祈祷，距离他最近的民众仔细地听着，守卫不得不命令他们退后。对罗马教廷来说，这些新教的祈祷充满污秽的词语。祈祷结束后，他来到刑架前，被脱得只剩一件衬衫，被铁索绑到铁柱上。一个守卫十分怜悯他，把一小包火药绑在他身上，希望能让他少受点苦。接着他们将木头、干草与秸秆搬过来，架好，点火。遗憾的是，木柴是刚砍下来的，还很湿，而且风很大，火完全无法燃起来。就这样，足足四十五分钟，这位仁慈的老者在火焰的一次次燃起、熄灭中承受着烟雾与火焰的双重折磨。大火终于烧起来时，大家看到他仍然在轻声祈祷，就算一只手臂已被烧毁，他仍旧用剩下的另一只手敲击胸膛。

克兰麦、里德利与拉蒂默被送到牛津，就弥撒是否合理与一堆牧师、研究者展开辩论。他们受到了毫无礼貌可言的对待。据史书记载，牛津的研究者根本没有学者的风度，对客人不屑一顾、大声呵斥。三人被送回监牢，接着又被送往圣玛丽教堂接受审判。毫无疑问，他们最终全都被判罪名成立。10月16日，另一场恐怖的火焰即将燃起。

贝利奥尔学院旁边的护城河沟被指定为里德利与拉蒂默的火刑执行地。他们到达这个污秽的场所后，首先亲吻了火刑柱，然后与对方拥抱。接着，一位学富五车的智者走上讲坛，拿着《圣经》宣讲教义：

"我若将所有的周济穷人，又舍己身叫人焚烧，却没有爱，仍然与我无益。"可请您认真地思考一下，把人焚烧至死何来善良可言？可以看出这个博学的智者是多么恬不知耻。讲经结束后，里德利本来想发表一些意见，可根本不被允许。当守卫把拉蒂默的衣服脱下来时，才发现他在自己身上缠绕了崭新的裹尸布。而且，当他站到民众前面时，大家惊奇地发现，虽然几分钟前他还是举步维艰的老者，可此刻却挺拔地站着，看上去俊朗潇洒，因为他明白，他就要为一项公正且神圣的事业慷慨赴死了。里德利的妹夫也带来了火药，等他们被绑到刑架上，他便把火药撒到他们身上。然后，一支火把扔到了木柴上，火开始燃烧。在这悲伤的时刻，拉蒂默说道："里德利大人，放轻松点，我们要像个真正的男子汉！现在，上帝可以看到，我们会在英格兰留下一支点亮的蜡烛，它将永远存在！"大家见到他挥动着双手，好像在让火焰帮他净手，接着他把双手放在满是皱纹的脸上，大声叫道："上帝啊，请您带走我的魂魄吧！"很快他就被烧死了。火焰刚到里德利的腿部突然熄灭了。此时里德利半死不活地被绑在铁桩上，哭泣道："唉！我无法燃烧了！唉！看在上帝的分上，赶紧让大火燃烧吧！"他的妹夫找来更多木柴重新点火，仍然能听到自烟雾中传出的煎熬的哀号："唉！我没法燃烧！我没法燃烧！"终于，大火被点燃了，他的煎熬停止了。

过了五天，加德纳便见上帝去了。面对上帝，他这种为虎作伥的凶狠之徒，必须为当初的行为努力辩解一番了。

克兰麦仍被关在牢中。2月，他再一次被提审，主持审讯的人是伦敦主教邦纳。邦纳也是个残暴不仁的人，他十分适合加德纳的职务——加德纳在世时就已经厌烦了这些残暴的工作，邦纳便尽心地代他担负起所有的职责。现在克兰麦已被降职为普通神职人员，等待死亡的到来。假如在这个世界上，玛丽女王只能恨一个人的话，这个人必然是克兰麦，她下决心要让克兰麦受尽折磨。毫无疑问，玛丽与她的丈夫都参与了这场惨剧，他们给议会写信，敦促他们赶紧把火焰点燃。克兰麦算不上一个坚定的人。议员们准备了一个圈套——把他放到一群狡诈的人中，让那些人劝他放弃新教，转信天主教。学监与教士去见他，与他一起玩草地滚球，并向他表达了关心，还不厌其烦地与他讨论，为了让他在监牢中过得舒服点还给他金钱。最后，他们还诱导他在六份放弃新教的声明上签上名字。但是，当他踏上刑场时，他仍旧表现出了高贵的气质，他的死亡十分让人敬佩。

祈祷与讲经结束后，当值的牧师科尔（常与克兰麦在一起的奸诈的人之一）要他当着民众忏悔，明确表达他的宗教立场——科尔期待他当众宣布自己是罗马天主教信徒。克兰麦说道："我会进行忏悔，并且一定会极力配合。"

接着他站起来，站在大众前面，把放在袖子中的祈祷词拿出来大声地朗读。接着，他又跪倒在地，与在场的人一同诵读了主祷文。结束后，他又站起来，当着所有人的面说他十分相信《圣经》，之前他签署的文件上说的全是假话，等面对燃烧的大火时，他会第一时间把那只在文件上签名的右手烧掉。至于教皇，他根本不承认，并说教皇是上帝的仇人。此时，"忠诚"的科尔牧师叫来了守卫，禁止这个异教徒再说话，并把他带离现场。

他们把他带到刑柱前绑上铁索，克兰麦赶紧把衣服脱下来，准备接受大火的洗礼。他坦然地出现在民众面前，秃着头，白色的胡须飘在胸前。当死亡真的来临时，他仍然坚定不移，又一次推翻了之前的供词。他在人们心中留下了不可磨灭的印象，一位负责监督行刑的官员只好命令守卫马上点火。当大火熊熊燃起时，克兰麦遵守自己的诺言，伸出右手大喊道："这便是当初犯下错误的手！"他把右手放到火焰中，看着右手在火焰中化成灰烬。后来，民众在灰烬中发现了他的心脏，居然没有损坏。最后，他在英格兰的史书上留下了浓墨重彩的一笔。波尔主教因为克兰麦的死兴高采烈，亲自朗读了弥撒，次日，他便代替克兰麦当上了坎特伯雷大主教。

现在，玛丽的丈夫常年住在国外，并常常在心腹面前讲一些关于女王的恶俗笑话。他与法兰西的关系恶化，就来到英格兰请求支援，英格兰本不想因为他而与法兰西开战，可法兰西国王恰在此时入侵了英格兰海岸，于是，两国正式开战了。这正是菲利普想要的。玛丽女王为了筹措战争经费，千方百计，巧立名目，终于收获一笔巨额的钱财。可巨大的开销却没能为她带回巨大的回报。由于法国的吉斯公爵突然袭击加来，英军伤亡惨重，极大地损害了英格兰的国家形象，玛丽没法从这样的伤害中解脱出来。

正在此时，一场恐怖的热病在英格兰蔓延开来，并且——我很愉快地告诉您——玛丽也没能幸免，没过多久便一病不起。"如果我死了，你们把我的遗体剖开，你们一定可以见到'加来'两字刻在我的心脏上。"她对病床边的人们说。但是，假如她的心脏上确实有字的话，我认为应该是简·格雷、胡珀、罗杰斯、里德利、拉蒂默、克兰麦和"在我四年残暴的统治里包含六十位女性与四十个小孩在内的被我烧死的三百名民众"。我相信上帝早已记住了他们的惨死。

1558 年 11 月 17 日，玛丽女王去世，享年四十四岁。到现在为止，她在位不到五年。波尔主教 18 日也去世了，同样死于热病。

在历史的长河里，"血腥玛丽女王"被永远铭记，在英格兰的历史中，她将一直与惊恐和仇恨挂钩，但就算这样，仍然有些后代的作家愿意为其粉饰，说她是位十分善良、受人尊重的国王！上帝说过："什么样的人就会种出什么样的果实，凭借他的收获，便可判断此人的本性。"就玛丽的治理而言，收获便是刑桩与大火，这恰恰可以为其做出准确的概括。

第三十一章

伊丽莎白一世

第一部分

　　议员们赶到哈特菲尔德，宣布伊丽莎白公主成为英格兰女王，全国上下兴奋异常。玛丽的苛政让人们苦不堪言，大家用欢喜和憧憬的目光看着新女王。全国上下好像从一场恐怖的噩梦中醒来，曾经带走许多人生命的熊熊大火也已熄灭，铺天盖地的烟雾终于散去，天空再一次露出它的蔚蓝。

　　伊丽莎白女王时年二十五岁，她从伦敦塔出发，策马穿越伦敦的街道，到威斯敏斯特大教堂参加加冕典礼。她顶着一头红色的头发，五官很特别，显得高贵又有威仪——虽然按照女性的普遍长相来看，她的鼻子算不上精致。伊丽莎白长得并不像大臣们说的那样国色天香，可也是美丽的，至少比那位脾气暴躁、总是板着一张脸的玛丽好太多了。她学富五车，但所写的作品却晦涩难懂，她还常常对人出言不逊，讲话也脏话连篇；她聪慧机智，却爱用阴谋诡计，两面三刀，并且像她的父亲一样性烈如火。我这样对您说是因为大家在说到伊丽莎白时，不是将她称赞得世间仅有、独一无二，就是将她贬低得毫无所长、一文不值。因此，如果要对她在位期间所做的事情有个相对全面的了解，首先要了解她究竟是个怎样的人。

她在位初期还是很好的，因为威廉姆·塞西尔爵士那时是首相。他是位聪慧且心思缜密的大臣，在伊丽莎白即位初期做了不少工作，后来还被女王册封为伯利勋爵。不管怎么说，当游行的队伍从街头巷尾走过时，民众的脸上都是发自内心的灿烂笑容。人们的开心并不是没有缘由的。他们开展了多种多样的演出，并展览了许多画像。伦敦城的守护者歌革与玛各的画像被悬挂在坦普尔巴的最高处。伦敦政府的人恭恭敬敬地把一千马克的黄金献给年轻的伊丽莎白。如此有分量的礼物，女王必须双手捧着才能放入马车。加冕典礼十分成功，次日，刚上任的伊丽莎白收到一位大臣递交的申请书，上面说依照习惯，每当有这样的大事发生时都需要释放部分囚犯，女王也应该表示一下仁慈之心，宽恕写作《福音书》的四位作者——马太、马克、路加和约翰，以及一些圣保罗的门徒。这些人已被流放了很长一段时间，因为语言不通，他们与当地的人完全没办法交流，与关在监狱中没有区别。

女王答复道，要先询问他们本人是否想恢复自由。为了得到答案，两派宗教的支持者准备在威斯敏斯特大教堂举办一场隆重的辩论会——在一定程度上，这是一场教派之间的比赛。毫无意外，人们不久便达成了清楚的共识：如果要让一个人从书籍或他人的讲述中学到什么，首先要让他对这些事物有所了解。后来，大家用简单易懂的文字制定了一份做礼拜的程序，并确立了一些法律，庞大的宗教改革此时才算真正完成了。总的来说，天主教的主教与教徒并没有遭到残酷的惩罚，因为伊丽莎白的大臣处事严谨又心地善良。

那时，玛丽·斯图尔特是苏格兰的国王，她是个喜欢惹是生非的人，是麻烦的制造者。伊丽莎白在位期间爆发的暴力与血腥事件几乎都与她有关。接下来我们便简单说说玛丽·斯图尔特到底是个怎样的人，曾做过哪些事，她是如何被伊丽莎白视为最痛恨的人的。

玛丽·斯图尔特的母亲是吉斯的玛丽，即苏格兰的摄政女王。玛丽·斯图尔特还是小女孩时便被许配给了法兰西的王太子。罗马教皇说过，假如没有得到他的允许，任何人都不能成为名副其实的英格兰国王，可伊丽莎白恰恰就没有经过他批准，所以教皇十分痛恨女王。另外，假如英格兰的议会没有修改继承权，现在英格兰国王就应该是苏格兰的玛丽。教皇与支持者对改变继承权一事表示出极大的愤怒。他们态度坚定地表示玛丽·斯图尔特才是真正的英格兰女王，伊丽莎白只是一个篡位的阴谋家。玛丽·斯图尔特与法兰西关系紧密。此时法兰西国力强盛，对英格兰虎视眈眈，又与苏格兰成了同盟，导致英格兰的局势危机重重。当法兰西国王过世，王太子也就是玛丽的丈夫成为新国王弗兰西斯二世时，局势更加严峻，夫妻俩自封为英格兰的国王与王后。教皇也决心竭尽全力地帮助他们。

现在，在约翰·诺克斯教士等人的带领下，新教也开始进入苏格兰进行宗教改革。诺克斯是个冷淡刻薄且很有权势的人，他和一些志趣相投的人在苏格兰展开了十分疯狂的活动。此时苏格兰仍然处于半蒙昧半文明的状态，每天都有无数的杀戮与暴动不断上演。变革者并没有革故鼎新，反而把苏格兰人残酷无情的传统发挥得淋漓尽致。无数教堂被他们变成残垣断壁，图画与圣坛统统被毁，身着灰衣、黑衣、白衣的各派修道士统统遭到殴打，无论他们身处何处、无论穿哪种颜色的修道服都在劫难逃。苏格兰变革者片甲不留的血腥作风让法兰西王室十分恼怒，因为法兰西王室都是天主教的信徒（在关于宗教的事情上，苏格兰人总会做出一些让人匪夷所思的行为）。因此，法兰西派大量军队来到苏格兰，无论身穿何种颜色的修道服的修道士都能得到他们的帮助。法兰西还企图先制服苏格兰再入侵英格兰，实现完全摧毁宗教改革的美梦。苏格兰的变革者成立了一个名为"耶稣在苏格兰的忠实仆人联合会"的组织。他们悄悄地与伊丽莎白取得联系。假如新教无法在苏格兰站稳脚跟，那么也许也会在英格兰失败。于是，尽管伊丽莎白女王明白法兰西国王与王后具备支配苏格兰的权力，但仍然派遣一支队伍到苏格兰帮助变革者。变革者也手持利刃，准备与自己的国王决一死战。最终双方被迫在爱丁堡达成停战协议。法兰西同意从英格兰撤军。在另一份协议中，年轻的玛丽与她的丈夫承诺不再以英格兰女王和国王自居，可这个承诺形同虚设，根本没有人去履行它。

事有凑巧，双方签订协议书后不久，年少的法兰西国王便与世长辞，年轻的玛丽成为寡妇。接下来的日子里，苏格兰的民众请求玛丽女王回来治理他们的国家，玛丽刚好不满于自己当前的生活状态，很快就应允了。

伊丽莎白成为女王的第三年，玛丽王后决定从加来出发，返回她那乱七八糟、一塌糊涂的祖国。她坐着船从港口出发时，亲眼看到一艘船沉到海底的全过程。她喊道："我的上帝啊！对远航而言，这绝对是厄运的兆头啊！"她一直坐在甲板上回头看着深爱的法兰西，止不住地哭，直到天黑才停止哭泣。在睡觉前，她还嘱咐她的仆人，假如明天还可以望见法兰西的海岸，拂晓时分便要唤醒她，她要看着它，直到再也无法看见为止。次日，天气十分晴朗，眼界十分开阔，仆人按照她的叮嘱唤醒了她，她看着渐渐远去的国家，又一次流下眼泪，嘴里不停地重复着："再见了，法兰西！再见了，法兰西！从此以后，我便与你再无相见之日了！"此时这个青春靓丽的女孩才十九岁，许多年之后，她这段悲伤且有趣的旅程依然被刻在大家的记忆里。随着时间流逝，这件事与玛丽另外一些可怜的遭遇合在一起，使世人对她生出很多怜悯。可我却觉得，这样的怜悯似乎没有必要，玛丽应该当不起。

返回苏格兰的玛丽居住在爱丁堡的荷里路德宫。她发现四周都是不熟悉的人，他们举止粗鲁，与人相处时显得没有教养，让人十分反感。身边的一切都与当初在法兰西王宫的情况有着天壤之别。这些人有的对她很友好，有的则对她不友善。对她友好的人，却会在她长途跋涉疲惫不堪时，让人弹奏难听的小夜曲——大概是用风笛演奏的，发出的声音让人毛骨悚然，玛丽听到后忍不住头疼。他们还安排苏格兰矮马把玛丽与她的侍从送到王宫。那些马都可怜兮兮的，好像根本没有吃饱似的。对她不友善的人中就有归正会的头目。这些人位高权重，总是针对玛丽的休闲活动说些冷言冷语——哪怕这些活动是有益健康的——连音乐与舞蹈都被他们称为魔鬼的产物。约翰·诺克斯还常常直接训斥玛丽，语气极其恶劣，态度蛮横无理，给她的生活添了不少麻烦。这一切让玛丽越来越沉迷天主教，她当着天主教首领们的面郑重起誓：假如将来当上英格兰女王，她肯定会让天主教再次扬威英格兰。毋庸置疑，这样的行为无论是对玛丽还是对英格兰来说都是十分冒险且莽撞的。在玛丽可怜的人生中，您一定要记住这一点。另外还需要记住一点，玛丽在她的整个人生中不停地被天主教徒利用，与伊丽莎白女王争斗。

伊丽莎白女王明显也是十分痛恨玛丽的。伊丽莎白本是个爱慕虚荣且极爱嫉妒的人，尤其痛恨已成婚的人。凯瑟琳·格雷是被砍头的简·格雷的妹妹，她只是与人悄悄订下婚约，便遭到女王无耻残酷的对待，最后走投无路，她的丈夫也难逃一贫如洗的命运。因此，当女王得知玛丽再婚的消息后，对她的憎恶更深了。伊丽莎白女王身边并不缺乏爱慕者，除了国内，西班牙、奥地利、瑞典都有她的追求者。莱斯特伯爵罗伯特·达德利是女王在英格兰的情人，女王对他一往情深，他却悄悄地和埃米·罗布萨特（一位英格兰权贵的女儿）结了婚。后来，埃米死在了卡姆拉庄园——这是伯爵在伯克郡乡下的一处住所。伯爵极度怀疑他的妻子是被人谋害的，目的是让他没有后顾之忧地与女王结婚。知名作家沃尔特·斯科特将这件事记载下来，并以此为题材创作了他最出色的传记作品中的一部。女王非常清楚如何勾引英俊的大臣，让自己开心，让自己的虚荣心得到满足，也明白如何婉拒爱慕者来保持高傲。伯爵与其他的追求者都失败了，没有人能娶到她。

伊丽莎白常常在精心设计的演讲中宣称她会坚持一个人生活，一辈子不结婚。我认为她的话听起来很动人，也十分有道理，但是无数的人用这个来美化伊丽莎白的形象，我们都听烦了。

想与玛丽成婚的王孙公子中什么人都有，可英格兰王室不信任任何人，为了阻止这些人接近玛丽，王室竟然宣布玛丽将与莱斯特伯爵成婚——虽然伯爵一门心思只想和伊丽莎白结婚。最终，达恩利勋爵得到了女王的允许，到荷里路德试着追求玛丽。达恩利的父亲伦诺克斯伯爵是苏格兰王室的成员，而他本人则是个无药可救的笨蛋。他擅长舞蹈与演奏吉他，可据我了解，这个人每天除了醉生梦死，唯一会做的事就是用种种粗劣蠢笨的方式把自己愚蠢的一面呈现出来，让旁观者取笑。但是，他却博得了玛丽的欢心。玛丽手下有个大臣名叫戴维·里齐奥，深得玛丽信任。当达恩利疯狂地向玛丽展开追求时，戴维向他抛出了橄榄枝，达恩利很愉快地接受了。于是，不久达恩利与玛丽就结婚了。但这段婚姻没能为玛丽带来多少幸福，后来发生的一系列事情让她过得更加艰难。

默里伯爵是玛丽同父异母的哥哥，也是苏格兰新教的领袖，他坚决反对玛丽的这段婚姻，一方面是宗教的原因，一方面也许是他很反感行为粗鲁的新郎。婚后，玛丽把一些有权势的贵族笼络到自己手下，并趁机反咬一口，把默里伯爵赶了出去。接下来，默里与另外几个权贵以拥护宗教改革为由发起武装起义。玛丽穿上盔甲，马鞍上放着早已上膛的手枪，亲自骑马到战场与他们对阵。那时她才刚成婚不到一个月！默里等人被赶出了苏格兰，便去面见伊丽莎白女王。女王天生奸猾，尽管她口头上说默里等人是背叛者，背地里却悄悄地帮助他们。

玛丽结婚没多长时间，便厌烦了她的新丈夫达恩利。这导致达恩利对戴维·里齐奥充满怨恨。他是为了追求玛丽才和戴维联盟的，而且他确定戴维是玛丽的情夫。为了除掉戴维，他与拉斯文勋爵及另外三个权贵联盟，计划谋杀戴维。1566 年 3 月 1 日，这些阴谋家郑重其事地为这件事定下秘密协议。3月9日是个星期六，晚上，在达恩利的引导下，几个人走过一段陡峭阴暗的隐蔽的楼梯，偷偷地潜入房间。他们早已知道，玛丽与她的好友阿盖尔女士以及那个他们要谋害的人正在房间里吃晚饭。他们冲进房间，达恩利第一时间抱住了玛丽；拉斯文勋爵在两个人的搀扶下走进房间。他面黄肌瘦、憔悴不堪——为参与这次行动不惜带病而来！里齐奥躲到玛丽背后希望得到保护，拉斯文说道："让他走出房间。"玛丽回答道："他必须待在房间里。你的脸上清楚地写着，假如他走出去，一定会有危险，所以，我命令他待在房间里。"可他们仍然冲向里齐奥，与他纠缠不休，房间里的桌子因为打斗被掀翻了。结果里齐奥还是被拖出房间杀死了，全身上下留下五六十个伤口。玛丽知道他死亡的消息后，说道："哭泣没有用，我如今该做的是思考如何报仇雪恨！"

玛丽仅用了一两天的时间就顺利地安抚了达恩利，并劝说这个蠢蛋背叛那些谋杀者，与她一同逃到邓巴。到达邓巴之后，达恩利发布公告，恬不知耻地说他根本没有参与过这件残酷的事情。接下来，博思韦尔伯爵与另外几个贵族到邓巴与玛丽夫妇会合。他们得到这些人的支持，募集了八千人的军队，返回爱丁堡，把谋杀里齐奥的人全都赶到了英格兰。不久之后，玛丽诞下了一个男孩，但她依然没有忘记报仇的事。

看到丈夫最近流露的怯弱与做出的叛变行为，玛丽更加看不起他了。并且，可以肯定的是，如今她已经爱上博思韦尔，并与他谋划如何杀死达恩利。玛丽十分信任博思韦尔，听从了他的建议，连杀害里齐奥的凶手都放过了。就连小王子的洗礼她都全权交给博思韦尔办理——博思韦尔成为仪式上最关键的一个人。那个小男孩在洗礼中被取名为詹姆斯，他的教母是伊丽莎白，但女王并没有出席仪式。一星期以后，达恩利离开玛丽前往格拉斯哥看望自己的父亲，却忽然感染了天花，因此，玛丽派她的私人医生去为他治病，但是，我们完全有依据相信这只是一场演出、一种遮掩。因为没过一个月，博思韦尔就找到一个参与谋杀里齐奥的凶手，并命他杀死达恩利，还说"杀死他是玛丽的意思"。此事玛丽肯定是知情的。可是，尽管她曾向她的法兰西大臣去信埋怨达恩利，但仍在当天便急忙赶往格拉斯哥，装出对达恩利十分担忧、一往情深的模样。如果她想把达恩利随意戏耍控制，那么她算是完全做到了。达恩利顺从地接受了她的劝说与她一同回到爱丁堡，但他们没有返回宫殿，而是住到城外柯克场的一座僻静的房屋里。达恩利在这儿一住就是七天。星期天的晚上 10 点左右，一直陪着他的玛丽离开了。她最宠信的侍从要在荷里路德宫结婚，玛丽离开就是为了参加这场婚礼。凌晨 2 点左右，在震耳欲聋的爆炸声中，整个柯克场被炸成一片白地，爱丁堡市也在爆炸中震得晃了三下。

天亮以后，人们在距离房屋很远的一棵树下找到了达恩利的遗体。他是如何走到那里的？爆炸的威力怎么没把他烧焦或炸得不成人形？罪犯在犯罪过程中为何笨拙无比，不按常理行事？……以上这些疑问再也无法解答了。玛丽的伪善、伊丽莎白的奸猾，让与她们有关的历史变得错综复杂，令人眼花缭乱。但是，我相信玛丽肯定是谋杀她丈夫的参与者之一，这便是她一直想要的报仇雪恨。苏格兰的人民对此坚信不疑，有人半夜三更在爱丁堡的街头大声喊叫，请求捉拿凶手并按法律严惩。还有人在公共场所张贴匿名信，控诉博思韦尔是杀人犯，玛丽是他的同伙。接下来，博思韦尔假装把玛丽抢走，强行与她成婚（实际上那时博思韦尔早已与玛丽结婚了），人们的愤怒终于无法遏制，到达顶点。听说妇女们是最为激动的，她们讨厌玛丽到了近乎疯狂的地步，她们来到大街上，冲着玛丽的身影发疯般地吼叫、大骂。

这样卑劣的结合是不可能修成正果的。一帮苏格兰权贵为了保护幼小的王子合伙反对博思韦尔与玛丽结婚，两人只在一起短短一个月便分开了，一直到死也没有再相聚。博思韦尔想方设法要从监护人马尔伯爵那里抢夺小王子。好在令人敬重的伯爵对小王子赤胆忠心，博思韦尔的企图并未得逞，不然小王子一定会被杀死。面对一群生气的贵族，博思韦尔不得不逃到外国。后来他得了疯癫病，经历了九年凄惨的牢狱生活后悲凉地死去了。联合起来的权贵发现玛丽每时每刻都在欺瞒他们，就把她关到利文湖城堡中。这是一座位于湖中心的城堡，想进入仅有坐船一条路。就在这座城堡中，玛丽在琳赛勋爵的强迫下签了退位诏书，默里被任命为苏格兰的摄政王。这个琳赛是个无耻之徒，如果权贵们选一个温文尔雅的人做代表，一切也许会好很多。在城堡中，默里与一脸忧愁、楚楚可怜的玛丽见面了。

待在利文湖城堡本来是玛丽最好的选择。无法自由行动的生活尽管无趣，但城堡外面微波荡漾，晃动的波纹倒映在屋内的墙壁上，也有几分生动。但她实在不愿再被困在这里，便无数次地尝试逃离。玛丽首次出逃差点成功：她装成洗衣服的妇人坐到船中，但是一个船夫想揭开她的面纱，当她用手挡时，大家看到她那白嫩的肌肤便产生了怀疑，她就被押回了城堡。几天之后，玛丽成功地俘获了一位居住在城堡中的名叫道格拉斯的小男孩的爱意。趁大家正在吃晚饭，他悄悄地拿到了城堡大门的钥匙，带着玛丽偷偷摸摸地溜出城堡，然后从外面把门锁上了。接下来，他用船载着玛丽划到对岸，中途将钥匙扔进了水里。在河对岸迎接玛丽的是几位贵族，其中一位也叫道格拉斯，他们与玛丽一同骑马到达哈密尔顿，并在那里招募了三千人的军队。她还发表了一份公告，说她当初沦为阶下囚时签的逊位诏书并不合法，她命令摄政王马上把权力交还给她这个名副其实的女王。但是，默里毕竟是位宿将，尽管没有军队可以指挥，却仍然淡定自若，一边与玛丽装模作样地进行商谈，一边暗暗召集军队。当他的队伍达到一千五百人时，他正式与玛丽开战，仅用了十五分钟就粉碎了玛丽全部的希望。玛丽疲惫不堪，骑着马整整跑了60苏格兰里[1]。为稳妥起

---

[1] 1 苏格兰里约 1.81 公里。

见，她在邓德伦南大教堂躲藏了一段时间，又到伊丽莎白的辖区寻求保护。

1568 年，玛丽进入英格兰。在这里，她不仅一步步走向自己生命的终点，还给整个国家带来滔天巨浪，给无数人带来悲惨遭遇甚至死亡。十九年后，玛丽终于离开了英格兰，也离开了人世。我们如今就说说玛丽到底是怎样度过这十九年的。

第二部分

作为苏格兰的女王，玛丽初到英格兰时一贫如洗，身边连一件可以换洗的衣服都找不出来。因此她给伊丽莎白去信请求帮助，在信里，她把自己形容成一位平白受到伤害的王室成员，请求女王敦促苏格兰人将她请回苏格兰并承认她君王的身份。但是英格兰人民十分清楚，玛丽的真面目和她所说的大不一样。所以玛丽得到的回答是，她首先得证明自己真的无辜才可以谈其他的事。这样的要求使玛丽胆战心惊，与其照办，还不如逃到西班牙、法国，哪怕回到苏格兰也好过留在英格兰。但是，伊丽莎白女王早就想到就算玛丽逃到异国他乡，依然会给英格兰带来无尽的烦恼，因此决定把她扣押在国内。一开始，玛丽被关押在卡莱尔，后来出于现实考虑，关押她的地方在不同的城堡之间换来换去，但不管怎么换，她到死都没有离开英格兰。

玛丽在英格兰有一位好朋友——赫雷斯勋爵。她为了证明自己无须做出解释，可谓绞尽了脑汁，但最后还是接受勋爵的提议，同意回应针对她的指控。但她有一个条件——她要当着女王派来参加答辩的英格兰权贵的面，与指控她的苏格兰权贵进行辩论。于是，这帮人打着商谈的旗号聚到一起，开始是在约克，后来又改到汉普顿宫。达恩利的父亲，伦诺克斯勋爵也来了，他当众控告玛丽杀害了他的儿子。无论玛丽的好友怎样亲自做证或书面做证为她辩护，当玛丽同父异母的哥哥默里取出一个小盒子，称里面装着玛丽与博思韦尔来往的信件和诗歌，说这就是他们犯罪的有力证据时，玛丽在大家的质问下变得哑口无言，直接从答辩会场离开了。这些人算是抓住了揭开真相的有利时机，便当庭宣布玛丽罪名成立。后来不少人都对玛丽的遭遇表现出怜悯——虽然这些人胸襟广阔，但不够有头脑。

那时的诺福克公爵为人耿直，却头脑简单。他看到玛丽风韵犹存，又信了有心人的谗言，便觉得伊丽莎白女王并非善人；而且他自己也有雄心壮志，虽然看到小盒子里的书信感到不安，但仍然想与这位前任苏格兰女王结为夫妻。伊丽莎白的几个属下也暗暗支持他的想法，其中包括女王的亲信莱斯特伯爵（他是为了同和他争宠的大臣较劲）。玛丽本人也同意诺福克公爵的求婚，听说法兰西与西班牙的君王也同意这桩婚姻。可他们的密谋却被泄露了，伊丽莎白女王得知了这个消息，立刻对公爵发出警示，训斥他"想想以后是要夜夜安睡还是天天担惊受怕"。公爵在女王面前非常顺服，背后却截然相反。后来，女王把他当作极具危险性的人关进了伦敦塔。

玛丽从走进英格兰的那一刻起，身边便注定环绕着无尽的危险与算计。

接下来又发生一场悲剧。英格兰的北部发生了天主教徒的暴乱，无数人在断头台上送掉性命后，这场暴乱才停止。接着，教皇与欧洲一些信仰天主教的国王共同策划了一个庞大的阴谋，企图让伊丽莎白下台，让玛丽成为英格兰女王，让天主教恢复以往的荣光。不需要怀疑，玛丽肯定清楚这个计划，并且也同意了。教皇更是无比热衷此事，他干脆颁布了一道诏书，公然指责伊丽莎白是假的英格兰女王，从即日起将她驱逐出教会，继续支持伊丽莎白的人也会被一起驱逐。这份无耻的诏书被人抄下来带到了伦敦。某天清晨，这份诏书赫然出现在伦敦主教的住宅门口，民众因此感到非常愤怒。接着，人们又在一个来自林肯律师学校的学生的寝室中找到同样的手抄稿。面对行刑架的威胁，这个学生供出，这份手抄稿是从一位富裕的贵族那里得到的。这个贵族名叫约翰·菲尔顿，就住在泰晤士河对岸的南华克区。接下来，约翰·菲尔顿被押上行刑架，他供认是他把诏书贴在主教住宅门口的。过了四天，他在圣保罗教堂的墓地被执行绞刑，死后还被分尸。至于教皇所发的诏书命运如何，您不难猜到，拥护宗教变革的民众早就不把教皇放在眼里了，当然也不会将教皇"驱逐出教会"的旨意当一回事。那只是一张被污染的废纸罢了，它的作用甚至还不如街市上传唱的歌谣的一半大。

在菲尔顿接受审讯的那天，不幸的诺福克公爵被释放了。如果他从此离伦敦塔远远的，躲开那些阴谋诡计，他的生活也许会安逸许多。可是，公爵在囚禁期间仍然与玛丽书信往来，刚刚重获自由便马上策划起阴谋。他给教皇寄信，谋划在英格兰发动起义，强迫女王允许他与玛丽结婚，并将对天主教不利的法律全部废止。当这一阴谋被人察觉后，他再一次被押到伦敦塔接受审判。参加审讯的议员都认为他有罪，于是他被判了死刑。

伊丽莎白女王曾经两次下令对公爵执行死刑，却又两次收回命令。法庭审判后又过了五个月，公爵才真的站到断头台上。女王这样反复，也许是因为她心中确实有善良的一面，也许是在装模作样，也许是因为公爵在英格兰很受民众爱戴、威名远播，她心有怯意。可由于时间久远，众说纷纭，如今我们根本无从得知了。伦敦塔西北的伦敦塔山是执行死刑的地方，公爵一副大义凛然的模样，不许行刑者把他的双眼蒙住，他说他一点也不惧怕死亡，并说对他的判决是正确的。而民众则为公爵的死感到悲恸欲绝。

虽然玛丽在紧要关头心生怯意，主动停止替自己辩护，可她一直谨小慎微，不承认任何事。女王曾无数次设法逼她承认罪行，并承诺如果玛丽认罪便释放她，却次次无功而返。事实上，这两个人都是狡猾阴险之辈，对彼此都深有防备，要她们达成共识几乎是不可能的。接着，对教皇的行为异常愤怒的议员重新制定法规，极力阻止在英格兰境内传扬天主教教义，并称造谣伊丽莎白和她的继承人不是英格兰正统国王的人，都要处以叛国罪。如果没有女王约束，议员们也许还会做出更多出格的事。

宗教改革后，英格兰存在三大教派——也可以说，他们自称存在三大教派。这三派分别是归正会成员、天主教教徒和自称清教徒的人。清教徒宣扬凡与教会有关的事物必须简朴素净，因此自称清教徒。这些人很多时候都让人厌恶，他们穿着打扮丑陋无比，说话带鼻音，否定所有正常有益的文娱活动。他们并不觉得羞耻，反而沾沾自喜。但他们也确实有些本事，例如做事一板一眼，并且每个成员都毫不动摇地将苏格兰女王当作自己的死敌。在法兰西与荷兰，清教徒受到灭绝人性的迫害，成千上万的清教徒受尽凌辱，一命呜呼。这更加刺激了英格兰的清教徒，他们对自己的信仰越发坚定。1572 年的秋季，巴黎爆发了历史上最灭绝人性的残暴事件。

这件事后来被叫作圣巴托洛缪大屠杀，之所以这样命名是因为这件事发生在 8 月 23 日，星期六，正好是圣巴托洛缪日的前一天。当天，胡格诺派教徒（当时法兰西人对新教徒的称呼）的重要负责人被召集到一起，有人对他们说，他们的首领、年少的纳瓦拉国王即将与法兰西国王查理九世的妹妹成婚，他们应该前往祝贺。查理九世是个不幸的人，这个蠢笨的年轻人受到母亲与另外一些疯狂的天主教徒的蒙蔽，认为胡格诺派教徒准备谋害他，因此就接受了一些人的提议，发出秘密指令：让一支强大的队伍埋伏起来，以钟声为信号，钟声响起时，队伍便对清教徒展开攻击，将他们一网打尽。事先约好的时间马上就要到了，这个愚蠢的家伙被他的母亲带着站在阳台上，准备观看暴力行动怎样展开。此时他惶恐不安，瑟瑟发抖。钟声一响，那些杀人犯便开始行动。之后的整整两天一夜，他们拿着武器到处乱闯，放火烧毁房屋，大肆屠杀新教徒，对妇女与小孩也不手软。街头巷尾随处可以看到尸体。走在路上的清教徒无一幸免，全都被屠杀，死者的血液流满了街边的排水沟。单在巴黎，被杀死的新教徒就有一万多人，整个法兰西死者多达四五万人。可悲的是，教皇和他的追随者为了感谢上帝护佑这些无情的杀戮顺利展开，竟然在罗马进行大型的游行活动。好像担心他们还不够丢人现眼，又特意制造了一枚专门纪念此事的"勋章"。可是，无论这样的血腥杀戮给这些身居高堂的人带来多少满意与开心，犹如提线木偶的查理九世都无法从此事中得到一丝安慰。我很欣慰，从此之后，查理九世便神情恍惚，一刻的平静时光都没有拥有过。他经常大声喊叫，说看到胡格诺派信徒遍体鳞伤，满身是血，在他面前死去。过了不到一年，查理就死了，他死之前仍在大声喊叫，胡言乱语。看来即使历史上所有的教皇都聚集在一起祈祷，也无法为这个满身罪恶的国王带来一点安慰。

　　这场恐怖的杀戮的消息传到英格兰后，民众立刻沸腾了。那时"血腥玛丽"的统治还没结束多长时间，假如民众趁机用强硬的方法对抗天主教，后人肯定会把大屠杀当作为他们开脱的理由。可此时的朝廷却不如民众直率——也许如今也是一样——当法兰西的使者到达时，整个王宫的人都穿着黑色的丧服前来迎接，人员众多但十分安静，连针掉在地上的声音都能听到。圣巴托洛缪日的三天前，使者曾替查理九世的弟弟、年仅十七岁的阿朗松公爵向女王求婚，虽然发生了大屠杀的惨剧，可求婚的事宜却从未中止。私底下，奸诈的伊丽莎白老调重弹，悄悄为胡格诺派信徒送去金钱与武器。

　　在此需要说明一下，尽管伊丽莎白经常说到死也不会嫁人——而那些华而不实的演说早已使人厌烦——可实际上她常常与人商议婚姻的问题。她时常勾引诱惑某位亲信，接着却又恶语相向，甚至出手打人——她从不节省自己的武力。另外，她还与阿朗松公爵维持若即若离、纠缠不清的关系达数年之久。当公爵千里迢迢到达英格兰时，他俩的婚事已经谈妥，将在六周之后举行婚礼。此时伊丽莎白是真心想与公爵成婚，因此，当她得知清教徒斯塔布斯与书商佩奇这两个晦气的家伙竟印了一本书专门反对她的婚事时，她便对他们提出诉讼。最后，作为惩罚，两人的右手都被砍掉了。刑罚结束后，不幸的斯塔布斯马上伸出左手把帽子摘下来，高声叫道："上帝保佑女王！"——假如我是当事人，肯定不会在这样的情形下还保留对伊丽莎白的忠诚。然而，斯塔布斯受的苦根本就是不必要的，因为虽然伊丽莎白以她的戒指作为信物对公爵许下了相守一生的承诺，可两人根本没有完成婚礼。这场"爱情"的马拉松足足持续了近十年的时间，最终公爵无奈地返回自己的国家——他离开时与来的时候一样孑然一身。几年之后，公爵便去世了。对他的离世，伊丽莎白女王也曾悲恸欲绝，看上去她确实真心地爱过公爵。但这对女王来说并不算不幸的事，因为公爵是个劣迹斑斑的坏蛋，就算在他那个臭名昭著的家里也算得上佼佼者。

接下来我们要讲讲天主教。此时英格兰境内活跃着两批教士，分别是耶稣会和神学院的成员，他们到处活动，弄得鸡犬不宁。耶稣会成员不论出现在什么场所都会乔装打扮，让人猜不出他们到底是谁。民众十分惧怕他们，据说他们曾公开宣布，假如征得他们的允许，哪怕杀人都可以是正当行为。民众对神学院的人也一样恐惧。这些人在英格兰四处传播传统的天主教，并称自己是"血腥玛丽御用教徒"的继承者。这些教徒本来应该隐姓埋名，现在却仍然在英格兰各地频繁现身，不停活动。英格兰为了对付这些教徒特意制订了十分严苛的条例，处罚时从不手软。肢刑架是一种非常残酷的刑具，可以扯断人的四肢，此时它正不分昼夜地运转着。经历过这种痛苦刑罚的可怜人做出的供认可信度几乎为零。即使是世上最假、最荒唐的罪名，也会有人因受不了刑罚而违心承认，应该说这么做的人并不少。根据史书记载，耶稣会成员不仅自己居心叵测，还与法国、西班牙及苏格兰沆瀣一气，暗中策划了无数的阴谋，要将伊丽莎白女王拉下马，让苏格兰的玛丽成为新的英格兰女王，以达到让传统天主教再次兴盛的目的。我不怀疑这些事的真实性。

正如我前面讲过的一样，即使英格兰民众轻信这些阴谋，也不让人意外。圣巴托洛缪屠杀还没从人们的脑海中消失，又一起暗杀事件在荷兰发生了——奥兰治亲王被谋杀了。后来，凶手被抓获，他供认有人为了杀害这位高尚的新教徒而收买他，并让他在一个耶稣会成员的住所接受训练。这一切曝光后，荷兰人民感到惊奇的同时也伤心不已，他们自发请求伊丽莎白女王来治理他们的国家，但伊丽莎白没有接受这份邀请，而是派莱斯特男爵率领少数人马前往荷兰。尽管莱斯特身居高位，在英格兰朝廷中左右逢源，但作为统帅却并没有过人之处，在荷兰未立寸功，如果不是那个亘古未有的出色人才在战争中丧生，人们也许根本不记得莱斯特曾率兵出征。我说的人才是菲利普·西德尼爵士。他是个优秀的诗人、英勇的战士，同时也是一个拥有赤子之心的谦和绅士，不管在哪个年代，都算得上是数一数二的人物。他乘坐的马被击毙了，便换了一匹并未受过训练的马，他正准备骑上马的时候，飞来的子弹击中了他的腿，他只得退回来。在长时间的奔跑后，男爵因流血过多疲惫不堪，急忙派人取水。当水被取来、他正准备喝时，却看到一个重伤的小兵躺在地上，奄奄一息，眼睛紧紧地盯着他拿着的水，于是爵士把水递给了这个小兵，说："这水对你而言更重要。"就算在如此艰难的时刻，他仍然没有抛弃他的仁慈与慷慨。这个品行高洁的人所做的善行将与别的著名事件一样家喻户晓，它会与伦敦塔里密布的血痕、行刑的斧头、砍头用的垫头木，还有在塔里上演的数不清的凶杀案一样被载入史册，永世流传。一个真正怀有仁慈之心的人的每一个善良的行为都会让人感到无比快乐，人们自然愿意愉快地把这一切牢记于心。

与此同时，英格兰国内有人要阴谋作乱的传言比比皆是，例如天主教信徒谋反、下毒、放火，还会犯下许多我们并不知晓的罪行。恐惧一天天蔓延开来，民众终日惴惴不安。我想任何时代的人民都不曾有过如此糟糕的体验。可是，我们需要明确一点，当普通民众经历过频繁发生的恐怖事件之后，不管再发生怎样恶劣的罪行，他们都不会觉得惊奇了。朝廷里的官员也一样害怕，可他们没有用最有效的手段来调查事情的真相。他们不是对涉嫌犯罪的人刑讯逼供，就是用钱找来侦探——这些被聘请的人常常因为私人利益而欺骗大家。有些所谓的侦探居然造出虚假书信，寄给一些有意造反的人，唆使他们进行谋反，这么做反而正中这些人的下怀。

接着，一个骇人听闻的阴谋的曝光，使得苏格兰的玛丽谋求成为英格兰女王的计划彻底破产。巴拉德是神学院教士，萨瓦赫是一名来自西班牙的士兵，他们受到一些法国传教士的怂恿，替安东尼·巴宾顿策划了杀害伊丽莎白女王的计划。巴宾顿是德比郡的一位富翁，曾是玛丽手下的一位秘密侦探。巴宾顿把这个计划告诉几个笃信天主教的好友，他们都积极地参与进来。这些青年恃才傲物，信心十足，做事却畏首畏尾。他们让人画了一幅画，六个预备谋害伊丽莎白女王的骨干都在画中。巴宾顿不但在上面，从姿态上还可以明确地看出他是核心人物。但是，这些人中的两个（有一个是天主教徒）一早就背叛了他们。两人陆续将阴谋的发展情况汇报给弗朗西斯·沃尔辛厄姆男爵，男爵恰恰是女王手下最睿智的官员。密谋者还被蒙在鼓里，信心百倍地准备着最后的刺杀行动。由于萨瓦赫衣着简朴，巴宾顿还把戴在手上的戒指与一些钱币交给他，让他购买新衣服，以便在刺杀女王时穿。可是，沃尔辛厄姆已经对这些人的罪行了如指掌，并取得两封玛丽亲笔写的信，准备抓捕这群青年人。这些人发觉事情有变，便陆续逃出城堡，在圣约翰森林及一些不易找到的地方躲藏起来。但他们最终还是没逃掉，全部被抓并被判处死刑。在抓捕他们的时候，王室派使者把这件事告诉了玛丽，说她在此事中有着不可推卸的责任。玛丽的好友们却持反对意见，声称此时玛丽四周都是监视者，根本无法自由行动，当然也不可能参与这次阴谋。可这样的说法根本站不住脚，因为在事件发生的那天上午，玛丽正在外面狩猎。

法兰西人早已暗中观察，对事件进展了如指掌，他们早就警告伊丽莎白女王：让玛丽活着就如同在自己身旁养着一头猛虎。在此之前，伦敦大主教也曾给女王的亲信去信，提议"马上把苏格兰玛丽的头砍下来"。因此当前的首要问题是怎样解决玛丽。身处荷兰的莱斯特伯爵派人送来短信，建议悄悄下毒害死玛丽。也许对这个女王的亲信来说，利用下毒来挽救损失已经成了他的惯用伎俩。但是他的恶毒提议没有得到女王的回应。玛丽在位于北安普敦郡的佛斯林费城堡受到了审判。参与审判的四十个人中不但有天主教信徒，还有新教的拥护者。在这个城堡与位于威斯敏斯特的星室法庭，玛丽先后接受了近两周的审讯。虽然她用出众的口才替自己辩解，却无法拿出有力的证据，所以她只能坚决否认巴宾顿等人所说的话，并坚称她的下属拿出来的书信全是伪造的。总之，她拒绝承认任何罪名，但无法改变事实。人们最终判定她有罪，要处以死刑。国会对于这样的判决是赞同的，并请求伊丽莎白下令执行。伊丽莎白却让他们思考一下能否面面俱到，既保障女王的性命，又能给玛丽留条活命。国会则回答没有办法。民众听到这个消息后点上了篝火，把房间照得一片光明，以此来表达心中的喜悦，他们相信这位来自苏格兰的玛丽女王死后，一切阴谋诡计和烦恼都会随着她一同被埋葬，从此便能过上太平日子了。

玛丽感觉难逃一死了，就写了一封信给伊丽莎白。她在信里恳求女王答应她三个请求：一、她希望把她的尸体送到法兰西安葬；二、她希望可以公开行刑，这样她的随从与民众可以送她最后一程；三、她恳求伊丽莎白在她离世后不再追究她的随从的责任，让他们带着她馈赠的财产返回家乡。这封情真意切的信，令女王不禁潸然泪下，可她并没有做出任何回应。接着，法兰西与苏格兰都派来使臣，恳求女王饶玛丽一死。之后，英格兰民众中呼吁处决玛丽的声音增多了。

当年女王的真实想法与内心感受，如今的我们已无法得知。但是，我们非常清楚的是，除了处死玛丽这件事外，女王心里还记挂着另一件事——如何处死玛丽才不会被民众指责。1587年2月1日，伯利勋爵准备好执行死刑的命令，大臣戴维森遵照女王的命令将它带到女王面前，以便她签字。次日，女王听到戴维森说执行死刑的命令已经被批准了，反而气愤地指责他："一定要如此急迫吗？"第四天，她却用此事开玩笑，并抱怨了几句。第六天，她好像不满行刑的日期迟迟不到，却没有对身旁的人表示出来。就这样，到了第七天，肯特、什鲁斯伯里两位伯爵与北安普敦郡的官员拿着命令来到佛斯林费堡，告知玛丽即将执行死刑。

送走了这些"报丧鸟"后，玛丽简简单单吃完了晚饭，并与随从小酌了一杯，交代了她的遗言，就躺在床上睡觉了。可她只睡了几个小时，便起床诵读祈祷词，一直到天亮。次日清晨，玛丽穿上她最好看的服装。8点一到，官员便到达了教堂，玛丽与同她一起进行祈祷的随从一一道别，接着两只手分别拿着《圣经》与十字架，从阶梯上走下去，走到了用于执行死刑的大厅。她的两个女侍从与四个男侍从得到允许前来观刑。大厅里摆放着一架半米高的砍头台，用黑布遮盖着。它的旁边站着伦敦塔派来的刽子手和他的帮手，他们都穿着黑色的长袍。大厅里挤满了人，玛丽在凳子上坐着，静静地听着对她的判决。判决书宣读完毕后，她仍然与之前一样，一口咬定自己没有犯罪。同为狂热的清教徒的肯特伯爵与彼得伯勒教长对玛丽展开滔滔不绝的说教，玛丽却如此回答他们：她将勇敢地面对死亡，因为她充满了对天主教最忠诚的信仰，他们无须再为她操心了。行刑者想将玛丽的衣服揭开，让她的脖颈露出来，玛丽说她从未在这么多人的注目下被这样的人揭开衣服。后来，一个女侍从走上前来，用一块布把玛丽的脸遮起来，接着玛丽将头摆到砍头台的木垫上，嘴里不停地重复着："我的上帝啊，把我的灵魂带走吧！"接着，行刑者砍下了玛丽的脑袋，听说砍了两刀才砍下来，也有人说砍了三刀。无论砍了多少刀，当人们把玛丽渗着鲜血的头颅拿起来时，她长年戴着的假发掉落了，那头早已变成灰白色的头发出现在人们眼前，一眼看上去如同一个年近古稀的老人的头颅，可此时玛丽才四十六岁。此刻，她之前全部的优雅漂亮都荡然无存了。

但是，玛丽曾养过的一只小狗却一直把她当成最漂亮的人。玛丽踏上断头台时，它害怕得一直躲在主人的衣裙下不敢露面。玛丽被砍掉头颅后，人世间所有的烦恼都离她而去，小狗仍守在她的身旁不肯离去。

第三部分

伊丽莎白女王收到苏格兰的玛丽已被处决的消息后，装出痛不欲生、怒气冲冲的模样。她暴跳如雷，将身旁的亲信全赶走了，并将戴维森投到伦敦塔中关押起来，一直到他耗尽家产，交纳了数目可观的罚款后才放出来。女王夸张的表演还不止这些，她用十分无耻的方法，把这个对她一片忠心的下属逼到家徒四壁的程度，可戴维森一直对她俯首帖耳，并没有做过任何对不起她的事。

玛丽的儿子詹姆斯是现任的苏格兰国王，得知消息后也做出怒气冲冲的模样。可是英格兰每年都送给他五千英镑的巨额补偿，而他对玛丽的了解并不多，也许她正是杀害他父亲的主谋，因此不久之后他便缄口不言了。

西班牙的腓力二世则出言威胁，声称绝对不轻易罢手，会用更加凶猛的方法重新建立天主教的威严，并严惩新教盛行的英格兰。伊丽莎白女王早就明白腓力二世的真实想法，并了解到他正与帕马亲王做着声势浩大的准备。为了先下手为强，女王派身为海军上将的德雷克（英格兰著名的航海家，曾坐船环游地球，还从西班牙抢夺了大量钱财）前往西班牙的加的斯港，焚毁了一百艘满载物资的船。遭到了如此惨重的损失，西班牙人只得将入侵英格兰的时间推后一年。可英军仍然感到十分害怕，因为西班牙拥有一百多艘战舰、近两万名士兵、八千名海员、两千个奴隶和几千支上好的枪。英军为对付这支军队绞尽脑汁：整个英格兰凡是成年的男子——上至六十岁下至十六岁——全都被集结起来参加训练；最初英格兰只有三十四艘舰船，为了扩充本国的舰队，英格兰人纷纷慷慨解囊，甚至有人将私人船舶献给国家，权贵们则负责帮舰队准备装备。伦敦民众贡献的舰船与报名参军的人数居然是政府下令募集的数量的两倍。当英格兰人民的爱国情感被激发后，意味着所有的英格兰人将勠力同心，共同抵抗西班牙入侵者。伊丽莎白的几个大臣提议，将英格兰天主教的重要头目抓起来并处以死刑。伊丽莎白却没有同意，反而用自己的人格做担保，一再宣称她坚信自己的子民绝对不会背叛国家，就如父母始终坚信自己的孩子不会出错一样。她只将几个非常有嫌疑的人关押到位于林肯郡的沼泽地带。逃过劫难的天主教信徒大部分都对得起女王的信任，他们忠贞不渝、品格高尚、英勇顽强。

怒发冲冠的英格兰人齐心协力，团结在一起形成了一股不可低估的力量。泰晤士河的两边都有建筑好的工事，士兵都全副武装，海员都死守在船上，所有人都在等着西班牙人趾高气扬地率领着"无敌舰队"来犯。英格兰女王披坚执锐，骑着白马；埃塞克斯与莱斯特两位伯爵替她牵马。一行人穿过格雷夫森德市，到达蒂尔伯里堡，并在队伍前来了一场斗志昂扬的演讲，听到演讲的人都热血沸腾，此情此景直到现在也是罕见的。紧接着，西班牙的舰队出现在英吉利海峡。他们的船只大张旗鼓，排列成半月阵形，竟然有7英里宽。但是，英格兰军队迅速靠近敌军，西班牙战舰不久便被英军收入囊中，只要有船脱离舰队便会倒霉！不久之后，大家便发现这支所谓的"无敌舰队"压根就不像它的名字一样无敌：在夏天的某个夜晚，英勇的德雷克驾驶着五艘燃烧的船冲进了西班牙的舰队。手忙脚乱的西班牙人千方百计让船从海峡中退出来，因此队形被拆得七零八落；英军则占尽先机，穷追不舍。此时恰遇狂风暴雨来袭，西班牙的舰队搁浅在布满礁石的浅滩。不久"无敌舰队"便不得不接受自己的失败：三十艘船损坏、一万名士兵丧生，舰队溃不成军，只能仓皇逃回自己的国家，逃走时连英吉利海峡都不敢经过，宁可沿着苏格兰与爱尔兰转了一大圈。当他们绕道到爱尔兰海岸时，又遭遇了恶劣的天气，部分船只损坏。天生凶悍的爱尔兰人打劫了出事的船，并将船上的水手全部杀死了。就这样，这场企图用侵略的手段来占领英格兰的大胆尝试失败了。短时间内，假如还有别的"无敌舰队"怀着一样的目的进攻英格兰，肯定会和西班牙舰队一个下场。

西班牙的君王虽然在英勇的英格兰人面前惨遭失败，可他并没有因此而有所收敛，仍然不断地研究入侵计划，甚至异想天开想让女儿成为英格兰的女王。但是，英格兰的埃塞克斯伯爵、沃尔特·雷利爵士、托马斯·霍华德爵士与另外几位出色的军事家指挥船只自普利茅斯启航，又一次开进了加的斯港，将驻扎在港口的船打得全军覆没，成功地攻克了这座城镇。依据伊丽莎白的命令，他们表现得非常人性，为了补偿西班牙人因战斗损坏的财物，竟给了他们许多钱。这次战役是女王在位期间，英格兰人在海洋上获胜的许多有名的战役中的一场。但就在此时，沃尔特·雷利爵士却惹怒了仍未出嫁的伊丽莎白女王——他与一位未曾婚配的女仆结婚了，后来他就出发去南美洲寻找黄金了。

后来，莱斯特伯爵与托马斯·沃尔辛厄姆爵士都去世了，不久伯利勋爵也与世长辞了。因此，女王身边的心腹大臣就只剩埃塞克斯伯爵了。伯爵长相俊俏，活力四射，还有不少让人赞叹的本事，伊丽莎白与民众都十分喜爱他。当英格兰的政府成员为要不要与西班牙议和而争吵不休时，埃塞克斯却坚持宣战。在设置爱尔兰的管理者时，他想方设法按照自己的喜恶安排人员。某天，众人正在讨论此事，他忽然生气了，转过身去，用后背对着伊丽莎白。他做出如此无礼的行为必须受到警告，伊丽莎白恶狠狠地在他的耳朵上打了一拳，并叫他"去死吧"。可伯爵并没有去死，而是回到了家中。在之后的半年里，他没有踏足王宫一步。最后，尽管他与伊丽莎白放下了矛盾，可是他们并没有和好如初。

从此以后，埃塞克斯与伊丽莎白的命运似乎纠缠到了一起。由于爱尔兰民众一直争吵不休、打斗不止，埃塞克斯就去爱尔兰担任代理官。伯爵这一走正好让他的对手们（尤其是沃尔特·雷利爵士）称心如意。对他们来说，埃塞克斯伯爵可是个大障碍，他们早就想让他赶紧离开。但是，伯爵在爱尔兰毫无建树，他非常清楚他的对手一定会借这个机会到伊丽莎白那里诋毁自己，因此违反君令匆忙回到了英格兰。伊丽莎白突然看见伯爵出现在自己面前，大吃一惊。她将手伸向伯爵以便他行亲吻礼，此时伯爵当然欣喜若狂——虽然他早已厌烦了眼前的这只手。但没想到，就在他与女王见面的当天，女王就下令让他留在住所，不得随意走动。过了两三天，伯爵便收到了官方的逮捕令。伊丽莎白的善变远不止这些——人年纪大了以后，不管身为君王还是百姓，都容易变得喜怒无常。但是，当伯爵因为焦躁不安而生病时，女王不但将为自己准备的肉汤拿给他喝，还心疼到泪流满面。

埃塞克斯是个爱书之人，擅长从书里寻求安慰，只要他手里有书，便会聚精会神，忘记所有的烦忧。被关押的那段时间，他一直在看书。我相信这段时间并非他人生中最不如意的时候。麻烦的是，他掌握着甜酒的售卖权，简单地说就是没有他的同意，谁也不能售卖甜酒。但这个专卖权是有时间限制的，此时正好到了年限，因此伯爵就请求让他继续拥有甜酒专卖权，伊丽莎白不但没有同意他的申请，还说任性的奴才活该饿死。伯爵早已被女王撤去了许多官职，当他得知女王不同意他的请求后便怒气冲天。他明白自己的死期不远了，于是就撕破脸面，怒斥伊丽莎白是个夜郎自大的老太婆，一肚子阴谋诡计，多得如同她身上的皱纹。女官们马上制止了他无礼的咒骂，并将这番话活灵活现地告诉了女王，不难想象女王听后会怎样生气。这些女官都是满头黑发，却模仿伊丽莎白的模样，整天将染成红色的假发戴在头上，由此可以看出她们虽然身居高位，但追求的东西并不高尚。

南安普顿勋爵的住宅里常常举办宴会，供埃塞克斯伯爵与他的好友们相聚。伯爵被关押后，这帮人不禁想到一个十分愚蠢的办法：将伊丽莎白控制起来，强迫她撤掉她的谋臣，换掉她的亲信。1601年2月7日是个星期六，国会议员发觉了他们的阴谋诡计，就传唤了埃塞克斯伯爵。伯爵借口生病了不肯去（当时他已被释放了）。紧接着，他的好友们商量：次日正好是星期天，不少民众会在这一天去圣保罗大教堂前的十字架下聚会，伯爵该勇敢一点，鼓励人民站起来反抗，并与他一同前往女王的宫殿。

就这样，次日一大早，就在埃塞克斯的家里——坐落在斯特兰德大街的邻河而建的埃塞克斯宫——几位来询问他的议员被关押起来。接着，他与几个支持者出发了，急急忙忙朝着伦敦市中心赶去。伯爵冲在最前面，嘴里高喊着："快让我见女王！快让我见女王！有人居心叵测，想要杀死我！"但是，他们的行为却并未如想象中一样引人注目，当他们到达圣保罗大教堂时，那里竟空无一人。与此同时，那些被他关押在埃塞克斯宫的议员却被他的一位好友解救出来，于是闹市上的人马上说伯爵是叛徒。因为大街上有马车挡着，更有士兵严密盘查，无奈之下伯爵只得乘船逃离，几经周折才返回了埃塞克斯宫。可是没过多长时间，他的住宅便被士兵与炮火围住。伯爵根本无力回天，当天晚上便选择投降。2月19日，他受到审判，被判有罪；2月25日，他在伦敦塔山上怀着悔恨淡定地走上刑架，结束了他三十四年的人生。他的继父也与他一同被处死。在执行死刑的时候，他的对手沃尔特·雷利爵士一直在绞刑架旁站着。以后我们也会见到他在绞刑架上的样子，只是现在的他春风得意，死神暂时还没找上他。

与当初处置诺福克公爵和苏格兰的玛丽女王一样，女王在处决埃塞克斯伯爵时也反复不定，犹豫不决。无论如何，这位得宠的伯爵不但风华正茂还英勇无畏，却在刚登上事业巅峰时失去了生命。女王也许因他的死留下了永久的遗憾，可她仍然傲慢、固执且任性。在这种状况下，她又撑过了一年的时间。在她七十岁时，她居然在一个隆重的聚会上顶着假发，戴着大轮状皱领，穿着三角胸衣，在大臣的面前翩翩起舞——这种哗众取宠的做法在我看来简直是放浪形骸。接下来的一年她也挨过去了，虽然无法舞蹈了，脾气却更加反复无常，每天都闷闷不乐，无精打采。1603年3月10日，伊丽莎白得了严重的感冒，她的好朋友诺丁汉伯爵夫人的去世又让她深受打击，一度休克。大家都觉得她无法熬过这次了，但她又醒了，不管人们如何劝说都不肯再到床上就寝。她告诉人们她很清楚，假如她睡着了便永远不会再醒了。近十天的时间，她就躺在铺着毛毯的地板上，其间粒米未进，后来将军软磨硬泡，终于将她送回床上。3月23日，大家问她让谁继承她的王位，女王回答王位原本是国王的，所以继承王位的人"肯定不能是恶棍的后人，必须是国王的后代"。大臣们听完之后不知所措，鼓起勇气问她到底所指何人，女王说道："还有谁有资格呢？当然是苏格兰国王，我的侄子！"就在同一天，大臣们又问了她第二次，是不是仍然维持之前的回答，此时女王已无法言语，躺在床上的她用力支撑起身体，将两只手举到脑袋上，做出王冠的样子——这就是她用仅剩的力气做出的回答。24日凌晨3点，伊丽莎白女王安静地与世长辞，那时她已在位四十五年了。

女王在位的四十五年是英格兰光芒万丈的时代。世人永远铭记这个时代的一个重要原因是其间涌现了大批举世闻名的人才。他们当中有学者、航海家、政治家，还有培根、斯宾塞、莎士比亚等文化领域的佼佼者。世人对他们推崇备至，并永世铭记他们的名字，从某些角度来看，他们身上的光芒让伊丽莎白的名字也被世人记住了（虽然这并不算站得住脚的说法）。这是一个辉煌的时代，英格兰贸易发达，新鲜事物层出不穷，民众神采飞扬、壮志凌云；这是一个辉煌的时代，新教崭露头角，宗教变革让英格兰摆脱了桎梏，开启了百花齐放的兴盛之路。伊丽莎白的统治是民心所向，无论她外出巡游还是在国内观光，所到之处都会受到民众的热烈欢迎。但是我觉得，她的许多美好品德也许是世人吹捧出来的，而她的许多恶劣品质也有可能是世人虚构的。伊丽莎白女王也不乏美好的品质，可她缺乏修养，不但放浪不羁而且阴险狡猾，即使白发苍苍，还像年轻少女般盛气凌人甚至有过之而无不及。总之，她和她的父亲十分相像，因此我真心不大喜欢她。

　　伊丽莎白女王在位期间，英格兰人民的生活水平有了显著的提高，还增加了不少奢侈的娱乐方式，可逗弄动物（比如斗鸡、斗牛）依然是英格兰上下盛行的娱乐活动。马车在那个年代算是罕见的东西，还一度被看作难看沉重的物件，因此在参加不少隆重的集会时，伊丽莎白宁愿与大法官共同骑一匹马。大法官坐在前面控制马匹，伊丽莎白坐在他背后的马鞍上。

第三十二章

詹姆斯一世

第一部分

　　詹姆斯一世就是伊丽莎白女王口中的"苏格兰国王"，她的侄子。他长相难看，呆头呆脑，性情奸猾，举止更是令人难以捉摸。他是个大舌头，双腿却十分纤细，长着一双死鱼眼，目光呆滞，无论发愣还是左顾右盼都是傻头傻脑的模样。他本性阴险，视财如命，好逸恶劳，暴饮暴食，行为轻浮，胆小如鼠，满口脏话，简直是世上最自作聪明的人。他刚一出生，人们便觉得他像是天生驼背。他无时无刻不在害怕别人谋害他，为了保护自己，他常常身穿厚实的衣服，还是草绿色的，并且从上到下都填充着垫料，使得他的身形看上去十分滑稽。他不佩戴剑，而是佩戴狩猎时用的号角。有时他头上的帽子与羽毛饰物会往下垂落，遮挡住他的一只眼睛，他随意一拨，就将它拨到脑后了。他时常慵懒地靠在佞臣身上，亲吻他们，不断揉搓他们的脸，弄得他们满脸唾液。一位他最宠爱的宠臣在给他的书信中，总用"忠犬""奴仆"自称，还把他敬爱的主人称为"雄猪国王"。詹姆斯骑马水平极差，却自认为天下第一；他举止言行十分粗鲁（一口鄙俗不堪的苏格兰语），却自夸不管是怎样激烈的辩论，他都可以轻而易举地驳得对方无话可说。他曾写过一些书，还自认为是写作的天才，可实际上他所写的作品枯燥乏味。他十分信巫术，因此还专门写了一本与之相关的书。他觉得坐上王位便可以肆无忌惮地制定和取消法律，并且无须征询旁人的意见，也无须向所有人交代。他不仅有这种想法，更将之写成文字，并付诸行动。以上便是对詹姆斯一世的准确描述，清楚客观，毋庸置疑。这样的国王令所有高官达人都纷纷想办法讨好他，对他阿谀奉承、溜须拍马，无所不用其极。在人类的历史记载中，估计很难找到比他们更不知廉耻的人了。

因为人们早就清楚，继承者之间为了王位而发生的争斗一定会带来十分恐怖的后果，女王去世才几个小时，大臣们便公开宣布，詹姆斯继任为新的英格兰国王。所以，詹姆斯没有费力就成了英格兰的国王。人们也不反对这样的安排，连让詹姆斯发誓奋发图强，或者承诺消除大众怨气之类的要求都没有提。詹姆斯从爱丁堡到伦敦用了一个月的时间，途中，他用他刚拥有的权力把一个小偷直接处死了，甚至没有进行审问。途中碰到的人都被他册封为骑士。在他抵达位于伦敦的宫殿前，被他封为骑士的人已经多达两百个；他在伦敦住了不到三个月，就有七百人成为骑士。不仅如此，他还往上议院安排了七十二个新权贵，其中有许多苏格兰人，这一点并不让人感到意外。

沃尔特·雷利爵士与科巴姆男爵是政坛伙伴，他们共同的敌人正是雄猪国王（我依照他的宠臣的叫法来称呼他）的首席顾问塞西尔。他们暗中谋划，准备囚禁詹姆斯，以达到替换新大臣的目的。在历史的长河中，这样的事层出不穷。这个事件是詹姆斯一世遇到的首个难题。参与这个阴谋的有天主教的教士，也有信清教的大臣。天主教与清教势同水火，相互敌对，这次却联合起来共同对抗詹姆斯。因为他们都清楚，虽然詹姆斯看起来对他们很尊重，但是背地里却在谋划一个对他们都不利的阴谋——他要创建一个方便控制的、统一的新教。新教将拥有无出其右的最高地位，无论人们愿不愿意都只能信仰它。有人会把沃尔特的阴谋与另一个阴谋弄混，那个阴谋是让阿拉贝拉·斯图尔特女士成为新的女王。詹姆斯一世是阿拉贝拉的父亲的侄子，对阿拉贝拉而言有这样的血缘关系实在算不上幸运。阿拉贝拉对整个计划并不知情，不管对哪一方来说，她都是无辜的。科巴姆是个无耻之徒，他的供词前言不搭后语，可信度几乎为零，可沃尔特·雷利爵士却因为这样的人做出的证言而受到审问。审问从上午 8 点开始，一直到半夜才结束，其间爵士侃侃而谈，驳斥了加到他头上的全部罪行，并对检察官柯克的谩骂予以反击——在那个年代谩骂侮辱接受审讯的人是常事。来参加审讯、准备指责男爵的人临走时都被男爵的表现折服，纷纷表示他们从未听过如此精彩的辩论。但是，沃尔特·雷利爵士最终仍然被判罪名成立，要处以死刑。后来，行刑时间延迟，伦敦塔便成了囚禁他的地方。但另外两个天主教教士就倒霉了，按照旧例他们被残忍地杀害了。科巴姆及另外两名同伴也站到了断头台上，却在最后一刻得救了。雄猪国王认为自己神机妙算，所以计划让这三个人走上断头台，在要行刑的紧要关头再下令赦免他们，这样一来大家都会感到意外。但是，他做事总是心有余而力不足，这次也不例外，三人差点因为他的盲目自大丢掉性命。使者带着免除死刑的命令骑马到达刑场，但是时间太迟，观刑的人围得水泄不通，使者竟然没有办法靠近断头台，无奈之下只得大声喊叫，将他的任务声嘶力竭地吼了出来。不幸的科巴姆从此再也没过一天舒服的日子，他在过去的一个下人的破烂客房里住下来，身无分文，且无法自主行动，饱受屈辱，如此过了十三年才黯然去世。

　　这个阴谋刚被瓦解，沃尔特·雷利爵士刚被囚禁到伦敦塔中，清教徒们便给雄猪国王递上一份请愿书，于是国王与他们展开了激烈的辩论。此次辩论并不理想，全程只见国王一个人滔滔不绝地讲个没完，不给人插嘴的机会，但神职人员却对他十分佩服。最终，双方讨论出了让大家都满意的结论：所有人都要思想一致，只留下一种宗教。但是，虽然两百五十年前便有人推出了这样的法规，为了达到目的还不惜制定高额罚金与终身囚禁的条款，可我认为，就算在今天，这样的法规执行起来也不会容易。

詹姆斯一世上任一年后，召开了即位后的首届议会会议。他觉得自己是至高无上的皇帝，议会是想管制自己的政府机关，这令他不禁对议会嗤之以鼻。他坚信自己高高在上、不可一世，便倨傲地对议员们说他是他们的主人，他的话就是金科玉律。议员们仔细思考了一下这些语气生硬的话，意识到他们得努力保住手中的权力。詹姆斯一世有两个儿子，分别叫亨利和查理，还有一个女儿，叫伊丽莎白。我们将看到，对这三人来说，如果能从顽固不化的父亲身上吸取教训，学习些与议会成员来往的技巧，会受益良多。

此时，民众仍然长时间地在天主教的威胁下艰难地生活，因此国会不仅重新启用了针对天主教的残酷法律，还加大了执行的力度。罗伯特·凯茨比的家族有着悠久历史，全族上下都是天主教的虔诚信徒。他本人脾气暴躁，国会的做法让他大发雷霆，竟策划了一场狂热而恐怖的阴谋，就是历史上记载的"火药阴谋"，其穷凶极恶、惨无人道的程度可谓前所未有。

凯茨比的计划是在国会再次召开会议之际，利用大批火药，把参加开场仪式的国王、大臣与民众都炸死。托马斯·温特是第一个得知这个可怕阴谋的人。他住在伍斯特郡，之前是名士兵，参与过境外战争，某些与天主教有关的事件中也有他的身影。但是温特迟疑不定，他到尼德兰时，专门找到当地的西班牙使臣，询问如果西班牙君主向詹姆斯一世求情，天主教信徒能否得到宽恕。就在这段时间，他在奥斯坦德遇到了吉多（也名盖伊·福克斯）——这是一个身材高大、肤色偏黑的男子，做事胆大妄为。当初他们曾一起在国外打仗。温特十分清楚吉多是个心狠手辣之徒，什么坏事都敢做，因此当他决定参与这个阴谋时，就立刻邀请吉多加入。他们结伴返回英格兰，并找到两个新伙伴——托马斯·珀西与他的妻弟约翰·赖特。珀西是诺森伯兰伯爵的亲戚。这些人约在克莱门特旅店旁一座偏僻的房子里会面。如今这里早已成为伦敦市的繁华区域，人来人往，热闹非凡。几个人郑重其事地发誓保守机密后，凯茨比就把他的阴谋和盘托出。接着，他们沿着楼梯上到阁楼，神父杰勒德（他是耶稣会会士）给他们举行了圣礼。听说神父本人对这个阴谋一无所知，可我却觉得他一定察觉到将要发生一些疯狂的事。

当时的王宫坐落在威斯敏斯特区的怀特霍尔大街。珀西是詹姆斯的近身侍卫，他的工作是巡视王宫四周，然后到宫里保卫国王，确保他的人身安全。正因为如此，他居住在威斯敏斯特区根本不会让人怀疑。于是，详细了解了四周的地形后，珀西把位于国会大厦后面的一所房子租下来，安排一个叫费里斯的人住在里面，以便在房子的墙下挖掘大坑。租下这座房子后，他们又在兰贝斯区租了一所邻近泰晤士河的房屋，专门用于堆放木材、火药等容易燃烧的东西。这些物品需要利用夜色的掩护一点一点地运到他们位于威斯敏斯特区的房子（之后他们确实这么做了）。因为需要合适的人看守放在兰贝斯区的物品，这些野心家又找到另外一个人，这个人名叫罗伯特·凯，是个一贫如洗的天主教信徒。

野心家们用了几个月完成了准备事宜。12月的一个漆黑冰冷的夜晚，这些人来到威斯敏斯特区的房子里。他们没有同时到达，以免让人产生怀疑；为了避免经常进出，他们准备了许多食品。他们不断地挖掘，挥汗如雨地工作着。但是墙壁实在太厚了，他们的挖掘工作并不轻松，于是他们又找来了克里斯托弗·赖特，他是约翰·赖特的弟弟，他的加入壮大了野心家们的力量。克里斯托弗一来便投入工作。他们昼夜不休地挖掘。在外面望风的是福克斯，他天生胆大，似乎根本不知道什么叫恐惧。他对大家说："诸位，我们有大把的火药与子弹，即使有人察觉到我们的行动，也不需要害怕会被捕。"福克斯不时地利用以前做侦察兵时学到的本事打探消息，不久就得知詹姆斯一世又下达了议会休会的命令，休会的时间大概是 2 月 7 日至 10 月 3 日。这些人得知这个消息后，立刻决定暂停所有的准备活动，待圣诞节过后再重新开始，还决定暂停期间彼此不再来往，发生任何事都不能相互传信。于是，这所威斯敏斯特区的房子又一次紧锁大门，这些神情凝重、足不出户的古怪住客也走了，邻居也许还以为他们为了庆祝圣诞去其他地方度假了。

1605 年 2 月刚开始的时候，凯茨比与他的同伙再次出现在威斯敏斯特区的房子里。这次他们又多了三个同伴：一个是约翰·格兰特，他性格孤僻，他的家在沃里克郡下辖的斯特拉特福镇，屋子里总是昏暗无光，屋子外有一道歪歪扭扭的围墙和一条很深的沟壑；一个是托马斯·温特的大哥罗伯特·温特；还有一个是凯茨比的随从托马斯·贝茨。凯茨比认为贝茨对自己的行动有所察觉了，便直接把他拉拢进来。伊丽莎白在位时，这三个人便因为他们的信仰或轻或重地受过折磨。现在，他们再次开始挖掘，昼夜不休地工作。

野心家们一边在地下辛苦地劳作，一边不断地在脑子里想着他们的大计划以及众多即将因为他们而丧生的人。这的确是份辛苦的工作，以致他们心生幻觉：有时他们会听到洪亮的钟声从国会大厦的底部传来，有时他们会隐隐听到有人在轻声地议论"火药阴谋"。有一天上午，他们正在坑洞里满头大汗地干活时，他们的头顶竟然传来一阵嘈杂的声音，所有人都停了下来，互相看着，惊疑不定，没人知道到底是怎么回事。有侦查经验的福克斯大着胆子出去探查了一番，回来后告诉大家，一个从事煤炭生意的人租用了国会大厦底层的地下室，刚才的声响正是他将货运出地下室时发出的。这群野心家正觉得墙壁太厚，挖了很长时间都没有挖穿，听他一说便马上改变了计划，他们将国会大厦下面的地下室租下来，把三十六桶火药运进去，盖上木柴和煤炭。接下来他们便各行其是了。9月来临时，有新的伙伴参与进来，他们又共聚一堂。新成员来自不同的地方：爱德华·贝纳姆爵士来自格洛斯特郡，埃弗拉德·迪格比爵士来自拉特兰郡，安布罗斯·鲁克伍德来自萨福克郡，弗朗西斯·特瑞山姆来自南安普敦郡。这几个人都有雄厚的资产，十分乐意资助此次暗杀行动。他们不但赞助金钱，还赞助马匹，以便参与行动的人在爆炸后骑马前往各个地方，怂恿天主教信徒们举兵起义。

10月3日到11月5日国会又闭会了，在此期间，刺杀者们寝食难安，生怕行动被人发现，因此托马斯·温特提议去上议院打探一下消息，看情况是否有变。打探到的消息显示一切正常。议员们仍然不断地来来往往，相互交流，丝毫没有察觉到自己的脚下有三十多桶炸药。温特回到地下室将所见到的一切告诉了同伙，他们便再次行动起来。他们特意租了一艘船，停泊在泰晤士河边，以便福克斯用引信将导火索点燃、把炸药引爆后可以迅速逃往佛兰德。野心家们请来几个不明真相的天主教信徒，让他们在约好的时间，假装成参加狩猎活动的模样，前往邓彻奇与埃弗拉德·迪格比爵士会合，和他一起行动。如今，他们已蓄势待发了。

但是，这个阴险的计谋隐藏的丧尽天良的罪行与危险还是被泄露了。11月5日越来越近，不少阴谋的参与者想起自己的亲朋好友那天也会在上议院出现，出于天性，多少都会心生怯意，并想警告他们躲避危险。就算凯茨比说此次爆炸连他的儿子都不能幸免，也没法安抚其他人。特瑞山姆的妹妹嫁给了芒特伊格男爵，他也将出席会议，因此特瑞山姆劝说同伙设法让亲朋好友避开这次灾难，但没人同意。他便悄悄地给妹夫写了一封信，傍晚的时候投到男爵的家里。信里写道："上帝与世人想到了一起，这个年代的罪行应该受到惩罚，国会必将受到恐怖的惩罚，但他们根本不会知道自己将会死在谁的手里。只要你将信烧毁，你便能躲过危险。"

　　大臣们都觉得，这是上帝特意显灵启示詹姆斯一世，使他能读懂信的真正含义。其实，他们自己也能很快（无论谁都可以）摸清信中所言之事，他们决定先放任野心家们自由发挥，在召开会议的前一天再采取行动。野心家们也忧心忡忡。这是肯定的，因为特瑞山姆对他们说过，他们绝无生还的可能，即使特瑞山姆不做逃兵，他们依然会怀疑是他将机密透露给了芒特伊格男爵及其他人。但是，野心家们心意都很坚决，福克斯更是铁骨铮铮，像之前一样坚定不移，日夜待在地下室里，寸步不离。11月4日，大概下午2点时，芒特伊格男爵与朝廷大员一同到达地下室，忽然将门打开并打量起来，福克斯正好碰上他们。"先生，你为什么会在这里？"他们询问福克斯。福克斯回答道："我是珀西大人的侍者，他在这里堆放了燃料，安排我在这里看守。""哦，你的主子贮存的货物看上去真的不错呢。"接着，他们便关门离开了。福克斯见此情景，立刻跑回去向另外的同伙报平安。接着，他又一次返回黑漆漆的地下室，把门关好。当零点的钟声敲响时，11月5日来临了，夜里2点左右，福克斯慢慢地打开房门，和平时一样敛声屏气地外出打探情况，但是他刚走出来便被托马斯·克内韦特爵士的一队士兵抓住捆绑起来。被捕时福克斯带着一块表、一些用于点火的木材、一份火石与一些引信；地下室的门后面挂着一盏灯，灯里的蜡烛正在燃烧。福克斯的脚上穿着靴子，靴子上装了踢马刺，也许他是要骑着马去河边坐船。出其不意地进行抓捕对士兵们来说是聪明的做法，如果他们动作慢一点，福克斯一定会乘机点燃引信扔到火药堆上，把自己与这些士兵都炸得尸骨无存。

　　士兵们第一时间将福克斯送到詹姆斯一世的寝宫。詹姆斯命令侍卫紧紧地控制住他，并带到离自己足够远的地方，接着开始训斥他，问他为什么狠心谋划让无数可怜的人丧生的阴谋。盖伊·福克斯回答道："我这样做是想以牙还牙，既然你如此残忍，就不能怪我不仁义！"

国王有一个亲信是苏格兰人，五短身材，长得像梗犬，他愚蠢地问为什么要藏如此多的炸药。福克斯回答说他准备将所有苏格兰人统统炸死，当然要预备足够的炸药。次日，福克斯被押解到伦敦塔，可他坚决不承认罪行，就算受到残酷的刑讯逼供也宁死不屈，只承认政府早已了解的情况，其他的则一言不发。当时他一定饱受酷刑、惨不忍睹——这一点可以从保留至今的他的签名看出来，与用刑前写下的字迹相比，用刑后的字迹确实让人不寒而栗。贝茨和福克斯截然不同，没过多久他就供出这个计划与耶稣会教士有关，在残酷的刑罚加身后，也许他什么事都可以供认吧？特瑞山姆也被抓获，关进了伦敦塔，他承认了部分事情，接着又矢口否认，最终因为身染重病去世了。鲁克伍德在逃往邓彻奇的路上备好了换乘的马匹，但直到中午才骑着马逃跑，此时全伦敦的市民都已知晓这件事了。鲁克伍德在途中碰见了凯茨比、珀西与赖特兄弟。几人骑马一同逃到了北安普敦郡。接下来，他们又逃到邓彻奇，看到事先安排的假装参加狩猎活动的天主教徒早已在那里了。但是，这些人已经意识到被拉入了一场阴谋，并且这个阴谋已经破产了，于是他们抛下这几个人和埃弗拉德·迪格比爵士，溜之大吉了。这些野心家只得再次逃跑，他们穿过沃里克郡与伍斯特郡，到达了位于斯坦福德郡外围的一处宅子——霍尔比齐。在逃跑的路上，他们一直没有放弃说服天主教徒起义，却遭到教徒的愤怒驱赶。他们身后有锲而不舍地追捕而来的伍斯特市的行政官，而且追捕的队伍还在逐渐扩大，不断有人骑着马加入。最后，他们决定将霍尔比齐当成保命的堡垒。他们紧闭门窗，想用火将一部分打湿的炸药烘干。没想到炸药意外爆炸了，凯茨比被炸得全身漆黑奄奄一息，还有几个人身受重伤。这时，他们清楚已经穷途末路了，就决心将霍尔比齐当作他们的坟墓。他们别无他物，只能握紧手中的兵器站在窗前，等待行政官的队伍带来的刀光剑影。托马斯·温特的右臂被打伤了，虚弱地垂着，凯茨比冲他喊道："汤姆，到我身边来！让我们一同赴死！"

托马斯来到他身边，两个人都被子弹射中了，他们的性命就这样终结了。约翰·赖特、克里斯托弗·赖特、珀西同样因为被子弹击中丢掉了性命。鲁克伍德一条手臂断了，满身伤痕，与迪格比一起被活捉了。

1月15日，国会对盖伊·福克斯和其他被捕的野心家进行审判。他们的罪名全都成立，被判处绞刑，行刑后尸体被分割成四块。行刑的场地分别在位于拉德盖特山顶峰的圣保罗教堂与国会大厦。据说耶稣会教士亨利·加尼特曾听人讲过这次恐怖的计划，所以他也被抓捕并受到审问。他的两位随从以及和他一同被捕的另外一位教徒都受到了严刑拷问。亨利没受到刑讯逼供，但被带进了伦敦塔，被无数弄虚作假的人与背叛国家的罪犯包围着。他们用尽各种肮脏的方法，逼迫亨利供认自己有罪。亨利在接受审讯时辩解道，他曾想方设法阻止这场阴谋，可他人在告解时讲的话他并没有权利在公众场合讲出来。但我想他应该不是从别人的告解中得知这场阴谋的。虽然亨利替自己辩解时进行了慷慨陈词，可法庭仍然宣布他罪名成立，判处死刑。他被天主教教会封为圣徒；星室法庭更是将许多与这场阴谋没有关系的位高权重的人关起来或处以罚金；绝大多数的天主教信徒因为心怀恐惧并未加入这次恶劣的阴谋，可他们依然受到连累，这次事件后，为天主教信徒制定的法律越发严苛。这便是"火药阴谋"事件的最后结果。

第二部分

我认为，雄猪国王在位时最想做的事就是找机会亲自将下议院炸毁。一直以来，下议院就是他的眼中钉、肉中刺。在他执政期间，下议院掌握着金钱的支配权，没有议员们的同意，雄猪国王无法得到一文钱，所以当国王需要钱时，只能与议员们开会商议，而每次开会时，下议院的议员们都会让他撤销几种生活必需品的专卖制度（这些制度对百姓来说真的非常苛刻），并要求国王对那些由于政府机构玩忽职守而蒙受损害的人进行补偿。雄猪国王总会勃然大怒，愤而离场。一次，雄猪国王想让下议院同意英格兰和苏格兰合二为一，为此与议员们争吵起来；另一次，下议院成员希望雄猪国王撤销属于基督教会的声名狼藉的高等宗教事务法庭，毫无意外，双方再次争吵不休；还有一次，下议院议员们请求国王不要偏袒主教们，应该对可怜的清教牧师们公平一些。那些主教总爱在传道时吹嘘雄猪国王，那些阿谀奉承的语言让人听了都反胃。清教牧师们没有听从那些主教的授意，而是用自己的方式来传扬教义，因此遭到压迫。双方为了此事又展开争吵。综上所述，詹姆斯一世对下议院恨之入骨，却不得不装出不动声色的模样；不少与他作对的议员被他关进新门监狱与伦敦塔，目的是告诉民众不得私自讨论与他们毫无关系的政府公共事务；他有时软语诱哄，有时恶语相向，有时还动起手来，却反被对手吓得魂不守舍。总而言之，雄猪国王把下议院当成冤家对头。即便如此，下议院依然紧紧地握着手里的权力，坚定地表示法律必须要所有议员同意才能订立，绝不能由国王随意发布个公示就定下来（虽然雄猪国王非常希望如此行事）。雄猪国王常常面临“严重的资金短缺”，因此他不得不将各种各样的官职和封号拿出来，当成商品进行售卖，“从男爵”这样的新鲜官衔就是由他创造的，无论是谁，只要能够缴纳一千英镑便可以享有这个封号。

　　雄猪国王的日子过得多姿多彩，异常充实，除了常常与议会成员争吵不休，还热衷于狩猎、喝酒、长时间在床上躺着——他本就是一个懒人。除了这些，国王剩余的大部分时间都用在与他的佞臣耳鬓厮磨上，他经常搞得佞臣满脸唾液。接下来要讲的首个佞臣是菲利普·赫伯特爵士，此人胸无点墨，唯有讨论起狗、马与狩猎时才会口若悬河。雄猪国王很快就册封他为蒙哥马利伯爵。第二个佞臣罗伯特·卡尔（也叫克尔，真正的名字已无从查证）比菲利普更为出名，他的故乡在英格兰与苏格兰之间。一开始国王册封他为罗切斯特子爵，之后升职为萨默塞特伯爵。年轻的罗伯特一表人才，深得詹姆斯一世的宠爱。在国王面前，英格兰国内最出色的人才都必须低下高贵的头颅，对罗伯特毕恭毕敬，这已经够让人厌恶了，可詹姆斯一世对他的宠爱方式更让人恶心。托马斯·奥弗伯里伯爵是罗伯特的挚友，他不但帮罗伯特写情书，还替他处理许多头衔分内的工作——不学无术的罗伯特完全没有能力处理这些事务。但是，让人意外的是当罗伯特准备与美丽的埃塞克斯伯爵夫人结为夫妻时，托马斯却站出来，极力阻止这段违反社会伦理的姻缘。可伯爵夫人早已决定与罗伯特双宿双栖，甚至不惜与她合法的丈夫离婚。盛怒之下的伯爵夫人把托马斯关进伦敦塔，并下毒杀害了他。之后，在一个效忠詹姆斯一世的主教的见证下，罗伯特和这个恶毒的女人正式成婚，婚礼热闹非凡、喜气洋洋，好像罗伯特就是世上最无可挑剔的新郎，而伯爵夫人便是世上最德才兼备的女子。

但是，罗伯特·卡尔的荣耀只持续了大约七年（而这早已超过了大家的预期），乔治·维尔利斯这个帅气的男子甫一现身便夺走了属于他的光环。乔治的父亲是莱斯特郡的一位绅士。乔治身上具有浓厚的巴黎流行元素，擅长舞蹈，舞动时可与最优秀的舞蹈家媲美。他进入王宫后，很快就以优美的舞姿让雄猪国王对他另眼相看，相比之下罗伯特自然逊色不少。此时，国王忽然意识到，罗伯特夫妇压根就不值得他如此器重，而那场轰轰烈烈的爱情更加可笑，因此，罗伯特夫妇二人被法庭传唤接受审讯，罪名是杀害托马斯·奥弗伯里伯爵以及另外一些事。可罗伯特暗地里警告詹姆斯一世，他会把掌握的关于詹姆斯一世的丑闻向世人公开。詹姆斯一世害怕他曾经的情人真的付诸行动，竟然安排两个人拿着外套站在罗伯特两侧，假如罗伯特真的说出不能公开的秘密，他们便会第一时间将外套套在他的脑袋上，让他无法讲话。在这样的安排下，经过一场荒谬的审判后，罗伯特被判离开政府，不再担任任何职务，每年可以领取四千英镑退休金。他的夫人则免予被处罚，准许退休。这时夫妇两人已经反目，在这之后的几年中一直争吵不休。

在接下来的日子里，詹姆斯一世不断地表现他的丑陋，其恶心的行为即使在现实中的猪圈里都极少看见。与此同时，英格兰人因为三个人的死亡而议论纷纷。第一位死者叫罗伯特·塞西尔，他是索尔兹伯里伯爵，同时也是英格兰的首相，他因为天生残疾，长期体弱多病，临死前曾明确地说自己没有丝毫求生的欲望。在如此不光彩的时代，任何一位首相经历过当时的阴险与卑鄙后，都会丧失继续活着的欲望。阿拉贝拉·斯图尔特小姐是第二位死者，她与威廉·西摩情投意合，两人的结合让詹姆斯一世胆战心惊。因为阿拉贝拉的祖先是亨利七世，而西摩的父亲则是比彻姆勋爵，国王相信她一定是想借助这桩婚姻增加成为女王的筹码。因此，国王强行将两人分开，西摩被关入伦敦塔，阿拉贝拉则被押到船上，准备送往达勒姆囚禁起来。之后，阿拉贝拉假扮成男人，在格雷夫森德坐上法兰西的船逃走了，但是可怜的她却未能与西摩团聚，尽管西摩也逃跑了，可不久便又被捉住了。最终，阿拉贝拉在脏乱不堪的伦敦塔里疯了，四年之后离开了人世。亨利王子是第三位死者，他是国王的继任人，才十九岁就去世了。他的死是最让人意外、影响最大的。亨利王子平时少言寡语，正直不阿，虽然年少却前程光明，人们对他敬爱有加。他最让人敬佩并被人称赞的事有两件：其一，他的出色让雄猪国王自愧不如；其二，沃尔特·雷利爵士长期被关在伦敦塔中饱受折磨，亨利王子与他是好友，王子经常说将如此优秀的人才关在暗无天日的牢笼中这种事，唯有自己愚蠢的父亲才做得出来。伊丽莎白公主是亨利王子的姐姐，当她与一位国外的王储准备婚礼时（两人婚后过得并不如意），亨利正在生病，而他却从里士满出发前往位于怀特霍尔街的王宫，只为对从未见面的姐夫表达敬意。虽然当天冰冷刺骨，他却只穿着单薄的衬衣出席了隆重的网球赛事。因此，他得了严重的病，仅仅两个礼拜后便因为伤寒死去了。《世界史》是沃尔特·雷利爵士于关押在伦敦塔期间编著的，在书的扉页，爵士专门为悼念年少的亨利王子写道："他出色地证实了雄猪国王能够禁锢贤者的身体无数年，却无法囚禁他的思维，即使是一秒钟也不可能。"

说到这里，既然沃尔特·雷利爵士已经出场了，我便寥寥几语将他的悲惨人生概括一下。沃尔特浑身缺点，但每次遭遇困难或身处逆境时，却总能表现得胆识过人。沃尔特被囚禁在伦敦塔中，过了整整十二年煎熬的日子后，他申请再次开始他年轻时的航海行动，去南美洲寻找黄金。他这一去必定会途经西班牙所属的地区，雄猪国王既害怕与西班牙人产生摩擦（他早就希望他的儿子与西班牙的某位公主成亲），又不愿放弃对金子的渴望，因此面对爵士的申请他左右为难。可是，沃尔特爵士发誓自己一定会满载而归，詹姆斯一世终于将他释放了。于是，沃尔特爵士自费组织了一支远航队伍，1617 年 3 月 28 日，他乘坐远航船队中的一艘船出征了，这艘船叫"宿命号"，是他亲自命名的，听起来似乎有些不祥。最终此次远航没有成功：船员还没如愿以偿地找到金子便发动了暴乱；西班牙人是沃尔特爵士的手下败将，一直对他怀恨在心，此时也翻脸了。于是爵士攻占了圣托马斯小镇，并纵火烧了它。因为此事，雄猪国王收到了西班牙使者的控诉，使者指责沃尔特是贼寇。爵士丧失了全部的财产与抱负，身边的好友也陆续抛弃了他，他英勇的儿子（当初也曾抛弃爵士）也被杀死了。痛不欲生的爵士返回了英国，他的亲戚刘易斯·斯蒂克利爵士与一个流氓和一个海军将领合谋背叛了他。爵士被抓获，又一次被关押到他待过许多年的牢笼里。

雄猪国王没有收获一丁点黄金，感到大失所望。由于有这样的国王做表率，英格兰的大小官员，包括法官、检察官、教会人员等早就养成了信口雌黄、睁眼说瞎话的习惯，如今他们应用这项技能的水平更是炉火纯青。在法庭上，除了沃尔特·雷利爵士，几乎每个人都满嘴谎言。如此虚伪的一群人对爵士做出的审判当然是不公正的，如同十五年前的审判一样。他最终被判死刑。1618年10月28日，爵士被囚禁在威斯敏斯特大教堂大门内侧的小房子里，他在世上的最后一晚便是在这里度过的。他与他温和忠诚的夫人告别——假如这位让人敬重的女士可以生活在一个祥和安宁的时代该有多好！29日一早，爵士愉悦地用完早餐，还喝了酒，抽了一斗烟，8点钟，他被押解到威斯敏斯特宫的旧址。那里早就立起了绞刑架，许多身居高位的贵族已等在那里，准备观看行刑的过程。因为刑场人满为患，刽子手不得不押解着沃尔特从人堆中硬挤过去。沃尔特从容淡定，只有想起埃塞克斯伯爵时才心绪不宁——当初他曾亲眼看着伯爵被砍掉脑袋。沃尔特神情严肃地说，埃塞克斯伯爵的死与他毫无关系，他还曾因伯爵的死亡哭泣过。行政官询问沃尔特，早上寒冷无比，需不需要去火堆旁让身体暖和一下，沃尔特回绝了他的好意，他请求立刻开始行刑，因为他正在发烧并得了疟疾，假如十五分钟内他仍然没有死亡的话，便会由于病症发作而全身颤抖，那时他的对手也许会认为他是因为害怕而颤抖。说完，他跪倒在地，嘴里诵读着美好的天主教祷词。他将头搁在垫头木上，还用手在斧头的刃上试了试，之后他微微一笑，说这是一服苦涩的药，却可以医治世界上最不容易治愈的病。沃尔特被逼着弯下腰，等待死亡的那一刻，他察觉到刽子手有些犹豫不决，就对他说道："你在害怕吗？朋友，行动吧！"随着斧头落下，沃尔特的脑袋掉了下来，那时他六十六岁。

和沃尔特截然不同，雄猪国王的新佞臣官运亨通、飞黄腾达。他的官职不断变化，子爵、白金汉公爵、侯爵、王室掌马官、海军大臣……英格兰的军队统帅甚至被解除了职务，就为了让他坐上这个位子——说起来，这位统帅正是当年率领军队奋勇当先，将西班牙的"无敌舰队"打得落花流水的那位将军！这个佞臣就这样在英格兰王室中翻手为云、覆手为雨。他的母亲就像卖杂货的店主，将英格兰的一切官职与权益像货物一样明码标价，肆意买卖；他自己则腰缠万贯，全身上下华冠丽服，戴满珠宝。不但如此，这个人简直是泼皮与蠢蛋的结合体，他一向颐指气使、盛气凌人、不可一世，除了英俊的脸庞与高超的舞技外别无所长。他自诩詹姆斯一世的忠犬，称呼国王为"雄猪国王"。詹姆斯一世则称呼他斯蒂尼，据说这个称呼是斯帝芬的爱称，而世上流传的肖像画中圣斯蒂芬一向是俊俏潇洒的模样。

詹姆斯一世有时也会束手无策：国内大部分人都讨厌天主教，他不得不安抚这些人的情绪，可另一方面他又不愿放弃奉承外国的天主教势力，因为唯有如此才可以让儿子娶到一位富裕的公主，便于他把妆奁中的一部分据为己有。如今的威尔士亲王便是詹姆斯一世嘴里唤作宝贝的查理王子，他与西班牙公主的婚事又一次被提起。因为公主要与清教徒结婚必须先取得教皇的许可，所以雄猪国王私下给教皇送去信件，低三下四地请求他同意这桩婚事。很多有影响力的著作中都有对两国联婚的淋漓尽致的描述，文章之长让人觉得不可思议。可无论哪本书，描述此事的结果时都惊人地一致：因为西班牙王室千推万阻，迟迟不愿接受联姻，于是查理王子化名为托马斯·史密斯，斯蒂尼则化名为约翰·史密斯，前往西班牙看望公主；接着，查理装作爱慕公主到了癫狂的地步，不但为了见她翻越城墙，而且想方设法让自己丑态百出。他称呼公主为威尔士王妃，弄得西班牙王室所有的人都认为查理王子爱公主到了奋不顾身的地步。查理也毫不掩饰地向所有人宣告他确实如此深情。查理王子与斯蒂尼返回英格兰后，人们夹道欢迎，就好像他们是主派遣下来的幸运儿。查理王子在巴黎见过法兰西国王的妹妹亨丽埃塔·玛丽亚，对她一见钟情，而戏耍西班牙人在他看来是件极其风雅的事。他刚完好无损地返回英国，就开怀大笑，并直截了当地说，那些西班牙人全都是蠢货，竟然如此轻信自己。

大部分奸猾之辈都擅长反咬一口，那些遭受他们愚弄的人在他们嘴里反而成了坏人。查理王子与斯蒂尼也是如此，他们指鹿为马，编造了无数的谎言，捏造西班牙人在此次联姻过程中阳奉阴违、轻诺寡信，糊弄得国民全都吵着要对西班牙宣战。一想到詹姆斯一世用宣战来恫吓他们的模样，素以严肃著称的西班牙人都会忍不住发笑。但不管怎样，国会仍然决定拨给国王金钱，作为发动战争的启动资金，并当众宣布废除与西班牙签订的所有协议。尽管西班牙的使者就在伦敦，却根本没办法见到国王并与他协商。后来，也许是得到了失势的萨默塞特伯爵的帮助，使者才有机会偷偷地送给国王一封信，信里写道，雄猪国王就像被软禁在自己的王宫中，白金汉公爵与其手下的打手无时无刻不在约束着他。雄猪国王读完后第一时间就开始哭泣、埋怨，并从斯蒂尼身边带走了查理王子，之后他便前往温莎，途中满口胡言乱语。但最终，詹姆斯一世仍然与自己的忠犬相互拥抱，并向他表达了自己的喜爱。

在张罗与西班牙联姻的事情时，雄猪国王给了查理王子与爱臣斯蒂尼极大的信任，凡事皆由他们与教皇协商决定。现在他想到要和法兰西成为姻亲了，就与对方签了一份协议，承诺英格兰的每一个天主教信徒均可按照自己的意愿参与宗教仪式，国家不再强迫他们发誓放弃自己的信仰。不但如此，国王还给了法兰西人一些无足轻重的特权。作为交换，亨丽埃塔·玛丽亚将与查理王子结为夫妻，同时还将给国王一笔高达八十万克朗的资金。

雄猪国王一生唯利是图，即使是在弥留之际，仍然睁大眼睛，四处找寻钱币的身影。1625年3月27日是一个礼拜天，五十九岁的国王在患病两周后去世了。他在位二十二年，在此期间，英格兰的王室充斥着贪污与邪恶，官吏们恬不知耻、鬼话连篇，对詹姆斯一世阿谀奉承，如此让人恶心的场景在历史长河中也是绝无仅有的。一个品行端正的人如果不愿抛弃人格尊严，要在雄猪国王的王朝里保全自己的官职，根本是痴人说梦。那位精明强干且聪慧过人的哲学家培根勋爵在雄猪国王在位时任首席检察官，之后就变得奸猾、腐败，最终在大众面前名誉扫地。他对詹姆斯一世低三下四、曲意奉迎，更对陛下的忠犬点头哈腰，这些行为使他看上去更加可耻。但转念一想，詹姆斯一世这样的人成为国王，本身就如同一场肆虐的传染病，不被他传染的可能性几乎为零。

查理一世

第一部分

查理王子成为英格兰国王时只有二十五岁，被世人称作查理一世。与他的父亲詹姆斯一世不同，查理一世性格和蔼可亲，举止温文尔雅，但他与他父亲都醉心于对君王权威的绝对掌控。父子俩同样都缺乏责任心，毫无担当。如果查理一世能够做到言而有信，他的故事也许就是另外一种结局了。

查理一世上任后做的第一件事便是派遣那个不可一世的新晋贵族白金汉前往巴黎，迎接新王后亨丽埃塔·玛丽亚。恬不知耻的白金汉积习难改，竟然借机对风华正茂的法兰西王后表达爱意。他的举动遭到法兰西官员与红衣主教黎塞留的强烈谴责，他被气得七窍生烟。英格兰民众非常欢迎这位新王后，并准备在她远离故乡来到英国时向她致以崇高的敬意。但这位王后无比憎恨新教，与她一同来的还有一批可憎的教士。这些坏蛋不仅怂恿她做许多荒谬绝伦的事，还用各种让人生厌的方式博取百姓的关注。因此民众很快便对这群人深恶痛绝。

查理一世统治时，她常常怂恿国王（查理对她可是百般宠爱）与他的子民唱反调。如果她没有降生人世，对国王来说也许更好呢。

我们要明白，查理一世本来就想成为一位至高无上、独揽大权、不受任何人约束的国王，现在王后又在他身边推波助澜，所以他再三考虑后，决定打压议员，扩张君王权力的范围。大家还需要明白一点，这本就是一个荒谬的念头，任何一个追求这种目标的国王最终的结局只能是覆灭。而且就算追求这个目标，查理一世也没有采用干脆直接的方式，而是用旁门左道。

对英西联姻的事进行了认真思考后，下议院与民众都开始质疑发起这场战争的正当性，可查理一世仍旧坚持对西班牙宣战。他迫不及待，用非法的方式筹集到开战所需的资金后，便轻率地开战了，结果在加的斯一败涂地——这才是他成为国王的第一年啊！英格兰军队远征加的斯，目的是劫夺钱财，遭遇惨败以后，他们只好向国会寻求资金支援。大家见面后，查理一世命令议员们："马上拿钱出来，不然国会就要遭殃了。"议员们听完后很生气，也不再对他毕恭毕敬，他们立刻弹劾查理的亲信白金汉公爵，控诉他数次激发民怨并酿成了惊人的冤假错案（这确实没有冤枉他）。查理一世为帮他脱身，顾不得还没拿到需要的资金便宣布解散国会。议员们希望国王慎重考虑几天再议，可查理却答道："不可能，多等片刻都不可以。"接着，他开始用别的方式攫取钱财，接下来我们就讲讲其中的几种方式：

他私自收取桶税与磅税[1]。按法律规定，没有国会的允许，任何组织或个人都无权收取这两项税。他要求海边的居民为一支舰队补给物资，还要求他们承担这支队伍三个月的开销。他号召百姓捐款，出借大笔资金给他，而他是否会偿还就不得而知了。假如平民不愿借款，便会被强迫服兵役，去当士兵或海员。假如名流们不愿借款，便会被

---

[1] 古时英国对进出口的酒和羊毛征收的税。

投入监狱。有五位绅士因为拒绝借款而被捕，下达逮捕命令的是隶属国王的枢密院，给出的理由是"陛下喜欢"。这五位绅士分别是托马斯·达内尔爵士、约翰·科比特、沃尔特·厄尔、约翰·赫维宁汉与埃弗拉德·汉普登。之后，民众在法庭上严厉地提问：这么做是不是违背了《大宪章》？查理一世的行为是不是损害了英国民众的权利？查理一世的律师这样回答："当然不是，损害英国人民的权利是不对的，国王当然不会犯这样的错误。"委曲求全的法官则认同了这与事实相悖的荒谬言论。从此以后，查理一世与民众之间便有了深深的裂痕。

由于上述原因，组织新的国会迫在眉睫。民众敏锐地感觉到自己的权益遭到了侵害，就选出一批新的议员，这些议员都是极有名气的坚持与国王抗争的人物。查理一世也决心要不顾一切、不择手段地摆脱所有的束缚。国会成立后，查理一世盛气凌人地对议员们展开连篇累牍的演讲，所说的只有一件事：筹集钱财是他成立国会的唯一目的。可这些议员根本不理会查理一世的话，毫不动摇、勇敢果断，他们清楚自己有足够的权力压制查理一世的狂妄。接着，他们向查理一世提交了《权利请愿书》，这是一份在英国历史上具有重要意义的文件，这份文件中明确写着：国王无权向英格兰平民强制借贷，不得强逼或囚禁不愿借贷的平民；此外，国王无权用特别许可或特别命令逮捕英国的任何一位平民，因为这种做法违背了国家的法规，侵害了人民的自由与权利。一开始，查理一世在答复这份请愿书时将自己的责任推了个干净，可当议员们表示他们誓将弹劾白金汉公爵的工作进行到底时，查理一世立刻慌了手脚，只好再次做出答复，答应议员们的所有提议。但是，之后他却在请愿书提出的要求上言而无信，反复无常，甚至马上做了一件荒谬无耻的事：他将自己第二次的答复压下，只向民众公布第一次的答复，这使得民众以为他并未向国会妥协。

在此期间，害群之马白金汉仅仅因为自己的贪欲没有得到满足，就同时挑起了英国与法国、英国与西班牙之间的两场战争。如此卑鄙的缘由，如此无耻的畜生，偏偏就是能在某些时刻引发战争！可白金汉的卑鄙行为注定只能到此结束。某天上午，他准备与陆军军官弗赖尔走出家门乘坐马车，走到大厅时，他正与军官讲话，一名刺杀者趁其不备掏出匕首刺过来，锋利的刀刃没入他的心脏。因为白金汉出发前曾与几个法兰西官员发生争吵，他的随从就怀疑凶手是他们的人，差点将他们抓住杀死。就在大家惊慌失措时，约翰·费尔顿挺身而出，拨出长剑，大声喊道："我才是凶手！"他是个新教信徒，也是退役军官，当时已逃到了厨房，完全可以轻而易举地逃走。约翰声称他与白金汉并无私仇，刺杀他完全是为国除害。他的手法非常利落，匕首刺入时，除了"浑蛋"二字白金汉再也没能说出别的，他一拨出匕首，白金汉便扑到桌子旁，死了。

虽然有人认为此事简单明了，可枢密院却为这件杀人案大动干戈，围绕约翰·费尔顿展开了大规模的调查。约翰对他们说，他长途跋涉上百公里前来刺杀白金汉，他这么做的初衷早已说清楚了。高贵的多塞特侯爵走到约翰身边，"诚心诚意"地警告他：如果不老实招供就让他上肢刑架。可约翰却反驳多塞特，如果他们胆敢这样做，他就招认侯爵与他合谋！查理一世极为不满，急不可耐地要把约翰送上肢刑架，但法官们突然发现严刑拷打有违英格兰的法律——可惜他们没有早点意识到这个问题——于是约翰因杀人罪被直接处死了。尽管约翰替英格兰除掉了一个最狂妄、最阴险、最恶心的佞臣，使整个国家摆脱了他的荼毒，但杀了人是铁的事实，不管怎样都掩盖不了。

接着，一位从约克郡来的贵族托马斯·温特沃斯爵士出现了，他是一位出类拔萃的名人。他曾在议院长期任职，奉行独裁且狂妄的行事准则，但在被白金汉羞辱后，便更多地偏向百姓。他既是国王的真心拥护者又精明强干，查理一世对他这样的人才真是求之不得。为了收买他，查理一世先册封他为男爵，接着又封他为子爵，并给他极高的职权。就这样，托马斯对查理一世完全死心塌地了。

国会还在运转，而且不会轻易向国王妥协。约翰·埃利奥特爵士是国会中出色的一员，在向国王呈交《权利请愿书》的过程中非常踊跃。1629 年 1 月 20 日，他再次提出几项重要的决议，强烈谴责了查理一世的几个亲信，并敦请下议院的议长组织投票。议长回答，他在别的方面要受国王制约，说完便想从座位上站起来——根据下议院的规定，议长做出这样的动作意味着要结束会议了，可旁边的两位议员——霍利斯与瓦伦丁，迅速出手将他按在座位上。参会人员惊慌失措，不少人都将武器拿在手上，刹那间四周都是刀光剑影。此时，查理一世得知了下议院中发生的事，便命他的侍卫长马上赶往下议院，破门闯进去。但当侍卫长闯进去时，议会早已完成了对几项决议的投票，并且结束了会议。时隔不久，约翰·埃利奥特爵士与两位将议长禁锢在座位上的议员被带到枢密院接受讯问。三人坚称他们在议院内发表的言论不需要在别的地方做任何说明，因此他们被关押到伦敦塔。之后，查理一世去议会进行了一次演说，宣告议员们被解散了，还称他们是"恶毒的蛇类"——可我根本看不到这么做能为他带来什么好处。

　　查理一世向来小肚鸡肠，而这三个人不愿为做过的事认错，也不愿用认错的方式换回人身自由，查理一世当然不会原谅他们。当这三个人申请由王座法庭负责审问他们时，查理一世用恶劣的手段押着他们不停地在不同的监狱辗转，因此提审他们的法律文件便没有办法按照正常的程序交到他们手里。最终，他们总算站到了法庭上，被罚了大笔钱财后，还要在监狱服刑，到底何时能被释放，则取决于查理一世的心情。之后，约翰·埃利奥特爵士的身体越来越差，迫切地需要搬到有清新空气的地方，因此他恳求查理释放自己；可查理一世却嫌他恳求的语言不够谦卑，所以不予理会（雄猪国王的称号给查理一世也不为过）。爵士年少的儿子替他重新递交了申请书，申请书中诚恳地写道，希望查理国王允许他出狱治病，等病好之后他会主动返回牢中。但查理一世仍然对他的请求置之不理。就这样，囚禁在伦敦塔里的爵士病死了，他的儿女写信请求把父亲的尸体带回康沃尔，与祖先埋葬在一起。查理一世则说："约翰·埃利奥特爵士死在哪个教区，就在哪个教区的教堂掩埋他的尸体。"在我看来，事情的发展确实符合一个心胸狭窄的君王的行事之道。

转眼间，查理一世在位已十二年了，他对凌驾于民众之上的目标可谓矢志不渝。他一不举行国会会议，二不允许议员参与政府的治理。即使用多达一万两千本的书籍来替他树碑立传（赞扬他的文章早已数不胜数），也没有办法更改或否定这一事实：在整整十二年里，查理国王霸道专政，视法律为无物，肆意抢夺民众的钱财，但凡有人冒险表示反对，便会立刻遭到他无所顾忌的处罚。如今出现了一种新观点，有人认为查理一世统治英格兰的时间被缩减了，可从我的角度来说，我认为他统治的时间已经很长了。

威廉·劳德是坎特伯雷大主教，在剥夺民众的宗教自由一事上，他无疑是查理的好帮手。劳德是个老实人，博学多闻，可是没有足够的决断力——在一个人身上，有时知识未必与理性匹配。尽管劳德是个新教徒，可他的很多看法与天主教信徒十分相似，假如他乐意接纳罗马教皇的恩典，教皇甚至想册封他为红衣主教。劳德将誓词、礼服、点燃的蜡烛等事物看作宗教仪式中不可或缺的部分，还在仪式中增加了许多鞠躬与闻蜡烛的动作。他不但将大主教与主教看成某种神奇的人，还喜欢对那些与他看法不同的人展开疾风骤雨似的打压。莱顿是一个来自苏格兰的教士，他认为主教们是垃圾，是世人想象出来的玩意儿，他遭到了处罚，劳德却因此对上帝感激不尽，沉浸在极其热烈的快乐中。莱顿教士刑具加身，被鞭子抽打，脸上被烙下烙印，一只耳朵被割掉了，一个鼻孔被割裂了。威廉·普林是一个律师，某个礼拜天的早上，劳德用与莱顿教士一样的罪行控告了他。威廉被处以一千英镑的罚金，戴上了刑具，两只耳朵分别在两个地方被割下来，最终被判在监狱中终老。内科医生巴斯特维克也是先被处以一千英镑的罚款，又被割去了两只耳朵，在牢狱中终老。有人说，这是为了劝诫民众而采取的柔和的手段；但我觉得正确的说法是，它们都是用来威吓人民的手段。

有人这样说，在侵害民众的经济利益方面，查理一世也采用了柔和的方法，可我觉得那也是威吓民众的伎俩。他不只收取桶税与磅税，还随意增加税收的金额。尽管持续多年的垄断行为早已让人民苦不堪言，但查理一世仍然将专卖权赋予那些愿意出钱的商贾。他甚至干脆违犯法律，对那些不愿依照雄猪国王定下的规矩做事的人征收高额罚金。深受诟病的《森林法》也被启用，借由森林使用权掠夺人民的财富。最可恶的是，他竟然准备让人民缴纳"造船费"，即供舰队开销的资金，不止海岸城市的居民，全英格兰的人民都要缴纳。征收依据是查理一世发现在某些特定历史时期，每个城镇都上缴过这笔费用。这让民众极度愤怒。约翰·钱伯斯是一位伦敦市民，他不愿缴纳这项费用，伦敦市长便将他投入大牢，约翰反把市长告上法庭。塞伊勋爵是一位高贵的绅士，他也反对缴纳这项费用。在拒绝缴纳造船费的运动中，最英勇、最出色的人物非约翰·汉普登莫属。他是白金汉郡的一个贵族，与约翰·埃利奥特爵士是朋友。查理一世下令收取造船费时，他正与下议院那些"毒蛇"聚在一起商议事情。他的案件被递交到财务法庭，有十二位法官参与审理。查理一世的御用律师再一次使用惯用的手段，称缴纳造船费是正确的，因为国王根本不可能犯错误，无论他怎样试图犯错都不可能犯错——这是真话，十二年中他确实在全力以赴犯错呢！法官中有七人觉得这个说法十分有理，汉普登绅士应该缴纳费用；而其他的五个法官却觉得这个说法完全错误，汉普登根本不需要出钱。最终，查理一世取得了空前的胜利（他是这样觉得的），可他的胜利却使汉普登成为深受英国人民喜爱的人物。局势演化到了如此差劲的地步，不少刚正不阿的英格兰人觉得无法在国内继续生活下去，于是他们远渡重洋，迁移到美国的马萨诸塞湾生活。听说汉普登与他的亲戚奥利弗·克伦威尔也想与这帮人一同坐船离开，但是他们刚一上船便被一张告示拦了下来，告示上说，商用船只的船长没有得到国王的同意无权带这样的客人远航。说实话，假如查理一世就此放过他们，说不定是一件对自己有益的事呢！总之，这就是英格兰当时的真实情况。苏格兰那边，劳德做出的坏事罄竹难书，即使是一个摆脱桎梏的精神病患者也不可能像他一样疯狂。他竭尽全力逼迫苏格兰人认同他对主教的态度，以及他的宗教派别、宗教仪式等（最初查理一世只在暗地里帮助他，可后来也亲自动手了），这些做法让苏格兰人怒气冲冲。为了保护自己的宗教派别，苏格兰人创建了一个叫作"神圣誓约"的宗教机构，并在全国发起军事暴动。他们聚集了许多同伴，每天击鼓两次，进行祈祷、传教；他们咏唱赞美诗，在诗中，他们的仇敌被比喻成他们听过的各种鬼怪；他们庄严地宣誓，定会用宝剑取敌人首级。一开始，查理一世打算用军队进行镇压，之后又打算和谈，并建了一个苏格兰国会，但无济于事。后来，他请斯特拉福德伯爵出面帮忙——这位伯爵便是当初的托马斯·温特沃思爵士，当他还是爵士时曾管理过苏格兰。当初他在苏格兰采用的也是独断专行的高压治理方式，但客观上为当时的苏格兰带去了发展与兴旺。

斯特拉福德与劳德都赞成镇压苏格兰民众，可参与讨论的其他权贵却认为迟早都要成立国会，查理一世不情不愿地采纳了权贵们的提议。就这样，1640 年 4 月 13 日，人们见到了一个奇特的场面：一批议员聚集在威斯敏斯特。由于这个国会只存在了极短的时间，因此被称为"短期议会"。开会时议员们相互推诿，谁也不敢轻易讲话，此时一位名叫皮姆的绅士站了出来，对众人陈述了查理一世在位十二年所做的各种违犯法律的事，以及他如何让英格兰陷入这个差劲的局面。皮姆的勇敢发言让议员们大受鼓舞，他们也鼓起勇气，竭尽全力保持冷静，镇定自若地各抒己见，直言不讳。查理一世有些慌乱，马上让人告诉议员们，只要他们为他的某些开销提供一笔资金，他便停止收取造船费。双方为此足足争吵了两天。后来，因为查理一世不愿意接受议员们的调查，也不愿做出保证，议员们就拒绝了他提出的所有条件，查理一世便宣布解散国会。

但是大家都明白成立一个新的国会是查理一世唯一的选择，悔不当初的国王也意识到了这一点。9月24日，查理一世率领一支队伍前往约克郡讨伐苏格兰人，但他的士兵与英格兰的平民一样苦闷，因此查理一世在约克郡召见了上议院所有的权贵，并告诉他们，他要成立一个新的国会，并命令议员们必须在11月3日到齐。在这个时候，"神圣誓约"的队伍早已突破了英格兰的防线，并为抢夺煤炭这一必需品占领了英格兰北部几个盛产煤炭的城镇。苏格兰人因为没有退路而更加英勇，查理一世的军队完全没法对他们形成有力的威慑，因此查理一世不得不考虑与苏格兰人和谈。此时，那些被占领的英格兰北部城镇付了一大笔钱给"神圣誓约"，请他们安分些，放弃觊觎煤炭的想法。

短期议会的故事到此为止了。接下来，我们继续讲长期议会所做的那些让人铭记的事情。

第二部分

1640年11月3日，议员们聚集在一起组成了长期议会。就在这一周，远在约克郡的斯特拉福德伯爵回来了。他十分敏锐地察觉到，由于他背叛了民众一直为之努力的事业，还时时与民众的权益作对，这些英勇坚贞的议会成员对他深恶痛绝。为了安抚伯爵，查理一世向他保证"一定让他毫发无伤"。但就在次日，下议院的皮姆议员便对斯特拉福德伯爵提出控诉，罪名是他背叛了自己的国家。不久伯爵便被关入了监狱，他就这样从人生巅峰掉下来，沦为了阶下囚。

第二年的 3 月 22 日，斯特拉福德伯爵被人押解至威斯敏斯特厅接受审讯。此时他已病入膏肓，疼痛难忍，但他在为自己进行申辩时仍然展现出非凡的才学与傲人的姿态，让人不禁猜想他可能真的会赢得胜利。但是，当审讯进行到第十三天，皮姆提交了一份抄写的文件，上面是一次会议的记录。这份记录是哈里·文爵士找到的，就存放在他父亲（曾与伯爵共事的文首相）铺着红色天鹅绒的橱柜中。这份文件清楚地记载着斯特拉福德伯爵曾对查理一世说，国王现在已完美地抛开了律法的约束与国家官员的管束，能随意地操纵臣民了。伯爵还说："您还有一支队伍驻扎在爱尔兰，完全可以派他们去征服这个国家。"尽管没人能证明"这个国家"指的到底是英格兰还是苏格兰，可国会却斩钉截铁地说伯爵指的就是英格兰，这就构成了叛国罪。因此下议院决定马上提出一个剥夺公权的法律草案，这样便可以使伯爵叛国的罪名成立。与弹劾诉讼比较起来，这种方式更为直接，因为弹劾伯爵首先要拿出他真的有叛国行为的证据。

一份法律草案迅速形成，大部分下议院议员都表示同意，之后草案被呈递到上议院。因为不知道上议院与查理一世是否会批准这份草案，皮姆便对下议院的议员说：查理一世夫妇正与军队将领秘密谋划调兵控制国会，并准备率领两百名士兵前往伦敦塔，帮助伯爵逃跑。将查理一世与部队密谋的事泄露出来的是乔治·戈林勋爵的儿子小乔治·戈林，他是个无耻之徒，本来也参与了密谋，后来又选择投靠国会。实际上查理一世已经批准这两百名士兵进入伦敦塔，但是遭到英勇的苏格兰官员鲍尔弗的阻拦，没能进去。此事暴露后，无数的民众聚到国会大厦外发起暴动，高声叫喊着马上处死斯特拉福德伯爵，因为他是帮助查理一世盘剥民众的罪魁祸首。鉴于众怒难平，上议院批准了那项草案，并将它呈递给查理一世核准。与之一同呈送的还有一份草案，上面明确写着没有议员的允许，国王不得随意解散或者停止国会。虽然查理一世对伯爵并没有很深厚的感情，可他还是想保全这个忠心耿耿的仆人，他有点惊慌失措了。尽管他打心底觉得那份明显针对斯特拉福德伯爵的草案根本不合法、不公平，可最后还是不得不批准了。斯特拉福德伯爵给查理一世写过一封信，表达自己的忠心，说即使为他付出生命也在所不惜，但没想到他高贵的主人把他的话当了真，轻易地放弃了他。所以，当伯爵得知自己的结局时，便把手放到胸口说："君王的话根本不可信！"

查理一世做事一直拐弯抹角、优柔寡断，他用了足足一天的工夫，写了满满一整页的信，让年少的王子送给上议院。他在信里请求议员们帮他劝说下议院的议员，"让那位不幸的人在严密看守的监狱中度过余生，一直到他正常死亡"。而信的附加说明中又写道："如果一定要处死他，那请发发慈悲，将行刑的日期推迟到星期六。"假如之前伯爵的结局尚有改变的机会，那查理一世这谦卑又悭吝的说辞则让事情再无转机。次日，也就是 5 月 20 日，斯特拉福德伯爵便被押解到伦敦塔山执行死刑。

那个热衷于将人的耳朵割下、将人的鼻孔割开的大主教劳德如今也被关押在伦敦塔。当斯特拉福德伯爵前往刑场、走过他的囚房前时，劳德站在窗前，按照伯爵的请求为他进行了祷告。他们曾是情同手足的盟友，都坚定不移地拥护查理一世。当两人还身居高位时，斯特拉福德伯爵曾在给劳德的信中说，在公众场所鞭打不愿意缴纳造船费的汉普登绅士是件伟大的事。但是，那些趾高气扬的光辉岁月早已一去不回了。斯特拉福德伯爵带着他的威严大义凛然地走向刑场。押解他的典狱长害怕民众会对他使用千刀万剐的酷刑，就在伦敦塔大门旁边安排了一辆马车，以便他坐车前往刑场。可伯爵却说，被斧头砍死或被民众杀死对他来说是一样的。于是，他迈着坚毅的步伐，面带威严继续前行，当他经过群众面前时，还时不时脱下帽子向民众致意，大家则一声不响。斯特拉福德伯爵到达刑场后，站在绞刑架前照着早已写好的纸条（当伯爵人头落地后，那张纸条仍然在原地摆放着）进行了演说。之后，刽子手斧头一挥，斯特拉福德伯爵的脑袋便掉了下来。当时他四十九岁。

勇敢地处决斯特拉福德伯爵，提出其他有名的法案，之所以会发生这些事，根本原因是查理一世长时间凌驾于国家权力之上。凡是用不合法的手段向民众收取造船费等税款的地方行政长官及下属都背上了"渎职"的罪名。对汉普登的判决书被撤销，参与审判的法官被处以大额罚金，这些法官保证将赞成国会做出的所有决定。其中一位法官被捕时正安然地坐在高级法院里，但随后便被关进监狱。劳德同样受到检举，那些被他割去耳鼻的可怜人则被无罪释放。国会还制定了一项关于议员权力的法规：议会每隔三年必须举行一次会议，假如国王与政府官员不下达举行会议的命令，议员们有权自己召集会议。这些好消息传来后，百姓们兴高采烈，举办了隆重的庆祝仪式，举国上下欢欣鼓舞。毫无疑问，议员们也借助民众的喜悦，千方百计地增加了他们在百姓中的声望。可我们必须记住一点，在漫长的十二年里，查理一世确实在竭尽全力地试验自己会不会真的犯错。

在此期间，宗教人士从未停止摇唇鼓舌，宣扬议院中不应该有主教的身影。这引起苏格兰人的强烈反感，英格兰人民也议论纷纷。由于这个原因，同时考虑到议员们可能会取消大部分税赋，一部分人竟然犹疑不定，渐渐向查理一世靠拢。

我绝对相信，在此期间，甚至可以说在他一生中的大部分时间，如果查理一世能得到一些理智之人的信任，他便能保全自己，继续做他的国王。但是，英格兰的武装刚刚解散，他便故伎重施，与官吏串通一气：一些官吏草拟了一份针对国会负责人的请愿书，查理一世在上面签了字，这便是他与官吏串通的铁证。苏格兰的军队解散后才过了四天，查理一世便到了爱丁堡——按照当时的交通状况，他的速度可谓神速了——他再次施展卑鄙的伎俩，而且这次的手法十分隐蔽，导致民众根本搞不清楚他的真实用意。有人觉得查理一世是为了笼络苏格兰的议员，他在这方面确实成功了：不少苏格兰达官贵人都接受了查理一世的礼品与恩泽，成为他的下属。也有人认为查理一世的目的是收集材料，证明英格兰议会的负责人背叛了国家，并得到苏格兰人的协助。但无论查理一世前往苏格兰的真实目的是什么，这次他注定要白忙活一场了。那时，胆大妄为的蒙特罗斯伯爵因违法乱纪被关在大牢中，而查理一世受到他的怂恿，竟然要将三个出逃的苏格兰勋爵绑为人质。这次"事件"（他是这样说的）被一直跟踪查理一世的英格兰议员记载下来并告知其他议员。这在国会中引发了轰动，议员们人人自危，担心自己的性命不保，但是他们也可能在故意装模作样。他们写信给军队统帅埃塞克斯伯爵，请求他安排人马保护自己。

此外，查理一世也许还在爱尔兰施展了同样的阴谋诡计，但大家没能找到真凭实据。他可能真的迫切想笼络爱尔兰人，竟然协助他们展开了一场动乱，王后可能也牵涉其中。无论猜测是否属实，爱尔兰人确实发动了一场残酷的暴动，在暴动中，爱尔兰人受到本土教士的唆使，对英格兰人展开了惨无人道的虐杀，连老弱妇孺都没放过。如果不是亲眼看到的人指天誓日，根本没人相信真的发生过如此惨无人道的事。我们并不能确切地知道，此次叛乱中是不是真的有上千新教徒死于虐杀，但有一点能够确定，这次事件的凶残程度并不输于历史上任何一场蛮族的厮杀。

查理一世离开苏格兰返回英格兰。为了夺回失去的权势，他决定孤注一掷。他坚信，受到笼络与恩惠的苏格兰人必定会拥护他。伦敦市的行政长官热情地接待了查理一世，这让他觉得自己完全可以再次获得英格兰民众的拥护。但是，想要获得整个国家的认可，需要得到无数个市长的支持。查理一世不久便明白他的想法是错的。

但是，在他意识到错误之前，皮姆与汉普登等议员便写下了《大谏章》这一纲领性文件，成功地激起了议员对查理一世的激烈抗议。这份重要的文件揭发了查理一世各种违法乱纪的行为，但将他这么做的原因全部推到他身边那群心术不正的亲信身上。当这份文件得到国会的批准呈递到查理一世手里时，他仍然觉得自己完全有权撤销鲍尔弗伦敦塔长官的职务，并安排一个道德沦丧的无耻之徒顶替他。但这个想法立刻遭到下议院议员的拒绝，查理一世只好放弃。与此同时，民众对主教们的抵制也日趋激烈。苍老的约克大主教在前往上议院的路上差点被打死——因为他愚蠢之极，竟然大声申斥一个嘴里高喊"主教滚蛋"的小男孩——暴怒的民众抓住了他，并对他拳脚相加。事后，约克主教将城中所有的主教邀请来，请他们在一份请愿书上签名。请愿书中说，他们的生命无法得到保障，他们今后将无法到国会履职，而没有他们参与，国会进行的所有活动都是违法的。主教们请求查理一世把这份请愿书转给上议院，查理一世便这么做了。结果这些主教遭到下议院弹劾，被关押到伦敦塔里。

但是查理一世并未从这件事中得到教训，反而因为国会中一些温和的议员对这种激进的方式表达不满，变得更有底气。1642年1月3日，他做出了有史以来最莽撞的举动。

查理一世未与任何人商议，便擅自派遣首席检察官前往上议院，以叛国罪控告金博尔顿勋爵、亚瑟·哈兹尔里格爵士、登齐尔·霍利斯、约翰·皮姆（他位高权重，体形健硕，故被民众称为皮姆王）、约翰·汉普登与威廉·斯特罗德等议员。他们都是民众衷心拥护的国会负责人，却是查理一世的眼中钉。查理一世派人马闯入这几个人的住所，缴获了屋中所有文件。不仅如此，他还派使者去下议院，命令议员们马上将这五位议员交给他。而议员们的回答是：只要国王说出对五位议员提出控告的合理原因，就将五位议员交给国王。接着，议员们更是当着使者的面宣布休会。

次日，上议院议员派人去见伦敦市长，控诉查理一世侵害了他们的权利，让他们担惊受怕。接着，因为下议院没把那五位议员交出来，查理一世亲率几百名权贵、士兵及随从来到上议院，其中多数人都手持利器。这些跟来的人被国王安排在大厅中，国王本人则在侄子的陪同下走进上议院。他将帽子拿在手上，朝着议长的座位走去，议长站起来离开座位，国王走到座位前站着不动，若无其事地看了看周围。过了一会儿，查理一世才说自己是冲着五位议员来的。但是没有人搭理他。查理一世便高声喊约翰·皮姆，仍然没人理他，于是查理一世又大声喊登齐尔·霍利斯，仍然是一片沉寂，于是查理一世就问议长那五位议员究竟在哪里。议长跪在地上，坚定地答道，他是议院忠实的仆人，除非议院下命令，否则他便什么都看不到，什么都不会说。查理一世听后深受刺激，扬言要亲自搜寻那些身犯叛国罪的议员。说完他拿起帽子，在议员们的议论声中仓促离去了。

上议院里面发生的事传到外面以后，议院外的人马上开始行动，其动作之快根本没法用文字形容。为了保证安全，五位议员早已搬到伦敦市科尔曼街的一所住宅，有人昼夜为他们巡逻警戒。事实上，伦敦城内随处可见拿着兵器戒备的人，就如同军事基地一般。上午 10 点左右，冷静下来的查理一世对自己之前的冲动行为感到后怕，他带着六位勋爵来到市政厅，在民众面前进行了一场演说，劝说他们不要包庇那些他认定的叛国者。又过了一天，他发告示缉拿五位议员，但国会无动于衷。五天之后，国会大张旗鼓，用十分盛大的仪式把这五位议员迎到威斯敏斯特。此时此刻，即使查理一世不考虑自己的安全，也会为自己的莽撞行为而慌乱，于是他带上王后与子女，从怀特宫跑到了汉普顿宫。

5 月 11 日，五位议员昂首阔步，在众人的护卫下登上船，神情严肃地前往威斯敏斯特。河面上布满了船只，几乎连水面都看不到了。四周的驳船上站满了荷枪实弹的士兵，将五位议员牢牢地护卫在中间。他们时刻警惕着，甚至做好了牺牲自己的准备。斯基庞指挥着大量民兵顺着斯特兰德街前进，准备随时协助这支船队。他们后面跟随着无数的民众，整条街道被堵得水泄不通。大家不停大声喊着反对罗马主教及其信徒的口号，路过怀特宫时，他们不屑一顾地喊道："查理国王怎么了？"上议院前人喊马嘶，里面却寂静无声。皮姆议员站起来，向议员们描述城里人民热情迎接他们的情形。他讲完后，议员们马上邀请那些负责安全的人入内并表达谢意，还请求斯基庞将军率领民兵团日夜守卫下议院。之后，从白金汉郡匆匆赶来的四千名骑兵主动请求加入护卫下议院的队伍。他们还要向查理一世递交一份请愿书，抗议汉普登先生遭受的侵犯，因为汉普登与他们是同乡，并且十分受民众尊重和敬佩。

查理一世逃往汉普顿宫时，跟着他出城的卫兵与贵族一直护卫他到泰晤士河边的金斯顿区。次日，迪格比勋爵乘坐六匹马拉的车，从汉普顿宫出来，向议员们传达查理一世的意思：他愿意让这些人保护自己。议员们称这样的行为等于与全国作对，迪格比勋爵只得逃往国外。议员们十分明白，查理一世早就琢磨着用武力收拾他们了。查理一世还悄悄派遣纽卡斯尔伯爵去赫尔，那儿有一座军事仓库，里面存放着重要的武器与弹药，伯爵的任务是控制与守卫仓库。于是，议员们马上将注意力全部放到掌控国家的军队上来。当时，所有的城镇都有自己独立的武器库，供地方的军队放置武器与弹药。因此，议员们草拟了一份提案，规定国会拥有各地首席治安官（即地方军队的指挥官）的任免权（在此之前，这一直是国王的权力），国会将任命他们相信的官员管理全国的军事重地、城堡和军队。此外，他们还批准了一项法律，废除了主教们的表决权。查理一世批准了议员们的提案，可他虽然嘴上说会重用国会举荐的人，但实际上根本不肯交出首席治安官的任免权。彭布罗克伯爵问查理一世能否在这个事情上暂且退让，查理一世给出的回答是："用上帝的名义发誓，坚决不退！"最终，他与国会宣战了。

查理一世年幼的女儿很早就与奥兰治亲王订下了婚约。于是，王后以将公主送去亲王的国家为由，平安地从英格兰离开了，但她真正的目的是变卖王宫的珍宝筹集资金，招募一支队伍帮助查理一世。因为海军事务大臣体弱多病，下议院便提出由沃里克伯爵暂时代替他行使职权，期限为一年。查理一世想任用另一个权贵，可下议院对他的意见置之不理。于是，没有得到查理一世的任命，沃里克伯爵便成为海军事务大臣。国会还直接命令赫尔的地方官把那座军事仓库搬迁到伦敦。查理一世干脆前往赫尔，要亲手接管仓库。可赫尔的居民不愿放他入城，赫尔的政府官员也不让他进入城堡。此时议员们已通过决议，只要是上下议院批准的决定，就算国王不同意，也能成为法规，与那些国王批准的法规一样具有约束力。查理一世当然拒绝接受这一决议，并发表声明，告诉民众不必遵守这种法规。在上议院大部分议员与一些下议院议员的关照下，查理一世在约克郡住了下来。首席法官与查理一世狼狈为奸，带走了国玺，议员们便制作了一枚新的国玺。此时，王后为查理一世送来了一艘船，上面装满了武器与火药，查理一世还写信借高利贷筹集资金。这时，议员们已经组建了二十个步兵营与七十五个骑兵营，民众为了帮助他们心甘情愿地献出自己的钱币与无数金银珠宝——已婚的女士连结婚戒指都捐出来了。无论哪位议员，只要可以在自己就职的区域组建起部队，便能够按照自己的喜好决定士兵们制服的式样与颜色，而他也理所当然地成为这支队伍的统帅。最著名的当属奥利弗·克伦威尔组建的铁骑队，他们坚韧不拔，武器精良，人类历史上最出色的军队或许便和他们一样。

在一些行动中，这些历史上有名的议员逾越了过去的法律与常规，对一些策划暴动的组织容忍退让，甚至给予协助，一部分人因为与这些深受敬爱的领袖意见相左而被毫无理由地投入大牢。可回过头来说，我们不要忘记，是查理一世先恣意妄为了十二年，假如不终止这长达十二年的混乱，就没有人能让一切重回正常的轨道。

第三部分

　　查理一世与长期议会之间的战争持续了差不多四年。如果将这场战争的过程全部写下来，几部长篇大作都写不完，所以，我不会用太多的章节来描述它的始末。英格兰人民再次在本土自相残杀，这确实令人不愉快；但让人略感欣慰的是，两方的人马都十分重视人性、尊严，并约束自己。在这些方面，议会手下的士兵与查理一世的士兵（这些人参与战争的目的是赚取金钱，压根就不关心引起战争的原因）相比，明显要出色很多。但查理一世队伍中的官员与绅士们在战斗时奋不顾身，坚定不移地衷心拥护查理一世，对他们的表现我们必须致以极高的敬意。他们当中有不少是天主教信徒，因被王后虔诚信仰天主教感动，便选择拥护查理一世。

　　如果查理一世是个胸怀广阔的人，或许能明察秋毫，对英勇的战士委以重任，将军队的指挥权交予他们。但事实却大相径庭，他仍然死守着王权至高无上的理念，将指挥权授予拥有王室血统的鲁珀特与莫里斯两位亲王——他们是查理一世的侄子，特意奔波千里从国外赶回来辅佐查理一世。鲁珀特亲王是个鲁莽暴躁的人，他心中有且只有一种想法：杀入战场，将敌人杀个片甲不留。如果他们没有参与进来，对查理一世来说或许更有利。

　　议会军队的统帅是埃塞克斯伯爵，他不但是位英勇的战士，更是位正气凛然的正人君子。战事开始之前，在威斯敏斯特，一些来自法学院的爱惹事的学生与冲动的士兵、店主、学徒以及街道上的民众发生了一些冲突。因为学徒的头发都理得很短，查理一世的拥护者就把他们称为"圆颅党"，这些人则针锋相对地将查理一世的支持者叫作"骑士党"，讽刺这些人行事盛气凌人却硬是将自己伪装成气度非凡的军人。从此民众便习惯用这两个词来称呼战争的双方了。国王的支持者称议会的士兵是"叛徒""无赖"，议会的人则将保皇派称为"混混"，并称自己是"圣徒""正义使者"。

这场内战最终在朴次茅斯市拉开了序幕。在这里，那个有名的两面派戈林再次选择站在查理一世这边，结果却被议会队伍重重围困。于是，查理一世发布告示，宣布埃塞克斯伯爵和他的属下都是背叛者，呼吁效忠自己的民众携带兵器，在 8 月 25 日那天前往诺丁汉与他会合。但当那天到来时，前来与他会合的拥护者屈指可数。那日天色昏暗、大风阵阵，代表王室的王旗被吹落在地，呈现出颓丧不堪的情形。接下来，英格兰与苏格兰的无数地区，包括红马谷（位于班伯里附近）、布伦特福德、迪韦齐斯、查尔格雷夫场（在这场战役中，汉普登先生身先士卒，带领队伍英勇杀敌，最终身受重伤，没过一周便不治身亡了）、纽伯里（在这次战役中保皇派中最出色的权贵之一、福克兰勋爵不幸身亡）、莱斯特、内斯比、温切斯特，以及约克郡的马斯顿荒原、纽卡斯尔，都爆发了著名的战役。在这些战役中，双方互有胜负：这次查理一世得胜而归，下次则是议会全胜而回。可大部分主要的富庶城市都站在查理一世的对立面。当伦敦需要巩固防御时，整个城市的民众，无论是达官贵人还是平民百姓，不分男女，都自愿参与并全力以赴地工作。议会中最著名的领袖有汉普登、托马斯·费尔法克斯男爵，以及最卓尔不群的奥利弗·克伦威尔与他的女婿艾尔顿。

对平民来说，这场内战让他们费尽心力与钱财，不但让他们痛恨无比，还让他们痛苦不堪，因为基本上英格兰的每个家庭都由于内战产生了分歧：家中成员有的拥护内战的一方，有的坚定地支持另一方。总而言之，大家望穿秋水，无数次期盼着和平的到来，两边的队伍中也各有一部分志士仁人想让这场战争早点结束。因此，议会决定与查理一世进行和谈。在约克、牛津（查理一世在此处成立了一个小型的议会）和阿克斯布里奇三个地方，双方举行了和谈，结果一无所获。在这几场和谈中，查理一世处境艰难，却仍然充分发挥了他的才华，无畏，淡定，思维清晰，聪明睿智，但他依旧无法改掉他的坏毛病，从他的口中你无法听到一丁点真话。克拉伦登勋爵是个历史学家，也是查理一世最忠心的支持者之一，他觉得查理一世曾经错误地向王后许下承诺，保证没有她的允许绝对不与议会达成和解，这个承诺必定会成为查理一世不断推诿的借口。查理一世向来言而无信，一直都没改变过。为了钱财，他与满手血腥的爱尔兰反叛军达成了停战协定，并请求他们帮自己与议会作战。在内斯比战役中，议会军队发现了查理一世藏匿他和王后的书信的柜子。查理一世在这些信中明明白白地写道，他对那些"杂种"议员的欣赏都是装的，假装与他们进行和谈只是为了骗取他们的信任。如今，他对议员的称呼从之前的"毒蛇"变成了更为恶毒的"杂种"。议员们还发现，查理一世早就与洛林公爵暗中联合了，目的是获得一支近万人的外国部队。当这一阴谋被揭露后，查理一世又派对他忠贞不渝的好友格拉摩根伯爵前往爱尔兰，与那里的天主教会私下签署协议：教会答应派遣一万名士兵协助查理一世，查理一世则承诺全力支持天主教来报答教会。当时爱尔兰爆发过无数小型的冲突，在其中的一次争斗中，当地一名好斗的大主教不幸身亡，大家在他的马车中找到了这份协议。查理一世矢口否认自己与这份协议有关，当他那位忠心耿耿的伯爵好友被控犯下叛国罪时，他无情地弃好友于不顾。更无耻的是，查理一世曾亲手将一份密令交给格拉摩根伯爵，但里面故意留下一些空白的地方，这显然是为推诿责任特意留下的伏笔。

1646 年 4 月 27 日，议会军队将牛津市团团围住，并渐渐缩小包围圈。查理一世被困在城中，他明白现在一定要马上逃跑，多停留一秒都不行。于是，当天晚上，查理一世将发型和胡须换了个样子，穿上仆从的服装，披着披风骑着马飞奔出城，陪伴他的只有一个忠诚的仆役与一个对路线十分了解、为他指路的当地牧师。查理一世本来向着伦敦一路狂奔，可当他到达哈罗时，他的计划发生了变化，转道奔向了苏格兰军队所在之处——起码看上去是这样的。因为查理一世早就请来苏格兰军队协助自己，所以有大量的苏格兰军队驻扎在英格兰境内。查理做事一向爱玩阴谋诡计，这次他的所作所为仍旧让人无法得知他的真实想法。但无论如何，他是真的逃到了苏格兰营地，并见到了苏格兰统帅利文伯爵，表示归顺。伯爵则毕恭毕敬地接待了这位阶下囚。议会与苏格兰政府在怎样处置查理一世的问题上展开了商谈，一直持续到次年2月。后来，由于查理一世既不愿意把那个陈旧的地方武器库交与议会使用二十年，也不愿承认与苏格兰的"神圣誓约"具有法律效力，苏格兰只好将查理交给议会，议会则支付苏格兰大量金钱作为援助的报酬和战士的薪酬。查理一世被议会派来的人押送至霍姆比宫——这是国王的私人宫殿，位于北安普敦郡的奥尔索普群岛上。

这场内战尚未结束，约翰·皮姆先生便与世长辞了。在威斯敏斯特大教堂，民众为他举办了盛大的葬礼——他与汉普登在英格兰民众争取自由权利的斗争中劳苦功高，得到如此殊荣实至名归。内战结束不久，埃塞克斯伯爵也因为去温莎森林狩猎时中暑而不治身亡了，民众同样在威斯敏斯特大教堂为他举行了盛大的葬礼。那位劳德大主教我并不愿再讲，却不得不讲：内战结束前他便被送至绞刑台处决了。对他的审问持续了一年之久，大家仍然没办法确定是否用叛国罪来起诉他——这项让人憎恶的罪名是残暴不仁的国王们最爱用的。为了治他的罪，议会甚至专门设立了一部剥夺公权的法律。劳德是个对别人有着极深成见的害群之马，和你知道的一样，他对割裂耳鼻的刑罚情有独钟，无数人深受其害。可他在接受处决前却表现得淡定从容，仿佛一位视死如归的老人。

第四部分

　　议会将查理一世掌控在手中后，便急不可耐地准备解散军队。可奥利弗·克伦威尔在军队中的权势越来越大，一方面因为他运筹帷幄、雷厉风行，另一方面因为他信奉与苏格兰清教徒相同的理念，对人坦诚且言必信，行必果，因此深受士兵们敬爱。士兵们都非常讨厌主教们，就像他们讨厌教皇一样。但是当时军队中的每个士兵都有动不动就进行长篇大论的布道与演讲的坏习惯——这样的队伍我说什么也不想参加。

　　这样的一支队伍如果无事可做，谁敢担保他们不会议论议会的短处甚至与议会作对呢？对这一点议会当然不敢保证，因此议员们便想将大部分士兵遣散，只留下一小部分前往爱尔兰平定叛乱。这样一来，英格兰便只有一支小型的队伍了。可士兵们表示如果议会不同意他们的条件，他们就不愿被遣散。当士兵们察觉议会准备强行将军队解散时，便擅自干了一件让人匪夷所思的事：一天晚上，一名骑兵的下级官员乔伊斯率领四百个骑兵，闯入了霍姆比宫查理一世的卧室，他一只手拿着帽子一只手拿着枪，命令查理一世随他离开。查理一世并未生气，只请求乔伊斯在次日清晨当着众人的面对他下这样的命令。次日清晨，他走到王宫阶梯的最高处，旁边围绕着他的属下与议会安排的守卫，他当众询问乔伊斯："谁给你的权力让你带我离开？"乔伊斯答道："军队赋予我的权力。""你有什么命令书吗？"查理一世再次问道。乔伊斯用手指着四百位骑兵："这便是我手里的命令书！"查理一世笑了笑说道："我还从没有读过这种命令书，可它确实准确明白。我太长时间没有与这样优秀的人为伍了。"乔伊斯询问查理一世准备去往何处，查理一世说要去纽马基特，他们便同四百个骑兵一起向着纽马基特飞驰而去。查理一世微笑着说，他愿意与乔伊斯或者骑兵中的任意一人交换，骑马去任何地方都可以。

此时，我相信查理一世真的认为军队是支持他的。在费尔法克斯将军、奥利弗·克伦威尔与艾尔顿劝说他再次接受议会的监督管束时，他坚决表示情愿维持现在的状态。军队渐渐向伦敦集结并企图使议会屈服时，查理一世也在其中。英格兰的命运居然要由一帮披坚执锐的士兵来决定，不得不说是件悲哀的事情。但目前确实是查理一世人生中最紧要的关头，他自然站在军队一边。想要掌控他的议会被他抛在一边，哪怕议会更合理合法。但有一点是我必须要补充的，在对待查理一世的态度上，军队与议会相比确实更和善尊重：他们不仅同意查理一世留下仆役、去不同的住宅举办奢侈的酒宴，甚至允许他去位于雷丁旁边的卡弗舍姆宅探望他的子女并住上两天。比较起来，议会对待查理一世严苛得多，他们只同意他去外面骑骑马、打打球。

说实在的，就算到了现在，假如查理一世能赢得大家的肯定，他都有得救的机会。奥利弗·克伦威尔曾清楚地讲过，如果国王不能行使他应得的权力，那么就没有人可以安稳地生活。而且他对查理一世也算友好，查理一世与子女相聚时，奥利弗就在现场，看到这种让人同情的场景，他也备受感染。他常常与查理一世见面，当查理一世搬入汉普顿宫后，他也会经常与查理一世一同在王宫中长长的走廊与景色怡人的花园中漫步、谈笑风生。这么做对克伦威尔来说无疑是很危险的，必然会影响他在军队里的威信。但是查理一世仍然偷偷地期待得到苏格兰人的支持，当他确定将与苏格兰人为伍时，就马上对刚结交的朋友与军队冷淡起来，并明确地对军队将领们说，如果没有他，将领们就一无是处。当他向克伦威尔与艾尔顿许诺，只要他们协助他恢复地位，便封他们为达官显爵时，他还去信告知王后他准备将二人处以绞刑。后来克伦威尔与艾尔顿都说早已有人偷偷告诉他们这封信的内容，也知道这封信会被藏在马鞍中，于某天晚上送到霍尔本的一家名为"蓝野猪"的旅馆，并从那里送去多佛尔。于是克伦威尔与艾尔顿便假扮成普通士兵的样子，坐在旅馆的小院里对饮，当一个手拿马鞍的男子出现在旅馆中时，他们拿过马鞍并用刀划开，找到了那封信。我认为这个故事很真实，因为克伦威尔确实提醒过一个忠于查理一世的仆人，说查理一世不值得信任，假如他有什么变故，查理一世肯定不会施以援手。但是，在此事之后，克伦威尔仍然遵守着他对查理一世的承诺。当他知道某些士兵准备暗中抓捕查理一世后，便马上告知对方。我相信，克伦威尔一定是真心实意地想让查理一世顺利地逃往国外，这样一来，他便能轻而易举地摆脱查理一世，而不必担心会有越来越多的烦恼与危险。很明显，克伦威尔在军队里的人缘并不太好，军队中的部分人对他及他的拥护者十分抵触，导致他只好在自己的军队面前处死一个反对他的人，以作为警示。

查理一世接到克伦威尔的提醒，便马上逃离了汉普顿王宫。徘徊许久，他最后选择逃往怀特岛上的卡里斯布洛克城堡。最初，他过得还算逍遥自在，但他并不死心，表面装作遵守与议会订下的协议，背地里却与苏格兰政府进行书信往来，请求他们派遣部队一路南下助他重登宝座。这种与苏格兰勾结的举动违背了他与议会的协议，因此议会宣布他被废黜，沦为罪犯。但他有足够的时间准备出逃：王后在怀特岛准备了一艘船，查理一世准备坐这艘船连夜逃跑。

查理一世寄希望于苏格兰的帮助，注定会大失所望。苏格兰的牧师觉得查理一世与苏格兰官员间的协议会使教会的利益受损，便四处宣扬这份协议的坏处。最终，苏格兰只凑了一支人数极少的部队前往英格兰，他们能起到的作用微不足道。尽管英国国内一些拥护国王的人率众起义，其中不乏爱尔兰出色的将士，可这样的队伍对克伦威尔与费尔法克斯统帅的议会军队而言根本不足为惧。查理一世的大儿子威尔士亲王率领着十九艘军舰（其中有一部分是投靠他的英格兰军舰）从荷兰出发，前来帮助他的父亲，结果白跑一趟。在这次内乱中最让人注意的当属议会军官将两个拥护国王的优秀的将领残忍地杀害了。这两人分别是查尔斯·卢卡斯爵士和乔治·莱尔爵士。在科尔切斯特，他们忍饥挨饿，坚守城池达三个月之久。查尔斯·卢卡斯爵士被杀害后，乔治·莱尔爵士上前亲吻他的遗体，对行刑的士兵说："靠近些，这样你一定会打中我。"行刑的士兵中有人答道："乔治爵士，您放心，我发誓我们一定会命中目标。"爵士笑着说："是吗？亲爱的朋友，我曾无数次距离你们比现在还近，你们都没击中我。"

现在，军队再次命令议会把七个得罪了他们的议员交出来，可议会早已无法忍受军队的胁迫，他们决定再也不与查理一世发生联系。但实际上第二次内战（只持续了六个月）刚一结束，议员们便马上派人与查理一世见面。当时查理一世获准在怀特岛的一所私有住宅里生活，相对还有些自由；他尽心尽力地与议会协商，表现出来的善解人意的样子让每个人都十分佩服与惊叹。最终，他全盘接受议会提的条件，其中包括暂时撤销主教的职务（这一点他之前是极力拒绝的），并把主教们的领地收归国有。但是，当查理一世的挚友和官员们共同劝说他抛弃所有的权力来保命时，他就重施旧计，准备出逃。尽管他表面上不承认，可暗地里从未减少与一些友人及爱尔兰的天主教信徒的联络。他曾亲笔写道，他屈服的唯一原因是争取更多的时间逃跑。

事情演变到这个局面，军队决心和议会一决雌雄，所以逼近伦敦。可如今议会已不再惧怕他们了。在霍利斯的率领下，议会全票通过了查理一世屈服便可以保证国家安宁的决议。这件事传出来之后，普赖德上校与里奇上校率领一支骑兵与一支步兵前往下议院。刚到那里，普赖德就拿出一份名单站到休息室里，上面记满了他们认为妨碍军队的议员的名字。议员们进来后，他便一一指出那些人，并把他们全部关押起来。之后民众打趣地称这件事为"普赖德的肃反"。当时克伦威尔和他的军队在遥远的北部，回来以后，他们却对这两个军官的行为表示认可。

一部分议员被军队关押起来，一部分议员被驱赶出去，这样一来，下议院的议员仅剩五十人了。不久，这五十位议员投票表决，如果一位君王对他的臣民与议会开战，就是背叛国家。他们将这份议案送到上议院，请求用叛国罪审判查理一世。十六位议员组成的上议院全票否决这一议案。下议院索性自行通过了议案，并宣布下议院才是英格兰的最高政府，他们将对查理一世进行审判。

查理一世被押解到赫斯特城堡，被严密地看守着。关押他的房子独自矗立在海洋中的一座岛屿上，只有在海水退潮时，才会显现出一条与汉普郡的海岸相连的蜿蜒小路，长度仅有 2 英里。之后他又从这里被转押到温莎。查理一世在温莎遭到了粗鲁的对待，就连吃饭都要受士兵监管，没有侍奉的仆役。接着他又被押解到伦敦的圣詹姆斯宫，并接到通知，第二天接受审判。

1649 年 1 月 20 日是个星期六，这场值得纪念的审判开始了。参加审判的人由下议院确定，共一百三十五人，其中有下议院的议员、军队的军官、律师与平民。大法官由高级律师约翰·布拉德肖担任，威斯敏斯特大厅被指定为审判场所。大厅的二层摆放着铺着红色天鹅绒垫的椅子，布拉德肖坐在上面。为了保证自身安全，他的头上戴着垂挂着一圈铁片的帽子。一旁的长椅上坐着其余的审判员，头上也戴着帽子。大法官座椅的正前方放着查理一世的椅子，上面同样铺着天鹅绒垫。查理一世自圣詹姆斯宫几经周折到达怀特宫，又通过水路到达审判大厅。

查理一世走入大厅，镇定自若地环视一周，看向法庭的每个角落与前来旁听的无数人民，之后慢慢坐下，可没过多久又站起身环视四周。在法庭上，当听到"控诉查理·斯图尔特叛国"的诉讼状时，他好几次露出微笑，他根本不承认法庭的合法性，因为现场并没有上议院的成员，缺少了上议院就没资格叫作议会。另外，君王也必须出席，可君王的座椅上却空无一人。面对这样的质疑，布拉德肖答道，法庭当然是合法的，它的权力是上帝与国家赋予的。说完他便宣布休庭，等星期一再开庭。星期一到了，审讯再次开始，并持续了足足一周的时间。当又一个星期六到来时，查理一世从大厅走向他的座位，一群士兵与另外几个人朝着他大声喊叫："给我们一个公正的说法！"并强烈请求判他死刑。此时，布拉德肖将昔日一直穿的黑色衣服脱下来，换上了大红色的衣袍，看上去如同愤怒的苏丹王，他正式宣布判处查理一世死刑。查理一世离开法庭时，仅有一位小兵对他说："愿主护佑您，国王！"随后这名小兵便遭到军官的大力掌掴。查理一世认为就他犯过的错误而言，这个判决太重了。在接受审讯时，他将身体靠在银色的手杖上，手杖的顶端忽然裂开并掉到地上。他因为这个小插曲而心神不定，在他看来这便是生命即将结束的预兆。到了今天他只能接受，一切就要终结了。

查理被押回怀特宫。他派人去下议院提出申请，由于自己很快会被处以死刑，希望议员们让他与自己的孩子见最后一面。下议院批准了。星期一，他再次被押回圣詹姆斯宫，等待他的是留在国内的两个年幼的小孩——之前居住在布伦特福德旁的锡永宫的年仅十三岁的伊丽莎白公主与九岁的格洛斯特公爵，他们被带来与自己的父亲告别。那确实是让人感动的凄凉场景：查理一世与这两个可怜的儿女分别相拥相吻，给小女儿留下两个镶嵌着钻石的印章做纪念，并交代孩子们向他们的母亲转达他的问候（可王后不值得他们挂念，不久之后她便与她的情人结婚了）。之后，查理一世对他的子女说自己将为"维护国家的律法与自由"而牺牲。我必须要说明一点，这绝对不是真的，但我确定查理的内心确实是如此想的。

这天荷兰的使者也来了，来替可怜的查理一世说情——说到底，大家都希望议会能留下查理一世的性命，可议会根本不理会荷兰人。

为查理说情的还有苏格兰的政府官员和威尔士亲王。亲王以自己储君的身份给议会去信，表示议会无论提出什么要求他都同意。王后也写了内容相似的信为查理一世求情。

就算这样，死刑的判决书还是签字生效了。听说轮到奥利弗·克伦威尔签名时，他手拿钢笔走到桌前，当拔出笔套时，因用力过猛导致墨水飞溅到站在他旁边的官吏脸上。这时这位官吏还没有签署自己的名字，据传闻说，轮到他签名时，他也采取了一样的做法让克伦威尔的脸上溅满了墨水。

在查理一世生命中的最后一个夜晚，他没有丝毫慌乱，安然入睡。1月20日凌晨，离天亮还有两小时他便起床了，认真地穿好衣服。为了不让自己因为天冷冻得发抖，他特意穿了两件衬衣，还将头发梳理得服服帖帖。哈克上校、亨克斯上校与费耶尔上校是送交死刑判决书的军官。上午10点，哈克上校走到门口，告诉查理一世去怀特宫的时间到了。查理一世向来走路匆忙，今天也不例外，他迅速走出院子，还用同样快的语速命令守卫们："赶紧走！"到达怀特宫后，他被安排在他的寝室中吃早饭，可因为他早已领用了圣餐，便不再食用任何食品。中午，教堂的钟声响起，12点到了（由于断头台还未搭好，他只能慢慢等待），在贾克森主教的善意劝解下他吃了少许面包，饮用了少量的红葡萄酒。他刚吃完，哈克上校便来到寝室，手里拿着行刑书，宣布对查理·斯图尔特执行死刑。

接着，查理一世走过怀特宫长长的走廊。他曾无数次走过这里，只是以前的走廊张灯结彩，一眼望去都是华冠丽服，耳旁萦绕的全是欢声笑语，与如今的情形大相径庭。失去权势的查理一世迅速穿过长廊，走到了宴会厅最中间的大窗户前。他的断头台就设在那边，搭得很高，用黑色的布遮着，他从窗户走出来便直接站到了断头台上面。他看看两个一身黑衣、戴着面具的行刑者，再看看四周的士兵，大家也抬头看着他，鸦雀无声。他见到数不清的观刑者，人山人海似乎没有边际，人们也默默地看着他。他又看了一眼曾属于他的圣詹姆斯王宫，之后才看向断头台。他看见垫头木摆放的位置太低，就显得心神不宁。他问道："难道就不能放高一些吗？"接着他向站在台上的人说，是议会挑起了这场内战，他并没有责任，但由于议会与他之间的矛盾已化解，他也衷心祈祷议会成员都能免去罪责。但他承认在对待斯特拉福德伯爵的问题上他罪责难逃，是他让伯爵受到了不公平的判决。

查理一世并不惧怕死亡，但他真的想死得轻松一点。当他发表演说时，某个人不小心碰到了斧头，他马上停止演说大声喊叫："小心那把斧头！小心那把斧头！"他告诉哈克上校："你必须吩咐刽子手，一定要让我死得干净利落！"面对刽子手时他交代道："我会诵读简短的祷文，当我念完以后就会把双手伸开。"——这就告诉刽子手可以动手了。

主教递给查理一项白色的锦缎帽子，查理将头发全部拢起塞入帽子里，然后说道："我有足够的道理，宽容的上帝也与我同在。"主教对他说，他只需要迈最后一步，便能超脱这让人厌倦的尘世；尽管这最后的一步让人胆战心惊，却只需瞬间就能登顶，从凡间到达天堂。查理一世把外套与戴在胸口的"乔治"挂坠都交给了主教，他最后说道："不要忘记！"接着就跪倒在地，将头搁在垫头木上，把双手伸开，刽子手瞬间就了结了他的生命。围观的民众只发出了一声痛苦的哭喊，四周的军人原来或在马上纹丝不动或如静立的雕塑般站着，此时却忽然开始行动，将人们强行从街道上赶走。

与斯特拉福德男爵一样，查理国王也在四十九岁时被剥夺了生命。尽管我对他的遭遇十分怜悯，可我没办法认同"他是为民众牺牲的殉道者"这样的说法，因为在很长的时间里民众都是他和他的王权至上思想的受害者。但是在认定谁是殉道者方面，我觉得他真的是个愚蠢的判决者——连那位声名狼藉的白金汉公爵都曾被他认定为"为君王牺牲的殉道者"。

第三十四章

奥利弗·克伦威尔的统治

第一部分

　　就在查理一世被砍头的那天，日落之前，下议院批准了一项法案：凡是称威尔士亲王或别的什么人为英格兰国王的人，都将按叛国罪论处。不久，下议院又要求解散毫无作为且充满危险的上议院。不只如此，他们还准备将皇家交易所和其他公共场所的查理一世的雕像清理掉。一些逃出监狱的保皇派被第一时间抓了回来，汉密尔顿公爵、霍兰伯爵与卡佩尔男爵也被押至王宫庭院砍掉了脑袋（三人都很勇敢地接受了死亡）。之后英格兰的国家事务由下议院指定的议会来管理。这个议会的四十一名成员中只有五人是贵族，主席为布拉德肖，由推举产生。一些反对处决查理一世的人也被再次接收进下议院，于是，下议院议员达到了一百五十名左右。

　　但是，下议院依旧烦恼不已，一支四万人的军队仍然存在，控制这支军队绝不是一件轻松的事情。在处死查理一世之前，一些军官就受军队的指使向议会表达抗议，如今一些普通士兵也加入对抗议会的行列。本来被调往爱尔兰的军队不服从议会的调遣；一队驻守在伦敦城中的骑兵抢走了自己的军旗，坚决抵制下议院的指令。下议院处决了组织这些反叛活动的首领，却于事无补，反而换来了一场公开且隆重的葬礼：民众与首领的战友戴着浸染着鲜血的迷迭香花环，踩着沉痛的步伐，护送他的遗体来到墓地，一路上哀乐阵阵。这种突发状况只有奥利弗有本事处置。反叛的士兵躲藏在索尔兹伯里附近的伯福德镇。半夜，奥利弗率队突袭了小镇，封锁了小镇的所有出路，俘获了四百多人，之后又通过军事法庭处死了一部分人。不久，士兵们都发现奥利弗绝对不好惹——这是所有英格兰人公认的。就这样，叛乱被平定了。

可苏格兰国会并没有在奥利弗手下吃过亏，因此当查理一世被处死的消息传到苏格兰时，苏格兰国会与威尔士亲王商议，只要威尔士亲王承认并尊重"神圣誓约"，便马上宣布他是英格兰的新国王——查理二世。此时，远在国外的亲王只能依靠与他一起的蒙特罗斯侯爵，才能与苏格兰国会取得联系。在这一点上，他与他父亲当年的遭遇一样。不久威尔士亲王的希望就化为泡影：蒙特罗斯侯爵在德国招募了几百个逃亡的人，来到了苏格兰，但是，让侯爵意外的是，这些人并不像想象中的那样忠心耿耿，而是陆续抛弃他自谋生路去了。不久，蒙特罗斯侯爵被逮捕并押解到了爱丁堡。在那里，他饱受欺凌，然后被带进囚车，他曾经的下属则两人一排走在囚车前面。按照国会的决定，他会在 9 米高的绞刑架上被吊死，之后，依照陈旧的陋俗，他的脑袋会被枪尖挑起放在爱丁堡警示民众，他的四肢将被送到不同的地方。侯爵为自己辩解，他做的事都受命于王室，现在他只希望自己的"四肢"能再多一些，多到足够送往每个基督教的教区，让所有人都明白他是怎样忠心耿耿。穿戴整齐的侯爵走到了绞刑架下，从容赴死，死时才三十八岁。但是，侯爵还没咽气，查理就赶紧发表声明，抛弃了这个忠诚的仆人——他说自己并没有给侯爵下达过任何为自己发兵的命令。查理是如此完美地体现了斯图尔特家族的无耻！

议会将爱尔兰军队的指挥权交给了奥利弗，他终于等到了报复爱尔兰人发动血腥暴动的机会。整个爱尔兰被他搞得鸡飞狗跳。特别是在进攻德罗赫达时，他发现大教堂中藏着至少一千民众，但他没有丝毫怜悯之心，直接命令手下——"克伦威尔的铁骑队"——将所有人都杀死。遇害的人中不少是修道士与传教士，奥利弗在给议会的报告中只是将这个情况轻描淡写地一笔带过，就像对待其他的平民一样，他给了这些人"迎头痛击"。

此时，查理回到了苏格兰，与"神圣誓约"的成员一起过着枯燥的日子，礼拜天还会与这些人接受冗长无趣的布道。因此，议会不得不立即召回让人忌惮的奥利弗，让他去对付公开协助王子的苏格兰人。奥利弗让女婿艾尔顿代替自己征战爱尔兰。艾尔顿没有辜负他的期望，接过了他的战旗，征服了爱尔兰，使之完全臣服于议会。最后，他们为治理爱尔兰通过了一项议案：除了参与反叛、杀害新教徒和拒不缴械的，所有的民众都被赦免。不少爱尔兰人选择浪迹天涯，去外国继续效忠信奉天主教的君王，因此国会将这些有罪之人的大片领地收归国有，转头又把这些土地赏赐给在战争伊始为议会提供资金的人。这些做法十分偏激，但是，如果奥利弗·克伦威尔还在爱尔兰，他的手段只会更加恶劣。

可是，如前所述，议会更愿意让奥利弗去苏格兰。因此，他一回到国内，便被提拔为英格兰联邦的总司令，并在三日后带领一万六千名士兵向北出发，讨伐苏格兰。当时的苏格兰人异常警惕（也许您知道，他们如今还是这样），他们很清楚，一旦爆发战争，他们的军队根本不能与经验丰富的铁骑队相抗衡，正面迎敌毫无胜算。所以他们说："只要我们坚守在爱丁堡的工事中，将所有的农夫撤回城内不再耕种，没有食物充饥的铁骑队就只能撤军。"这当然是条万全之策，但是，苏格兰的教士向来擅长插足一窍不通的领域，他们用烦人的布道鼓动士兵站出来迎战。一个黑色的日子，听信谗言的士兵真的从安全的工事走出来开始战斗，奥利弗马上组织军队冲了上去。苏格兰士兵被杀死了三千人，剩下的一万人成了阶下囚。

查理为了答谢并拉拢苏格兰议会，在议会准备的文件上签名，宣布与他的父母断绝关系，并将自己描述成一位十分虔诚的王储——在他的眼中，"神圣誓约"比他的生命还重要。但这份文件中所写的都是谎言：不久之后，他便骑马加入了部分高地兄弟的行列。那是一群让人厌烦的家伙，每天只知道舞刀弄枪。尽管"神圣誓约"的成员最终追上查理并说服他返回，可他仍然从这个所谓的"开头"中尝到了甜头——起码他不用再像之前一样，每时每刻都要接受他们乏善可陈的布道了。

1651 年 1 月 1 日，苏格兰人在斯昆镇为查理举行了加冕仪式。接下来，查理马上带领两万人出征斯特灵。我相信他当时一定志得意满，因为让人害怕的奥利弗得了疟疾，正卧病在床。但顽强的奥利弗得到消息后便立刻从病床上爬起来，指挥军队进行战斗，最终将查理的队伍包围起来，完全切断了他们与苏格兰的联系。无可奈何的查理只能率兵南下，往英格兰而去。当他到达伍斯特时，当地的市长与部分贵族接待了他，公开称呼他为查理二世，可这个称号并不能给他带来任何好处，勇敢站出来支持他的人屈指可数。与此同时，在伦敦塔山，两个查理的支持者被当众砍下了脑袋。紧接着，穷追不舍的奥利弗率领他的铁骑队赶到了伍斯特。双方进行了一场大战，最终苏格兰人丢盔卸甲，保皇派的队伍完全瓦解了。但由于苏格兰人顽强作战，奥利弗用了五个小时才取得胜利。

伍斯特之战后，查理开始了长期的逃亡生活。但这段经历并非毫无意义，很久以后，许多仁慈的英格兰人还会想起他的这段经历，对他深表同情，给他染上浓重的浪漫主义色彩，令他受益匪浅。查理借着夜色的掩护逃到斯塔福德郡，躲藏在一位女天主教信徒的家中，此时跟随他的支持者已经不到六十人。为了保证他的人身安全，支持者们选择暂时远离他。查理将长发剪掉，在手上与脸上涂抹棕色的颜料，穿上劳工的衣服，把自己打扮成一个常年经受风吹日晒的辛苦劳作的平民。清晨，他与五个伐木工人一起拿着斧子前往郊外的树林。这五个伐木工是一家人，其中四个是亲兄弟，另一个是四人的妹夫。由于当天的天气十分糟糕，这五个善良的工人特意在树下为查理铺了一张床，其中一人的太太还为他带来了食物。兄弟四人的母亲也来到了树林里，向查理跪拜，感谢上帝给了她的儿子们这个救助国王的机会。晚上，查理走出树林来到位于塞文河边的一座房屋里。他想从这里去威尔士，可周围随处可见严密把守的士兵，桥梁与船只也有重兵守卫。因此，查理躲在草棚中用干草遮住自己。过了一段时间，一个信奉天主教的贵族凯尔利斯上校前来接应他。在上校的陪伴下，查理走出了草棚，两人如同两只鸟儿一样躲藏在一棵枝繁叶茂的老橡树上。幸运的是当时正是 9 月，还未到落叶的季节，树下不断有士兵骑着马来回巡查，随着他们的走动，不时从树林中传出敲打、搜索草丛的声音。就这样，两人整整躲了一天。

此后，查理不断跋山涉水，两只脚都磨出一层厚厚的茧子。他在一栋被骑兵搜查过的房屋中躲藏了一天，然后与他的另一位好朋友威尔莫特勋爵到达本特利。信奉新教的莱恩小姐就住在这里。她有亲戚住在布里斯托尔附近，她得到允许，骑着马穿过重重守卫去看望亲戚。查理扮成她的仆役，骑着马走在前面，他们一路前往约翰·温特爵士的住所。威尔莫特则像个乡绅一般驱赶着猎狗，大张旗鼓地紧随而来。凑巧的是，约翰·温特爵士现在的管家曾在里士满王宫工作，因此立刻认出了查理的真实身份，但他是个忠诚的人，守口如瓶。因为在那里没有找到可以带他远航的船，查理再次扮作莱恩小姐的仆役，去了坐落在多塞特郡舍伯恩附近的特伦特市的一栋房子。将查理送到这里后，莱恩小姐便与她的堂哥拉塞尔斯一起回家了。她的堂哥从头到尾都陪伴着她。我相信她一定是个果敢善良的姑娘，如果我是她的堂哥，一定会为她坠入爱河。

没有莱恩小姐做掩护，查理又在特伦特找到了藏身所。查理他们在莱姆找到一条船，船主答应送他们去法兰西。这天晚上，查理扮作另一位小姐的仆役，骑马前往查茅斯，那儿的小酒馆里有位船长，愿意为他领航。可船长夫人害怕因此招惹灾祸，竟将船长锁在房里。查理他们只好去往布里德波特。当查理走进一家旅馆时，发现里面到处都是搜寻他的士兵，不过他们已经喝得酩酊大醉，正在议论着关于查理的话题。查理镇定自若，真的像仆人一般牵着马从庭院中穿过，一边走还一边说："借过，大兵，挪点儿地方让我们过去！"这时，他碰到了一个微醉的马夫，那人看着他揉了揉双眼，疑惑地问道："我曾是埃克塞特的波特先生的仆役，年轻人，我觉得我一定在那里见过你，是吗？"他说得没错，查理确实在那里居住过，他们肯定见过面。查理回答得十分聪明："哦，我曾在那里停留过一段时间，可我现在没空和您闲聊，一会儿我再回来找你好好叙旧。"

安全地逃离了这个危机四伏的地方，查理返回特伦特躲藏了几日。之后他又逃到索尔兹伯里附近的希尔，在一位孀居的妇人家中躲藏了五天，直到有位船长答应送他这位"名流"去法兰西才出来。这位船长在萨克斯郡肖勒姆驾驶运煤船。10月15日晚，查理在两个军官与一个商人的陪同下，骑马来到布赖顿（那时还是个小渔村），他打算在航行前宴请船长，让他美餐一顿。但是，当地不少人都认出了查理的身份，包括船长、店主及店主的妻子。当查理准备离开时，店主走到他的座椅后向他行吻手礼，并恳求国王以后册封他为领主，那样他的太太就可以成为领主夫人。查理听完后笑了起来。此时他们已享用过美食，席间觥筹交错、吞云吐雾——抽烟、喝酒可是查理的拿手好戏。船长发誓一定会对查理忠心耿耿——他也是这样做的。依照他们的计划，船长先假装要前往迪尔，查理装成一个身负债务的贵族，为了摆脱债主，他向水手求助，希望他们劝说船长帮助自己逃往法兰西。因为查理表演得非常逼真，还给了水手们二十先令让他们买酒喝，于是水手们纷纷请求船长帮助这位"贵族"。船长装出不得不让步的样子答应了。就这样，查理平安无事地抵达了诺曼底。

现在爱尔兰的局势已经安定了；奥利弗在苏格兰安排了大量的士兵，修筑了大批的工事，局势也趋于稳定。因此只要国内不再爆发战争，国会便可以安安稳稳地存在下去。仅有的烦恼来自荷兰。1651年的春天，荷兰的海军元帅范·特龙普率领一支舰队直逼唐斯，向英格兰英勇的布莱克元帅（当时他正在唐斯驻防，特龙普的船的数量比他的多一倍）宣战。布莱克将所有的舷侧炮集中起来，猛烈攻击特龙普，迫使他降下旗帜以示认输。秋天来了，特龙普卷土重来，率领七十艘船再次向布莱克宣战，战场还是在唐斯，他的兵力仍是布莱克的两倍。战斗持续了一整天，布莱克察觉到自己这次根本无法以少胜多，便连夜悄悄撤出战场。特龙普感到十分骄傲，为了炫耀自己的丰功伟绩，他在船的桅杆上挂了一把大扫帚，意味着他把英格兰人从海上"扫"了出去，并命令船只耀武扬威地在北岬与怀特岛之间行驶。但是，三个月后，特龙普的扫帚与骄傲便被布莱克扫清了。布莱克在迪安与蒙克两位将领的协助下，与特龙普鏖战了三天，缴获了二十三艘荷兰军舰。悬挂的扫帚散落在地，特龙普只好扫兴而归。

可事情刚刚告一段落，军队便开始埋怨国会，指责他们无力治理国家，同时暗示在治国方面军队将表现得更优秀。现在奥利弗已决心成为英格兰的最高领导者，他孤注一掷地选择站在军队这边。此时国会治理英格兰的时间已经和查理一世在位的时间一样久了，奥利弗聚集了部分将领与一些议员朋友，在位于怀特宫的住所商量怎样解散国会。最后，按照他们商议的办法，奥利弗身穿黑衣灰裤，像平时一样走进议院，一队士兵跟在他身后。他把士兵安排在休息室，一个人径自走进会场坐了下来。很快，他站起来说，上帝早就对国会厌烦不已，接着他使劲跺着脚喊道："你们的议员身份已经没了。来人啊！来人啊！"士兵们听到这声叫喊，便立刻一拥而入。亨利·文爵士是议会成员，他大喊道："这是无耻的欺骗！"奥利弗答道："亨利·文爵士，唉，亨利·文爵士！愿主保佑我脱离亨利·文爵士的魔掌！"接着他指着议员们逐个点评：这个是酒鬼，那个是纨绔子弟，这个是神棍，等等。之后他把议院议长从座位上赶下来，命令士兵全面清理会场。摆在桌上的权杖象征议会的团结，在奥利弗口中却成了"小丑的手杖"，他命令士兵将它清理出去。当所有的命令都执行完毕后，他悄悄地将门锁上，将钥匙揣进口袋，再次回到了怀特宫。奥利弗将自己所做的事告诉了仍在此处等候的朋友们。

经过这次亘古未有的事件，他们依据自己的喜好组建了新的国家议会。成立新的国会时，奥利弗亲自站出来进行演讲，他宣称这是"人间天堂"开始的重要时刻。一个十分出名的皮革商坐在议员的座位上，他有个十分特别的名字——普利兹·高德·贝尔伯恩斯（即赞美·上帝·基本，他的名字使新国会被世人称为"基本国会"或"贝尔伯恩斯国会"，虽然它最被人熟知的名字还是"小国会"）。但不久之后，奥利弗就察觉到新国会并不想让他成为领导者，这样一来，"人间天堂"便不可能继续了。因此他用类似的方法解散了这个国会。这时，由军队将领组成的议会则适时提出让奥利弗做国家首脑，官衔为护国公。

1653 年 12 月 16 日，奥利弗的住宅门口汇集了大批人马。奥利弗穿着黑色的天鹅绒外套，脚上踩着一双大靴子，身边围绕着法官、市长、议员以及英格兰的众多名流。众人簇拥着他登上马车来到威斯敏斯特宫。就在这里，大法官在法庭上公开宣布奥利弗成为护国公。民众宣誓效忠于他，代表城市的宝剑与印章被交给他，还有一些平常在这样的场合会交给国王或女王的东西也一起交给了他。等奥利弗把这些物品再次还回去时，他便正式成为护国公了。有些铁骑队成员对此津津乐道，说了一晚还意犹未尽。

第二部分

奥利弗·克伦威尔（人们也称他"老诺尔"）成为护国公后，收到一份名为《政府约法》的文件，并根据它组建起新国会。国会共有四五百位议员，但保皇派与天主教徒不能加入。克伦威尔承诺，除非国会自己批准，否则无人可以解散国会——起码在新国会刚组建的前五个月他确实做到了。

议员们汇聚一堂，奥利弗对着他们足足讲了三个小时，十分睿智地教导他们怎么做才能使自己的国家更加强盛安定。对一些比较固执的议员，他采取了强硬的做法，强迫他们在文件上签名，发誓不夺走国家或军队领导人的权力——这也是政府约法明令禁止的事。接着他宣布散会，让议员们各自回去开始工作；他自己也一如既往、全身心地投入工作。现在他要对付一些胡言乱语的传教士了，这些人在布道时将他丑化成无赖与昏君。他查封了部分教堂，还囚禁了一些人。

当时，英格兰或别的地方都找不到比奥利弗·克伦威尔更有才能的人，他将英格兰治理得井然有序。虽然他采取了铁血政策，并对保皇派的人征收极重的赋税（他这样做是因为这些人要谋害他），但在这样的时代，这种做法恰恰是最合适的，他算得上领导有方。正是在他的影响下，英格兰获得了世界的认可与尊重。我由衷地期盼，以后无论是以国王的名义还是女王的名义统治国家的领导者都要认真地学习奥利弗·克伦威尔的治国之道。因为托斯卡纳公爵伤害了英格兰的子民，并抢夺英格兰商人的财物，英勇的布莱克元帅被奥利弗派往地中海，迫使托斯卡纳公爵为他的行为付出六万英镑的巨额赔偿。在阿尔及尔、突尼斯和的黎波里，英格兰人及其船只遭到当地海盗的劫掠，奥利弗立刻派布莱克率领舰队前去营救。不久以后，人们看到英格兰取得了这么多丰功伟绩，都清晰地意识到，英格兰现在的领袖足够英明果断，无论是谁在何处，只要对英格兰有些许怠慢或羞辱都会受到严惩。

奥利弗在国外的累累战功不止这些，他直接派遣一支舰队去海外向荷兰宣战。双方各有一百艘战舰，它们在北岬附近的英吉利海峡遭遇了。这场战斗持续了一整天。英军指挥官迪安不幸身亡，为避免海军士兵因他的死亡发生动摇，与他同一艘船的另一个指挥官蒙克果断地把外套盖在他的尸体上。士兵们依然士气高昂。英格兰的军舰用猛烈的舷侧炮打得荷兰人四散逃亡。让人恐惧的范·特龙普为了扭转败势，甚至直接将炮火对准逃兵，却无力回天。过了不久，双方在荷兰海岸再次遭遇，战斗又打响了。在这场战斗中，英军的子弹贯穿了英勇的范·特龙普的胸膛，无奈的荷兰人不得不选择议和。

不但如此，奥利弗还决定奋起反抗野蛮傲慢的西班牙人。南美洲所有的金银都被西班牙收入囊中，如果其他国家的船进入这个地区就会被他们当作海盗船，英格兰人还被他们关进宗教审判所最黑暗的监狱里。于是，奥利弗直接对西班牙大使说，英格兰的船只是自由的，无论航行到什么地方都不应该受到限制；西班牙人无权将英格兰贸易者擅自关进恐怖的牢狱被教士们取笑。西班牙大使却傲慢地回答，在西班牙君王的心目中，宗教审判所与那些蕴藏丰富金银的国家都很重要，就像双眼一样难以割舍，因此不会放弃任何一个。话不投机，奥利弗宣布，他要将西班牙国王珍视的这双眼睛彻底毁掉。

在这种情形下，佩恩与维纳布尔斯受命率领一支舰队前往伊斯帕尼奥拉岛。没想到西班牙人更为强悍，两人在半途征服了牙买加后就不得不返回国内。这两人并未像英勇的布莱克元帅一样为英格兰带来胜利，奥利弗愤怒地将两人投入监狱。之后他正式与西班牙开战，还与法兰西签署了盟约。双方约定，法兰西将不再帮助西班牙国王及其兄弟孔克公爵。接着，布莱克元帅受奥利弗重托再次率军出征。他率先教训了葡萄牙国王，之后又与西班牙的一支舰队展开了激烈的战斗，击沉了四艘敌舰，缴获两艘满载金银的船只，船上的金银价值高达两百万英镑。布莱克将金灿灿的战利品全都装到马车上，护送着它们从朴次茅斯前往伦敦。沿途民众自发在路旁迎接，并爆发出阵阵欢呼。英勇的布莱克并不满足于此次胜利，又率领舰队前往圣克鲁斯港，围剿从墨西哥来的西班牙的珍宝舰队。毫无意外，此次他找到了理想的目标：由十艘战舰组成的珍宝舰队实力强劲，还有七艘船为其护航，岸边还有一座城堡及四座炮台，布莱克的舰队遭到所有炮火的强烈攻击。可布莱克却把大炮当玩具，毫不畏惧地冲破重重围困，直闯港口，珍宝舰队的船只都被俘获或击沉。然后他在桅杆上高挂英格兰的战旗，班师回朝了。但是这位英勇将领的所有征战到此为止了，多年的东征西讨与远洋航行透支了他的生命，当民众在朴次茅斯港口热情地欢迎他时，他在慢慢驶来的船上溘然长逝了。人们将他的遗体隆重地安葬在威斯敏斯特大教堂，可惜他并未在那里永久安息。

当这些事尘埃落定后，奥利弗得知天主教的某些势力正在卢塞恩河谷残害当地的瓦尔多教徒，不少人因自己的信仰遭到残忍杀害。因此他马上警告这些势力，崇尚新教的英格兰绝不允许这样的行为存在。接着他用行动表明了自己的态度。有了他的保护，瓦尔多教徒可以安心地用自己的方式礼敬上帝。

在与西班牙交战时，奥利弗与法兰西结成联盟。他的军队是联盟的中坚力量，起到了决定性的作用。正是由于他的军队勇敢强大，当双方联合攻占了敦刻尔克后，法兰西国王心甘情愿将敦刻尔克作为战利品送给英格兰。

事实上，奥利弗的处境算得上举步维艰，保皇派不放弃任何联合其他势力反对他的机会。不少"第五王朝主义者"（一些疯狂的宗教人员）和心有不甘的共和党人都在密谋杀害奥利弗。只要能杀死奥利弗，"海对面的国王"（民众对查理的戏称）根本不在乎与谁合作。但是我们不用怀疑，只要奥利弗愿意，查理会毫不犹豫地娶他的女儿为妻。军队中的萨克斯比上校曾是奥利弗的有力支持者，如今却选择与他作对，并在这段时间给他制造了许多麻烦。萨克斯比不停地在反对奥利弗的英格兰人和西班牙人之间传话，替查理充当说客——查理被法兰西放弃后，选择了与西班牙合作。萨克斯比最终在监狱中死去。在他死亡之前，保皇派与共和党人策划了许多极其危险的计划。某个星期天的晚上，他们竟然举兵造反，占领了索尔兹伯里城，将要参加第二天的立法会议的法官都抓了起来，并准备将他们全部绞死。好在有些参与造反的人心存仁慈，不赞成这种做法，法官们才幸免于难。对于此次反叛，奥利弗同处理之前的所有阴谋诡计一样强硬。威尔莫特是这次反叛的策划者之一，却幸运地逃出生天。他当初曾帮助查理逃亡，现在已成为罗切斯特伯爵。奥利弗的密探无处不在，他的仇敌根本无法想象他掌握的信息有多么广泛。当时有一个六人组成的名为"死结"的组织，成员都是查理最信任且隐藏最深的亲信。理查德·威尔斯爵士便是组织成员之一，但他背叛查理投靠了奥利弗，将组织中的大小事宜全部告诉了新主子，因此奥利弗每年奖励他两百英镑。

迈尔斯·辛达尔科姆同样来自军队，也想杀害奥利弗。他与搭档赛西尔一同收买了奥利弗的一个近卫兵，让他第一时间告诉他们奥利弗外出的消息。他们准备埋伏在窗户外面将奥利弗射杀。但是，也许是奥利弗太幸运，也许是他警惕性太高，他们根本没有找到向他开枪的机会。这个计划失败后，他们索性将一篮炸药藏在身上混进了怀特宫的礼拜堂，准备在六小时后用一根缓燃引线点燃炸药，趁爆炸引发混乱时行刺奥利弗。可他们收买的那个近卫兵背叛了他们，致使他们都被抓了。事发不久，迈尔斯还没被判刑就死在了监牢里（可能是自杀）。类似的阴谋者为数不少，奥利弗将他们中的一部分砍头或吊死，将绝大多数流放到西印度做奴隶。虽然在维护英格兰法律方面奥利弗过于严厉，但他确实做到了秉公办理。葡萄牙大使的弟弟——一个葡萄牙的权贵——杀死了一个伦敦的平民，只因为他错把这人当成了曾与他有矛盾的人。奥利弗将他交给法庭，参与审判的陪审员既有英格兰人也有外国人。尽管在伦敦的所有使臣都为其求情，奥利弗依然力排众议判他死刑。

这期间还发生了一个小意外。奥尔登堡公爵是奥利弗的好友，却差点做出一件让保皇派开心的事——甚至超过所有阴谋者做的事。他送了六匹用于拉车的骏马给奥利弗。一天，奥利弗坐着这六匹马拉的马车来到海德公园，在树下与他的一些朋友和亲信共进晚餐。饭后，兴致盎然的奥利弗心血来潮坚持要自己驾驶马车送大家回家，就这样，他依照惯例骑到左边第一匹马上。由于这位左驭马者反复抽打马匹，六匹马发狂奔跑，将他从马背上掀下来，撞到了马车的车辕。他的衣服被马鞍挂住了，手枪也掉落走火，差点射中自己。马车拖着奥利弗跑了一段路后，他才挣扎着将脚从靴子里脱出来，顺势滑到马车底下，平安落地，伤得并不严重。马车里的人也只是受了点轻伤。这个结果让所有反对他的人都感到惋惜。

接下来我们要好好讲讲奥利弗担任护国公期间组建的国会。第一个国会不能令他满意，因此刚过了五个月便被解散了。第二个国会让他十分满意，他计划了相当长的时间，希望在保证自己生命安全的前提下让这个国会授予自己国王的称号。他这么做，是因为这个称号能让习惯了它的英格兰人更加顺从，还是因为他本来就有成为国王以及让自己的后代继承这个称号的欲望，我们已经无从得知了。不管怎么样，那时，他已站到了权力的巅峰，无论在英格兰还是在全世界，我不觉得这个称号对他有多大的诱惑力。但是，下议院向奥利弗递交了一份请愿书，在这份"卑微的请求与建议"中，他们情真意切地请求他接受这个最高的称号，并指定一位继承人。假如没有军队的强烈抗议，奥利弗肯定会答应成为国王。最后他没有接受这个建议，只答应了文件中一些其他的请求。接着，在威斯敏斯特大厅里，一场声势浩大的表演开始了：下议院的议长拿着装饰着貂皮的紫色外袍一本正经地替奥利弗披上，郑重其事地授予他一本装饰华美的《圣经》及一根黄金权杖。因为那份请愿书，奥利弗得到了组建上议院的权力，于是，他再次参加国会会议时，指定六十人组成上议院。可这个国会也没能满足他的所有要求，而且在国事方面不肯出力。于是一天清晨，奥利弗索性率领六个护卫坐上马车，又一次将国会强行解散了。我真心希望以后的国会可以把它当作一个教训，把精力放在干实事上，而不是整天做长篇累牍的演说。

奥利弗是个慈祥的父亲也是个好丈夫，他对每位子女都十分慈爱。他的一个女儿与法尔肯伯格勋爵结为夫妻，另一个女儿与沃里克伯爵的孙子结了婚，儿子理查德被他安排进上议院。最受他宠爱的孩子要数伊丽莎白·克莱波尔。1658 年 8 月，伊丽莎白因为自己最小的儿子去世而一病不起，这让最疼她的奥利弗伤心不已，急忙赶到汉普顿看望她，并在她临死前衣不解带地在病床前守候着。虽然他信仰十分严厉的新教，可他自己却是个豁达大度的人。他酷爱音乐，每个星期都会在家里宴请军队中拥有上校以上军衔的军官。他的家一直和谐安定。他一直很尊重学识渊博的人，并常常让有才华的人跟随在身边，弥尔顿便是他们中的一员。虽然贵族们的穿着打扮与行为方式都和他截然不同，但奥利弗还是和颜悦色地对待他们。他宴请这些贵族时，有时会幽默地提醒他们，他拥有强大的情报网，他们上次庆祝"海对面的国王"身体康健的聚会地点，他早就侦查到了，还建议他们下次做得隐蔽些。然而他生活的时代动荡不安，他只能承担起治理国家的巨大压力，并常常为自己的人身安全担心。痛风与疟疾不断折磨着他，最疼爱的女儿去世犹如最后一根稻草，彻底压垮了身心疲惫的他。他再也没能站起来。8 月 24 日，他对身边的医生说，上帝曾承诺不会让他因为疾病死亡，因此他肯定会痊愈的。可这是他臆想出来的，9月3日，是光荣的伍斯特战役纪念日，也是他所说的"幸运日"，就在这天，六十岁的他去世了。临死前，他一度产生了幻觉，并昏迷了几个小时。听说，在他临死的前一天，人们还听到他在轻声诵读一段优雅的祈祷诗。全英格兰的人都为他的死悲恸欲绝。假如您想清楚地知道奥利弗·克伦威尔的丰功伟绩和他为英格兰做出的贡献，您只需要比较一下他统治之下的英格兰与查理二世在位时的英格兰就明白了。

他的儿子理查德早已被他定为继任人，因此理查德便理所当然地成了新的护国公。理查德履职前，人们专门在位于斯特兰德街的萨默塞特宫为奥利弗举行了盛况空前的哀悼仪式。民众可以来瞻仰他的遗容。追悼会的奢侈程度让人难以想象。人们爱给过世的人至高无上的荣誉，根本不管是否合理。理查德是个温和的绅士，但并不像他的父亲一样具备非凡的才能与天赋。在那个动乱的年代，党派间明争暗斗，平庸的他根本不可能安坐这个职位，短短一年半，他的统治就结束了。在此期间，军队首领与国会吵吵闹闹，军队内也争斗不休。民众对现状越来越不满，他们整天生活在冗长的布道声中，根本没有放松的时间，迫切需要改变。最后，蒙克将军终于将军队全部掌握在自己手中。他快速密谋了一个计划，准备迎接查理·斯图尔特回国——这个计划或许在奥利弗死亡时就开始筹划了。他并没有公然行动的胆量，可作为下议院中德文郡的议员之一，他却能支持约翰·格林维尔爵士的议案。这个爵士之前就一直与查理暗中保持联系，他给下议院带来了查理从布雷达写回的信。在经历阴谋与粉碎阴谋、长期议会的部分成员被重新召集回来又被再次解散、保皇派仓促起义等事件后，绝大多数的人都疲惫不堪，当英勇的奥利弗去世后，整个英格兰犹如一盘散沙，各自为政，因此人们只好答应迎接查理·斯图尔特回国。部分具有真知灼见且为人正直的议员强调，从查理发自布雷达的信可以看出，他并未对治理国家做出认真的承诺，因此他回国前必须先发誓将为自己的国家鞠躬尽瘁。这无疑是正确的建议，但蒙克却推说，等查理回来情况就变好了，反正他现在也不能马上回来。

就这样，当时每个英格兰人都觉得，只要这位查理·斯图尔特同意"委屈自己"回来治理英格兰，英格兰必定能更加繁荣昌盛。因此民众为了欢迎查理回国特意举行了盛大的庆典：篝火被点燃了，钟声敲响了，向天鸣放的枪炮声震耳欲聋，帽子也不断被抛向天空，成千上万的人拥上街头，为查理的健康举杯庆贺，所有人都处于兴奋的状态。人们将联邦国的国徽弃置一旁，重新挂上了王室的标志；人们从国库中取出五万英镑送给查理——他的两个弟弟约克公爵与格洛斯特公爵分别得到一万英镑和五千英镑。为斯图尔特先生们祈祷的声音响彻英格兰的每一个教堂。为了尽早将查理请回国，官员被派往荷兰（此时荷兰人也察觉查理是个不容小觑的人，开始对他另眼相看）；蒙克将军与肯特郡的一些权贵前往多佛尔，跪着迎接刚从海外归来的查理。查理与蒙克亲切地拥抱亲吻，还邀请蒙克坐上自己的马车，与他和他的弟弟们一同启程。1660 年 5 月 29 日是查理的生日，他选择在这一天来到伦敦，迎接他的是民众的热烈欢呼。军队在布莱克希思迎接他的检阅。之后，他欣赏了伦敦房子上挂着的无数的锦绣织物与彩旗，并参加了在无数帐篷间举行的奢华晚宴，然后，兴高采烈的民众、盛装的权贵、各行各业的从业者、伦敦市长与市议员簇拥着他来到了怀特宫。所有的人都这样对他说：他们一直都在诚心诚意地期待他的回归。当走进怀特宫时，他就复辟一事幽默地说，很抱歉没有早点回来。

第三十五章

"快乐国王"查理二世

第一部分

在英格兰的历史上，查理二世的浪荡无耻算得上绝无仅有。在现存的画像中您可以看到，他那黝黑的脸上长着一个大大的鼻子，十分丑陋，您完全可以想象出，他当时居住的怀特宫里充斥着整个英格兰最好逸恶劳的孟浪之徒（尽管他们都是极具身份的达官贵人及其夫人）。他们在一起花天酒地，醉生梦死，粗言秽语，挥金如土。当时人们习惯称查理二世为"快乐国王"，因此我想试着向您讲述一下在"快乐英格兰"，这位"快乐国王"在其"快乐王朝"都做了哪些"快乐"的事情以度过他的"快乐时光"。

查理二世的第一件快乐的事当然是宣布自己是历史上最出色、最优秀、最尊贵的君王之一，就像圣洁的太阳，给阴暗的世界带来了光明。第二件开心的事是国会为讨好国王卑微地答应每年给他一百二十万英镑，并赋予他永久征收桶税与进出口税的权力——人民为了废除这两项腐朽且充满争议的税目做了多少艰苦卓绝的斗争啊！

他册封蒙克将军为阿尔比马尔伯爵，保皇派中不少人都得到了类似的奖励。接着他又将当初参与处死查理一世的人（即他认定的弑君者）以法律的名义处置了：他"愉悦地"处死了十个人，其中有六个法官、一个议员、皇家近卫队的指挥、哈克上校以及极力反对查理一世的休·彼得斯牧师。这些处罚确实非常"快乐"：那些被奥利弗废除的可怕的刑罚被冷血残酷的刽子手再次启用。受处罚的人被活生生挖出心脏，剖出来的肠子在自己面前焚烧；刽子手拿下一个受罚者戏耍取乐时，还揉搓着沾满上一个被害者鲜血的污秽的手；他们将受罚者与死人的脑袋放在一架雪橇上共赴刑场。但是，不管这位国王让人怎样"快乐"，都没有办法迫使受刑的人说出后悔当初的所作所为的话。正相反，他们留下的最让人难以忘怀的话是，就算时光倒流，让他们再次选择，他们依然会坚持当初的选择。

哈里·文爵士是一个忠诚的共和党人，拿出过对斯特拉福德十分不利的证据，现在他也遭到审讯，并被判处死刑。尽管他竭尽全力替自己申辩，但仍然被带到位于伦敦塔山上的行刑台前。他本打算在此处向人民发表一番演说，可准备好的演讲稿却被没收并撕碎了，他的声音也被震耳欲聋的鼓声遮住了。因为弑君者赴死前从容不迫的演说让民众记忆深刻，所以行刑者们事先在绞刑架前预备好锣鼓，弑君者一开口，便立即敲响锣鼓。面对这样的情形，哈里·文只能无奈地说："临死都不让人说话，太无耻了！"接着便慷慨赴死了。

经过这些"快乐"的事情后，一场更"愉快"的演出马上要开始了。查理一世忌日那天，查理二世命人将奥利弗·克伦威尔、艾尔顿和布拉德肖的遗体从威斯敏斯特大教堂的墓地中挖出来，拖至泰伯恩刑场，悬挂在绞刑架上示众一天，然后砍下了遗体的脑袋。您试着想一下，奥利弗·克伦威尔的头颅被悬挂在高竿上，下面围着一群冷血的人——天晓得，当奥利弗在世时，这些人甚至都不敢与他对视半秒！当您将这段王朝的故事读完后，您可以比较一下被人掘墓并拖出尸体的奥利弗·克伦威尔治理下的英格兰和"快乐国王"在位时的英格兰，不难发现，查理二世就如同"快乐的犹大"一样，无数次背叛了自己的祖国。

奥利弗的夫人与女儿也没能逃过他们的毒手。她们都是极为出色的女性，被安葬在威斯敏斯特大教堂。那些可恶的教士把她们的尸体挖了出来。皮姆和英勇的布莱克元帅的遗骸（早已腐化）也被挖了出来，几人的尸首都被抛进了深坑——这确实是英格兰历史上最可耻的事。

教士们厚颜无耻地做下这些事，是为了在查理二世在位期间清除不信仰国教的人，他们希望每一个人不管愿不愿意都诵读同一本祈祷书、使用同一种祈祷方式。当初新教与天主教进行斗争，起因就是新教主张民众有自由选择宗教信仰的权利，而他们现在的行为真算得上自己打自己的嘴。而且他们不但使用了铁血手段，还将记载劳德大主教偏激言论的书规定为唯一的祈祷用书。更夸张的是，他们竟然制定了一部法律，规定只有英格兰国教教徒才能担任公职，非国教教徒则没有资格。当这些事情都办妥当后，教士们也如查理二世一样愉悦了。此时军队早已遣散，查理二世也正式加冕为英格兰国王，对他来说，从此再无烦恼了。

现在让我们来讲讲查理二世的家庭。他成为国王不久，短短几个月中，他的弟弟格洛斯特公爵与妹妹奥兰治公主便因为天花先后死亡了。亨丽埃塔公主是他另一个妹妹，与法兰西路易十四国王的弟弟奥尔良公爵结为夫妻。约克公爵詹姆斯是他另一个弟弟，担任了海军上将，后来改变信仰成了天主教徒。詹姆斯是个阴晴不定、性格暴躁的人，特别钟爱来自乡野的长相极丑的妇女。他与克拉伦登伯爵的女儿安妮·海德的婚礼是在极度狼狈的状况下举行的。克拉伦登伯爵是查理二世的肱股之臣，却根本不具备重臣的素质，反而在污秽不堪的王宫中竭尽所能地做着肮脏的事。不过，现在最重要的事情是查理二世到了结婚的年龄。其他国家的国王并不在意他的脾气，都表示想让自己的女儿与他成婚。布拉干萨的凯瑟琳是葡萄牙国王的女儿，为了让她与查理结婚，葡萄牙国王情愿拿出五万英镑的嫁妆。法兰西国王也看好这桩联姻，愿意再拿出五万英镑的贷款给查理。西班牙国王则允诺查理可以在他的十二位女儿中随意挑选一位，并且承诺了些别的好处。最终更有吸引力的金钱战胜了一切，凯瑟琳到了英格兰，快乐地与查理二世成婚了。

英格兰王宫充斥着荒淫无度的男男女女，凯瑟琳的丈夫千方百计地侮辱、刺激她，直到她答应和这些轻贱的家伙做朋友，放下自己的尊严和他们狼狈为奸。王宫中最炙手可热的女人当属帕尔默女士，查理二世先后册封她为卡斯尔梅恩夫人、克利夫兰公爵夫人。帕尔默对国王的影响贯穿了他在位的每一年。莫尔·戴维斯本是剧场里的一名舞蹈演员，后来也成了查理的快乐女人，与帕尔默争宠。另一个参与争宠的女人是内尔·格温，她卖过橘子，做过演员。她真的是个善良的女孩，但不幸的是她似乎真的爱上了查理，并为他生下了儿子——第一任圣奥尔本斯公爵。还有一个快乐的女人原本是仆役，后来被查理封为朴次茅斯公爵夫人，按照惯例她的儿子则受封为里士满公爵。简单来说，在这种环境下做个平民倒是件幸运的事。

与这些"快乐"的女性和一样"快乐"（一样卑鄙）的权贵朝夕相处，"快乐国王"当然觉得十分愉悦，十万英镑不久就被他挥霍一空。随后，为了赚取一些零用钱，他还达成了一桩快乐的交易：敦刻尔克被他以五百万弗赫[1]的价格出售给法兰西国王。想想当初奥利弗·克伦威尔是如何勇敢地迎战国外的列强维护英格兰的尊严的，想想他为得到敦刻尔克付出了怎样的努力。我不由得想，假如"快乐国王"落得和他父亲一样的下场，那真是最让人快乐的事。

查理二世身上完全没有父亲的优点，但在言而无信方面却与父亲如出一辙。当初他在布雷达时曾给国会去信，在信中言之凿凿地保证会尊重每一种虔诚的宗教信仰。但当他真的有了权势以后，便马上批准了历史上最差劲的国会法案之一。这项法规明确写着未在规定日期

---

[1] 法国古代的一种货币单位，一弗赫与一磅银等价。

前正式承认国教的祈祷书的教会工作者都将被免职，并被教会组织开除。这项法规致使两千个虔诚的教会工作者被迫辞职，陷入水深火热的生活中。之后查理二世又制定了《非国教教徒秘密聚会法令》这一卑鄙无耻的法律。按照这项法规，无论什么宗教活动，若不使用《公祷书》，十六岁以上的英格兰公民便不能参加，首次违反者将被拘留三个月，第二次则拘留六个月，第三次则会被流放。因为这项法律，英格兰每个恐怖的监牢都被挤得水泄不通。

在苏格兰，长老会的成员毫无作为。一个被人们戏称为"醉酒国会"的国会建立起来，这个可耻的国会的主要成员几乎每时每刻都处于醉酒状态。为了反对长老会，国会的议员们联名制定了法律，强制要求所有人在宗教事务上立场一致。阿盖尔侯爵误信查理二世是守信之人，便投靠了他。可侯爵手里雄厚的财富早就让他的敌人们垂涎三尺，于是侯爵因叛国罪受到审讯，证据是他写的几封私人信件。他在信中明确地表示——也许他真的这样想过——比起如今这位快乐的查理二世，他更喜欢已去世的护国公及其领导的政府。与侯爵一起被处死的还有两个长老会誓约派的著名成员。出卖他们的是长老会的老朋友夏普，这个叛徒因此成为圣安德鲁斯大主教，开始致力于让苏格兰人爱戴各位主教。

国内已是一片"愉快"景象，"快乐国王"又对荷兰宣战了。战争的起因是约克公爵组建了一家从事金粉与奴隶贸易的非洲公司，却受到荷兰人阻挠。战斗初期，公爵带领一支舰队前往荷兰海岸，这支舰队有九十八艘战舰与四艘火战船，荷兰人的舰队则有一百一十三艘战舰。双方展开了激战。最终荷兰有十八艘战舰被击沉，四个上将与七千名士兵战死。当胜利的消息传到陆地上时，心情忧郁的英格兰人却开心不起来。

因为此时伦敦城里爆发了一场大瘟疫。1664 年，冬季刚刚来临时，伦敦城中就有传言说伦敦附近一些卫生条件不好的地方有一些人因为瘟疫死了。可当时并不像现在，没人公开发表这些新闻，因此大家对这些传言将信将疑，不久就抛之脑后了。时间来到 1665 年 5 月，城中再次出现传言，说大范围的瘟疫已经在圣贾尔斯爆发了，无数人因此丧生。不久传言便成为恐怖的事实。人们想方设法逃离被感染的地方，甚至花大价钱雇用种种交通工具，导致伦敦城外的道路拥挤不堪。因为瘟疫传播的速度非常快，染病的人只能紧闭房门，防止传染给健康人。那些紧闭的房门都用红色颜料画上十字架，并写着："上帝啊，可怜可怜我们吧！"街道上满目疮痍，全是枯枝败叶，安静得连空气中都弥漫着冷清的味道。黑夜来临时，运送尸体的车辆发出压抑的悲鸣声，赶车的人用布蒙着脸和嘴，一边用力摇铃，一边郑重地喊道："收尸体了！赶紧送出来！"伴随着火把微弱的光，送上车的尸体被埋进了一个又一个巨大的深坑，其间并未举行任何宗教仪式。如此恐怖的墓地，每个人都十分害怕，不愿多待一秒。在这样的恐慌中，子女远离了父母，父母抛弃了子女，感染者孤零零地死去。有些人花钱雇用护士照顾自己，却反被护士杀死，并被抢走全部的财产，连睡的床都没能幸免。有些人神经错乱了，跳出窗户，冲过街道，带着无尽的痛苦疯狂地跳入大海。

这个年代的恐怖事件远不止这一桩。在无尽的绝望中，那些浪荡之徒在小酒馆里放声高歌，他们喝酒时疾病就发作了，刚一走出酒馆便死了。一些人怯懦且迷信，他们深信自己见到了灵异现象——天空中出现了巨型手臂与长矛、正在熊熊燃烧的巨剑。更有人言之凿凿地说，半夜三更时，自己见到寂寥的深坑旁有无数的鬼魂聚集在一起，久久不散。在大街上，一个疯子将一整盆燃烧的火炭顶在头顶，赤裸裸地奔跑着，嘴里大喊着他是上帝派来的先知，这一切都是上帝的旨意，目的是报复堕落的伦敦。另一个疯子不停地走动，大叫着："伦敦将在四十天后彻底毁灭！"还有一个疯子无时无刻不在叫着"天啊，威力无边的主啊！"沙哑的喊叫声在寂静阴暗的街道上不断重复，让感染者们不寒而栗。

瘟疫持续到 7 月、8 月、9 月，仍然没有消退的迹象，为了阻挡传染的源头，人们只好在伦敦街头点燃熊熊大火，却遇上暴雨，大火被浇灭了。时间到了昼夜平分的日子——秋分，终于刮起了秋季常见的大风，吹散了笼罩在这座可怜的城市上空的阴霾：死亡率不断下降，隔离标志红十字越来越少，人们开始陆续回城，店铺也慢慢恢复营业，街道上，心有余悸的人开始走出房门。这场大瘟疫席卷了整个英格兰，单在卫生条件差、环境封闭的伦敦城就有十万人丧生。

可就在如此糟糕的时候，毫无建树的"快乐国王"依然持续着快乐的生活，与围绕在身边的荒淫无度的男男女女一如既往地吃喝玩乐，纸醉金迷，玩着所谓爱与恨的游戏。

灾难刚刚过去，政府却并没有怜悯之心。国会在牛津（他们并没有胆量回到伦敦）举行了会议，第一件事就是订立《五英里法令》。根据这可耻的法规，被逐出教会的教职人员不能在任何学校担任教员，更不能在距城镇 5 英里以内的范围居住，这无疑是要断绝他们的生路啊！要知道，正是这些不幸的人在瘟疫肆虐的日子里义无反顾地回到伦敦，帮助安慰那些可怜的染病者。

在国外作战的英格兰海军并未受到瘟疫的影响。现在，荷兰和法兰西结成了联盟——法兰西在英格兰与荷兰交战时一直充当旁观者。荷兰取得了一次胜利，但是不久后英格兰在另一场战役中占尽上风。由于法兰西上将一直很清闲，作为英格兰上将的鲁珀特王子便在某个起风的夜晚来到英吉利海峡，打算给法兰西人制造些麻烦。但风越来越大，最终竟刮成了风暴，直接将他刮到了圣海伦岛。这是 1666 年 9 月 3 日的晚上，这场风暴也是伦敦大火的始作俑者。

伦敦桥附近的一个面包店是大火的源头（为纪念这场大火，后来人们在原址上立起了纪念碑）。火势不停蔓延，足足烧了三个昼夜。白天，人们看到巨大的烟雾笼罩着整个城市，晚上却比白天更为明亮，直上天际的火焰就像一座高高的灯塔，将 10 英里范围内的大地照得清晰无比。大风将炙热的火星吹向天空，火星再飞到更远的地方，二十多片区域瞬间陷入火海。无数的房屋付之一炬，教堂的尖塔也轰然倒塌。天气本就高温干燥，伦敦的街道又狭窄无比，绝大多数房屋都是木制的，没有任何办法阻挡大火的肆虐，越来越多的房屋被大火烧毁。大火熄灭后，伦敦塔至圣殿门一路全是残垣断壁，一万三千间房屋与八十九座教堂被烧为白地。

这次火灾异常惨烈，二十万百姓承受了无尽的伤痛与无法估量的损失。晚上，无奈的人们只能在街头露宿，或住在用稻草与泥土搭成的临时房子里。人们用于抢救财物的货车已经损坏了，堵在路上让人寸步难行。可以长远的目光来看，此次大火并非一无是处，伦敦这座城市因为火灾变成了废墟，而浴火重建之后，城市的格局更加规范、街道更加宽敞、环境更加干净整洁，卫生状况好了许多。如果不是一群自私自利、冥顽不化的人住在这里，伦敦也许会更加洁净——就算是现在，近两百年过去了，这样的人还是存在。如果大火再次来袭，我敢肯定这些人还是会袖手旁观。

天主教徒被认为是引起大火的凶手；一个疯癫了许多年的法兰西人站出来说自己是凶手，是他点燃了最初着火的房屋。可这些说法都没有证据，这就是一场意外引发的大火。在之后的很长一段时间里，纪念碑上的文字明确记载天主教徒是失火的责任人，如今终于没有这些文字了，因为人们早已明白这是愚不可及的谎话。

第二部分

当民众陷入瘟疫与大火的"快乐时光"时，"快乐国王"依然快乐地沉浸于推杯换盏、一掷千金的生活，国会划给他的军需资金也被他全部用在取悦佞臣上了。最终英勇顽强的英国海军"愉快"地陷入困境，不曾牺牲在战场，却死于饥饿。德·威特与德·勒伊特两位将军率领荷兰军队向泰晤士河进发，沿着梅德韦河一路长驱直入，到达阿普诺。沿途的巡逻舰全被他们烧毁了，舰上形同虚设的火炮也被一起毁掉了。荷兰人在英格兰的海岸线上肆意妄为了长达六周的时间，英格兰的舰船因为大部分缺弹少药，根本无力阻止荷兰人前进的步伐。在如此"快乐"的王朝，政府官员与他们的君主一同快乐地肆意挥霍着国家的钱财。当被委以拿着资金添置国家军需装备的重任时，这群浑蛋却用这世上最快乐、最斯文的方式，理所当然地将所有的钱据为己有。

此时当权的克拉伦登伯爵就像那些昏庸的君主手下恃宠而骄的大臣一样为所欲为，坏事做尽。不少与他争权夺势的对手试图将他推下台，却都没有成功。后来，查理二世让他将手头的职务全部交出来，安排他去法兰西安度晚年。尽管伯爵写文章为自己辩解，可最终还是按照国王的意思做了。伯爵并未损失多少东西，后来在法兰西安逸地生活了七年，自然死亡了。

在他之后，"卡巴尔"政权掌握了大局。之所以叫这个名字是因为这个团体由克利福德勋爵、阿林顿伯爵、白金汉公爵（一个无耻之徒，深受国王宠爱，拥有无边的权力）、阿什利勋爵与劳德戴尔公爵组成，这五人名字的第一个字母组合起来就是"卡巴尔"（C-A-B-A-L，Cabal），后来这个词便成了"阴谋"的代名词。这时佛兰德正遭受法兰西进攻，"卡巴尔"要做的第一件事就是马上和荷兰签订和平条约，然后和西班牙联盟对抗法兰西。可这个条约还没来得及签订，早就盼着避开国会、随意支配金钱的"快乐国王"就急急忙忙地对法兰西国王致歉，再三表示自己并未参与这些事情，并与法兰西国王私下达成协议：法兰西国王付给他两百万弗赫当作慰问金，之后每年再给他三百万弗赫；此后，查理二世便完全成为一个可耻的寄生虫。不仅如此，他还应承法兰西甩掉同盟西班牙，向荷兰宣战，并打算在恰当的时候公布自己转信天主教。不久前，虔敬的查理二世就哭着对他信仰天主教的弟弟倾诉自己是怎样迫切地想要改信天主教。如今，因为他早已打定主意，只要条件允许就马上成为天主教信徒，便"愉悦"地实施了上述卖国行为。做出如此出格的事，即使他有十颗愉快的头颅，也该被刽子手全部砍掉。

这些行为一旦被人察觉，他仅有的愉快的头颅就会被人砍下来，所以他只能守口如瓶。之后法英便联合起来与荷兰作战。就在此时，一个不同凡响的人物出现了，他就是拿骚的威廉三世，现任奥兰治亲王，他在历史上赫赫有名，对英格兰的宗教与自由做出了极其重要的贡献。正因为他多年坚持不懈努力，法兰西的阴谋才没有得逞。他的父亲是奥兰治亲王威廉二世，他的母亲是前国王查理一世的女儿。当时他风华正茂，英勇顽强，聪慧果断。威廉二世在世时作恶多端，他去世后，荷兰人便拒绝让威廉三世继任总督的职位——这本是他的合法权利——而是让约翰·德·威特掌握大权，并负责年少的奥兰治亲王的教育。可年轻的亲王越来越让人喜爱，于是有人诬陷约翰·德·威特的哥哥科尼利厄斯想谋杀亲王，并将他流放。一大波凶徒早早埋伏在监狱门口，当约翰乘坐着马车到这儿来接自己的哥哥去流放时，他们冲上去将兄弟二人都杀死了。于是奥兰治亲王重新掌握了政府的治理权，这是民众的选择。之后，信奉新教的奥兰治亲王威廉便以饱满的热情投身于和法兰西的战争中。法兰西的领军人物是赫赫有名的孔戴与蒂雷纳两位将军。战争持续了足足七年，双方最终在奈梅亨签署了停战协议，其间发生了太多的事情，这里就不一一讲述了。简单来说，奥兰治亲王威廉让世人看到英格兰的英勇，可此时的"快乐国王"却毫无底线，为了每年十万英镑的慰问金（之后还翻了一番）对法兰西国王卑躬屈膝、百依百顺。法兰西国王甚至安排贪腐的驻英格兰大使贿赂英格兰的议员，令他们对自己唯命是从。虽然大使为在英格兰的活动写下了账目，可我怀疑这个账本可信度不高。综上所述，在"快乐王朝"的很长一段时间里，法兰西国王才是这个国家的幕后主宰。

但是英格兰的春天就要来了。因为奥兰治亲王威廉很快就会创造一个美好的时代（可他的叔叔查理二世并不这么想）。奥兰治亲王来到英格兰，与约克公爵的大女儿玛丽相遇，并成婚了。这桩婚姻会导致哪些事情，又将在历史上留下怎样浓墨重彩的一笔，我们会在下面一一讲述。

玛丽与她的妹妹安妮并未受到已故的母亲（她是位虔诚的天主教徒）的影响，姐妹俩都崇尚新教。约克公爵共有八位子女，存活的仅她们两人。安妮后来与丹麦国王的弟弟乔治亲王结为夫妻。

假如您觉得"快乐国王"是个好脾气（当所有人都按照他的想法做事时他的确很和善）、公正、积极的人，那我必须和您讲讲下议院议员约翰·考文垂爵士的事情，以便您做出准确的判断。爵士在一次是否应该向剧院征收赋税的讨论中，不小心得罪了查理二世。查理二世有个私生子，在国外出生，现在是蒙茅斯公爵，他与查理二世计划"开心地"报复一下爵士。一天晚上，爵士独自一人时遭到了伏击，袭击他的正是这两人派去的十五名荷枪实弹的军人。最后，爵士的鼻子被割掉了。上行下效，查理二世最宠信的大臣白金汉公爵大概也做过一样的事：他曾安排杀手在奥蒙德公爵赴宴归家的途中行刺，差点就得逞了。奥蒙德公爵的儿子奥索里伯爵是个英勇无畏的人，就算白金汉公爵就站在查理二世身边，坚信公爵就是主谋的他依然毫不畏惧地说："公爵，我非常肯定就是你在暗中策划谋杀我的父亲。我正式警告你，如果他老人家有什么闪失，你必须负起责任：以后无论我在哪里见到你，都会毫不犹豫地向你开枪！即使你躲在国王身后也挡不住我的子弹。我敢当着国王的面这样对你说，你就应该明白，我绝不是说说而已。"这确实是非常"愉悦"的时代啊。

就在这段时间，有个名叫布拉德的强盗胆大包天，伙同两名盗贼偷窃保存在伦敦塔中的王冠、权杖和金球，结果被当场抓获。布拉德是个爱吹牛的浑蛋，被捉住后就一口咬定自己是刺杀奥蒙德公爵的杀手。还说查理二世在巴特西沐浴时，自己也曾打算行刺，但查理二世的王者之气让他畏首畏尾，没敢动手。当时查理二世已经是疾病缠身的状态，因此我根本不相信这个浑蛋的谎话。查理二世相信了逸言，还是真的清楚确实是白金汉派布拉德去刺杀公爵的，我们无法查证。可以确定的只有一件事：查理二世饶恕了这个小偷，并在爱尔兰（查理出生的地方）赐给他一个封号，让他每年都能领取五百英镑。查理二世还允许他与荒淫无度的宠臣和女士们在王宫中见面——他深得这些人的喜爱。我确信即使查理二世把撒旦带到那些人面前，也会受到喜爱。

查理二世靠极不光彩的方式得到了一大笔慰问金，但他并不满足，所以又召集了几次议会。在会上，议员们的重点目标是打压约克公爵。公爵是天主教徒，早已与原来的妻子离婚；现在的妻子刚满十五岁，也是天主教徒，她的弟弟是莫代纳公爵。为了打压约克公爵，这些议员甚至一直反对他们的天主教徒结成同盟。对天主教徒来说，这么做无疑是自掘坟墓：把一个权倾一方的天主教徒赶下政坛，就意味着自己断绝自己的权力之路。查理二世实际上也是天主教徒，可他却无耻地将自己伪装成新教徒，并当着主教们的面发誓对英格兰的国教忠贞不二。但他内心深处却十分明白，早在他将自己出卖给法兰西国王时，他的信仰就已变成天主教了。现在他需要做的就是想方设法欺骗参会人员和忠于王室的每一个人。他希望自己成为一位掌控全局的君王，这样便能光明正大地承认自己无耻的行为了。法兰西国王对这位愉快的寄生虫太了解了，因此便趁机接触在议会上支持和反对查理二世的两方人马，并与他们分别结盟。

民众担心如果约克公爵成了国王，那么在他的帮助下天主教肯定会重新在英格兰一家独大。阴险狡诈的查理二世也装出担心的样子。

这导致了十分严重的后果。汤奇是伦敦的一位博士，也是个教士，为人木讷，无耻的泰特斯·奥茨利用他的性格将他玩弄于股掌之间。早已声名狼藉的泰特斯骗汤奇说，他在与国外的耶稣会士交流时知道了一个极大的阴谋：有人在计划刺杀查理二世，让天主教重回当年的辉煌。因此单纯的汤奇博士便将泰特斯介绍给委员会。委员们对他进行了认真的审查，可他前言不搭后语、破绽百出，甚至编造了一些荒诞无稽的情节，并暗示科尔曼——约克公爵夫人的秘书——与此事有关。尽管他对科尔曼的指控无凭无据，尽管我们都非常明白最有威胁性的阴谋诡计都是法兰西国王与"快乐国王"密谋的，可事有凑巧，科尔曼的确在某些文件与书信中对"血腥玛丽"王朝表达过赞美，也对新教说过不敬之语，这恰好印证了泰特斯的谎言——不得不说泰特斯真的很走运。更戏剧化的事情还在后面，埃德蒙伯里·戈弗雷爵士作为当时的治安法官，是首个对泰特斯进行审讯的人，可人们却在普里姆罗斯山附近找到了爵士的尸体。这让民众深信谋杀爵士的一定是天主教徒。在我看来他真实的死因应该是忧郁成疾，自行了断。无论怎么样，民众用一场隆重的新教葬礼安葬了爵士，泰特斯则被人们称为"救国英雄"，每年能得到一千两百镑奖金。

泰特斯的阴谋刚刚落幕，坏蛋威廉·贝德洛的表演又开始了。为了抓住谋杀戈弗雷爵士的凶手，政府悬赏五百镑。为了赚取奖金，贝德洛站了出来，说这件事是两个耶稣会士与另外几个人做的，他们的幕后主谋是王后。泰特斯也与他同声同气，恬不知耻地诬陷可怜的王后背叛了英格兰。事情还远没有结束，不久，像这两个人一样无耻的家伙出现了，也参与到诬告的行列中。他指认，天主教银行家斯泰利说过，查理二世是世上最大的无赖（其实这是大实话），并扬言要亲手杀了查理二世。这个银行家马上被审讯、处刑，科尔曼与另外两个人也没能逃过相同的命运。普兰斯是个不幸的银匠，因为信奉天主教，他被贝德洛诬告为杀害戈弗雷爵士的同谋。酷刑之下，银匠被迫招认，并按照指示指认了另外三个"合谋者"。就这样，奥茨、贝德洛与普兰斯指控的五个耶稣会士都被判了刑——即使所有的证言证物都自相矛盾、荒诞无稽。接着，王后的医师与三个僧侣也被抓来进行审判，但是奥茨与贝德洛感到应该结束这场闹剧了，所以这四个人被无罪释放了。可是所谓的天主教的阴谋已经充斥了人们的脑子，大家都对约克公爵深恶痛绝。在这种情况下，约克公爵只好服从哥哥的命令，带着家人前往布鲁塞尔，但有一个前提条件：查理二世不得将他的权力转赐给蒙茅斯公爵。但事情根本没有按照查理二世的想象发展，下议院并不接受这样的处理方式，直接通过表决剥夺了约克公爵继承王位的权力。查理二世因此宣布解散议会。白金汉公爵也选择与查理二世为敌，查理二世便放弃了这个宠臣。

"快乐国王"在位期间，苏格兰的境遇之惨，写满一百张纸也讲不完。当地的民众很反感天主教的主教，反而拥护"神圣誓约"，结果招来冷酷残暴的镇压。凶残的骑兵在苏格兰境内肆虐，迫害那些不肯去教堂的平民：儿子不愿说出父亲藏在哪里，就被他们活活吊死在父亲住宅的门前；不肯背叛丈夫的女士被活生生折磨死；他们将民众从田野与花园中驱赶到大路上，不经过审判就处死；犯人手上绑着点燃的火柴。他们甚至发明了名为足枷的可怕刑具，并广泛使用。这种刑具会用铁楔把受刑者的双腿夹烂。不管是证人还是嫌犯都备受折磨，监牢里几乎没有空地，绞刑架上挂满了沉重的尸体，谋杀与劫掠在苏格兰随处可见。即便如此，"神圣誓约"的拥护者仍然不肯踏进教堂一步，他们坚持用自己认为正确的仪式表达对上帝的敬仰。一群苏格兰高地人气愤地从山上冲下来，攻击这些新教徒。可苏格兰高地人的战斗力根本不值一提，相比起来，克拉弗豪斯的格雷厄姆率领的英格兰骑兵才是新教徒眼中最残暴、最贪得无厌的敌人。苏格兰每一寸土地上的人都在诅咒这帮凶狠的恶人。夏普大主教在这些残暴的纷争里扮演着助推者和教唆者的角色。他最后的结局也算恶有恶报。当时苏格兰已民不聊生，约翰·鲍尔弗率领一些人埋伏在一片沼泽地里，准备袭击另一个压迫他们的人。此时，夏普大主教坐着六匹马拉的马车经过这里，这些人顿时高喊："上天开眼，竟让大主教自投罗网。"夏普被他们揍得遍体鳞伤，最后悲惨地死去。如果说世上真的有因果报应，我认为夏普大主教确实算得上罪有应得。

大家都非常怀疑苏格兰民众受到了"快乐国王"的挑唆——这样他便有足够的借口逼迫议会给他一支规模更庞大的军队。这件事确实造成了不小的震动，查理二世得偿所愿，他的私生子蒙茅斯公爵被任命为统帅，率领一万士兵出发了。蒙茅斯公爵接到的命令是只要遇到苏格兰反叛军（也叫辉格党）就立刻展开进攻。在克莱德河一带，有四五千反叛军驻扎在博斯韦尔桥附近。蒙茅斯公爵从爱丁堡启程后，很快就与他们相遇，并迅速打败了他们。与当初那个被小刀削掉鼻子的下议院议员相比，蒙茅斯公爵对付这些叛军的手段温和多了。苏格兰反叛军最大的对手是劳德戴尔公爵，公爵派了克拉弗豪斯来平叛。

约克公爵日渐受人厌恶，蒙茅斯公爵却越来越受民众欢迎。人们再次提出取消约克公爵的王位继承权的议案。蒙茅斯公爵要是不投赞成票该多好啊，可他投了，这让查理二世非常开心。查理二世爱在上议院的炉台旁坐着，静静地听议员们争辩，这对他来说就像欣赏一幕幕好戏。这份议案得到了下议院大多数议员的赞成。拉塞尔勋爵是杰出的新教领袖，他负责将议案移送给上议院。但上议院否决了这项议案，因为主教们帮查理二世解决了这件事。这导致人们又开始担心天主教的阴谋——刚好这时候有一桩阴谋暴露了。这个事件被称为"饭盒阴谋"，主谋叫丹杰菲尔德，是个从新门监狱释放出来的犯人，他因为这个阴谋而名声大振。塞利尔太太是个天主教徒也是名护士，她便是把丹杰菲尔德从新门监狱保释出来的人。丹杰菲尔德因此改信天主教，并宣称自己"了解"到一个阴谋：长老会准备谋杀查理二世。这个消息令约克公爵十分兴奋，因为他与长老会有仇。约克公爵赏给丹杰菲尔德二十基尼[1]，将他送到查理二世那里，可没想到他在见到查理二世时翻供了。这还没完，当要被送回新门监狱时，丹杰菲尔德发誓说这个并不存在的阴谋是那个天主教护士指使他说的，就他所知，真实的阴谋是一个天主教徒企图谋杀查理二世，塞利尔太太的饭盒中藏着一些文件，可以作为证据。约克公爵完全惊呆了。这些证据自然被找到了——因为是丹杰菲尔德亲手把它们放在饭盒里。这个阴谋也因此得名"饭盒阴谋"。最后，塞利尔太太接受审讯后被释放了，这事就这样翻过去了。

阿什利勋爵是"卡巴尔"议会的一员，现在已晋升为沙夫茨伯里伯爵，他一直坚决反对约克公爵做王位继承人。现在下议院已经发觉"快乐国王"与法兰西国王在暗中计划着什么，不难想象他们有多么生气。失望之下，他们不但通过了排除王位继承者的议案，还对天主教徒展开了大规模的打压——很遗憾，这种打压并不公平，且毫无道理。他们甚至指控天主教权贵斯塔福德勋爵企图杀害查理二世——天知道，这位勋爵已经七十岁高龄了，一直深受人们敬爱。所谓的证人是可恶的奥茨与另外两个无耻之徒，他们提供的证据和他们的控告一样荒谬。尽管如此，勋爵仍然被判罪名成立，并在伦敦塔山上被斩首了。他站在断头台前时，根本没有人同情他，当他声情并茂地向人们讲述他被人诬陷而遭受这场无妄之灾时，民众的同情心被点燃了，高声喊道："先生，我们相信您是清白的！愿主保佑您！"

下议院不肯给查理一文钱，除非他批准《王位排除法案》。就算这样，查理二世还是不把议员们放在眼里，因为法兰西国王才是他的主人，没钱了他可以向主人要。他召集议员到牛津开会，让一群荷枪实弹的侍卫跟他同行，弄得像有人要刺杀他似的。议员们也加强了戒备，他们说查理二世的侍卫中有许多天主教徒，他们无比担心。他们依然

---

[1] 英国使用过的一种金币，一基尼等于二十一先令。

坚持要求国王批准《王位排除法案》，态度很坚决，查理二世惊慌失措，赶紧将王冠与外袍扔进轿子，接着坐上轿子匆忙赶到上议院，宣布解散议会，然后便立刻逃回家中。议员们也匆匆忙忙地跑回自己家里。

此时约克公爵定居在苏格兰。因为法律规定天主教徒不得担任公共职务，所以他不能有任何官职，可查理二世却光明正大地让他当自己在苏格兰的代言人。天生残暴不仁的约克公爵开始疯狂地镇压拥护长老会誓约的人。卡吉尔与卡梅伦都是长老会成员，他们侥幸在博斯韦尔桥战役中逃过一劫，回到了苏格兰。他们让命途多舛却忠贞不渝的长老会誓约拥护者重新燃起希望，随后将组织改名为"卡梅伦派"。卡梅伦曾在大庭广众之下指责查理二世是个忘恩负义的昏君，后来他被杀害了，他的支持者也没能逃过残忍冷血的折磨。约克公爵对足枷情有独钟，频繁使用。他说只要身处刑架上的人开口大喊"上帝保佑查理二世"就可以逃过一死。可这些人曾亲眼看着亲朋好友在"快乐统治"下被折磨得惨不忍睹甚至死于非命，所以不惜以死明志。公爵很乐意成全他们。接着，在查理二世的授意下，约克公爵在苏格兰召集议会。议会先通过欺骗的手段通过了维护新教、对抗天主教的新法律，接着又说身为天主教徒的约克公爵成为王位继承人是天经地义的，任何人或事都不应该阻止。这番反复无常的表演后，议会又公布了一篇晦涩难懂的誓词，所有人都必须照着它起誓，但谁都不明白它的意思——他们用这种方式来证明约克公爵信仰的天主教是合法的宗教。阿盖尔伯爵对此不屑一顾，他说假如国家的改变和新教以及他效忠的目标相违背，即使他宣誓，也不代表他赞同这种变化。于是他被以叛国罪起诉，并在苏格兰陪审团的见证下接受了审判。蒙特罗斯侯爵是陪审团的头儿，他当然不会放过伯爵。伯爵被判罪名成立，但幸运地躲过了绞刑架：他假扮成一名男仆，混入女儿索菲亚·林赛的仆人中顺利逃走了。因此一部分苏格兰议员建议在爱丁堡当着民众的面对这位女子实施鞭刑。就连约克公爵都觉得这样的惩罚太过分了，他心生怜悯（这样的情形极为少见），觉得这样对付一位女性完全不符合英格兰人一贯的绅士做派。在那个愉快的年代，能够与苏格兰这些溜须拍马的家伙的卑躬屈膝相提并论的，大概也只有英格兰那些卑鄙无耻的人做的混账事了。

解决这些"小状况"后，约克公爵回到了英格兰。在兄长的庇护下，不久他就恢复了在上议院的地位并拿回了海军上将的职位。他们这么做显然没把法律放在眼里。约克公爵前往苏格兰迎接家人，乘坐的船只撞到了沙州——假如他溺水身亡了，不会给英格兰造成任何损害。但遗憾的是，尽管整艘船有近两百人淹死，可他却与几位好友坐上小船逃掉了。英勇无私的船员们看着他划小船逃离，开心地高声欢呼了三声，然后永远地留在了大海深处。

"快乐国王"挣脱议会的束缚后，就在暴政的路上越走越远。他以勾结法兰西军队、密谋在英格兰建立天主教（这恰恰是这位卖国君王自己在实施的阴谋）的罪名处死了阿马大主教奥利弗·普伦基特。他还打算整垮沙夫茨伯里勋爵，但没有得逞。接着他又将目光对准了全国各地的自治机构，如果他能得手，便可以随意指定陪审团成员，将罪名强加给任何人，并将他喜欢的人安排到议会中。"快乐国王"一手造就了如今的形势，还把酗酒成性的恶棍杰弗里斯扶上了王座法庭大法官的宝座。这个状如野兽的人深受查理二世的宠爱，他脸色潮红、脑满肠肥、膘肥体壮、声音暗哑，大家应该见不到比他更接近野兽的人了。查理二世亲手将自己戴的一枚戒指取下来赐给这个野兽，表达对他的器重。这枚戒指被人们称为"杰弗里斯法官的血石"。查理二世派他从伦敦出发，把各个地区的自治机构挨个敲打一遍。用杰弗里斯自夸的话来说，这就是"用舌头粗糙的一面舔拭那些人"。杰弗里斯做得很彻底，很快这些机构便成为国内最主要、最卑躬屈膝的团体。牛津大学是一个例外，这所优秀的学校表现得不可侵犯。

议会被解散后，沙夫茨伯里伯爵（查理二世迫害他未果，不久他便辞世了）、威廉·拉塞尔勋爵、蒙茅斯公爵、霍华德勋爵、泽西勋爵、阿尔杰农·西德尼、约翰·汉普登（杰出的汉普登的孙子）和另一些人仍然经常会面，讨论如果查理二世大范围地实行天主教复兴计划，他们该怎样接招。在这个群体中，沙夫茨伯里伯爵是最崇尚武力的一个，他把两个同样崇尚武力的人吸收进这个秘密组织，分别是韦斯特律师与拉姆齐（之前在军队当过兵）。两人有个叫郎博尔德的朋友，曾是克伦威尔的旧部。郎博尔德的妻子曾嫁给一个麦芽商人，商人去世后又改嫁于他，他因这桩婚事得到了莱府——一座位于赫特福德郡霍兹登附近的隐蔽住宅。据朗博尔德所说，查理二世去纽马基特时常从这所住宅前过。这里无疑是最适合伏击查理二世的地点。大家对这个主意十分满意，准备采取行动。可组织中有人泄露了秘密，最终拉塞尔勋爵、西德尼、埃塞克斯伯爵、霍华德勋爵、汉普登、谢泼德（一位葡萄酒商人）都沦为阶下囚。

拉塞尔勋爵可以很容易地逃走，可他不愿意。在他看来，自己根本没错。埃塞克斯伯爵也有轻松逃走的机会，可他担心逃跑会遭到拉塞尔勋爵的鄙视，所以也不肯逃。泄露秘密的叛徒是霍华德勋爵，他之所以能加入这个组织全凭埃塞克斯伯爵不顾拉塞尔勋爵的反对极力举荐。如今落得这样的结果，埃塞克斯伯爵大受打击，痛心不已。在拉塞尔勋爵被押至老贝利接受审讯前，埃塞克斯伯爵便因深怀愧疚、自责难消自杀了。

拉塞尔勋爵是个新教徒，长期致力于和查理二世、约克公爵两兄弟斗争——这两兄弟一个贵为国王，一个是前者的左膀右臂——他知道自己这回难逃一死了。他的夫人是个高贵典雅的好妻子：他接受审讯时，她是他的秘书；他被关押时，她不断安慰他；他死前的那一晚，她陪伴着他，和他共进晚餐。如此坚贞不渝的爱情使她的名字广为流传。毫无意外，勋爵被判有罪，行刑的地点安排在他住宅附近的林肯律师学院的绿地。行刑前一晚，勋爵告别孩子们，与夫人一起待到夜里 10 点。永别的时候到了，他反复地亲吻自己的妻子，然后回到牢房里呆坐了很久，脑海里不断回想着她种种美好的品行。窗外大雨滂沱，他淡淡地说："大雨来得真不是时候，明天的好戏都被搅和了，下雨天斩首肯定没有观众，多无聊啊。"半夜他才脱下衣服睡觉，一夜无梦。凌晨 4 点，侍从唤醒了他，趁着仆人准备衣服的时候，他又睡着了。蒂洛森与伯内特是极具声望的教会成员，他们陪着他，坐着他的马车前往刑场，路上，他俩轻声为他吟诵赞美诗。勋爵淡定从容，仿佛这只是一次平常的旅行。当他看到刑场外聚集着密密麻麻的人时，他非常诧异。他把头放在垫头木上，就好像放到枕头上。刽子手挥了两次斧头才把他的脑袋砍掉。就算到了此刻，勋爵那位高雅的夫人仍在为他四处奔波——他交给她一份遗言，这个忠贞不渝的女人将它印成传单，到处派发，英格兰各地的正义人士看到传单的内容都十分激动。

就在拉塞尔勋爵死亡那天，牛津大学做出一个让自己臭名远扬的举动：他们承认对拉塞尔勋爵的指控是对的，还在一份文件中称呼查理二世为"耶和华的受膏者，就好比我们鼻孔中的气"。后来，在议会的要求下，这份文件被查理二世这个卑鄙的凶徒烧毁了。这真令人惋惜，我真希望这张纸可以装裱起来，作为无耻的标志悬挂在公开场合供民众参观，供人们鄙弃。

接下来，阿尔杰农·西德尼也接受了审判，法官正是杰弗里斯。杰弗里斯看上去像一个大蛤蟆，因为气愤而将深红色的躯体团成一团。这个"快乐王朝"的大法官宣布完审判结果后对犯人说道："西德尼先生，你的脾气和这边的世界毫不契合，我真心祈求上帝，但愿他改掉你的坏脾气，让你能适应那边的世界。"西德尼淡定地将一只手臂伸出来，答道："你可以摸摸我的脉搏，看我是否发疯了。上帝保佑，我可是从未有过现在这样的好脾气。"1683 年 12 月 7 日，阿尔杰农·西德尼在伦敦塔山上被处死了。他是位勇士，虽死犹荣，用他自己的话来说，他之所以牺牲自己完全是为了"年少时就为之不懈努力的、上帝常亲自赐予神迹的古老神圣的事业"。

蒙茅斯公爵以王室成员的身份在国内巡视，与臣民们开心玩乐，还给他们的小孩做教父，甚至触摸得了淋巴结核的患者的脸，帮助他们脱离疾病的折磨——他像一位真正的国王那样优秀，令他的叔叔约克公爵十分妒恨。他的父亲查理二世要求他写信承认自己是谋杀拉塞尔勋爵的同谋。软弱的蒙茅斯公爵刚刚写完便后悔不已，又将信取了回来，于是他被流放到荷兰。不久后他就背着约克公爵返回国内，扑向了父亲的怀抱，看上去他再次得到了查理二世的宠爱，约克公爵则大势已去。可就在此时，怀特宫愉悦的走廊迎来了死神，所有荒淫无度的先生与女士都被惊得目瞪口呆。

1685年2月2日是个星期一，"快乐国王"——这个愉快地拿着慰问金、开心地当着法兰西国王的奴仆的家伙因中风摔倒了。两天后他已奄奄一息，又过了一天，他明白自己危在旦夕了。新教的巴斯主教准备为查理二世施洗，查理二世却不乐意。约克公爵避开所有人，轻声地询问哥哥是否需要找位天主教教士，查理说道："弟弟，上帝做证，让他来吧！"约克悄悄地找来了赫德尔斯顿教士——当初在伍斯特战役中他曾救过国王的命。赫德尔斯顿头戴假发、长袍裹身，从后楼梯来到查理面前。约克对查理二世说，外表经过伪装但内心高尚的赫德尔斯顿当初救过他的身体，如今又来挽救他的灵魂了。

一夜之后，1685年2月6日，星期五的中午，"快乐国王"去世了。他临终前的两句话颇有情义，总算让民众对他略有改观。当时王后让人告诉国王，她身体抱恙无法前来陪伴他，请求他的谅解，查理说："唉，不幸的女人，她竟向我乞求原谅！请告诉她，我才应该真心实意地请求她的谅解啊！"提起内尔·格温，他则说："请不要让不幸的内莉饿肚子。"

查理二世的王朝持续了二十五年，他死亡时五十五岁。

第三十六章

詹姆斯二世

查理二世去世后，他的弟弟詹姆斯成为新的国王。詹姆斯是个非常让人讨厌的人，最出色的历史学家都认为他比他哥哥查理二世更糟糕。光复天主教是他的毕生追求，他为了实现这一理想不遗余力。这疯狂且愚蠢的行为让他的统治如昙花一现，只维持了极短的时间。

詹姆斯先对委员会承诺，就像法律规定的那样，政府依然是最高的国家机构，他也会全心全意保护和支持教会。人们对这番精彩的演讲赞叹不已，无论是在布道坛还是在别的地方，人们都交口称赞詹姆斯二世的诺言。但这些被蒙骗的人根本没有想到，詹姆斯二世早就暗中成立了一个专门负责天主教事务的委员会。擅长整治人的耶稣会会士彼得神父便是其中的重要成员。詹姆斯二世欣然接受了法兰西国王提供的五十万弗赫的首笔巨款。但是，他本是个阴险的人，抠门又自命清高，虽然将法兰西国王的钱收入囊中，却又积极表达自己渴望独立的决心。他从哥哥查理二世的保险箱中得到了两份支持天主教的文件，并将其公之于众（尽管我认为这毫无作用）；他还大摇大摆地参加弥撒。虽然他行事荒诞，却仍然从卑躬屈膝的议会手中得到了一大笔钱，这使他相信王权在手便可以为所欲为，因此他决定大干一场。

在开始讲大事件前，我们先讲一下泰特斯·奥茨的遭遇。詹姆斯成为国王后过了两周，奥茨受到审讯，罪名是做伪证。他被处以大额罚款，并被罚上两次颈手枷，而且以后每年都要上五次颈手枷，直到死去为止。此外，他还要接受鞭刑，第一天从奥德门到新门监狱，两天后从新门监狱到泰伯恩刑场，途中要不停地接受鞭打。事实证明，这些恐怖的刑罚对这个恶棍真的有效。第一天泰特斯便被抽打得无法站立，只能被雪橇拖着从新门监狱前往泰伯恩刑场，一路上还在继续受鞭打。这个恶徒的身体确实很健壮，这么折腾都没有夺走他的性命，后来他还得到了原谅，受到褒奖，只是再也没有被重用。这时那帮恶棍中的丹杰菲尔德也还活着，可他却没有泰特斯这样的运气。从新门监狱去往泰伯恩刑场的路上，他几乎死于鞭刑，这还没完，一个来自格雷律师学院的凶残的律师拿手杖狠命地戳他的眼睛，他因此死亡了。这个凶残的律师自然也没逃过应有的惩罚——他受到审判，被处决了。

詹姆斯二世刚坐上王位，阿盖尔与蒙茅斯便离开布鲁塞尔前往鹿特丹，那里正在召开一场由苏格兰流放者组织的会议，商量在英格兰进行武装起义。他们决定，阿盖尔与两个英格兰人从苏格兰登陆，蒙茅斯与另外两个苏格兰人一起去英格兰。

阿盖尔先开始行动。他想招募两三千名高地人，便派亲信跋山涉水，按照高地人的习俗，将血十字带到每一个部落——高地人用这种方式激发同胞的斗志。结果那两个亲信在奥克尼群岛被抓了，英格兰政府因此发现了阿盖尔的意图，阻止了这次招募。阿盖尔率领小部分人马前往格拉斯哥时，几个侍从叛变，导致他被捕。阿盖尔被反绑着双手送进了爱丁堡监狱。詹姆斯二世提起当初那个不光彩的判决，并要求在三日内处决阿盖尔。阿盖尔还在担心会再次戴上靴状刑具，事实证明他想多了——詹姆斯二世下令将他立即斩首。他的头被挂到爱丁堡监狱的楼顶。还有两个属下与他一同被捕，其中一个正是莱府的主人朗博尔德。阿盖尔英勇就义后不到一周，朗博尔德就受到审讯。

他伤势严重，但那些人不希望他因重伤死掉，那会令詹姆斯二世不开心。最后，朗博尔德被国王处死了，临死前他仍顽强地替自己申辩，他说他绝不相信上帝会将大部分人当作畜生，背上安上马鞍、嘴里套上缰绳，令他们被人驱使，还让少数人穿着马靴，用马刺随意殴打他们。这个看法我深表赞同。

蒙茅斯公爵把登陆地点选在多塞特郡的莱姆，他比阿盖尔迟了五六周，一方面是因为发生了一些意外，另一方面是因为四处闲逛、行进缓慢。沃克的格雷是公爵的属下，是一个厄运缠身的贵族，也是令这场原本可以成功的远征彻底失败的罪魁祸首。蒙茅斯公爵一上岸便马上将自己的旗帜插在市中心，公开说詹姆斯二世是个残虐的君王、谋权篡位的天主教徒。他谴责詹姆斯二世犯下的累累恶行，还凭空捏造了许多罪名，例如放火焚烧伦敦城、用毒谋害查理二世等。他靠这些花招招募了近四千名士兵，开始朝汤顿进发——那里有许多新教徒，十分反感天主教。当地的平民与贵族都对蒙茅斯公爵的到来表示欢迎。当他从街道上走过时，不少女性隔着窗户向他欢呼，不断有人向他抛来鲜花，在他耳边响起赞美之声。此外，还有二十位精心装扮过的美丽少女身着盛装向他走来，给他送上装饰精美的《圣经》和其他的礼物，那可都是她们用自己的纤纤玉手亲手制作的。

蒙茅斯公爵被人们的崇拜激励着，自封为英格兰的国王，接着往布里奇沃特进发。到了那里以后，他感到失望——费弗沙姆伯爵的政府军已驻扎在附近，他缺乏强劲的援军，于是开始思考要不要抛弃军队逃之夭夭。可是那个愚蠢的格雷勋爵提议，晚上对政府军实施偷袭。政府军的驻地在塞奇莫尔沼泽旁边。格雷勋爵十分胆小，他率领骑兵夜袭，刚冲上战场就遇到一条极深的沟壑，于是就想撤退。拥护蒙茅斯公爵的平民奋勇当先，但他们的武器是长柄镰刀、棍棒、干草叉之类的农具，遇上装备精良的正规军简直不堪一击，只得四处逃开。蒙茅斯公爵避开人们的注意，偷偷逃跑。但是，第二天早上愚蠢的格雷勋爵被抓住了，与他一同被捕的家伙供认蒙茅斯公爵四个小时前曾与他们在一起。经过一轮紧锣密鼓的搜寻，公爵被找到了。他一副农民的打扮，躲藏在一条隐蔽的沟里，上面遮盖着蕨草与荨麻，他的口袋里仅有几颗从地里捡来的用以充饥的豌豆，以及几份文件与几本书，其中一本是他亲手写的杂文，里边有符咒、歌集、食谱与祷文。他一败涂地，只好可怜巴巴地写信给詹姆斯二世，请求国王与他见面。人们将他绑起来，送往伦敦去见詹姆斯二世。他跪在地上朝国王爬行，简直丢尽了脸。詹姆斯二世对谁都没有仁慈之心，更别提对这个曾发表莱姆宣言的夺权者。面对蒙茅斯公爵低声下气的恳求，他冷冷地说："你准备好去死吧。"

　　1685 年 7 月 15 日，伦敦塔山，这位受人爱戴的公爵即将被执行死刑。围观的人里三层外三层，连屋顶都站满了。蒙茅斯的妻子是巴克卢公爵的女儿，行刑前与公爵见了最后一面。可公爵总挂在嘴边的人是哈丽雅特·温特沃思女士。她是他深爱的女人，也是他死前最牵挂的人。公爵把头放在垫头木上之前，特意摸了一下斧头的利刃，并询问刽子手，斧子是否足够锋利，足够沉重。刽子手说肯定没有问题。公爵又说："我希望你仔细点，别让拉塞尔勋爵的遭遇发生在我身上。"这些话让刽子手很紧张，握着斧子的手颤抖起来，砍了第一下，却只在公爵的脖子上留下一道略深的口子。蒙茅斯公爵抬起头向刽子手投去责备的目光。刽子手又砍了两下，接着害怕得扔下斧头，大声叫着他无法完成任务。负责监督的长官却威胁道，如果他不能行刑，就要他的命。刽子手只好再次举起斧头，又砍了两下，终于砍下了这颗不幸的头颅。蒙茅斯公爵——年仅三十六岁的詹姆斯就这样死了。他是一个高贵儒雅的男子，具备诸多优点，诚实的英格兰人十分敬爱他。

　　蒙茅斯叛乱后，政府用累累恶状在英格兰的历史上书写了最阴暗、最可耻的一页。不幸的农民领袖被逮捕，一贫如洗的农民只好四处逃亡。按说这样的状况应该令冷血的詹姆斯二世满意了，可事实上，他继续放任一些人面兽心的家伙去折磨这些不幸的农民。科洛内尔·柯克便是他的爪牙之一。这个残忍凶暴的人曾收拾过摩尔人，他手下有一群被称为"柯克的羊羔"的残暴之徒——之所以这样称呼他们，是因为他们的旗帜上绘着一只代表基督徒的羊。这群禽兽不如的浑蛋做下的事情简直令人触目惊心，我没法一一细说。下面我会讲述几件事，应该足以体现他们的恐怖。残暴不仁地烧杀抢掠、强逼民众交出所有的财产来换一条活路，是柯克常用的手段。除此之外，他最喜欢的消遣方式是餐后与军官们共同举杯，祝愿詹姆斯二世健康，同时惬意地看着窗外悬吊着的囚犯苦苦挣扎。囚犯们双腿颤抖着垂死挣扎时，他却说应该有音乐配合囚犯们的演出，于是就让人演奏起乐器。无耻的詹姆斯二世得知这样的凶残行为后却说"十分开心见到他这样做"。不过，最让詹姆斯二世开心的是杰弗里斯的所作所为。杰弗里斯如今是贵族了，带着四个法官一路朝西，审判那些涉嫌叛乱的人，这一行动被詹姆斯二世愉快地命名为"杰弗里斯运动"。当地的人则称之为"血腥审判"，他们到现在也难以忘却那些苦难。

温切斯特的审判是这次运动的起点。艾丽西亚·莱尔是当地的一位老妇人，双耳失聪，孀居在家；她的丈夫做过法官，参与了查理一世的审判，在国外遭到保皇派刺杀身亡了。有人举报她将两个从塞奇莫尔逃走的人藏在家中。在三次审判中，陪审团成员都一致裁定她无罪，可由于受到杰弗里斯威胁，他们不得不做出违心的判决。杰弗里斯得到想要的判决后说："先生们，假如我是你们中的一员，即使她是我的妈妈，我也不会徇私，照样会判她有罪。"我相信这绝对是他最真实的想法。当天下午，杰弗里斯就下令对老妇人执行火刑。可教会成员和其他人士极力阻挠，他只得放弃活活烧死老妇人的想法，改为在一星期后将她的头砍下来。詹姆斯二世对杰弗里斯非常满意，给他最高荣誉，让他做大法官。接着，杰弗里斯先后前往多切斯特、埃克塞特、汤顿与韦尔斯。大家都知道这个浑蛋做过许多卑鄙无耻的事情，让人意外的是居然没有人站出来将他打死在法官的宝座上。无论男女，只要落入杰弗里斯手里，都会被判处叛国罪。有人试图在法庭上辩解称自己没有罪，杰弗里斯马上下令将其从法庭拖出去，活活吊死。这件事让犯人们非常恐惧，几乎没人敢再辩解，都立刻认罪了。仅在多切斯特一个地方，短短几天就有八十个人被杰弗里斯吊死，被鞭刑、流放、投入监狱和贬为奴隶的人就更多了。他总共处死了两百五十人，也有人说是三百人。

被处决的人分别来自三十六个村镇，行刑的地点就在他们亲朋好友身边。犯人的尸体被割开，丢入早已准备好的沸腾着沥青与焦油的大锅中，之后被悬挂到街头巷尾，连教堂顶上都有。惨不忍睹的尸块散发着阵阵恶臭，大锅中沸腾的声音犹如来自地狱的召唤。人们惊恐万状、声泪俱下。根本没有语言能描述那种恐怖的场景。人们把那个被迫把尸块放入大锅的乡下人称为"煮夫汤姆"。杰弗里斯手下有个人叫杰克·凯奇，专门负责执行绞刑，那段时间他的工作就没断过，因此后来的人们将负责执行绞刑的人都称为杰克·凯奇。也许你听过许多有关法国大革命的恐怖故事——那些故事很多真的很恐怖，可我认为，与我们这位英格兰第一大法官在詹姆斯二世的授意下制造的"血腥审判"比起来，失去理智的法兰西人在那个倒霉的年代做出的最惊悚的行为也是小巫见大巫。

可事情还没结束。杰弗里斯爱为别人制造灾难，更爱为自己谋求私利，他将宽恕机会当成商品，大量售卖，从中牟利。詹姆斯二世一下子把一千个囚犯交给自己的亲信，看着他们为了被赦免而讨价还价。那些在汤顿为蒙茅斯送《圣经》的少女被交给了宫中的女仆，这些出身高贵的女性不得不认真地与女仆们砍价。当"血腥审判"轰轰烈烈地进行到高潮时，詹姆斯二世正沉浸于赛马中。他的赛马场正是莱尔夫人被斩首的地方。坏事做尽的杰弗里斯返回家中，受到《皇家公报》大力吹捧。无耻的詹姆斯二世得知杰弗里斯因酗酒与暴脾气而身染沉疯时，居然说像他这样的杰出人才整个英格兰都找不到第二个了。这时，又出了一件事。科尼什是伦敦的前郡长，被控参与了莱府阴谋案，遭受了不公的审判，在自己住宅附近被处死了。在法庭上做证的是拉姆齐，他本来就是个坏蛋，这次的证言与拉塞尔勋爵案中的证言前后矛盾。此外，在泰伯恩刑场，伊丽莎白·冈特——一位富裕的孀居女人死于火刑。她的罪名是保护了一个不幸之人，控告她的恰恰是她保护的那个人。为了让火焰燃烧得快一些，她在自己身边放上燃料。临终前她骄傲地大声说，不出卖那些流离失所的人并为他们提供保护是遵守上帝圣洁的旨意的行为。

詹姆斯二世用绞刑、斩首、火刑、烹煮、肢解、检举、抢劫、流放、贩卖为奴等手段肆意欺凌可怜的民众后，便认为自己可以为所欲为了。因此他立刻开始改变国家的宗教信仰。下面来说一下他是怎么做的。

他先试图利用自己的豁免权废除《立誓法》——这部法律规定天主教徒不得担任政府职员。他先试着让一个天主教徒担任官员，得到了十二个法官中的十一个人的支持。接着他又找来三个牛津大学的高层领导做试验。他们三个都是天主教徒，詹姆斯二世帮他们巩固了地位并公开支持他们。因为康普顿坚决反对，他便撤销了康普顿的伦敦主教之职，并给讨厌的教会委员会恢复了职权。国王还请求教皇派大使来英格兰，教皇答应了——尽管理性的教皇并不乐意这么做。詹姆斯二世在多个公开场合表达了对彼得神父的崇尚之情，并建议在伦敦等多个地方修建女修道院。他很希望在街头或王宫随时随地都能看到按自己的宗教信仰生活的修道士，并努力用天主教徒替代身边的新教徒。他举行"密室会谈"，单独约重要的议员会面，说服他们皈依天主教。假如他们不同意，就会被免职或者得自动请辞，空出来的职位会由天主教徒接手。军队中信仰新教的军官被詹姆斯二世用各种方法撤换下来，那些职位也由天主教徒顶上。同样的手段还被用在自治机构的事务官与各郡首席治安官的任免上（只是首席治安官的任免并不如他的意）。他调来一支一万五千人的军队，让他们驻扎在豪恩斯洛荒地，以震慑众人，防止反抗，并在统帅的帐篷里公开举行弥撒；军队中的教士则努力劝说士兵改信天主教。约翰逊曾是拉塞尔勋爵的牧师，信仰新教，他把一份劝人坚定信仰的文件散布给士兵，因此被罚三次戴上颈手枷，从新门监狱走到泰伯恩刑场，途中还要被鞭打。詹姆斯二世的姐夫是新教徒，也被清除出了委员会。前面提到的彼得神父被任命为枢密院委员。提尔康奈尔伯爵理查德·塔尔博特是个卑鄙无耻的无赖，却被任命为爱尔兰总督。提尔康奈尔伯爵替他的主子继续在爱尔兰玩弄这种移花接木的伎俩，并盼着有朝一日得到法兰西国王的保护。每一个理智的天主教徒——无论是教皇还是侍从——看到詹姆斯二世这些偏激的行为，都会明白他确实是个愚蠢的家伙，他终将亲手葬送自己和自己的事业。詹姆斯二世不听任何劝告，一意孤行，最后真的丢掉了王位——对英格兰而言这未尝不是好事。

鲁莽无知的詹姆斯二世没有料到，国内对他的抵触情绪早已激烈得一触即发。剑桥大学是他第一次受挫的地方。他在牛津大学安排了一个天主教徒担任系主任，没有听到反对的声音，因此又想安排一个天主教的教士做剑桥大学的文学硕士，却遭到剑桥大学的强烈反对，未能如愿。他不得不把视线转回他中意的牛津。碰巧莫德林学院的院长辞世了，詹姆斯二世借机任命安东尼·法默为莫德林学院院长——法默是天主教徒。这回牛津大学总算勇敢地说不了。詹姆斯便换了个人选，但又被拒绝了。牛津大学自己选择霍夫先生担任院长。蠢笨的国王为了报复竟惩罚了霍夫与另外二十五人，他开除他们并宣布不允许他们担任教会神职。接着他又做出一个举动，正是这个他自认为聪明实际上冒失鲁莽的举动将他自己从王位上拉了下来。

詹姆斯二世发出一则声明，宣布不再执行宗教检查并废除刑法——这么做能让推行天主教变得更容易。这个举动遭到了所有人的反对，就连对国教不满的新教徒也放下自己的立场，与普通的教会成员一起反对国王。詹姆斯二世与彼得神父计划在某个周日向所有的教堂公布这个声明，并让所有的主教进行传播。被冷落的坎特伯雷大主教与主教们商议一番，决定不宣读这份声明，并向詹姆斯二世请愿撤销声明。大主教亲手写下请愿书，交给六位主教。主教们当晚便带着它觐见国王，詹姆斯二世大吃一惊。次日就是定好的宣读声明的日子，一万名教会人员中仅有两百人愿意宣读声明。詹姆斯二世固执己见，要在王座法庭上起诉请愿的六位主教。过了三个星期，枢密院将主教们召来，关押到伦敦塔中。六位主教坐着船被押送到那个悲惨的地方。许多民众聚集在路旁，纷纷跪倒在地含泪为主教们祈祷。主教们进入伦敦塔时，守塔的卫兵与长官却请求他们为自己祈福。主教们被关押期间，卫兵们天天端着酒杯，高声祈祷，希望主教们早日无罪释放。王座法庭对主教们进行审判，检查总长说，他们的罪行是谴责政府的决定并对国家事务发表见解。大量民众与许多达官贵人到法庭旁听。晚上7点，陪审团休庭进行讨论。詹姆斯二世在陪审员中安排了耳目，此人按照国王的指示极力主张主教们有罪。陪审员们决定忍饥挨饿，不让国王的爪牙得逞。他们与这个内奸进行了整夜的辩论。次日早上，陪审员们进入法庭，宣布主教们无罪释放，威斯敏斯特大厅顿时响起了山呼海啸般的欢呼声。喜讯在人们口中一路传递，向东传到了坦普尔栅门与伦敦塔，向西传到了豪恩斯洛的军营中——一万五千名士兵都欢呼雀跃。这时无知的詹姆斯二世正与费弗沙姆勋爵闲谈，听到此起彼伏的欢呼声警惕地询问发生了什么事。有人对他说："什么事都没发生，只是主教们没有被判刑。"詹姆斯二世固执地说："这叫什么事都没发生？这对那些人来说有什么好的！"

　　就在这件事发展的时候，王后诞下了小王子，彼得神父觉得这是圣威妮弗雷德的赏赐——对此我深表怀疑，因为就连詹姆斯二世的朋友都担心小王子以后会信仰天主教并继承王位。出于这种担心，什鲁斯伯里伯爵、丹比伯爵、德文郡伯爵、拉姆利勋爵、伦敦主教、海军上将拉塞尔与陆军上校悉尼便共同邀请奥兰治亲王返回英格兰。王室败类詹姆斯二世这才意识到自己危在旦夕，惊恐之下一边做出妥协，一边组建了一支四万人的军队。可奥兰治亲王整装待发，詹姆斯二世根本无法与之较量。

奥兰治亲王的返程之路并不顺利。他为返回英格兰准备了两个星期，启航时却遇到了强烈的西风，根本无法离开港口。大风停止后，船队再次启程，却遭到暴风雨的袭击，无奈只能返回港口休整。1688年11月1日，舰队终于迎来了被后人称为"新教的东风"的顺风，得以启航。11月3日，声势浩大、绵延近20英里的舰队从多佛尔与加来间的海峡穿过，两岸的民众都目睹了这一壮观景象。11月5日是星期一，舰队在德文郡的托贝靠岸登陆，亲王率领着意气风发的军队朝埃克塞特出发了。但是西部的人民在"血腥审判"中饱受磨难，身心俱疲，没有几个人肯与他为伍。招兵买马的计划受挫，亲王几乎要放弃了，最后只好公开贵族们送给他的邀请信，证明自己师出有名。在这样的情况下，部分贵族选择投靠他，国王的军队也有所动摇。每个加入者都签署了一份协议，协议规定签名的人必须守望相助，坚定不移地拥护奥兰治亲王、拥护新教、保护三个王国的法律与自由。从此以后，一切都进展得很顺利，英格兰的大城镇相继加入亲王的阵营。牛津大学甚至表示假如亲王资金紧张，他们可以毫不犹豫地将校牌融掉。亲王明白，如今已没有什么值得担心的了。

此时的詹姆斯二世却在可怜巴巴地奔波，一会儿为人治疗淋巴结核，一会儿去检阅军队，一会儿在某个地方鼻血横流。小王子被送到了朴次茅斯，彼得神父光速逃至法兰西，教士与修士被驱逐出英格兰。詹姆斯二世最得力的官员与朋友也陆续抛弃他，投入亲王的阵营。安妮公主也连夜逃出了怀特霍尔宫。在军队服过役的伦敦主教手里握着宝剑、骑着马，马鞍上别着枪，在公主前面开道，保护公主逃离。不幸的詹姆斯二世大喊道："上帝啊，救救我吧，连我的女儿都离我而去了！"一片混乱中，他与几个伦敦贵族争论是否召开议会，还派其中的三个贵族与亲王谈判，接着下决心逃往法兰西。12月9日，一个阴冷的夜晚，他从朴次茅斯接回小王子，安排王后与小王子乘坐敞篷船从水路去兰贝斯，两人得以平安离开。

12月11日，奥兰治亲王的亲笔信送到了詹姆斯二世手中。亲王在信里详细地写明了自己的要求。深夜1点，詹姆斯二世从床上爬起来，命令诺森伯兰勋爵躺到他的床上，并叮嘱勋爵不到平时起床的时间不能将房门打开。接着他通过小楼梯（我估计当初那个乔装打扮的教士也是通过这个楼梯与他的兄长见面的）走出房子，坐着小船过河，当船行到河中央时他将国玺抛入了河中。过河后，他与爱德华·黑尔斯爵士会合，骑着早已准备好的马飞奔到费弗沙姆，在那里坐上了一艘单桨的小船。船主为了寻找压仓的货物去了谢佩岛，却被当地的渔民与走私者团团围住，这些人疑心詹姆斯二世是个"面庞消瘦的耶稣会士"。他们将他的钱全部抢走，仍不肯让他离开。詹姆斯二世只好公开自己的真实身份，声称奥兰治亲王企图杀害他，并大叫自己需要一艘船，随后又放声哭泣，说他骑马时不小心丢失了一块木头，这块木头是他从耶稣十字架上取下来的。詹姆斯二世向当地的首席治安官自首，身在温莎的奥兰治亲王收到了他被捕的消息——亲王只想彻底摆脱詹姆斯，至于詹姆斯要去哪里并不是他关注的重点。因此詹姆斯二世被释放了，可他十分害怕这些人会再次追捕他。逃跑终究不是长远之计，因此詹姆斯二世在骑兵与护卫队的护送下返回了怀特霍尔宫。他回来时处于恍惚的状态，却立刻参加了弥撒，并唤来一个耶稣会士为他做晚饭前的祷告。

民众因为詹姆斯二世的逃跑陷入慌乱，大家觉得军队中的爱尔兰人会屠杀新教徒。于是他们抢先敲响了钟，点燃了火把，烧毁了天主教教堂，并到处寻找彼得神父与耶稣会士。教皇的使臣乔装成仆役逃跑了。大家没有找到一个耶稣会士，却意外地从沃平某处房屋的窗户旁发现一个正往窗外看的人，这人有着一张肥胖且醉意朦胧的脸。发现这个家伙的人曾在杰弗里斯的法庭上被逼做伪证，因此对这张脸记忆犹新。即使这个家伙此时一副海员的装扮，但还是被一眼认了出来——正是可憎的杰弗里斯法官。于是那个人马上将这个醉鬼抓住了。出于人道主义精神，人们并没有把他千刀万剐，只是推搡拉扯了一会儿，便把惶恐不安的杰弗里斯交到了市长手中。在尖厉的哀求声中，市长把他关进了伦敦塔。他最终死在了塔里。

慌乱仍在继续。人们点燃篝火，像是詹姆斯二世的归来值得庆祝似的。可詹姆斯二世的归来只是昙花一现，此时怀特霍尔宫的守卫已由荷兰人接手了。一个大臣向詹姆斯二世建议，明天亲王就要到达伦敦了，现在动身前往哈姆是最好的选择。可詹姆斯二世却嫌哈姆既冷又湿，情愿往罗切斯特。他对自己的计划很满意，觉得这样一来便可以顺利地经罗切斯特逃往法兰西。但奥兰治亲王与伙伴马上就看透了他的如意算盘。詹姆斯二世愿意自己离开，正是亲王他们梦寐以求的事。于是在几个贵族与荷兰军队的护送下，詹姆斯二世乘坐御用船只来到了格雷夫森德。善良的人们对詹姆斯二世的遭遇深表同情——与詹姆斯二世相比他们的宽宏大量实在是高尚多了。12月23日晚上，蠢笨的詹姆斯二世仍然没有清醒地认识到自己已经没有拥护者了。他傻傻地穿过罗切斯特的花园，从梅德韦逃到法兰西，与妻子团聚了。

詹姆斯二世离开后，伦敦的达官贵人召开了议会。就在詹姆斯二世逃走的第二天，奥兰治亲王到达了伦敦，与权贵们见面了。不久，奥兰治亲王又与查理二世在位时的议会成员会面。权贵们最后商议的结果是：詹姆斯二世的个人原因导致王座无人，假如由信奉天主教的小王子做国王，势必会影响英格兰这个新教国家的稳定与安宁；奥兰治亲王夫妇应该继位，成为英格兰的国王与王后，直到两人都去世；之后假如他们有子女，就由他们的子女做国王；如果两人没有子女，便由安妮公主或她的子女继承王位；假如安妮公主也无子嗣，则由其他合法继承奥兰治亲王封号的人继承王位。

就这样，1689 年 1 月 13 日，奥兰治亲王与王妃在怀特霍尔宫坐上了国王和王后的宝座。夫妇二人开始了对英格兰的联合统治。英格兰正式成为新教国家。到了这里，著名的英格兰光荣革命就结束了。

第
三
十
七
章

尾　声

　　我写的这本历史书到这里差不多也该结束了。对于 1688 年伟大的
光荣革命后的英格兰历史，这样一本小小的书很难梳理清楚并让读者
轻易读懂。

　　总而言之，威廉与玛丽的共同统治持续了五年。仁慈的玛丽逝世
后，威廉独自在位七年。他在位期间，1701 年 9 月 16 日，可怜的詹
姆斯二世——英格兰的前国王死在了法兰西。他去世之前一直不遗余
力地刺杀威廉（只是他的"不遗余力"只是做做样子罢了），企图夺回
自己的王位。詹姆斯二世的儿子被法兰西国王称作英格兰的正统国王，
并被法兰西人称为圣乔治骑士，英格兰人则称其为"假货"。在英格兰
与苏格兰——尤其是苏格兰，总有一部分丧失理智的人时不时借着"假
货"的名义叛乱，仿佛斯图尔特王朝的统治还没让英格兰民众厌恶一
般！因此产生了许多悲剧与死亡。1702 年 3 月 7 日，黑色的星期日，
威廉国王因意外从马上坠落去世了。他是一位英勇的国王，有着非凡
的才能，为英格兰鞠躬尽瘁。他处事冷静，却缺少知己。他对自己的
妻子一片深情，他死后，人们从他左臂上绑着的黑色缎带中找到了一
枚戒指，戒指里收藏着他的妻子玛丽王后的一缕头发。

威廉之后坐上英格兰国王宝座的是安妮公主。她是位受人敬重的女王，在位十二年。1707年5月，安妮女王在位期间，英格兰与苏格兰组成联合体，合并为大不列颠王国。1714年至1830年，大不列颠由属于乔治王朝的四位国王统治。

1745年，乔治二世在位期间，"假货"最后一次造反——这也是斯图尔特王朝的最后一次表演。詹姆斯党派（人们用这个来称呼詹姆斯的支持者）推出查尔斯·爱德华做接班人。查尔斯是詹姆斯的儿子，被称为"年轻骑士"。说起斯图尔特家族，必须先讲讲苏格兰的高地人：这些人生性好战且认死理，对查尔斯赤胆忠心，所以查尔斯和他们结成了同盟。为了让查尔斯成功登上王位，高地人还发动了一次起义。在起义中，无数勇敢顽强的人付出了生命的代价。查尔斯·爱德华企图再次逃到国外，但是并不容易，因为对手重金悬赏他的头颅。但苏格兰人依然对他忠心耿耿。与当初的查理二世一样，他经过了一段曲折离奇的旅行，最终逃回了法兰西。那时有许多描写詹姆斯党派成员的感情的传奇故事与欢乐的歌曲，有着浓烈的詹姆斯党派的时代特色。假如没有这点贡献，我认为斯图尔特家族对英格兰来说简直一无是处。

乔治三世在位时，对北美强制收取重税，导致英格兰失去了对这片土地的控制权。在华盛顿的带领下，这个地大物博的国家独立了，成立了美利坚合众国——世界上最出色的国家之一。在我写这本书的历史时期，美国最让人引以为傲的优点是，不管国民去了什么地方，政府都会坚定不移地提供保护。英格兰确实应该好好学习一下这种优异的举措。我悄悄告诉您，从奥利弗·克伦威尔的年代往后，英格兰在这些方面便落于人后了。

1798年7月2日，乔治三世统治时期，大不列颠和局势混乱的爱尔兰组成联合王国。

1830年，继乔治四世之后，威廉四世成为英国国王，在位七年。

1837 年 6 月 20 日，肯特公爵（乔治三世的第四个儿子）的独生女儿、威廉四世的侄女维多利亚正式继位成为女王。1840 年 2 月 10 日，她与萨克森－哥达公国的阿尔伯特亲王结婚了。女王仁慈高雅，深受民众喜爱。因此，如今我将效仿传道的教士，大声喊出"天佑女王！"并将这句话作为此书的结语。